PATTERN

패턴으로 중국어 달인되기

陈如·朱晓亚 지음
김찬영·손윤옥 번역

동양books

패턴으로 중국어 달인되기

초판 1쇄 발행 | 2014년 6월 5일
초판 1쇄 인쇄 | 2014년 6월 10일

편　저 | 陈如, 朱晓亚
번　역 | 김찬영, 손윤옥
발행인 | 김태웅
총　괄 | 권혁주
기　획 | 조희준
책임편집 | 조희준
편　집 | 최미진, 한지순, 연윤영, 가석빈
디자인 | 김민정
마케팅 | 서재욱, 김홍태, 정상석, 장영임, 김귀찬, 왕성석
온라인 마케팅 | 김철영
제　작 | 현대순
관　리 | 김훈희, 이국희, 김승훈, 최국호

발행처 | 동양북스
등　록 | 제 10-806호(1993년 4월 3일)
주　소 | 서울시 마포구 동교로 22길 12 (121-842)
전　화 | (02)337-1737
팩　스 | (02)334-6624
웹사이트 | http://www.dongyangbooks.com
　　　　　http://www.dongyangTV.com

Copyright 2014 by Sinolingua
Published by Sinolingua, Beijing, China.

ISBN 979-11-57030-01-9　13720

▶ 본 책은 저작권법에 의해 보호를 받는 저작물이므로 무단 전재와 복제를 금합니다.
▶ 잘못된 책은 구입처에서 교환해 드립니다.

이 도서의 국립중앙도서관 출판시도서목록(CIP)은 서지정보유통지원시스템 홈페이지(http://seoji.go.kr)와 국가자료공동목록시스템(http://www.nl.go.kr/kolisnet)에서 이용하실 수 있습니다.
(CIP제어번호:CIP2014014979)

추천의 말

내가 중국어를 배우기 시작한 것은 베이징대학에서였고, 선생님은 본서의 저자인 천루(陈如) 교수였다. 그녀는 내가 만나 보았던 사람 중에서 가장 창조적인 사람이었고, 또한 실천을 무척 중요시하는 언어교사였다. 우리는 이제 막 중국어를 배우기 시작한 미국인이었는데, 이 중에는 현직 미국 재무부 장관 티모시 가이트너(Timothy Geithner)도 포함되어 있었다. 우리들 대다수는 중국어문법에 대해 제대로 익힌 상태도 아니었고, 심지어 자신의 모국어인 영어문법에 대해서도 이해도가 낮았다. 우리의 부족함을 채우기 위해 천교수는 상상력 가득한 예문들을 편집해냈고, 예문들을 어떻게 정확하게 사용하는지 주석을 달았다. 이로 인해 우리의 중국어학습은 무척 빠르게 발전했다. 천교수와 주샤오야(朱晓亚) 선생이 편집한 이 330개의 최상용 격식은 실질적인 운용과 재미와 창조성 및 실용성을 강조한 학습방법이다. 이러한 방법은 30년 전부터 대단히 효과적이었다. 나는 이 책이 분명 중국어 학습자의 흥미를 유발할 수 있을 것이며, 학습자들은 나와 마찬가지로 천교수의 교습방식으로부터 많은 이점을 얻을 수 있으리라 굳게 믿는다.

나는 현재 아이비리그 대학인 다트머스 대학의 중국어 교사로 재직 중이지만, 가끔은 아직도 중국어 구절의 구조가 이해가 안 될 때도 있고, 가끔은 여전히 스스로 단어와 문장을 잘못 사용하고 있음을 깨닫고, 말을 하는 도중에 멈추기도 한다. 이럴 때, 나는 마치 자신이 사전 한 권을 외웠지만 단어마다 한 줄 씩 기억을 못 하고, 그 결과 모든 뜻풀이가 어그러지는 것 같은 느낌을 받는다. 나는 이곳저곳을 찾아다니며 실용적인 책을 한 권 사려고 했다. 예문이 가장 상용적인 구조로 되어 있고, 또한 이들 구조로 된 구체적이고도 중국의 실제 상황에 부합하는 용법과 예문을 제공하는 그런 책이 필요했다. 2009년 나는 팀을 이끌고 베이징에 도착해서 다트머스 하계 외국어 학습 프로그램을 운영했는데, 경애하는 천교수를 만나서 내가 원하는 그런 책이 있냐고 물었다. 천교수가 자신과 주선생의 원고를 꺼내들었을 때, "평생 배워도 배우지 못하는 것"이 지금 손만 내밀면 닿을 수 있게 되었다는 사실에 얼마나 깜짝 놀랐는지 모른다. 나는 저자로서 5권짜리 론리플래닛 lonelyplanet 출판사의 어휘서적을 편집한 적이 있다. 그 중에는 "중국어 Madarin"와 16종의 언어로 된 "실크로드의 언어 Languages of the Silk Road"가 포함되어 있는데, 그 외에 나는 25종의 언어를 배워본 적이 다. 내 경험에 따르면, 이 같은 책을 한 권 갖는 것은 무척 필요한 일로, 학생들로 하여금 중요한 언어구조를 제대로 익히게 할 수 있고, 논리적인 언어구조의 반복을 통해 실용적인 예문을 채택함으로써 학생들의 언어수준을 향상시키는 데 도움을 줄 수 있다. 이 책은 중국어 초급자든 고급과정 학습자든 관계없이 필수불가결한 참고서이며, 교사에게 있어서도 대단한 가치를 지닐 것이다.

다트머스대학 아시아 및 중동언어문학부 박사 저스틴 루델슨
Dr. Justin Rudelson Dartmouth College
Asian and Middle Eastern Languages and Literatures

지은이의 말

중국어를 배우는 과정 중에 학생들은 분명 이러한 문제에 직면하게 됩니다. 어떤 문장을 듣거나 읽을 때에, 그 안에 있는 모든 단어는 다 이해할 수 있는데, 어째서 문장의 의미가 명확하지 않을까? 왜 이럴까? 문제는 바로 중국어에 다음과 같은 어법 현상이 다량으로 존재한다는 데 있습니다. 하나의 문장 안에서 앞뒤 단어는 조합쌍(搭配, collocation)을 통해 고정적인 격식을 이루며, 이로부터 상대적으로 안정적인 함의를 나타냅니다. 예를 들어, "爱……不……"는 상대방의 행동이나 선택에 대한 불만을 나타냅니다. 하지만 표면적으로는 아무 상관이 없는 의미일 뿐인데, "喜欢什么不喜欢什么"라는 의미는 아닙니다. 형식적으로 이들 단어가 이미 정형화된 구조를 형성하고 있기에, 사람들은 통속적으로 이를 "격식(格式, pattern)"이라 부릅니다. 우리가 이 책을 편집한 목적은 바로 중국어에서 흔히 볼 수 있는 이들 "격식 pattern"을 한데 묶어서 학생들이 공부하기에 편하게 하고자 함에 있습니다.

본서에서 제시하는 "격식 pattern"은 주로 두 가지입니다. 한 가지는 문장격식(句子格式, Sentence pattern)입니다. 예를 들어, "不但……反而……", "管……叫……" 같은 것들입니다. 다른 한 가지는 구절격식(短语格式, Phrase pattern)입니다. 예를 들어, "有……无……", "东……西……", "大……大……" 등입니다. 이 두 가지가 본서의 "격식 pattern"의 주요부분입니다. 그밖에, 우리는 학습과정에서 마주치는 학생들이 이해하기에 비교적 어려운 것들, 다시 말해 문장의 전체 의미가 각 단어의 의미를 더한 것과 동등하지 않은 일부 단어와 수사적 표현들 역시 본서의 범위에 포함시켰습니다. 이들 항목은 엄격한 의미로 볼 때 격식은 아닙니다. 하지만, 본서의 주안점이 학생들의 학습을 편하게 한다는 각도에서 출발하였고, 이들 이해와 사용이 어려운 난제들은 수십 년 간의 대외한어 교학 과정 중에 누적된 것이기에, 학생들이 학습 과정 중에 확실히 필요할 것임을 고려하여, 이 역시 본서의 내용에 수록하였습니다.

학생들의 더 빠른 학습을 위해, 더 정확한 이해를 위해, 더 능숙한 중국어를 위해, 우리는 330개의 상용격식에 대해 3300개의 실용 예문을 편집하였습니다. 본서는 해설, 예문, 대화, 연습이라는 4개 부분으로 구성되어 있습니다. (1) 해설부분에서는 상세하고 전면적인 설명보다는 각 격식의 상용성과 빈도가 높은 의미와 용법을 골라 간단명료하고 요약적으로 해설하였습니다. 해설에서 제시하는 용법은 예문이나 대화부분에서 모두 대응하게 만듦으로써 학습자가 해당 용법을 비교적 빠르게 이해하고 숙지할 수 있도록 했습니다. 이는 수업을 진행하는 교사에게도 참고 및 사용가치가 있을 것입니다. (2) 예문부분은 어려운 예문도 있고 쉬운 예문도 있으며, 상용성어나 고어구도 적절히 사용하였습니다. 이는 학습자의 흥미와 문자해독 및 표현능력을 향상시키는 데 도움이 될 것입니다. (3) 대화부분은 학습자의 표현능력과 응답능력을 향상시키는 데 주안점을 두고 실용성을 강화하였습니다. (4) 연습부분은 비교적 쉽게 완성할 수 있게 했는데, 이는 학습자가 해당 격식의 운용을 익히게 하는데 중점을 둠으로써 학습자의 성취감을 높이고자 함입니다.

패턴중국어를 배우는 여러분을 환영합니다. 여러분의 중국어가 "更上一层楼(한 계단 더 도약하기)"하시기를 기원합니다.

지은이 陈如, 朱晓亚

번역자의 말

　발음, 어휘, 어법을 언어의 3요소라 부릅니다. 이는 언어의 종류와 관계없는 공통적인 요소입니다. 언어를 배울 때에는 각각의 요소마다 학습난제에 부딪히게 됩니다. 중국어 발음을 배울 때 성조와 권설음이 어렵고, 어휘를 배울 때 수많은 한자가 어렵고, 어법을 익힐 때 어순이 어렵습니다.

　학습보조 도서는 언어의 3가지 요소를 각기 잘 익힐 수 있도록 도와주어야 합니다. 지금까지 등장한 수많은 중국어 학습보조 도서는 발음교정을 도와주는 발음책, 또는 어법현상의 이해를 도와주는 문법책 일변도였습니다. 물론 어휘력을 향상시켜주는 사전류도 많이 등장하기는 했습니다만, 사전이라는 것이 별로 와 닿지 않는 예문에 분량이 컸던 까닭에 활용도가 높지 않았습니다.

　본서는 어휘부분의 학습을 도와주는 학습보조 도서입니다. 언어를 배우다 보면 단어 풀이만으로 문장의 뜻이 잡히지 않는 경우가 많습니다. 단어와 단어가 조합쌍을 이루면서 관용적으로 특정한 의미를 전달하는 이러한 현상을 언어학에서는 콜로케이션(collocation)이라 부르는데, 이는 언어의 종류를 막론하고 흔히 보이는 현상으로, 많은 학습자들이 언어를 배우면서 어려움을 느끼게 되는 원인 중의 하나입니다.

　본서는 자주 사용하는 콜로케이션, 즉 언어적 패턴을 문장패턴, 구절패턴, 기타사항으로 나누어 수록하고 있습니다. 물론 330개가 모든 패턴을 대표하지는 않지만, 충분한 대표성이 있다고 생각합니다. 330개를 잘 학습하면 그 이상의 부분도 수월하게 익힐 수 있을 것입니다. 패턴이라는 것이 단어의 각 뜻을 종합하는 것으로 해결이 나지 않는 경우가 많기에, 해석이나 번역의 문제가 늘 따라옵니다. 다행히 중국어는 뜻글자이므로, 가만히 천천히 생각하다보면 그 의미가 잡히는 경우가 많습니다. 본서의 한글 부분을 무조건 보고 외우기보다는 왜 그렇게 해석하는지 스스로 생각해보면 학습자의 중국어 뜻풀이 능력이 많이 향상될 것입니다.

　본서는 패턴 학습 이외에 학습자의 단어량을 늘리는데 더 없이 큰 도움을 줄 것입니다. 우선, 본서의 학습대상은 HSK3급 또는 4급 이상자가 적절합니다. 기본적으로 1000개 이상의 어휘력을 갖춘 학습자라야 예문을 읽으면서 부담이 덜합니다. 물론 5급 이상인 분들이 보시기에도 생각보다 쉽지만은 않을 것입니다. 무엇보다 성어와 신조어 및 일반 회화책이나 HSK에서 다루지 않는 어휘가 상당수 포함되어 있기에 학습자의 실력을 전체적으로 향상시키는 데 있어 강력추천 합니다. 이 책에서 다루는 패턴은 330개이지만, 예문은 거의 3000문장에 달하며, 학습자가 HSK4급 정도 수준이라면 예문을 읽으며 새로 익히게 될 단어 수 역시 문장 하나에 단어 한 개만 쳐도 3000단어가 됩니다. 이 책 한 권을 보면서 단어 수에 있어서 4급이라면 5급 수준은 확실하게, 5급이라면 6급 수준에 근접할 수 있습니다.

　처음 중국어를 배울 때 누구나 중국어 사전을 한 권씩 샀던 기억이 납니다. 그 후 세월이 흘러 누구나 중국어 전자사전을 가졌고, 이제는 누구나 스마트폰에 중국어사전 어플리케이션을 깔아두고 있습니다. 그렇지만 아무리 세월이 지나도 곁에 두고 싶은 책은 있는 법입니다. 모쪼록 본서가 여러분과 함께 할 수 있는 좋은 벗이 되기를 기원합니다.

번역자 김찬영, 손윤옥

목 차

- 001 爱……不…… / 13
- 002 爱……就…… / 14
- 003 把A……成/做B / 15
- 004 把……当回事 / 16
- 005 把……给…… / 17
- 006 ……罢了 / 18
- 007 白……(了) ❶ / 19
- 008 白……(了) ❷ / 20
- 009 半……半…… / 21
- 010 半……不…… / 22
- 011 甭/别提多……(了) / 23
- 012 A比B……得多 / 24
- 013 ……比……都…… / 25
- 014 A比B……多了 / 26
- 015 A比B更/还…… / 27
- 016 A比起B来……/比起B来，A…… / 28
- 017 别的不说，就(说)…… / 29
- 018 别看……，其实…… / 30
- 019 A不比B……多少 / 31
- 020 不……不…… / 32
- 021 不但……，反而…… / 33
- 022 不但……，还/而且…… / 34
- 023 不但……，连……也/都…… / 35
- 024 ……不到哪儿去 / 36
- 025 不管……，都/也…… / 37
- 026 不管怎么说，…… / 38
- 027 不管……怎么样，…… / 39
- 028 ……不惯 / 40
- 029 (只)不过……罢了 / 41
- 030 不仅(不但)不/没……，还…… / 42
- 031 不仅……，任何……都…… / 43
- 032 ……不了多少 / 44
- 033 不论/不管……，总得…… / 45
- 034 ……，不免…… / 46
- 035 A不如B(……) / 47
- 036 不是……，而是…… / 48
- 037 不是……，就是…… / 49
- 038 ……不说/不算，…… / 50
- 039 不要说/甭说……，就连……也/都…… / 51
- 040 不……也…… / 52
- 041 不在于……，而在于/而是…… / 53
- 042 不怎么…… / 54
- 043 ……不怎么样 / 55
- 044 不只……，就连……都/也…… / 56
- 045 ……才怪(呢) / 57

046	才……就…… / 58		070	动不动就…… / 82
047	……才……呢 / 59		071	都……了，…… / 83
048	除非……，不然/否则…… / 60		072	都这时候了，…… / 84
049	除非……，才…… / 61		073	对……来说，…… / 85
050	除了……(以外)，都…… / 62		074	对了，…… / 86
051	除了……，就是…… / 63		075	多少……(一)点儿 / 87
052	除了……(以外)，也/还…… / 64		076	多少有点儿…… / 88
053	从……出发 / 65		077	多(么)……也/都…… / 89
054	从……角度说 / 66		078	凡(是)……，都…… / 90
055	从……(来)看/说 / 67		079	反正…… / 91
056	从哪儿……起(呢) / 68		080	放……(一)点儿 / 92
057	从/自……起 / 69		081	放着……不…… / 93
058	从/自……以来 / 70		082	非(得)……不可/不行 / 94
059	打/从/自……以后 / 71		083	该A的A，该B的B / 95
060	大……大…… / 72		084	该……就…… / 96
061	大……的，…… / 73		085	该……了 / 97
062	大……特…… / 74		086	刚……就…… / 98
063	到时候…… / 75		087	……个不停 / 99
064	倒(是)…… / 76		088	各……各的…… / 100
065	到……为止 / 77		089	……个够 / 101
066	……得不得了/得不行 / 78		090	(你)给我…… / 102
067	……的话，…… / 79		091	……跟/和……差不多 / 103
068	A的A，B的B / 80		092	……跟/和……过不去 / 104
069	东……西…… / 81		093	够……的(了) / 105

| 094 | 怪……的 / 106
| 095 | 管……叫…… / 107
| 096 | 光/单……就…… / 108
| 097 | A归A，B归B / 109
| 098 | ……还不……啊 / 110
| 099 | 还不就是…… / 111
| 100 | 还……哪 / 112
| 101 | 还没……呢 / 113
| 102 | 还……呢❶ / 114
| 103 | 还……呢❷ / 115
| 104 | 还是……好 / 116
| 105 | ……，好…… / 117
| 106 | 好……啊 / 118
| 107 | 好不…… / 119
| 108 | ……好了 / 120
| 109 | 好(不)容易才…… / 121
| 110 | 好在……，要不然…… / 122
| 111 | A和B比起来，……/和B比起来，A…… / 123
| 112 | 何必……呢 / 124
| 113 | ……，何况…… / 125
| 114 | A和B相比 / 126
| 115 | A和B相似 / 127
| 116 | 忽……忽…… / 128

| 117 | 话是这么说，可是…… / 129
| 118 | 话又说回来 / 130
| 119 | 或者……或者…… / 131
| 120 | 即使……也…… / 132
| 121 | 既然……(那么)就…… / 133
| 122 | 既……又/也…… / 134
| 123 | 继……之后，…… / 135
| 124 | 假如……，就…… / 136
| 125 | 叫……给…… / 137
| 126 | 尽管……，可是…… / 138
| 127 | ……就/便…… / 139
| 128 | ……就……吧 / 140
| 129 | ……就看…… / 141
| 130 | 就……来说/来看 / 142
| 131 | ……就是(……) / 143
| 132 | ……就是了 / 144
| 133 | ……，就是……了点儿 / 145
| 134 | 就是/就算……也…… / 146
| 135 | 就说……吧，…… / 147
| 136 | ……就行 / 148
| 137 | A就A在……（上） / 149
| 138 | 就这样(……)，……还……呢 / 150
| 139 | 看把你/他……的 / 151
| 140 | 看上去…… / 152

141	看样子…… / 153
142	……，可不就…… / 154
143	……，可见…… / 155
144	可……啦 / 156
145	快……了 / 157
146	……啦，……啦 / 158
147	……来……去 / 159
148	……来着 / 160
149	懒得…… / 161
150	……了又…… / 162
151	连……带…… / 163
152	连……也/都…… / 164
153	连……也/都……，甭/别说……了 / 165
154	连……也/都……，何况……(呢) / 166
155	没个不……的 / 167
156	没什么大不了的 / 168
157	没什么好/可……的 / 169
158	没有比A更……的了 / 170
159	没有……，哪(能)有…… / 171
160	A，免得/省得B / 172
161	拿A跟/和B比 / 173
162	拿……来说 / 174
163	哪儿(呀) / 175
164	……哪儿，……哪儿 / 176
165	哪会儿……哪会儿…… / 177
166	哪里……，哪里…… / 178
167	哪怕……，也/都…… / 179
168	那得/要看…… / 180
169	那还……得了 / 181
170	那还用说 / 182
171	难道/莫非……(吗/不成) / 183
172	闹到天也…… / 184
173	你看你，…… / 185
174	你……你的(……) / 186
175	你……我…… ❶ / 187
176	你……我…… ❷ / 188
177	宁可……，也不…… / 189
178	宁可……，也要…… / 190
179	七……八…… / 191
180	千……万…… / 192
181	前……后…… / 193
182	瞧你说的，…… / 194
183	让/随……去吧 / 195
184	如果……，就…… / 196
185	如果说……，那(么)……则/就…… / 197
186	三……两…… / 198

187 三下五除二 / 199	211 说话就…… / 223
188 ……上下 / 200	212 说……就…… / 224
189 少说(也)…… / 201	213 (把话)说开了…… / 225
190 ……什么 / 202	214 说什么也…… / 226
191 什么……不……的 / 203	215 似……非…… / 227
192 什么……都/也…… / 204	216 算了 / 228
193 ……什么劲儿 / 205	217 虽然……，但是/可是…… / 229
194 ……什么，……什么 / 206	218 虽说……，可…… / 230
195 什么也/都…… / 207	219 随着A的……，B…… / 231
196 ……，甚至…… / 208	220 挺……的 / 232
197 时……时…… / 209	221 为的是…… / 233
198 时而……时而…… / 210	222 为……而…… / 234
199 ……似的 / 211	223 为……起见 / 235
200 是……的 / 212	224 我说…… / 236
201 ……是/归……，可是/但…… / 213	225 我说嘛，…… / 237
202 ……是时候 / 214	226 我说呢，…… / 238
203 A是A，B是B / 215	227 我说你，…… / 239
204 ……是他/你，……也是他/你 / 216	228 我说……怎么……呢 / 240
205 首先……，其次…… / 217	229 无论怎么说，也…… / 241
206 谁……，谁…… / 218	230 无论……，只要…… / 242
207 谁也/都…… / 219	231 无时无刻不…… / 243
208 顺着……往…… / 220	232 无所不…… / 244
209 说到……，……就…… / 221	233 无……无…… / 245
210 说到哪儿去了 / 222	234 先……，接着…… / 246

235	先……，然后…… / 247
236	先……着，…… / 248
237	像/跟……似的 / 249
238	……，要不…… ❶ / 250
239	……，要不…… ❷ / 251
240	要不是…… / 252
241	要到……，才…… / 253
242	要多……有多…… / 254
243	要看……的了 / 255
244	要么……，要么…… / 256
245	要……没…… / 257
246	要是……就…… / 258
247	要是……就好了 / 259
248	要说…… / 260
249	要想……，得……才行 / 261
250	要……有…… / 262
251	A也A不…… / 263
252	A也不/没A就…… / 264
253	……也不是，……也不是 / 265
254	……也得……，不……也得…… / 266
255	……也好，……也好 / 267
256	……也就…… / 268
257	也就是…… / 269
258	一……半…… / 270

259	一边……一边…… / 271
260	一……不…… / 272
261	一不……，二不…… / 273
262	一旦…… / 274
263	一点儿也/都…… / 275
264	一……（，）二…… / 276
265	一方面……，一方面…… / 277
266	一个……，一个…… / 278
267	一会儿……，一会儿…… / 279
268	一……就…… / 280
269	一来……，二来…… / 281
270	一……也/都…… / 282
271	一……一…… / 283
272	一……再…… / 284
273	A，以便B / 285
274	A，以免B / 286
275	以A为B / 287
276	以为……，原来/没想到…… / 288
277	A，以致B / 289
278	A，以至于B / 290
279	因为……的关系 / 291
280	应……的邀请 / 292
281	由于……的缘故 / 293
282	由……组成 / 294

283	有……呢 / 295	307	……着呢 / 319
284	有什么……的 / 296	308	……着玩儿的 / 320
285	有时……，有时…… / 297	309	……着……着 / 321
286	有……无…… / 298	310	这就…… / 322
287	有……有…… / 299	311	这么……，怪不得…… / 323
288	有……，有……，还有…… / 300	312	这么说，…… / 324
289	又……了不是 / 301	313	这么一……，…… / 325
290	又是……，又是…… / 302	314	这么……，这么…… / 326
291	与其……，不如…… / 303	315	……这……那(的) / 327
292	与其说……，不如说…… / 304	316	这样吧，…… / 328
293	……，于是…… / 305	317	这/那样一来，…… / 329
294	与……有关 / 306	318	这也不……，那也不…… / 330
295	越(是)……，越(是)…… / 307	319	这有什么 / 331
296	在……看来 / 308	320	真是的，…… / 332
297	……，再说…… / 309	321	正……呢 / 333
298	再……也…… / 310	322	正因为……，才…… / 334
299	再也不/没…… / 311	323	之所以……，是因为…… / 335
300	再……也没有了 / 312	324	直到……，才…… / 336
301	早不……，晚不……，偏…… / 313	325	只不过…… / 337
302	早就……了 / 314	326	只要……，就…… / 338
303	怎么……，怎么…… / 315	327	只有……，才…… / 339
304	怎么能……(呢) / 316	328	……，至于…… / 340
305	怎么……也/都不…… / 317	329	重……轻…… / 341
306	照……不误 / 318	330	左……右…… / 342

정답 / 343

Pattern 001

爱……不……

의미 ~하든지 말든지(네 마음이다, 나는 상관없다, 내가 알 바 아니다, 네가 알아서 할 일이다)

해설 동일한 동사 앞에서 '爱V不V'의 형식으로 사용한다. 상대방의 행동이나 선택에 대해 불만이 있지만 표면적으로는 상관없음을 나타낸다.

예문

❶ 道理我都讲清楚了，你爱听不听。
나는 분명히 말했어. 네가 내 말을 듣고 안 듣고는 네 마음이야.

❷ 他爱生气不生气，反正我有意见就得提。
그가 화를 내든 말든 상관없어. 어쨌든 나는 할 말은 해야겠어.

❸ 你爱复习不复习，不过考不好可不要怪别人。
네가 복습을 하든지 말든지 내가 알 바 아니다만, 시험을 잘 못보고 나서 남 탓하지 마라.

❹ 你爱说不说，以后你想说我还不想听了呢。
말을 하고 안 하고는 네 마음이지만, 앞으로는 더 이상 네 말을 듣지는 않을 거야.

대화

A : 这面条我不爱吃。
나 이 국수 먹기 싫어.

B : 爱吃不吃，不吃就饿着吧。
먹든 말든 마음대로 해. 안 먹을 거면 굶어.

연습 '爱……不……'를 사용하여 다음 대화를 완성하세요.

A : 我给你买的那件衣服，你怎么一直也不穿?
내가 너한테 사준 그 옷 왜 계속 안 입어?

B : 那件衣服颜色太鲜艳了，我不好意思穿。
그 옷 색깔이 너무 튀어서 입기가 좀 그래.

A : 你_____吧，我以后不会再给你买衣服了。
(입든 말든) 마음대로 해. 앞으로 다시는 너한테 옷 안 사 줄 거야.

道理 dàolǐ 명 도리, 이치, 일리 | **清楚** qīngchu 형 분명하다, 조리 있다 | **生气** shēngqì 동 화내다 | **怪** guài 형 이상하다 동 꾸짖다, 탓하다 | **鲜艳** xiānyàn 형 화려하다, 산뜻하고 아름답다

Pattern 002

爱……就……

의미 원하는 대로(바라는 대로, 마음대로, 내키는 대로) ~하다

해설 원하는 대로 한다는 것을 의미하며, 때로는 약간의 불만스러운 어감을 포함하기도 한다. '爱'와 '就'의 뒤에는 동일 형태의 어구를 사용한다.

예문

❶ 一个人生活可自由啦，爱干什么就干什么。
혼자 살면 얼마나 자유로운데, 뭐든 하고 싶은 대로 할 수 있어.

❷ 放假了，我爱几点起就几点起，太舒服了。
방학이라 몇 시에 일어나든 내 마음대로니 얼마나 편해.

❸ 我这几天都在家，你爱哪天来就哪天来吧。
요 며칠 집에 계속 집에 있을 테니 언제든 오고 싶은 날에 와라.

❹ 父母都出差了，孩子在家爱打扑克就打扑克，爱看电视就看电视，没人管。
부모님이 다 출장을 가셔서, 아이가 집에서 제 마음대로 포커를 치든 TV를 보든 상관하는 사람이 없다.

대화

A : 你怎么跟那样的人交往呢? 人品不好，又没脑子。
너 왜 그런 사람이랑 사귀는 거야? 사람 됨됨이도 별로고 머리도 안 좋은데.

B : 我爱跟谁交往就跟谁交往，你管得着吗?
누구랑 사귀든 내 맘이지, 네가 무슨 상관이야?

연습 '爱……就……'를 사용하여 다음 대화를 완성하세요.

A : 小王又在背后议论咱们了。
왕 군이 또 뒤에서 우리 흉 봤어.

B : 他_____，别理他。
제 멋대로 떠들라고 해. 신경 꺼.

自由 zìyóu 명 자유 형 자유롭다 | 扑克 pūkè 명 포커 | 交往 jiāowǎng 동 교제하다, 왕래하다 | 没脑子 méi nǎozi 머리가 나쁘다, 멍청하다 | 议论 yìlùn 동 의논하다, 논의하다 | 理 lǐ 동 상대하다, 신경 쓰다

Pattern 003

把A······成/做B

의미 A를 B로 보다(여기다)

해설 'A를 B로 여기다' 또는 'A를 B로 만들다'는 뜻으로, '成/做'는 결과보어의 형태, 즉 'V成······' 또는 'V做······'의 형태로 사용한다.

예문

❶ 看来政府要把社会医疗保险当成大事来抓。
보아하니 정부는 사회의료보험을 중대사업으로 보는 것 같다.

❷ 中国人把长城看做中国的象征。
중국인은 만리장성을 중국의 상징으로 여긴다.

❸ 我说怎么听不懂这个句子呢，原来我把"中国文字"听成"中国蚊子"了。
내가 왜 이 문장을 못 알아들었나 했더니, 알고 보니 내가 '중국 문자'를 '중국 모기'로 알아들었네.

❹ 做这个菜要费些工夫，首先得把所有的用料都切成细丝儿。
이 요리를 만드는 데 손이 많이 갑니다. 우선 모든 재료를 가늘게 채를 썰어야 해요.

대화

A : 你不是说你喜欢我吗？怎么又不愿意做我男朋友呢？
너 나를 좋아한다고 했잖아? 근데 왜 내 남자친구가 되기 싫다는 거야?

B : 我是把你当成妹妹那样喜欢啊。
나는 너를 여동생처럼 좋아할 뿐이라고.

연습 '把A······成/做B······'를 사용하여 다음 대화를 완성하세요.

A : 上午十点开会，你怎么下午四点才来？
오전 10시에 회의가 있었는데, 너 왜 오후 4시에야 오는 거야?

B : 咳，我_____了。
에이, 10시를 4시로 잘못 들었어.

政府 zhèngfǔ 명 정부 | 医疗保险 yīliáo bǎoxiǎn 명 의료보험 | 象征 xiàngzhēng 명 상징 | 蚊子 wénzi 명 모기 | 费工夫 fèi gōngfu 시간이 들다(걸리다), 일거리가 많다, 번거롭다 | 用料 yòngliào 명 재료 | 切 qiē 동 끊다, 자르다, 썰다 | 咳 hāi 아이, 에이

패턴으로 중국어 달인되기 **15**

Pattern 004

把……当回事

의미 ~를 중(요)시하다, 문제 삼다, 심각하게 여기다

해설 어떤 사람이나 사물을 중시함을 의미한다. 把자문의 관용적인 표현이다.

예문

❶ 他太把自己当回事了，让别人产生了反感。
그는 자기만 너무 챙겨서 다른 사람으로 하여금 반감을 산다.

❶ 你别太把比赛成绩当回事，友谊第一比赛第二嘛。
경기결과에만 너무 신경 쓰지 마라. 우정이 첫째고 경기는 둘째잖아.

❶ 她总是说我不在乎她，其实我挺把她当回事的。
그녀는 항상 내가 그녀에게 무신경하다고 말하는데, 사실 나는 그녀를 무척이나 중히 여긴다.

❶ 她早就提醒我要注意这个问题，可是我没把她的话当回事。
그녀가 진작부터 내게 이 문제에 주의해야 한다고 했지만, 나는 그녀의 말을 진지하게 여기지 않았다.

대화

A : 我早餐吃得很简单，有时干脆不吃。
나는 아침 식사를 매우 간단하게 먹거나, 때로는 아예 거르기도 해.

B : 早餐是最重要的一餐，你怎么能不把它当回事呢?
아침 식사는 하루 식사 중에 가장 중요한 끼니인데, 어떻게 아무렇지도 않게 생각할 수가 있어?

연습 '把……当回事'를 사용하여 다음 문장을 완성하세요.

1. 那些闯红灯的人根本就没＿＿＿＿＿＿＿＿＿＿＿＿＿＿＿＿＿＿＿＿＿。
교통신호를 위반하는 사람들은 교통법규를 전혀 중요하게 생각하지 않는다.

2. 身体最重要，你得＿＿＿＿＿＿＿＿＿＿＿＿，不能这么没日没夜地干。
몸이 제일 중요하니까 건강 좀 챙겨. 그렇게 밤낮없이 일하면 안 돼.

产生 chǎnshēng 동 (문제, 감정 등이) 생기다 | 反感 fǎngǎn 명 반감 | 提醒 tíxǐng 동 일깨우다 | 干脆 gāncuì 부 아예 | 闯红灯 chuǎng hóngdēng 신호를 위반하다 | 根本不/没 gēnběn bù/méi 전혀 ~아니다/않다 | 交通法规 jiāotōng fǎguī 교통법규 | 健康 jiànkāng 명 건강

Pattern 005

把……给……

의미 ~를 ~하게 만들다

해설 把자문의 응용형태로 처치(처리) 의미를 강조한다. '把+명사 성분+给+동사 성분'의 형태로 쓰이며, 주로 구어체에 쓰인다.

예문

❶ 请把这些书给整理整理，太乱了。
이 책들 정리 좀 하세요. 너무 어지러워요.

❷ 这次出差，我一定要把新技术给学到手。
이번 출장에서 반드시 신기술을 제대로 배워오고야 말겠다.

❸ 请马上把会议厅给打扫干净，有外宾来。
지금 당장 회의실을 깨끗하게 청소하세요. 외빈이 오실 겁니다.

❹ 快考试了，我把学过的课文、生词都给复习了一遍。
이제 곧 시험이라 나는 배웠던 본문과 새 단어를 모두 한 번 복습했다.

대화

A : 你在中国待了两年，都去过什么地方啊?
중국에서 2년 머무는 동안 어디 어디를 가보았습니까?

B : 我去过的地方可多了，几乎把中国南方著名的旅游景点都给玩遍了。
가본 곳이야 참 많지요. 중국 남쪽의 유명한 관광명소는 거의 다 돌아봤습니다.

연습 '把……给……'를 사용하여 다음 대화를 완성하세요.

A : 你的嗓子怎么哑啦?
너 목이 왜 쉬었어?

B : 我昨天看足球比赛太激动了，一直喊"加油!"，＿＿＿＿＿＿＿＿＿＿＿＿＿＿。
어제 축구 시합을 보는데 너무 흥분해서 시합 내내 파이팅을 외쳤더니만 목이 쉬어버렸어.

整理 zhěnglǐ 동 정리하다 | 乱 luàn 형 어지럽다 | 技术 jìshù 명 기술 | 到手 dào shǒu 손에 넣다 | 会议厅 huìyìtīng 명 회의장 | 外宾 wàibīn 명 외빈, 외국 손님 | 著名 zhùmíng 형 저명하다 | 景点 jǐngdiǎn 명 명소 | 哑 yǎ 형 벙어리, 목이 쉬다 | 激动 jīdòng 동 격하다, 흥분하다 | 喊 hǎn 동 소리 지르다

Pattern 006

……罢了

의미 (단지, 다만) ~일 뿐이다(따름이다), ~에 지나지 않는다

해설 말하는 사람이 생각하기에 별로 대수롭지 않은 일이라는 뜻이다.

예문

❶ 他也没什么了不起的，有几个钱罢了。
그 녀석 별로 대단할 것도 없어. 그저 돈이 좀 있을 뿐이라고.

❷ 我开个玩笑罢了，谁知道他竟生气了。
나는 그냥 장난친 것뿐인데, 그 친구가 화를 낼 줄이야 누가 알았겠어.

❸ 我并不想买什么，随便逛逛罢了。
딱히 뭘 살 생각은 없고요, 그냥 편하게 구경 좀 하려고요.

❹ 他说要出家当和尚，我看不会的，说说罢了。
그 녀석 출가해서 스님이 되겠다고 하는데, 내가 보기엔 그럴 리 없어. 그냥 말로만 하는 소리라고.

대화

A : 他们老吵架，究竟是为了啥?
쟤네는 늘 말다툼이야. 도대체 뭐 때문에 그래?

B : 没什么大事，无非是些鸡毛蒜皮的小事罢了。
별일 아니야. 그저 대수롭지도 않은 일로 그러는 것뿐이라고.

연습 '……罢了'를 사용하여 다음 대화를 완성하세요.

A : 老李，真太麻烦你了，这两天我出差，孩子天天在你家吃饭。
이 형, 정말 폐를 많이 끼쳤어. 요 며칠 출장을 간 동안에 우리 애가 날마다 댁에서 밥을 먹었네.

B : 说什么呀，_____，你太客气了。
별 소리를 다하네. 그냥 몇 끼 먹은 건데, 너무 그렇게 어려워 말아.

了不起 liǎobuqǐ 〔형〕 대단하다, 뛰어나다 | 开玩笑 kāi wánxiào 장난치다, 농담하다 | 出家 chūjiā 〔동〕 출가하다 | 和尚 héshang 〔명〕 중, 승려 | 究竟 jiūjìng 〔부〕 도대체 | 啥 shá 〔대〕 무엇(= 什么) | 无非(是) wúfēi(shi) 단지 ~에 지나지 않다, 다름이 아니라 ~다 | 鸡毛蒜皮 jīmáo suànpí 닭털과 마늘 껍질(사소하고 보잘것없는 일을 비유)

Pattern 007

白……(了) ❶

의미 괜히(헛) ～했다

해설 어떤 사람이나 사물을 위해 시간, 정력, 물력, 재력 등을 소비했지만, 예상한 효과를 거두지 못했거나 마땅히 얻어야 할 대가를 얻지 못했음을 의미한다. 주된 형식은 '白+동사……(了)'이다.

예문

❶ 你快说啊，别让我们白浪费时间。
빨리 말해! 괜히 우리 시간 낭비하게 하지 말고.

❷ 我调动工作的事情没办成，白忙乎了一场。
직장을 옮기는 일이 성사가 안 되었다. 그간의 노력이 헛수고가 되었다.

❸ 我临走前真是白叮嘱你了，你一样都没照办。
내가 떠나기 전에 네게 당부한 것이 헛일이었구나. 시키는 대로 한 것이 한 가지도 없네.

❹ 子女都在国外定居了，父母现在成了空巢老人，那孩子是白养了。
자녀가 모두 외국에서 정착해서 부모님은 지금 빈집만 지키는 노인네가 되었다. 헛 키웠다.

대화

A : 出国时你妈给你带了两大箱东西，都用上了吗?
출국할 때 너희 엄마가 너한테 트렁크 두 개를 싸줬는데, 다 사용했니?

B : 说实话，有一些是白带了，还花了超重费。
사실 말해서, 어떤 물건은 괜히 싸 갔어. 쓸데없이 오버 차지만 물었다니까.

연습 '白……(了)'를 사용하여 다음 문장을 완성하세요.

1. 今天的考试取消了，我＿＿＿＿＿＿＿＿＿。
   오늘 시험이 취소되었다. 나는 괜히 밤새워 공부했다.

2. 我吃得也不算少啊，可就是不长肉，＿＿＿＿＿＿＿＿＿。
   나는 적게 먹는 편이 아닌데도 살이 붙지를 않는다. 큰 옷을 괜히 샀어.

浪费 làngfèi 통 낭비하다 | 调动工作 diàodòng gōngzuò 직장을 옮기다 | 忙乎 mánghu 통 바삐 일하다 | 临走 línzǒu 통 떠나려고 하다 | 叮嘱 dīngzhǔ 통 당부하다 | 照办 zhàobàn 통 (지시한) 그대로 처리하다 | 空巢 kōngcháo (자녀가 성장해서 모두 떠난 뒤) 노인만 남은 빈집 | 开夜车 kāi yèchē (일, 공부 등으로) 밤새다 | 长肉 zhǎngròu 통 살이 찌다 | 大号 dàhào 명 큰 치수

Pattern 008

白……(了) ②

의미 거저(공짜로) ~얻었다

해설 아무런 노력이나 대가도 치르지 않았는데 이익을 봤음을 뜻한다. '白+동사……(了)'의 형태이다.

예문

❶ 这款手机已经过时了，白送给我也不要。
이 휴대전화는 이미 유행이 지났어. 거저 준다고 해도 필요 없어.

❷ 你们俩争得你死我活的，结果两败俱伤，让别人白捡了个便宜。
너희 둘 죽기 살기로 싸우는데, 결과는 둘 다 다치기만 할 뿐이야. 다른 사람에게 어부지리 얻게 하는 일이라고.

❸ 上次白吃了王叔叔家一顿，趁他家孩子过满月，咱们也送他们点儿什么吧。
지난번에 왕 아저씨 집에서 밥을 한 끼 얻어먹었는데, 그 집 애가 첫 달 잔치를 하는 참에 우리도 그 집에 뭘 좀 선물합시다.

❹ 她把穿不下的衣服都送我了，白得了这么些漂亮衣服，我哪能不高兴。
그녀가 못 입는 옷을 전부 나한테 줬다. 이렇게 예쁜 옷들을 공짜로 얻었는데 어떻게 기쁘지 않을 수가 있겠어.

대화

A : 这些钱你拿去用吧。
이 돈 네가 가져다 써라.

B : 我不能白拿你的钱啊，我能为你做些什么呢?
돈을 거저 받을 수는 없어요. 제가 당신에게 뭘 해드릴 수 있을까요?

연습 '白……(了)'를 사용하여 다음 문장을 완성하세요.

1. 虽说是住在亲戚家，但也不能一直_____。
비록 친척 집에서 살고 있기는 하지만 줄곧 거저먹고 거저 잘 수는 없습니다.

2. 拿人手软，吃人嘴软。千万别_____。
남의 힘을 빌면 일을 제대로 처리할 수도 없고, 밥을 얻어먹으면 할 말도 제대로 하지 못한다. 절대로 거저 얻고 거저먹을 생각 마라.

过时 guòshí 동 시대에 뒤떨어지다, 유행이 지나다 | 争 zhēng 동 싸우다 | 你死我活 nǐsǐ wǒhuó 성어 필사적으로, 목숨 걸고 | 两败俱伤 liǎngbài jùshāng 성어 싸운 쌍방이 모두 피해를 보다 | 捡便宜 jiǎn piányi 불로소득을 얻다(= 吃现成饭) | 满月 mǎnyuè 아기가 태어난 지 만 한 달 | 白吃白拿 báichī báiná 거저먹고 거저 가져가다

Pattern 009

半……半……

의미 ~반 ~반

해설 두 가지 성질이나 상태가 동시에 존재하고 있음을 뜻한다. 두 개의 '半' 뒤에는 각각 의미가 상반되는 단음절 단어가 온다.

예문

❶ 酒吧里闪着半明半暗的烛光。
술집 안에 발그스레한 촛불이 빛나고 있다.

❷ 这段时间我老睡不好觉，总感觉是半睡半醒的。
요즘 자꾸 잠을 제대로 못 자서 항상 비몽사몽이다.

❸ 虽然他说爱我，但我总觉得他的口气是半真半假的。
비록 그가 나를 사랑한다고 말은 했지만, 난 늘 그의 말투가 농담 반 진담 반 같다.

❹ 像夹杂着英文单词的白话一样，这些茶馆的设备、装潢都是半中半西的。
영어 단어가 섞여 있는 중국어처럼 이 찻집의 설비와 장식은 중국식 반 서양식 반이다.

대화

A : 为什么京剧的唱词那么难听懂?
경극의 노래와 대사는 왜 그렇게 알아듣기가 힘들지?

B : 因为京剧的唱词多是半文半白的。
왜냐하면, 경극의 노래와 대사는 태반이 문어체와 구어체가 섞여 있기 때문이지.

연습 알맞은 표현을 골라 빈칸에 넣으세요.

> 半公半私　半新半旧　半喜半忧　半开半关　半信半疑

A : 你儿子要去美国留学了，你一定很高兴吧。
아들이 미국에 유학을 간다니, 분명 기쁘시겠어요.

B : 我是＿＿＿＿＿＿＿＿。儿子能去哈佛读书我当然高兴，但是我也很担心，怕他照顾不好自己。
기쁘기도 하고 걱정스럽기도 해요. 아들이 하버드에 가서 공부할 수 있다니 물론 기쁘기는 하지만, 제 앞가림을 못할까 봐 걱정되네요.

闪 shǎn 통 빛나다, 번쩍이다 | 烛光 zhúguāng 명 촛불 | 口气 kǒuqì 명 말투, 어투 | 夹杂 jiāzá 통 혼합하다, 뒤섞이다 | 设备 shèbèi 명 설비, 시설 | 装潢 zhuānghuáng 명 장식 | 哈佛(大学) Hāfó (dàxué) 하버드대학 | 照顾 zhàogù 통 보살피다

Pattern 010

半……不……

의미 (어중간히) 이(것)도 아니고 저(것)도 아니다

해설 어중간한 상태를 나타내며, 때로는 싫어함이나 불만의 의미를 내포하기도 한다. 흔히 끝에 '的'를 함께 사용한다.

예문

❶ 几天没浇水，花都蔫儿了，半死不活的。
며칠 물을 안 줬더니 꽃이 다 축 늘어졌네. 죽을락 말락 하네.

❷ 第一次见面的时候，她穿着一件半新不旧的旗袍。
처음 만났을 때, 그녀는 새것도 헌것도 아닌 치파오를 입고 있었다.

❸ 这个理论太深了，老师讲得也不太清楚，我们还是半懂不懂的。
이 이론은 너무 심오해서 선생님의 강의도 그다지 명확하지 못하다. 우리는 여전히 알 듯 모를 듯하다.

❹ 南方梅雨季节时，衣服老干不透，有时穿的衣服都是半干不湿的。
남쪽 지역의 장마철에는 옷이 항상 제대로 말라있을 수가 없다. 어떨 때에는 입고 있는 옷이 전부 어중간하게 젖어 있다.

대화

A: 你看我这件衣服好看吗?
봐봐, 이 옷 예뻐?

B: 半长不短的，我觉得不怎么好看。
긴 것도 아니고 짧은 것도 아니고, 별로 예쁜 것 같지가 않네.

연습 '半……不……'를 사용하여 다음 대화를 완성하세요.

A: 你刚来这里，还不习惯吃西餐吧?
이곳에 온 지 얼마 되지 않아서 아직 서양 음식이 익숙하지가 않겠네요?

B: 是的，尤其是＿＿＿＿＿＿＿＿的牛排，上面还带着血。
네, 특히 익다 만 것 같은 스테이크가 좀 그래요. 위에 피까지 비치고.

浇水 jiāoshuǐ 통 물을 대다, 물주다 | 蔫儿 niānr 형 기력이 없다, 축 늘어지다 | 旗袍 qípáo 명 치파오 | 梅雨 méiyǔ 명 장마 | 干透 gàntòu 통 바짝 마르다 | 半生不熟 bànshēng bùshú 성 반숙, 덜 익다, 미숙하다 | 牛排 niúpái 명 (비프) 스테이크, 소갈비

Pattern 011

甭/别提多……(了)

의미 얼마나 ~한지 말도 마라, 말도 못하게 ~하다

해설 정도가 매우 높고, 심한 것을 의미하며 과장의 어감이 있다. 뒤쪽에 흔히 형용사가 따라오며, 문장 끝에는 주로 어기조사 '了'가 따라온다.

예문

❶ 面试时，我甭提多紧张了。
면접시험 때 얼마나 긴장했던지 말도 마라.

❷ 这本小说甭提多有意思了。
이 소설이 얼마나 재미있는데.

❸ 过年的时候，孩子们都回来了，家里别提多热闹了。
설을 쇨 때에 자식들이 모두 돌아왔어. 말도 마, 집안이 얼마나 떠들썩했다고.

❹ 想解决这里的河水污染问题，别提多难了。
이곳의 하수 오염 문제를 해결하려면 말도 못하게 힘들다.

대화

A : 你去过内蒙古大草原吗?
너 내몽고 대초원에 가 봤어?

B : 去过，蓝天白云连着草原，别提多美了。
가 봤지. 파란 하늘에 하얀 구름이 초원하고 이어져 있는데, 얼마나 아름다운지 말도 못해.

연습 '甭/别提多……(了)'를 사용하여 다음 문장을 완성하세요.

1. 这段时间又要上课，又要写论文，又要找工作，_____。
요즘 수업도 들어야지, 논문도 써야지, 일자리도 구해야지, 말도 못하게 바쁘다.

2. 今天老师表扬了我，爸爸也给我买了好多东西，我_____。
오늘 선생님께서 칭찬도 해주시고, 아빠가 나한테 선물도 많이 사주셔서 얼마나 기쁜지 말도 못해.

甭 béng 〜할 필요 없다, 하지 마라 | 面试 miànshì 면접시험 | 紧张 jǐnzhāng 긴장하다 | 污染 wūrǎn 오염되다 | 内蒙古 Nèiměnggǔ 내몽고자치구 | 表扬 biǎoyáng 칭찬하다

Pattern 012

A比B……得多

의미 A가 B보다 훨씬 ~하다

해설 동류의 사물 혹은 상황을 서로 비교할 때에 그 차이가 매우 큼을 나타낸다. A가 B보다 정도가 더 높거나 심함을 의미한다. 'A比B + 형용사 + 得(de)多'의 형태로 사용한다.

예문

❶ 我家比他家远得多。
   우리 집이 그의 집보다 훨씬 멀다.

❷ 塑料碗比瓷碗轻得多。
   플라스틱 그릇은 도자기 그릇보다 훨씬 가볍다.

❸ 我认为健康比金钱重要得多。
   나는 건강이 금전보다 훨씬 중요하다고 믿는다.

❹ 郊外的空气比市内的好得多。
   교외의 공기가 시내의 공기보다 훨씬 좋다.

대화

A : 德国车质量真好。
   독일 차는 품질이 정말 좋아.

B : 可是，价钱也比国产的贵得多。
   그렇지만 가격도 국산 차보다 훨씬 비싸지.

연습 'A比B……得多'를 사용하여 다음 문장을 완성하세요.

1. 最近我学习很努力，不像以前那样爱玩了，所以这次考试的成绩＿＿＿＿＿＿。
   요즘 나는 엄청나게 열심히 공부했다. 이전처럼 그렇게 놀기를 밝히지도 않았다. 그래서 이번 시험 성적이 이전보다 훨씬 좋다.

2. 我的房间有20平方米，他的只有8平方米，＿＿＿＿＿＿＿＿。
   내 방은 20m²인데, 그의 방은 겨우 8m²다. 내 방이 그의 방보다 훨씬 크다.

塑料 sùliào 몡 플라스틱, 비닐 | 瓷(器) cí(qì) 몡 도자기 | 郊外 jiāowài 몡 교외 | 空气 kōngqì 몡 공기 | 质量 zhìliàng 몡 (품)질, 질과 양, (물리) 질량 | 国产 guóchǎn 몡혱 국산(의) | 平方米 píngfāngmǐ 단위 제곱미터(m²)

Pattern 013

……比……都……

의미 ~은 누구(무엇, 어디, 어느)보다 더 ~하다

해설 지시하는 사물이 다른 사물(들)에 비해 정도가 가장 높음을 의미한다. '比' 뒤에는 임의지칭의 '谁', '什么', '哪儿', '哪' 등 의문대사가 사용된다.

예문

❶ 中国人口比哪国都多。
중국은 인구가 어느 나라보다도 많다.

❷ 一个人的人品比什么都重要。
한 사람의 인품은 무엇보다도 중요하다.

❸ 出头露面的事他比谁都积极。
사람들 앞에 나서는 일이라면 그는 누구보다도 적극적이다.

❹ 有人说杭州、苏州的姑娘比哪儿的都好看。
누군가 말하기를 항저우와 쑤저우의 아가씨가 그 어디의 아가씨보다도 예쁘다고 했다.

대화

A : 这个工作交给老赵行吗?
이 일을 자오 형에게 맡겨도 될까?

B : 当然行, 他比谁都可靠。
물론이지, 그 친구는 누구보다도 믿을 만한 사람이야.

연습 '……比……都……'를 사용하여 다음 문장을 바꿔 쓰세요.

1. 这个房间是最敞亮的。
   이 방이 가장 환한 방이다.
   ➡ _____。
   이 방이 어느 방보다 훤합니다.

2. 他认为工作是最重要的。
   그는 일이 가장 중요하다고 생각한다.
   ➡ _____。
   그는 일이 어떤 것보다 중요하다고 생각한다.

人品 rénpǐn 몡 인품, 인격 | 出头露面 chūtóu lòumiàn 성어 사람들 앞에 나서다 | 杭州 Hángzhōu 지명 항저우 | 苏州 Sūzhōu 지명 쑤저우 | 积极 jījí 혱 적극적이다, 의욕적이다 | 可靠 kěkào 혱 믿음직하다, 확실하다 | 敞亮 chǎngliàng 혱 (방 따위가) 넓고 환하다, (생각, 마음 등이) 탁 트이다, 명료하다, 분명하다

Pattern 014

A比B……多了

의미 A가 B보다 훨씬(월등히) ~하다

해설 비교의 결과 그 차이가 매우 크며, A가 B보다 정도가 훨씬 높음을 나타낸다. 'A比B + 형용사 + 多了'의 형태로 사용한다. Pattern 012의 'A比B + 형용사 + 得多'와 같은 표현이다.

예문

① 他的个子比我高多了。
그의 키가 나보다 훨씬 크다.

② 有的人认为，藏文比汉字难写多了。
어떤 사람은 티베트문자가 한자보다 훨씬 쓰기 어렵다고 한다.

③ 东北地区比南方冷多了。
동북지역은 남쪽지역보다 훨씬 춥다.

④ 现在亚太地区的股市情况比早两年好多了。
현재 아태지역의 주식시장 상황은 2년 전보다 월등히 좋다.

대화

A : 你怎么什么都听他的?
너는 어떻게 그의 의견이라면 뭐든 다 듣는 거야?

B : 谁都知道他的经验比我多多了。
알다시피 그의 경험이 나보다 월등히 많잖아.

연습 'A比B……多了'를 사용하여 다음 문장을 완성하세요.

1. 上次考试我只考了70分，这次考了95分，＿＿＿＿＿＿＿＿＿＿＿＿＿＿＿＿。
   지난번 시험에 나는 겨우 70점을 맞았는데, 이번에는 95점을 맞아서 지난번 시험보다 훨씬 잘 봤다.

2. 这种冰箱功能、式样都好，不过价格太贵了，等打折时再买吧，＿＿＿＿＿＿＿＿。
   이 냉장고는 기능이나 스타일은 다 좋은데 가격이 너무 비싸. 할인하거든 사자. 지금보다 훨씬 쌀 거야.

藏文 Zàngwén 명 티베트어, 티베트문자 | 东北 Dōngběi 지명 동북(둥베이) | 亚太 Yàtài 명 아시아태평양(Asia Pacific) | 股市 gǔshì 명 주식시장(股票市场) | 经验 jīngyàn 명 경험 | 功能 gōngnéng 명 기능 | 式样 shìyàng 명 스타일, 양식 | 打折(扣) dǎzhé(kòu) 동 할인하다, 에누리하다

Pattern 015

A比B更/还……

의미 A가 B보다 더(훨씬) ~하다

해설 이미 정도가 높은 두 가지 사물을 서로 비교하여, 그래도 전자의 정도가 더욱 높고 더욱 깊음을 나타낸다.

예문

❶ 我相信将来一定会比现在更好。
난 미래는 현재보다 더 좋을 거라 믿어.

❷ 我同意你的看法，人的内心比外表更重要。
나는 너의 견해에 동의해. 사람의 속마음이 겉모습보다 더욱 중요하지.

❸ 他一米八二，够高的吧？可他弟弟比他还高呢!
그는 키가 182cm인데, 꽤 크잖아? 그렇지만 동생은 그 친구보다도 훨씬 크다고!

❹ 她虽然是个演员，可平时穿得比一般人还朴素。
그녀는 비록 연기자이긴 하지만, 평소에는 일반인보다도 훨씬 소박하게 입는다.

대화

A : 中国的黄河可长啦，有5464公里。
중국의 황허는 꽤 길어요. 5,464km나 되는 걸요.

B : 可长江比它更长，6300公里呢!
하지만 창장은 그보다도 훨씬 길어요. 6,300km라니까요!

연습 'A比B更/还……'를 사용하여 다음 대화를 완성하세요.

A : 小丽和小云都是既漂亮又温柔的姑娘。
샤오리와 샤오윈은 모두 예쁘고 상냥한 아가씨야.

B : 对，不过我觉得_____。
맞아, 그렇지만 내 생각엔 샤오리가 샤오윈보다 더 예쁜 것 같아.

将来 jiānglái 圕 장래, 미래 | **内心** nèixīn 圕 내심 | **外表** wàibiǎo 圕 겉모습 | **演员** yǎnyuán 圕 연기자 | **一般人** yìbānrén 圕 일반인 | **朴素** pǔsù 소박하다, 검소하다 | **黄河** Huánghé 圕 황허 | **长江** Chángjiāng 圕 창장 | **温柔** wēnróu 圕 온유하다, 상냥하다

Pattern 016

A比起B来…… / 比起B来, A……

의미 A는 B에 비해 ~하다

해설 A와 B를 비교하되, A를 강조하는 표현이다.

예문

❶ 现在中国的各种法规比起过去来健全多了。
현재 중국의 각종 법규는 과거와 비교하면 훨씬 완벽해졌다.

❷ 上下班时堵车堵得很厉害, 骑自行车比起开车来还快呢。
출퇴근 때에 차가 엄청나게 밀린다. 자전거를 타는 것이 운전하는 것보다 오히려 빠르다.

❸ 比起普通相机来, 数码相机方便多了。
일반카메라보다 디지털카메라가 훨씬 편리하다.

❹ 比起以前来, 现在我们的居住环境好多了。
이전과 비교하면 현재 우리의 거주환경이 많이 좋아졌다.

대화

A: 近几年来, 你们国家的经济发展得很快。
최근에 당신 나라의 경제가 매우 빨리 발전했습니다.

B: 对, 不过比起发达国家来差距还不小。
맞습니다. 그렇지만 선진국과 비교하면 격차가 아직 큽니다.

연습 'A比起B来…… / 比起B来, A……'를 사용하여 다음 문장을 고치세요.

1. 我觉得中文不容易学, 但法语更难学。
   내 생각에 중국어는 배우기 어려운 것 같아. 하지만 프랑스어는 배우기가 더 어려워.
   ⇨ _____。
   내 생각에 프랑스어는 중국어보다 더 배우기 어려운 것 같아.

2. 美国的物价比欧洲的低。
   미국의 물가는 유럽보다 낮다.
   ⇨ _____。
   유럽의 물가와 비교하면 미국이 물가는 낮다.

健全 jiànquán 형 온전하다, 완전하다 | 数码相机 shùmǎ xiàngjī 명 디지털카메라 | 发展 fāzhǎn 동 발전하다 | 发达国家 fādá guójiā 명 선진국 (cf. 发展中国家 개발도상국) | 差距 chājù 명 차이, 격차 | 欧洲 Ōuzhōu 명 유럽 (cf. 欧盟 Ōuméng 유럽연합, EU)

Pattern 017

别的不说, 就(说)……

의미 다른 것은 말할 것도 없고(다른 건 몰라도, 무엇보다도, 단지) ~만 해도 ~

해설 어떤 상황의 일정 측면만을 도드라지게 언급하지만, 사실 은연중에 상황 전체가 더욱 강조된다. 그렇지만 말하는 사람은 단지 현재 언급하고 있는 측면만을 강조한다.

예문

❶ 我妈每天可忙了。别的不说，就做这四口人的饭，也够她累的。
우리 엄마는 날마다 무척 바쁘시다. 다른 건 말할 것도 없고, 네 식구 밥해주는 것만도 꽤 힘들어 하셔.

❷ 他可是个大款。别的不说，就高档小轿车，至少有三辆。
그 친구 정말 부자라니까. 다른 말 할 것 없이 고급 승용차만 해도 적어도 세 대는 있어.

❸ 离开了家以后，别的不说，就说这吃，已经够我伤脑筋的了。
집을 떠난 이후에, 다른 건 몰라도 먹는 문제만큼은 이미 충분히 골치를 앓고 있다.

❹ 政府也很不容易。别的不说，就说修路，得花多少人力财力。
정부로서도 쉬운 일은 아닙니다. 다른 문제는 차치하고 도로 공사만 따져 봐도 수많은 인력과 예산이 소요됩니다.

대화

A : 你每月花多少钱?
너 매달 돈 얼마나 쓰냐?

B : 别的不说，就说喝酒，也得上千块。
다른 건 빼고, 술값만 해도 수천 위안이 넘게 들지.

연습 '别的不说, 就(说)……'를 사용하여 다음 대화를 완성하세요.

A : 你们平时作业多吗?
너희 평소에 숙제 많니?

B : 多。_____。
많아요. 다른 건 몰라도 수학만 해도 온종일 걸려요.

大款 dàkuǎn 명 큰 부자, 부호 | 高档 gāodàng 형 고급의(↔ 低档 dīdàng) | 轿车 jiàochē 명 승용차, 세단 | 伤脑筋 shāng nǎojīn 골치를 앓다, 애를 먹다 | 修路 xiūlù 도로를 정비하다, 닦다 | 一整天 yìzhěngtiān 명 온종일

Pattern 018

别看……, 其实……

의미 ~이긴 하지만(그래서 상식적으로 이러저러할 것이라 예상하겠지만) 사실은(예상과는 달리) ~하다

해설 표면적인 현상에 근거하여 상식적으로 예상한 결론이 실제 발생한 상황과 상반됨을 뜻한다. '别看+표면현상, 其实+(예상과 다른) 실제상황' 형태로 진행되며, 뒤 문장의 '其实' 대신에 '但, 却, 可' 등 전환관계 의미의 단어를 사용할 수 있다. 양보절(虽然) 구문으로 볼 수 있다.

예문

❶ **别看**他瘦，**其实**吃得不少。
그가 비쩍 말라 보이지만(그래서 잘 먹지 않으리라고 생각하겠지만), 실은 꽤 많이 먹는다.

❷ **别看**那儿交通不方便，**但**游客挺多。
그곳의 교통이 불편하긴 하지만(그래서 관광객이 많지 않다고 생각하겠지만), 관광객이 엄청나게 많다.

❸ **别看**老王住得远，**可**每天总是第一个到办公室。
왕 씨가 멀리 살기는 해도(그래서 지각할 거로 생각하겠지만) 날마다 항상 사무실에 제일 먼저 나온다.

❹ **别看**他是个小学生，**却**发现了教科书上的错误。
저 녀석이 초등학생이기는 해도(그래서 수준이 낮을 거로 생각하겠지만) 교과서 상의 오류를 찾아냈다.

대화

A : 这么个不起眼的地方足球队居然赢了，真没想到。
이렇게 별 볼 일 없는 동네의 축구팀이 이기다니, 정말 뜻밖인데.

B : **别看**他们队名气不大，**其实**很有实力。
저 친구들 팀이 별로 유명하진 않아도 사실 실력이 대단해.

연습 '别看……, 其实……'를 사용하여 다음 대화를 완성하세요.

A : 他个子不高，参加篮球队行吗?
저 친구 키가 크지도 않은데 농구팀에 들어가도 되겠어?

B : _____。
키가 크진 않지만, 슛이 백발백중이야.

游客 yóukè 명 관광객 | 发现 fāxiàn 동 발견하다 | 错误 cuòwù 명 착오, 잘못 | 不起眼 bùqǐyǎn 볼품없다 | 居然 jūrán 부 뜻밖에, 의외로 | 赢 yíng 동 이기다, 획득하다 | 名气 míngqì 명 명성 | 投篮 tóulán 동 (농구에서) 슛하다 | 百发百中 bǎifā bǎizhòng 백발백중

Pattern 019 A不比B……多少

의미 A는 B보다 얼마(별로, 딱히, 크게) ~하지 않다

해설 두 가지 사물의 차이가 크지 않음을 뜻한다. 'A不比B + 형용사 + 多少'의 형태로 사용한다. A가 B보다 약간 어떠하다는 뜻이다.

예문

① 现在他的经济情况不比你好多少。
현재 그의 경제상황은 너보다 얼마 좋지도 않다.

② 堵车的话，开车不比走路快多少。
차가 밀린다면 운전하는 것이 걸어가는 것보다 별로 빠르지 않다.

③ 中国南方很多农村的消费水平不比一般城市低多少。
중국 남방의 수많은 농촌의 소비수준은 일반도시보다 딱히 낮지도 않다.

④ 我看就买这个吧，是名牌，价格也不比一般的贵多少。
그냥 이거 사라. 명품인데다가 가격도 일반제품보다 크게 비싸지도 않아.

대화

A : 我决定转到法语专业，德语太难学了。
난 프랑스어 전공으로 바꾸기로 했어. 독일어는 너무 배우기 힘들어.

B : 我想学法语不比学德语容易多少吧?
내 생각에는 프랑스어가 독일어보다 별로 쉬울 것 같지도 않은데?

연습 'A不比B……多少'를 사용하여 다음 대화를 완성하세요.

A : 我想买进口的厨具，质量好。
나는 수입한 조리기구를 사고 싶어. 품질도 좋잖아.

B : 进口的比国产的贵多了，而且现在国产的质量_____。
수입제품이 국산품보다 훨씬 비싸. 게다가 지금은 국산품도 품질이 수입제품보다 많이 차이 나는 것도 아니고 말이야.

堵车 dǔchē 동 교통이 체증되다 | 农村 nóngcūn 명 농촌 | 消费 xiāofèi 명동 소비(하다) | 水平 shuǐpíng 명 수준, 수평 | 城市 chéngshì 명 도시 | 名牌 míngpái 명 명품, 브랜드 | 转专业 zhuǎn zhuānyè 전공을 바꾸다, 전과하다 | 进口 jìnkǒu 동 수입하다 | 厨具 chújù 명 (냄비나 칼 등의) 주방 용구

Pattern 020

不……不……

의미 ~하지도 않고 ~하지도 않다, ~하지 않으면 ~하지 않다, ~같지도 않고 ~같지도 않다

해설 두 개의 '不'가 의미가 상반된 단음절 형용사나 방위사 앞에 쓰이면 주로 딱 좋다는 의미를 나타내며, 때로는 중간 정도의 불만스러운 어감을 나타내기도 한다. 의미가 상반된 단음절 동사(혹은 형태소) 앞에 쓰이면 대부분 '如果不A就不B(만약 A하지 않으면 B하지 않는다)'는 의미를 나타내며 반드시 하겠다는 뜻이 된다. 의미가 서로 같거나 가까운 단음절 단어(혹은 형태소) 앞에 쓰이면 부정을 강조한다.

예문

❶ 这条裤子的颜色不深不浅正合适。
이 바지 색깔이 너무 진하지도 옅지도 않은 것이 딱 좋다. [좋다]

❷ 有些年纪大的人看不惯这种不男不女的打扮。
일부 나이가 많은 사람들은 이런 남자 같지도 여자 같지도 않은 차림새를 눈에 거슬려 한다. [불만]

❸ 那咱们可说好了，7点钟学校门口见，不见不散。
그럼 우리 약속했다. 7시에 학교 입구에서 보자. 꼭 나오기다. [필수]

❹ 他不是个好父亲，只知道忙自己的工作，对孩子的事从来都不闻不问。
그는 좋은 아버지가 아니다. 자기 일 바쁜 줄만 알고 아이에 대한 일은 묻지도 듣지도 않는다. (관심조차 없다) [부정 강조]

대화

A : 葡萄得洗干净了再吃。
포도는 깨끗이 씻은 다음에 먹어야지.

B : 没关系。俗话说"不干不净，吃了没病"嘛。
괜찮아요. "너무 깨끗하면 탈이 난다"는 속담도 있잖아요.

연습 알맞은 표현을 골라 빈칸에 넣으세요.

| 不软不硬　　不上不下　　不破不立　　不言不语 |

1. 我妈做的饼_____，真好吃。
   엄마가 만들어주신 떡이 너무 딱딱하지도 무르지도 않은 것이 정말 맛있다.

2. 大家都在热烈地讨论，只有他一个人_____地坐在那儿。
   모두 열띤 토론을 벌이고 있는데, 저 친구 혼자만 입도 벙긋하지 않고 저쪽에 앉아있다.

看不惯 kàn bu guàn 낯설다, 눈에 거슬리다 | **不上不下** búshàng búxià 성어 진퇴양난, 막상막하, 적당하다 | **不破不立** búpò búlì 성어 낡은 것을 파괴하지 않고서는 새것을 세울 수 없다

Pattern 021

不但……, 反而……

의미 ~하기는커녕 오히려(도리어, 반대로) ~하다

해설 화자가 예상했던 상황이 나타나기는커녕 오히려 예상한 것과 상반되거나 일반적인 상식과는 다른 비정상적인 상황이 발생했음을 의미한다. '不但'은 '不仅'으로 바꾸어 쓸 수 있다.

예문

❶ 下了雨之后，不但没凉快点儿，反而更闷热了。
비가 내린 후에, 날씨가 좀 시원해지기는커녕 오히려 더 무더워졌다.

❷ 我一直想等房价跌了再买房，可是这些年房价不但没跌，反而飞涨。
집값이 내려간 다음에 집을 사겠다고 줄곧 생각해왔는데, 요 몇 년 집값이 내려가기는커녕 반대로 급등했다.

❸ 困难不但没吓倒他们，反而坚定了他们的信心。
곤경이 그들을 좌절하게 하기는커녕 오히려 그들의 신념을 굳게 만들었다.

❹ 这几年一直说要精简机构，可是政府工作人员不仅没减少，反而增加了。你说这是怎么回事？
최근 몇 년간 조직을 축소하겠다고 줄곧 말해왔지만, 정부는 인력을 줄이기는커녕 도리어 늘려왔습니다. 이게 어떻게 된 일인지 말씀해보십시오.

대화

A : 她得了癌症，她的男朋友和她分手了吧？
그녀가 암에 걸린 후에 남자친구가 걔랑 헤어졌지?

B : 不仅没分手，反而更加体贴她了。
헤어지기는커녕 오히려 더 자상해졌어.

연습 '不但……，反而……'를 사용하여 다음 대화를 완성하세요.

A : 吃了药以后，你的胃疼是不是好些了？
약을 드시고 나서 위통이 많이 호전됐나요？

B : 哪儿啊，＿＿＿＿＿＿＿＿＿＿＿＿＿＿＿＿＿。
웬걸요, 호전은 고사하고 도리어 더 악화됐어요.

闷热 mēnrè 휑 무덥다 | 跌 diē 동 (가격, 물가 등이) 떨어지다 | 飞涨 fēizhǎng 동 폭등하다 | 吓倒 xiàdǎo 동 놀라서 뒤로 물러서다 | 坚定 jiāndìng 동 (주장, 의지 등을) 확고하게 하다 | 精简 jīngjiǎn 동 (인원, 규모 등을) 감축하다 | 癌症 áizhèng 명 암 | 体贴 tǐtiē 동 자상하게 돌보다 | 胃疼 wèiténg 명 위통 | 好转 hǎozhuǎn 동 호전되다 | 恶化 èhuà 동 악화되다

Pattern 022

不但……, 还/而且……

의미 ~할 뿐만 아니라 게다가 ~하다

해설 상태나 상황이 더 심화, 발전되었음을 의미한다.

예문

❶ 我不但会开车，还会修车呢。你没想到吧?
나는 운전할 줄도 알고 게다가 차를 수리할 줄도 알아. 너 내가 그럴 줄 몰랐지?

❷ 他不但收藏名画，还收藏了不少民间剪纸。
그는 명화를 소장하고 있을 뿐만 아니라 민간 전지공예도 다수 소장하고 있다.

❸ 王老师不但精通英语，而且精通法语。
왕 선생님은 영어에 정통할 뿐만 아니라 프랑스어도 뛰어나다.

❹ 他对我非常热情，不但请我吃了饭，而且还开车送我回家。
그는 내게 무척 친절했다. 나한테 밥도 사줬고, 또한 차로 집에 바래다주기까지 했다.

대화

A : 听说小李对父母不怎么样。
이 군이 부모님께 별로 잘하지 못한다면서.

B : 没错，不但不孝顺，还经常无理取闹。
맞아. 불효는 물론이고 게다가 늘 무턱대고 말썽을 일으키지.

연습 '不但……, 还/而且……'를 사용하여 다음 대화를 완성하세요.

A : 你想找一个什么样的女朋友?
어떤 스타일의 여자친구를 원해?

B : 我梦中的她＿＿＿＿＿＿＿＿＿＿＿＿＿＿＿＿＿＿＿＿＿。
내 이상형은 말이야. 똑똑해야 하고, 예뻐야 하고 게다가 나긋나긋하고 돈도 잘 벌어야 해.

没想到 méi xiǎngdào 생각지 못하다, 의외다 | 收藏 shōucáng 图 소장하다 | 剪纸 jiǎnzhǐ 圆 전지(공예) | 精通 jīngtōng 图 정통하다 | 热情 rèqíng 圈 열정적이다 | 孝顺 xiàoshùn 图 효도하다 | 无理取闹 wúlǐ qǔnào 아무런 이유 없이 말썽을 일으키다 | 能挣钱 néng zhèngqián 돈을 잘 벌다

Pattern 023

不但……, 连……也/都……

의미 ~할 뿐만 아니라 심지어(하다못해) ~조차도 ~하다

해설 상태나 상황이 한층 더 심화, 발전했음을 의미한다. 아울러 극단적이고 도드라진 사례를 들어 그 의미를 더욱 강조한다.

예문

❶ 今天我忙得不但忘了吃饭，连水都没喝一口。
오늘 너무 바빠서 밥 먹는 것도 깜빡하고, 심지어 물도 한 모금 못 마셨다.

❷ 他最近特勤快，今天不但洗了衣服，连晚饭都做好了。
그는 요즘에 무척이나 부지런하다. 오늘은 빨래도 했고 하물며 저녁 식사도 다 준비했다.

❸ 那座山不但我爬不上去，连登山运动员上去也很难。
그 산은 나도 못 올라가는 건 물론이고, 하다못해 산악인들조차도 오르기 벅차다.

❹ 这个问题太难回答了，不但我不会，可能连老师也回答不出来。
이 문제는 대답하기 너무 어렵다. 내가 못 푸는 건 둘째고, 아마 선생님조차도 답을 내지 못하실 거다.

대화

A : 大卫的汉语水平真高。
데이비드의 중국어 수준이 정말 높아.

B : 是啊。他不但说得非常流利，连文章也写得很漂亮。
맞아. 그 친구 말도 유창할 뿐만 아니라 글도 아주 잘 쓴다고.

연습 '不但……，连……也/都……'를 사용하여 다음 대화를 완성하세요.

A : 最近小王没来看你吗?
최근에 왕 군이 너 보러 오지 않았지?

B : 他_____。
나 보러 안 온 건 물론이고 심지어 전화 한 통도 없었어.

勤快 qínkuai 형 부지런하다 | 登山运动员 dēngshān yùndòngyuán 등산가, 산악인 | 流利 liúlì 형 유창하다 | 文章 wénzhāng 명 문장, 속뜻, 방법

Pattern 024

……不到哪儿去

의미 얼마(그다지, 별로) ~하지 않다, ~해봤자 (거기서 거기)

해설 형용사와 함께 이어서 쓰는데, 비교 후에 그 차이가 크지 않음을 의미한다. 주로 '(형용사)+也+형용사+不到哪儿去'의 형식으로 쓰인다.

예문

❶ 我看下周的天气，凉快也凉快不到哪儿去。
내가 보기에 다음 주에 날씨가 춥다 해도 거기서 거기다.

❷ 别担心，今年的高考题比往年难也难不到哪儿去。
걱정 마라. 올해 대학시험 문제가 왕년보다 어려워 봤자지.

❸ 你别总觉得自己比别人胖多了，其实也胖不到哪儿去。
너 항상 그렇게 자기가 남들보다 아주 뚱뚱하다고 생각하지 마라. 사실 별로 뚱뚱하지도 않아.

❹ 在外面吃比自己做省事多了，再说一般餐馆也贵不到哪儿去，还是出去吃吧。
밖에서 먹는 게 직접 해 먹는 것보다 훨씬 수월하지. 게다가 일반식당은 비싸다 한들 거기서 거기야. 그냥 나가서 먹자.

대화

A : 咱们去那家新开的超市吧。
우리 새로 생긴 그 슈퍼마켓에 가자.

B : 算了，那里的东西也便宜不到哪儿去，还得跑那么远。
됐어. 거기 물건이 싸봐야 얼마나 싸다고 그 멀리까지 가야 되겠니.

연습 '……不到哪儿去'를 사용하여 다음 문장을 바꿔 쓰세요.

1. 别开车了，现在正堵车呢，开车去也不会太快。
   차로 가지 마라. 지금 한창 길 막힐 시간인데. 차로 가도 별로 빠르지도 않을 거야.
   ➡ _____。
   차를 가져가도 빨라 봤자 거기서 거기다.

2. 哈哈，你说他不聪明，我看你也不比他聪明多少。
   하하하, 너 개보고 멍청하다고 그러는데, 내가 보기에는 너도 개보다 썩 똑똑하진 않아.
   ➡ _____。
   네가 똑똑하다 해도 그 머리가 어디 가겠냐.

下周 xiàzhōu 몡 다음 주(= 下星期) | **凉快** liángkuai 몡 시원하다, 서늘하다 | **高考** gāokǎo 몡 중국 대학입학시험 | **省事** 동 일을 줄이다, 수고를 덜다 | **再说** zàishuō 접 게다가

Pattern 025

不管……, 都/也……

의미 ~를 막론하고 ~하다, ~하든지 말든지 ~하다

해설 언급한 상황이나 조건이 다르더라도 그 결과는 변함없음을 의미하며, '不管/无论/不论' 뒤에는 흔히 단어가 병렬되어 나타나거나 임의의 것을 지칭하는 의문대사가 따라온다.

예문

❶ **不管**男女老少，**都**喜欢参加这种欢庆活动。
남녀노소를 막론하고, 다들 이런 경축행사에 참가하는 걸 좋아한다.

❷ 一进入中年，**不管**是谁，**都**有时光飞逝的感觉。
일단 중년에 들어서면, 누구든 세월이 쏜살같이 지나간다는 느낌을 가진다.

❸ 在互联网时代，**不管**你有多少经验，**都**会感觉力不从心。
인터넷 시대에는 당신이 얼마나 경험이 많든 간에 역부족이라는 걸 느끼게 될 것이다.

❹ **不管**那个国家多么强大，**也**需要国际社会的支持。
그 나라가 아무리 강대해도 국제사회의 지지가 필요하다.

대화

A : 他是世界金融专家，怎么也赔了呢？
그는 세계금융 전문가인데, 어떻게 손해를 볼 수가 있어?

B : **不管**什么人，**都**无法十分准确地预测股票市场。
누구도 정확하게 주식시장을 예측할 수는 없는 법이지.

연습 '不管……, 都/也……'를 사용하여 다음 문장을 바꿔 쓰세요.

1. 明天不下雨，我去；明天下雨，我也去。
   내일 비가 오지 않으면 나는 간다. 내일 비가 와도 나는 간다.
   ⇨ _____。
   내일 비가 오든 안 오든 나는 간다.

2. 这个东西不贵，我会买；这个东西贵，我还是会买。
   이 물건이 비싸지 않으면 나는 산다. 이 물건이 비싸도 나는 살 것이다.
   ⇨ _____。
   이 물건이 비싸거나 말거나 나는 살 것이다.

欢庆活动 huānqìng huódòng 경축행사 | 时光 shíguāng 圐 시절, 세월 | 飞逝 fēishì 圐 시간이 빨리 가다 | 互联网 hùliánwǎng 圐 인터넷 | 力不从心 lìbùcóngxīn 圐 마음은 있으나 힘이 따르지 못하다 | 金融 jīnróng 圐 금융 | 赔 péi 圐 배상하다, 손해보다 | 准确 zhǔnquè 圐 정확하다 | 预测 yùcè 圐 예측하다 | 股票 gǔpiào 圐 주식, 증권

Pattern 026

不管怎么说, ……

의미 어쨌든(하여간, 아무튼) ~하다

해설 어떤 상황에서도 이 사실을 인정해야 한다는 것을 강조한다. '无论如何(wúlùnrúhé)'와 의미가 비슷하다.

예문

❶ 不管怎么说，他创造了最成功的投资实体。
누가 뭐래도 그는 가장 성공적인 투자 실체를 이루어냈다.

❷ 很多人批评他，但不管怎么说，他在国际上拿了大奖。
많은 사람이 그를 비난했지만, 어쨌든 그는 국제적으로 대상을 받았다.

❸ 不管怎么说，一个人总得有点儿同情心。
하여간 사람이라면 약간의 동정심이 있어야 한다.

❹ 不管怎么说，烟还是戒掉的好，酒也要适量地喝。
아무튼 담배는 끊는 게 좋고, 술도 적당히 마셔야 한다.

대화

A : 有人怀疑他从事慈善事业的目的。
어떤 이들은 그가 자선사업에 종사하는 목적을 의심하더라.

B : 不管怎么说，搞慈善事业总是好的。
어쨌든 자선사업을 하는 건 좋은 일이야.

연습 '不管怎么说, ……'를 사용하여 다음 대화를 완성하세요.

A : 这门课太没意思了，真不想学了。
이 과목은 너무 재미없어서, 공부하기 정말 싫어.

B : ＿＿＿＿＿＿＿＿，这是必修课呀，＿＿＿＿＿＿＿＿？
아무리 그래도 그렇지, 이건 필수과목이잖아. 어떻게 수업을 바꿀 수가 있겠어?

创造 chuàngzào 图 창조하다 | 投资 tóuzī 图 투자하다 | 实体 shítǐ 圀 실체, 실제 | 拿奖 nájiǎng 상을 타다 | 戒烟 jièyān 담배를 끊다 | 适量 shìliàng 圀 적당량이다 | 怀疑 huáiyí 图 의심하다 | 慈善事业 císhàn shìyè 자선사업 | 必修课 bìxiūkè 필수과목 | 哪能 nǎnéng 어떻게 ~할 수 있나 | 换课 huàn kè 수업을 바꾸다

Pattern 027

不管……怎么样, ……

의미 ~야 어떻든(상관없이) ~하다

해설 그 어떠한 상황에서도 태도나 결정이 변하지 않음을 나타낸다. 주로 회화체에서 사용한다.

예문

❶ **不管**股票行情**怎么样**，他都稳如泰山。
주식 시세가 어떻게 되든 그는 태산처럼 침착하다.

❷ **不管**父母态度**怎么样**，他还是乐于冒险。
부모님의 태도야 어떻든지 간에 그는 여전히 모험을 즐긴다.

❸ **不管**那里的情况**怎么样**，我一定要去一趟。
그곳의 상황이야 어떻든 상관없어요, 나는 꼭 그곳에 가야 합니다.

❹ 现在**不管**他对我态度**怎么样**，我都会像以前一样，谅解他的。
현재 나에 대한 그의 태도가 어떻든 간에 나는 이전과 마찬가지로 그를 용서할 겁니다.

대화

A : 有人说为挣钱牺牲休息时间不值得。
돈을 벌기 위해 휴식시간을 포기하는 것은 가치가 없다고 하잖아.

B : **不管**别人的看法**怎么样**，我愿意。
다른 사람의 관점이야 어떻든 나는 기꺼이 그렇게 할 거야.

연습 '不管……怎么样, ……'를 사용하여 다음 대화를 완성하세요.

A : 不少人说这个节目的主持人品行不怎么样。
많은 사람이 그러는데 이 프로그램의 사회자가 품행이 별로래.

B : _____, 我认为节目主持得好就行。
소문이야 어떻든 나는 프로그램만 잘 진행하면 그만이라고 생각해.

行情 hángqíng 몡 업계현황, 시세 | 稳如泰山 wěnrútàishān 태산처럼 안정적이고 굳건하다 | 乐于 lèyú 동 기꺼이 하다 | 冒险 màoxiǎn 동 모험하다 | 谅解 liàngjiě 동 양해하다 | 牺牲 xīshēng 동 희생하다 | 不值得 bùzhíde 동 ~할 가치가 없다 | 主持人 zhǔchírén 몡 사회자 | 传闻 chuánwén 몡 소문, 루머

Pattern 028

……不惯

의미 ~하는 것이 적응(습관)이 되지 않다

해설 '不惯' 앞에는 주로 단음절 동사가 오며, 어떤 방면에 대해 습관 혹은 적응이 되지 않아 다소 낯설고 어색하고 불편함을 나타낸다. 약간의 불만감이 들어있기도 하다. 긍정형식은 'V+得惯'이다.

예문

❶ 他刚从农村来，过不惯城市生活。
그는 막 농촌에서 와서 도시 생활에 익숙하지 않다.

❷ 有些年轻人生活懒散，真让人看不惯。
일부 젊은이들의 생활이 아주 게을러서 눈살이 찌푸려진다.

❸ 南方人到了北方，很多东西都吃不惯。
남쪽 사람이 북쪽에 오면 많은 음식이 입에 맞지 않는다.

❹ 我过去学的是繁体字，现在写简体字应该容易，可我就是写不惯。
내가 과거에 번체자를 배웠으니 지금 간체자를 쓰는 게 쉬워야 정상인데, 쓰기가 영 적응이 안 된다.

대화

A : 我穿不惯尖头高跟鞋。
난 끝이 뾰족한 하이힐은 못 신겠어.

B : 我穿得惯。
난 괜찮은데.

연습 '……不惯'을 사용하여 다음 문장을 완성하세요.

1. 我是中国人，喜欢喝茶，_____咖啡。
저는 중국사람이라 차 마시는 걸 좋아하지요. 커피는 익숙하지가 않네요.

2. 新买的电脑什么都好，就是键盘太软了，我_____。
새로 산 컴퓨터가 다 좋은데, 다만 키보드가(키 감이) 너무 물러서 타자가 영 어색하다.

懒散 lǎnsǎn 휑 게으르다 | 繁体字 fántǐzì 몡 번체자 | 简体字 jiǎntǐzì 몡 간체자 | 尖头 jiāntóu 몡 뾰족한 끝 | 高跟鞋 gāogēnxié 몡 하이힐 | 键盘 jiànpán 몡 키보드 | 打字 dǎzì 동 타자를 치다

Pattern 029

(只)不过……罢了

의미 단지(다만) ~일 뿐이다(따름이다, 불과하다)

해설 '也就是' 또는 '只是'의 의미가 있다.

예문

❶ 他那哪是真本事，不过是哄孩子玩儿的把戏罢了。
그 친구 그게 어디가 능력이야. 그저 애 달래고 노는 거지.

❷ 他们的煤炭质量很高，不过价格很难接受罢了。
그들의 석탄은 품질이 매우 높습니다. 다만 가격이 받아들이기 어려울 뿐입니다.

❸ 老百姓对政策还是拥护的，只不过痛恨那些贪官罢了。
국민들은 정책에 대해 여전히 지지하고 있습니다. 단지 그 탐관오리들이 개탄스러울 뿐입니다.

❹ 他们的计算机硬件比我们的好，只不过在软件上还稍落后于我们罢了。
그들의 컴퓨터 하드웨어는 우리 것보다 뛰어납니다. 단지 소프트웨어에서 우리보다 약간 뒤져 있을 뿐입니다.

대화

A : 他为什么跟你生那么大的气?
걔가 왜 너한테 그렇게 크게 화를 내?

B : 谁知道! 我不过说了几句公道话罢了。
누가 알아? 난 그저 입바른 소리 몇 마디 했을 뿐이야.

연습 '(只)不过……罢了'를 사용하여 다음 대화를 완성하세요.

A : 怎么啦，一脸不高兴?
왜 그래? 왜 얼굴 가득 인상을 쓰고 있어?

B : 没什么，_____。
아무것도 아니야. 단지 말하고 싶지 않을 뿐이야.

本事 běnshì 명 능력, 재능 | 哄 hǒng 동 아이를 달래다 | 把戏 bǎxì 명 속임수, 수작 | 煤炭 méitàn 명 석탄 | 老百姓 lǎobǎixìng 명 백성, 국민 | 政策 zhèngcè 명 정책 | 拥护 yōnghù 동 옹호(지지)하다 | 痛恨 tònghèn 동 원망하다 | 贪官 tānguān 명 탐관 | 硬件 yìngjiàn 명 하드웨어 | 软件 ruǎnjiàn 명 소프트웨어 | 落后 luòhòu 동 낙후되다 | 公道 gōngdao 형 공평하다, 공정하다

Pattern 030

不仅(不但)不 / 没……, 还……

의미 ~하지 않을 뿐만 아니라 오히려(도리어, 반대로) ~하기도 하다

해설 상황이 예상대로 진행되지 않는 것은 물론, 오히려 상반된 방향으로 발전함을 의미한다. '不仅'은 '不但'으로 바꾸어 쓸 수 있다.

예문

❶ 做这种生意不仅不容易赚到钱，搞不好，还会把本钱都搭进去。
이런 사업을 하는 건 돈을 벌기가 쉽지 않을뿐더러, 잘못하면 오히려 본전을 몽땅 날릴 수도 있다.

❷ 印度的软件业，不仅不比我们差，发展速度还比我们快。
인도의 소프트웨어 산업은 우리보다 못하지 않을 뿐만 아니라, 발전속도는 오히려 우리보다 빠릅니다.

❸ 她吃那么多补品，不但没见把身体补好，还新添了胃病。
그녀는 그렇게나 많은 보양 식품을 먹었지만, 건강에 보탬이 되기는커녕 도리어 위장병만 새로 더했다.

❹ 股票行情不但没好转，股票价格还大幅下跌了。
주식 시세가 호전되기는커녕 주식가격이 오히려 대폭 하락했다.

대화

A : 你有什么问题，可以找老王帮忙。
네게 무슨 문제가 생기면 왕 군을 찾아가 도움을 청해도 된다.

B : 我可了解他，他不但不会帮忙，甚至还会趁机落井下石。
제가 왕 군을 잘 아는데, 그 사람은 도와주는 건 고사하고 심지어 기회를 틈타서 우물에 빠진 사람한테 돌까지 던질 사람이에요.

연습 '不仅(不但)不 / 没……, 还……'를 사용하여 다음 대화를 완성하세요.

A : 这孩子太淘气, 带他这些天, 让你烦了吧?
이 녀석이 너무 개구쟁이라, 며칠 데리고 계시는 동안 많이 성가셨지요?

B : 看你说的，＿＿＿＿＿＿＿＿＿＿＿＿＿＿＿＿。
무슨 말씀을요. 성가시기는커녕 애가 점점 더 좋아졌는걸요.

本钱 běnqián 명 본전, 밑천 | **补品** bǔpǐn 명 건강보조식품 | **添病** tiānbìng 동 병을 더하다 | **大幅** dàfú 명형 대폭(적인) | **下跌** xiàdiē 동 하락하다 | **趁机** chènjī 동 기회를 틈타다 | **落井下石** luòjǐng xiàshí 성어 우물에 빠진 사람에게 돌을 던지다, 남의 어려움을 틈타 해를 가하다 | **淘气** táoqì 형 장난이 심하다

Pattern 031

不仅……, 任何……都……

의미 단지 ~뿐만 아니라, 그 어떠한 ~도 모두 ~하다

해설 어떠한 상황이 단지 하나의 개인이나 집단에만 국한되지 않고 모든 사람이나 사물에 적용된다는 것을 의미한다.

예문

❶ 规章制度<u>不仅</u>群众要遵守，<u>任何</u>人<u>都</u>得遵守。
규칙이란 단지 군중들만 준수해야 하는 것이 아니라, 그 누구라도 모두 준수해야 한다.

❷ 这一零件<u>不仅</u>这种车可以用，<u>任何</u>牌子的车<u>都</u>能用。
이 부품은 이 차종에 사용할 수 있을 뿐만 아니라 다른 어떤 제조사의 차량에도 다 사용할 수 있습니다.

❸ 为了身体健康<u>不仅</u>要少喝白酒，<u>任何</u>酒<u>都</u>不宜多喝。
건강을 위해서는 배갈을 적게 마셔야 하는 것은 물론이요, 어떤 종류의 술이라도 많이 마시는 건 좋지 않다.

❹ 有了无线网卡，<u>不仅</u>可以在家、在办公室上网，在<u>任何</u>地方<u>都</u>可以上网。
무선랜 카드가 생긴 이후 집에서나 사무실에서나 인터넷 접속이 가능함은 물론이고 어느 지역에서도 인터넷에 접속할 수 있다.

대화

A : 我不相信他会做出这种伤天害理的事。
그 사람이 이런 천륜에 어긋나는 일을 했다는 걸 믿을 수가 없어.

B : <u>不仅</u>你不相信，<u>任何</u>人<u>都</u>不会相信。
너만 못 믿는 게 아니고 그 누구도 못 믿을 거야.

연습 '不仅……, 任何……都……'를 사용하여 다음 대화를 완성하세요.

A : 今天欢迎我来吗?
오늘 나 반겨주는 거야?

B : _____。
오늘뿐만 아니라, 언제 오든 다 환영이지.

规章 guīzhāng 명 규칙, 규정 | 制度 zhìdù 명 제도 | 群众 qúnzhòng 명 군중, 대중 | 遵守 zūnshǒu 동 준수하다 | 零件 língjiàn 명 부속품 | 牌子 páizi 명 상표, 브랜드 | 不宜 bùyí 동 ~하는 것은 좋지 않다, ~해서는 안 된다 | 无线网卡 wúxiàn wǎngkǎ 랜 카드 | 伤天害理 shāngtiān hàilǐ 성어 천리(天理)를 위배하다, 사람으로서 못할 짓을 하다

Pattern 032

……不了(liǎo)多少

의미 (~한다고 해봤자) 거의(얼마, 별로) ~차이가 없다(하지 않다)

해설 형용사와 함께 쓰여 비교에 사용할 경우 양자 간의 차이가 크지 않고 비슷함을 나타낸다. 또한, 동사와 함께 사용할 경우 그 수량이 많지 않음을 나타낸다.

예문

❶ 我看他比过去瘦不了多少。
내가 볼 때 그는 과거보다 (살이 빠졌다고 해봤자) 살이 거의 빠지지 않았다.

❷ 这个平价商店东西的价格和超市也差不了多少。
이 할인매장의 물건 가격은 (싸다고 해봤자) 슈퍼마켓이랑 얼마 차이가 나지 않는다.

❸ 早饭我一般吃不了多少。喝杯牛奶，吃两片面包。
나는 보통 아침밥을 별로 먹지 않아요. (먹는다고 해봐야) 우유 한 잔, 빵 두 조각으로 끝입니다.

❹ 我正在编写一本书，不过杂事太多，一天写不了多少。
나는 한창 책을 한 권 집필 중인데, 잡다한 일이 너무 많아서 (쓴다고 해봐야) 하루 종일 얼마 쓰지도 못한다.

대화

A : 白糖？有，要多少？
설탕이요? 있어요, 얼마나 드릴까요?

B : 要不了多少，一点儿就够了。
많이는 필요 없어요. 조금만 있어도 충분해요.

연습 '……不了多少'를 사용하여 다음 문장을 완성하세요.

1. 我干这个工作比以前累多了，但是钱却_____。
내가 이 일을 하는데 이전보다 훨씬 힘든데도, 돈은 얼마 벌지도 못한다.

2. 咳，年纪大了，记性差了，想学点儿外语，可这英语单词一天也_____。
이런, 나이를 먹으니 기억력이 떨어지는군. 외국어를 좀 배워볼까 했더니만 이 영어 단어는 종일 몇 개 외우지도 못하겠어.

平价商店 píngjià shāngdiàn 할인매장 | 编写 biānxiě 동 집필하다, 창작하다 | 杂事 záshì 명 잡일, 자질구레한 일 | 挣钱 zhèngqián 동 (애써서) 돈을 벌다 | 记性 jìxing 명 기억력 | 记 jì 동 기록하다, 기억하다

Pattern 033

不论/不管……, 总得……

의미 (아무리) ~든지(상관없이, 막론하고) 항상(어쨌든, 하여간) ~해야 한다

해설 어떤 상황에서든 반드시 어떤 일을 해야 한다는 것을 나타낸다. '不论'과 '不管'은 의미가 같으나, '不管'이 회화체에 더 많이 쓰인다.

예문

❶ **不论**是干什么，你**总得**找个工作做呀。
무슨 일을 하든지 (상관은 없다만), 어쨌든 직장을 구해서 일을 해야 한다.

❷ **不管**他是谁，地位有多高，**总得**遵纪守法。
그 사람이 누구이든, 지위가 얼마나 높은지 하여간 법을 지켜야 한다.

❸ 这些问题，**不论**多么复杂，**总得**想办法解决才行。
이 문제들이 아무리 복잡하다 한들 어쨌든 방법을 생각해내서 해결해야 한다.

❹ 这艘失踪的船，**不论**是沉没了还是被劫持了，**总得**立即设法寻找。
이 실종 선박은 침몰을 했든 아니면 납치가 되었든 간에 즉시 찾아낼 방법을 강구해야 한다.

대화

A : 哎呀，晚啦，今天的事又多，来不及吃早饭了。
이런, 늦어버렸네. 오늘 일도 많은데, 아침 먹을 시간도 없어.

B : **不论**多忙，**总得**吃点儿东西再走吧。
아무리 바빠도 뭐 좀 먹고 가야지.

연습 '不论/不管……, 总得……'를 사용하여 다음 대화를 완성하세요.

A : 这电脑一定要急着买吗?
컴퓨터를 꼭 급하게 사야 하는 거니?

B : 是啊, _____。
네, 새것이든 헌것이든, 한 대 있어야 해요.

地位 dìwèi 몡 지위 | 遵纪守法 zūnjì shǒufǎ 법이나 기율을 준수하다 | 艘 sōu 양 척(선박을 세는 양사) | 失踪 shīzōng 동 실종되다 | 沉没 chénmò 동 침몰하다 | 劫持 jiéchí 동 납치하다, 유괴하다 | 立即 lìjí 閉 즉시, 당장 | 设法 shèfǎ 동 대책을 강구하다, 방도를 찾다 | 寻找 xúnzhǎo 동 찾다

Pattern 034

……, 不免……

의미 ~한 이유로 (당연히) ~하기 마련이다(~하지 않을 수 없다, ~하게 된다)

해설 어떤 원인으로 인해 어떤 상황 발생을 피할 수 없음을 의미한다. 많은 경우 이상적이지 않은 상태에 사용하여 불만족스럽거나 당혹스러움을 나타낸다.

예문
1. 马上就要开会了，会场还没布置好，他不免着急起来。
   곧 회의가 시작하는데 회의장이 아직 배정이 안 되었으니 그가 조급해 할 수밖에 없다.
2. 在众人面前受到批评，谁都不免会尴尬的。
   여러 사람 앞에서 비난을 당하면, 누구라도 당혹해하기 마련이다.
3. 恐怖事件接连发生，不免使人感到不安。
   연이은 테러사건으로 인해 사람들은 불안을 느꼈다.
4. 他见人躲躲闪闪的，不免令人生疑。
   그 녀석이 사람만 보면 슬슬 피하는데, 그러니까 사람들한테 의심을 사게 되는 거라고.

대화
A : 他们怎么聊起来没完没了啦?
   쟤들은 어떻게 얘기가 끝이 나질 않아?
B : 多年不见的老朋友嘛，不免要多谈几句。
   오랜만에 만난 절친한 친구잖아. 할 말이 많은 게 당연하지.

연습 '……, 不免……'를 사용하여 다음 대화를 완성하세요.

A : 你看，你女朋友的手在发抖呢!
   봐봐, 네 여자친구의 손이 떨고 있어!
B : 这是她第一次登台发表演说，总＿＿＿＿＿＿＿＿＿＿＿＿＿＿＿＿＿＿＿＿。
   처음으로 무대에 올라 연설하는 것이니 좀 긴장하기 마련이지.

布置 bùzhì 동 배치하다, 안배하다 | 众人 zhòngrén 명 여러 사람 | 尴尬 gāngà 형 난처하다, 당혹하다 | 恐怖 kǒngbù 명 공포, 테러 | 接连 jiēlián 부 연이어, 잇달아 | 躲躲闪闪 duǒduoshǎnshǎn 동 겉돌다, 살살 피하다 | 生疑 shēnyí 동 의심이 생기다 | 没完没了 méiwán méiliǎo 성 한도 끝도 없다 | 发抖 fādǒu 동 덜덜 떨다 | 登台 dēngtái 동 무대에 오르다 | 紧张 jǐnzhāng 형 긴장하다, (경제적으로) 부족하다

Pattern 035

A不如B(……)

의미 A보다 B가 ~하다(낫다), A보다 (차라리) B가 낫다, A가 B만 ~못하다

해설 비교문에 사용하며, 'A가 B만 못하다'는 의미이다. '不如' 앞에는 '还/更/总/远/倒' 등의 부사가 자주 등장하여 다양한 어감을 더한다.

예문

❶ 我在很多方面都不如你。
나는 여러 가지 방면에서 너만 못하다.

❷ 他现在的女朋友不如以前那个漂亮。
그의 지금 여자친구보다 이전 여자친구가 더 예뻤다.

❸ 俗话说，求人不如求己。
속담에 이런 말이 있다. 남의 도움을 바라는 것보다 (차라리) 자신에게 바라는 것이 낫다.

❹ 他不愿意来就别来，勉强来还不如不来呢。
오기 싫으며 오지 말라고 해. 억지로 오느니 차라리 안 오는 게 나아.

대화

A : 自动挡的车和手动挡的车哪种好开?
자동 변속기 차량과 수동 변속기 차량 중에서 어떤 것이 운전하기가 더 쉽나요?

B : 手动挡的车当然不如自动挡的好开了。
수동 변속기 차량보다는 당연히 자동 변속기 차량이 운전이 더 편하지요.

연습 'A不如B(……)'를 사용하여 다음 대화를 완성하세요.

A : 给他买什么生日礼物好呢?
그에게 무슨 생일선물을 사주면 좋을까?

B : 我看_____。
내 생각에는 물건을 사는 것보다는 상품권을 주는 게 더 나을 것 같은데.

求人不如求己 qiúrén bùrú qiújǐ 성어 남의 도움을 바라는 것보다 자신에게 바라는 것이 낫다 | **勉强** miǎnqiáng 형 마지 못해하다 동 강요하다 | **自动挡** zìdòngdǎng 명 자동 변속기 | **手动挡** shǒudòngdǎng 명 수동 변속기 | **礼品券** lǐpǐnquàn 명 상품권, 쿠폰

Pattern 036

不是……, 而是……

의미 ~가 아니라 ~이다

해설 전자를 부정하고, 후자를 긍정한다.

예문

❶ 我没买那个东西不是因为价钱贵，而是觉得质量差。
내가 그 물건을 사지 않은 이유는 가격이 비싸서가 아니라 품질이 떨어져서야.

❷ 我不是故意不理他，而是根本没听到他叫我。
내가 일부러 걔를 무시한 게 아니고 걔가 나를 부르는 소리를 전혀 못 들었다니까.

❸ 中国的发展对其他国家不是威胁，而是机遇。
다른 나라들에 있어서 중국의 발전은 위협이 아니라 기회다.

❹ 我们认为反腐败最重要的不是事后惩罚，而是加强监督和防范。
우리는 반부패의 가장 중요한 것은 사후징벌이 아니라 감독과 방비를 강화하는 것이라고 생각한다.

대화

A : 第二届研讨会还在洛杉矶开吗?
제2차 세미나는 여전히 LA에서 열리나요?

B : 不是在洛杉矶，而是在中国桂林。
LA가 아니라 중국 꿰이린에서 열립니다.

연습 '不是……, 而是……'를 사용하여 다음 대화를 완성하세요.

A : 刚才和你在一起的那个帅哥是你男朋友吧。
방금 너랑 같이 있던 그 꽃미남이 네 남자친구지?

B : 别开玩笑了，他＿＿＿＿＿＿＿＿＿＿＿＿＿＿＿＿。
장난하지 마, 남자친구가 아니라 사촌 오빠야.

威胁 wēixié 통 위협하다 | 机遇 jīyù 명 기회, 찬스 | 反腐败 fǎnfǔbài 통 부패에 맞서다 | 惩罚 chéngfá 통 징벌하다 | 监督 jiāndū 통 감독하다 | 防范 fángfàn 통 방비하다 | 届 jiè 양 회, 차, 기 | 研讨会 yántǎohuì 명 세미나, 연구토론회 | 洛杉矶 Luòshānjī 지명 로스앤젤레스(Los Angeles) | 桂林 Guìlín 지명 꿰이린 | 帅哥 shuàigē 명 잘생긴 남자, 꽃미남 | 堂哥 tánggē 명 사촌 형, 사촌 오빠

Pattern 037

不是……，就是……

의미 ~가 아니라면 ~이다

해설 양자 중에 하나임을 나타내며 이것이거나 아니면 저것임을 나타낸다. 제3의 가능성은 배제한다.

예문

❶ 现在买房子可真不容易，不是太贵就是离市区太远。
요즘 집을 사기가 참으로 어렵다. 너무 비싸거나 아니면 도심에서 너무 멀다.

❷ 现在市场价格大战的结果，不是你死，就是我活。
현재 시장 가격전쟁의 결과는 그야말로 너 죽고 나 살기다.

❸ 为了这个课题，她这些天不是泡在图书馆，就是蹲在实验室，夜里才回家。
이 프로젝트를 위해 그녀는 요 며칠 도서관에 틀어박혀 있거나 실험실에 죽치고 있다가 밤이 되어서야 귀가했다.

❹ 这个公司破产的原因，我看不是由于管理不善，就是因为违规经营。
이 회사가 파산한 원인은, 내가 보기에는 관리부실 때문이거나 아니면 불법경영 때문이다.

대화

A : 这串钥匙是谁的?
이 열쇠 꾸러미 누구 것이니?

B : 不是爸爸的就是妈妈的。
아빠 것 아니면 엄마 것이에요.

연습 '不是……，就是……'를 사용하여 다음 문장을 완성하세요.

1. 小明的成绩非常好，在班上_____。
샤오밍은 성적이 대단히 좋아서 반에서 1등 아니면 2등이다.

2. 我做菜总是拿不准放多少盐，_____。
나는 요리를 할 때 늘 소금을 얼마나 넣을지 정확히 못 맞춘다. 너무 적게 넣거나 너무 많이 넣는다.

市区 shìqū 명 시내 | **结果** jiéguǒ 명 결과 | **课题** kètí 명 과제, 프로젝트 | **泡** pào 동 담그다, 틀어박히다 | **蹲** dūn 동 쪼그려 앉다, 죽치고 있다 | **破产** pòchǎn 동 파산하다 | **不善** búshàn 형 좋지 않다, 잘하지 못하다 | **违规** wéiguī 동 규정을 어기다 | **经营** jīngyíng 동 경영하다 | **串** chuàn 양 꿰미 명 꿰다 | **第一名** dìyīmíng 명 1등

Pattern 038

……不说/不算，……

의미 (일단) ~는 둘째 치고도(말할 것도 없고) ~

해설 다른 상황은 일단 고려하지 않음을 나타내는데, 이는 말하고 있는 본 내용을 강조하기 위함이다. 뒤쪽에는 주로 '还/也/光' 등이 함께 호응한다.

예문

❶ 那家大公司要关闭一些店铺不说，同时还要大量裁员。
그 큰 회사가 점포 몇 개를 문 닫는 건 둘째 치고, 그와 동시에 대량 감원을 한다.

❷ 这份工作太辛苦了，每天风里来雨里去不说，节假日还常常要加班。
이 일은 너무 힘들다. 매일 비바람 맞으며 다니는 건 문제도 아니고, 쉬는 날에도 종종 야근해야 한다.

❸ 贷款购房，低收入者不说，就是收入比较高的人也觉得房价贵、利息高。
대출해서 집을 구매하는 것은, 저소득자는 말할 것도 없고, 소득이 비교적 높은 사람들조차도 집값이 너무 비싸고 이율은 너무 높다고 생각한다.

❹ 这次去香港旅游我买了好多东西，别的不算，光项链就买了十几条。
이번에 홍콩에 여행 가서 내가 이것저것 많이 샀는데, 다른 건 몰라도 목걸이만 해도 열 몇 개를 샀어.

대화

A : 你怎么不参加个旅行团出国转转?
왜 여행팀이랑 함께 출국해서 구경 좀 하지 않고요?

B : 没时间不说，得花好多钱。
시간이 없는 건 고사하고, 돈이 너무 많이 들어요.

연습 '……不说/不算，……'를 사용하여 다음 대화를 완성하세요.

A : 咱们就去对面那个小店买吧。
우리 맞은편에 저 작은 가게에 가서 사자.

B : 别去那儿, _____。
거기 가지 마세요. 저쪽 물건이 가격이 비싼 건 둘째 치고 신선하지도 않아요.

关闭 guānbì 동 닫다, 파산하다 | 店铺 diànpù 명 점포 | 裁员 cáiyuán 동 감원하다 | 贷款 dàikuǎn 동 대출하다 | 收入 shōurù 명 수입, 소득 | 利息 lìxī 명 이자 | 项链 xiàngliàn 명 목걸이 | 转 zhuàn 동 돌아다니다 | 新鲜 xīnxiān 형 신선하다

Pattern 039

不要说/甭说……，就连……也/都……

의미 ～는 말할 것도 없고(물론이고), 하다못해(하물며) ～마저도 ～하다

해설 후자의 극단적인 상황을 강조함으로써 문제를 명확하게 설명하고자 할 때 사용하는 표현이다.

예문

❶ 双方和解，不要说我们没想到，就连国际问题专家也未料到。
양측의 화해는 우리가 예상하지 못한 것은 말할 것도 없고 국제문제 전문가조차도 예측하지 못했다.

❷ 中国的古代诗歌，不要说外国留学生，就连中国同学也未必全能看懂。
중국의 고대시가는 외국유학생은 물론이고 중국학생들조차도 전부 알아볼 수 있는 것은 아니다.

❸ 他的科研成果，甭说在国内，就连外国专家也是公认的。
그의 연구성과는 국내는 물론이거니와 외국 전문가들도 인정하는 것이다.

❹ 这么简单的数学题，甭说大学生了，就连小学生都会做。
이렇게 간단한 수학문제는 대학생은 말할 필요도 없고 하다못해 초등학생도 풀 줄 안다.

대화

A : 你生病的时候他来照顾你了吧?
네가 아팠을 때 그가 너를 돌봐주러 왔었지?

B : 不要说照顾，就连电话也没打过一个。
돌봐주는 건 고사하고 하다못해 전화도 한 통 없었어.

연습 '不要说/甭说……，就连……也/都……'를 사용해 대화를 완성하세요.

A : 你去过中国吗?
너 중국에 가본 적 있어?

B : 当然，＿＿＿＿＿＿＿＿＿＿＿＿＿＿＿＿＿＿＿＿＿＿＿＿＿。
당연하지. 중국은 말할 것도 없고 아프리카도 두 번 가봤어.

双方 shuāngfāng 몡 쌍방, 양측 | 专家 zhuānjiā 몡 전문가 | 古代 gǔdài 몡 고대 | 诗歌 shīgē 몡 시가 | 未必 wèibì 閂 반드시 ～인 것은 아니다 | 公认 gōngrèn 툉 공인하다 | 非洲 Fēizhōu 지명 아프리카

Pattern 040

不……也……

의미 (설령, 설사) ~하지 않아도 ~하다

해설 설령 다음의 상황이 발생하지 않더라도 뒤따르는 결과에는 영향을 주지 않음을 나타낸다. '不'와 연동하는 부분은 양보의 의미가 있다.

예문

❶ 我觉得这样的活动不参加也没什么关系。
  내 생각에 이런 행사는 참가하지 않아도 별 상관이 없을 것 같다.

❷ 你不告诉我，我也知道，他一定是你的男朋友。
  내게 말해주지 않아도 알아. 걔 분명 네 남자친구야.

❸ 你不来我也会去看你的。咱们是什么关系呀！
  네가 오지 않아도 내가 너를 보러 갈 게. 우리가 보통 사이냐!

❹ 这里坐公交车很方便，你不买车也行。
  여기는 버스를 타기에 무척 편리하니, 차를 사지 않아도 됩니다.

대화

A : 这个不幸的消息先别告诉老王，他会承受不住的。
  이 불행한 소식을 일단은 왕 군에게 알리지 마라. 감내하기 힘들 거다.

B : 不说他早晚也会知道。
  말하지 않아도 조만간 알게 될 겁니다.

연습 '不……也……'를 사용하여 다음 대화를 완성하세요.

A : 我现在钱有点儿紧，买不了空调了。
  내가 지금 돈이 좀 궁해서 에어컨을 살 수가 없어.

B : 其实这里的天气也不算太热，＿＿＿＿＿＿＿＿＿＿＿＿＿＿。
  사실 이곳의 날씨는 몹시 더운 편은 아니야. 에어컨을 사지 않아도 돼.

不幸 búxìng 휑 불행하다 ⊞ 불행히도 몡 재난, 불행 | 承受 chéngshòu 동 받아들이다. 감내하다, (권리나 재산 따위를) 계승하다 | 早晚 zǎowǎn ⊞ 조만간 몡 아침과 저녁

Pattern 041

不在于……, 而在于/而是……

의미 ~에 있지 않고 (반면에) ~에 있다, ~에 달려 있지 않고 ~에 달려 있다

해설 일반적으로 목적이나 원인, 중요성이 전자에 있지 않고, 후자에 있음을 나타낸다.

예문

❶ 考试的目的不在于淘汰学生，而在于督促学生学习。
시험의 목적은 학생을 도태시키는 데 있는 것이 아니라, 학생이 공부하도록 독려하는 데 있다.

❷ 减肥是否能成功，不在于节食，而在于要养成合理的饮食习惯。
다이어트의 성공 여부는 음식을 줄이는 데 달려 있지 않고, 합리적인 음식 습관을 기르는 데 달려 있다.

❸ 有人认为举行球赛的意义，不在于谁赢谁输，而是为了增进友谊，交流经验。
어떤 사람은 대회를 개최하는 의의가 누가 이기고 누가 지느냐에 있지 않고 우의를 증진하고 경험을 교류하는 데 있다고 생각한다.

❹ 经济全球化发展速度的快慢，不在于某个国家政府的意图，而是一个自然的进程。
경제 세계화의 발전 속도는 한 국가의 정부 의도에 좌우되는 것이 아니라 매우 자연스러운 과정이다.

대화

A : 给他买这么个小礼物，真是有点儿不好意思。
그에게 이렇게나 작은 선물을 사주려니 정말 좀 민망하다.

B : 送礼不在于轻重，而是为了表示一点儿心意。
선물의 가치는 그 경중에 있는 것이 아니라 성의를 표현한다는 것에 있지.

연습 '不在于……, 而在于/而是……'를 사용하여 다음 대화를 완성하세요.

A : 他们总说要加强对住宅小区的管理。
그들은 언제나 주거지역에 대한 관리를 강화해야 한다고 말한다.

B : 加强管理_____。
관리 강화는 말로만 하는 게 아니라 어떻게 행동하느냐에 달려 있다.

淘汰 táotài 통 도태하다, 탈락하다, 가려내다 | 督促 dūcù 통 독촉하다, 독려하다 | 养成 yǎngchéng 통 양성하다, (습관 등) 기르다 | 举行 jǔxíng 통 거행하다, 개최하다 | 增进 zēngjìn 통 증진하다 | 全球化 quánqiúhuà 명 세계화, 국제화 | 意图 yìtú 명 의도 | 进程 jìnchéng 명 진행과정, 발전과정 | 加强 jiāqiáng 통 강화하다 | 住宅区 zhùzháiqū 주택가

Pattern 042

不怎么……

의미 별로(그다지, 자주) ~하지는 않다

해설 '不怎么+형용사/동사'의 형태로 사용하며, '不很', '不太', '不常'의 의미를 나타낸다. 정도가 높지 않다는 뜻이다.

예문

❶ 这个苹果看上去又大又红，其实不怎么甜。
   이 사과가 보기에는 크고 빨갛지만, 사실 별로 달지는 않다.

❷ 有的药品广告做得很多，但效果并不怎么好。
   어떤 약품은 광고는 무척 많이 하지만, 그 효과는 결코 그다지 좋지 않다.

❸ 他们互相还不怎么了解，就急于合作，肯定不会成功。
   그들은 서로 아직 잘 알지도 못하는데 급하게 합작을 하다니, 분명 성공할 수 없을 것이다.

❹ 我们原来是很亲密的好朋友，可现在不怎么来往了。
   우리는 원래 친한 친구였지만, 지금은 별로 왕래하지 않는다.

대화

A : 这些资料对了解事实真相会有价值。
   이 자료는 사실의 진상을 이해하는 데 가치가 있습니다.

B : 但有的部分不怎么可靠。
   그렇지만 일부는 별로 신뢰가 가질 않습니다.

연습 '不怎么……'를 사용하여 다음 대화를 완성하세요.

A : 学习汉语挺难的吧?
   중국어 공부하기가 꽤 어렵지요?

B : 如果找到了适合自己的学习方法，其实也＿＿＿＿＿＿＿＿＿＿。
   만약 자신에게 적합한 학습방법을 찾아낸다면 사실 그다지 어렵지만은 않아요.

药品 yàopǐn 명 의약품 | 广告 guǎnggào 명 광고 | 效果 xiàoguǒ 명 효과 | 合作 hézuò 동 합작하다 | 亲密 qīnmì 형 친밀하다 | 来往 láiwǎng 동 왕래하다 | 真相 zhēnxiàng 명 진상 | 价值 jiàzhí 명 가치

Pattern 043 ……不怎么样

의미 별로다

해설 별로 좋지 않다는 의미이다.

예문

① 因为贪玩儿，他的学习成绩一直不怎么样。
노는 것만 밝히느라 그의 학업성적은 줄곧 좋지 않다.

② 这幅画儿的构思还可以，但色彩不怎么样。
이 그림의 구상은 그런대로 괜찮지만 색채는 별로다.

③ 虽然他长得很帅，脑子也很活，但是人品不怎么样。
비록 그가 잘생기고 머리도 영민하지만 인품은 영 아니다.

④ 他们两国关系21世纪以前还不错，现在不怎么样了。
두 나라의 관계는 21세기 이전까지만 해도 좋은 편이었지만 지금은 그다지 좋지 않다.

대화

A : 我们这儿河水污染很严重，你们那儿没什么问题吧?
우리 쪽의 하수 오염은 매우 심각한데, 너희 쪽은 별문제 없지?

B : 也不怎么样。
역시나 별로 좋지 않아.

연습 '……不怎么样'을 사용하여 다음 대화를 완성하세요.

A : 听说老金借了几个朋友的钱都不还。
듣자 하니 김 형이 친구들 돈을 빌려 가서는 갚지를 않는다면서.

B : 这种人真_____。
그런 사람 정말 별로야.

贪玩 tānwán 통 노는 데만 열중하다 | 构思 gòusī 명통 구상(하다) | 世纪 shìjì 명 세기(century) | 严重 yánzhòng 형 중대하다, 심각하다

Pattern 044

不只……, 就连……都/也……

의미 단지(다만) ~일 뿐만 아니라, 하물며(하다못해, 심지어) ~조차도 ~하다

해설 '不只'의 의미는 '不但', '不仅', '不光' 등과 같다. '就连……都/也……'와 함께 사용하여 강조를 나타낸다.

예문

❶ 这问题**不只**在国内引起了争论, **就连**国外**也**很重视。
이 문제는 국내에서 논쟁을 불러일으켰을 뿐만 아니라 국외에서조차 매우 중시하고 있다.

❷ 我刚到国外时, **不仅**没什么朋友, **就连**个说话的人**也**没有。
내가 막 외국에 도착했을 때, 딱히 친구도 없었을뿐더러 하다못해 말할 사람도 하나 없었다.

❸ 该厂改革以后, **不只**产量增加了, **就连**人的精神面貌**都**变了。
이 공장은 개혁 이후에 생산량이 증가했을 뿐만 아니라 사람들의 정신적인 면모도 모두 변했다.

❹ 这首歌非常流行, **不仅**年轻人喜欢, **就连**七八十岁的老人**也**爱唱。
이 노래가 엄청나게 유행을 타서 젊은 사람들이 좋아할 뿐만 아니라 심지어 7~80세 된 노인들까지도 즐겨 부른다.

대화

A : 现在的大学生英语水平真不错。
요즘 대학생들은 영어 수준이 정말 뛰어나.

B : **不仅**大学生, **就连**一些中学生**也**能说一口流利的英语。
대학생은 말할 것도 없고 심지어 중고등학생들도 엄청나게 유창해.

연습 '不只……, 就连……都/也……'를 사용하여 다음 대화를 완성하세요.

A : 这部中文电影你看懂了吗?
이 중국영화 다 이해했어?

B : _____。
내용을 이해한 건 물론이고 대화들도 기본적으로 다 알아들었어.

引起 yǐnqǐ 통 야기하다, 초래하다 | 争论 zhēnglùn 명통 쟁론(하다), 논쟁(하다) | 改革 gǎigé 명통 개혁(하다) | 产量 chǎnliàng 명 생산량 | 精神 jīngshén 명 정신 | 面貌 miànmào 명 면모 | 内容 nèiróng 명 내용 | 基本上 jīběnshang 부 주로, 대체로

Pattern 045 ……才怪(呢)

의미 ~하면 이상한 거다, (반대로 해석해서) ~하는 것이 당연하다

해설 어떤 상황이 출현하는 것은 불가능한 일임을 나타낸다.

예문

❶ 你看老朱这副模样，有哪个姑娘会喜欢他才怪。
주 형 꼴을 좀 봐라. 어떤 아가씨가 그 친구를 좋다 하면 그게 이상한 거지.

❷ 他整天这么吊儿郎当的，能考上大学才怪。
그 녀석 온종일 껄렁거리기만 하는데 대학에 떨어지는 게 당연하다.

❸ 胸无大志的人能成功才怪呢。
포부가 없는 사람이 성공할 수 있다는 건 말도 안 되는 일이다.

❹ 他是高度近视，不戴眼镜能看清楚这些字才怪呢。
그는 고도근시인데 안경을 쓰지 않고 이 글자들이 잘 보인다면 그게 이상한 일이다.

대화

A : 我的门钥匙不知放在哪里了。
내 문 열쇠를 어디에 뒀는지 모르겠네.

B : 你这么粗心大意，不丢东西才怪呢。
그렇게 덜렁거리는데 안 잃어버리는 게 신기하지.

연습 '……才怪(呢)'를 사용하여 다음 대화를 완성하세요.

A : 我怎么有这么多蛀牙?
나는 왜 이렇게 충치가 많지?

B : 你这么爱吃糖，又不好好刷牙，＿＿＿＿＿＿＿＿＿＿＿＿＿＿＿＿＿＿＿。
그렇게 단 것을 좋아하고 이도 잘 안 닦는데 충치가 있는 게 당연하잖아. (충치가 없는 게 이상하지)

模样 múyàng 몡 모양, 생김새 | 吊儿郎当 diào'erlángdāng 톙 건들건들하다 | 胸无大志 xiōngwúdàzhì 젱 (가슴속에) 원대한 포부가 없다 | 近视 jìnshì 몡 근시 | 钥匙 yàoshi 몡 열쇠 | 粗心大意 cūxīn dàyì 젱 세심하지 못하다, 덜렁거린다 | 蛀牙 zhùyá 몡 충치(龋齿 qǔchǐ)의 낮은말(= 蛀齿 zhùchǐ)

Pattern 046

才……就……

의미 (이제, 겨우, 고작) ~했는데 (바로) ~하다

해설 전후의 두 가지 상황이 연이어 발생함을 나타낸다. '才'는 흔히 수치표현과 함께 사용한다.

예문

① 你怎么**才**来**就**要走了?
너 왜 이제 와 놓고 바로 가려고 그래?

② 他出国**才**两个月**就**用掉了几万美金。
그는 출국한 지 겨우 두 달 만에 몇만 달러를 써버렸다.

③ 他们**才**搞了一年房地产**就**退了出来。
그는 부동산에 손 댄 지 고작 1년 만에 바로 손을 털었다.

④ 这家公司**才**营业了几个月，**就**赚了不少钱。
이 회사는 겨우 몇 개월 영업했을 뿐인데 상당한 돈을 벌었다.

대화

A: 这是我的女儿，刚从国外回来。
이쪽은 제 딸입니다. 막 외국에서 돌아왔어요.

B: 哟, **才**几年不见, **就**变成亭亭玉立的大姑娘了。
오, 겨우 몇 년 못 봤을 뿐인데, 어여쁜 아가씨가 되었구나.

연습 '才……就……'를 사용하여 다음 대화를 완성하세요.

A: 他们_____。
게네들 안 지 겨우 석 달 만에 바로 결혼했어.

B: 真是一见钟情啊。
정말로 첫눈에 반했구나.

用掉 yòngdiào 图 다 써버리다 | 美金 měijīn 图 달러(= 美元) | 房地产 fángdìchǎn 图 부동산 | 营业 yíngyè 图 영업하다 | 亭亭玉立 tíngtíngyùlì 쭹 미녀의 몸매가 날씬한 모양, 꽃이나 나무가 우뚝한 모양 | 一见钟情 yíjiàn zhōngqíng 쭹 첫눈에 반하다 (一眼就看上了)

Pattern 047

……才……呢

의미 (무슨 소리!) ~야 말로 (더, 정말) ~하다

해설 말한 내용이나 상황을 강조하며 많은 경우 대비의 의미를 내포하고, 종종 상대방의 견해에 동의하지 않는다는 의미가 포함되어 있다.

예문

❶ 不少人喜欢吃山西刀削面，可我觉得兰州拉面才好吃呢！
많은 사람이 산시 성의 도삭면을 좋아한다. 하지만 내 생각엔 란저우 수타면이야말로 더 맛있어!

❷ 现在买房才不合适呢，有人推断房价下降趋势已不可逆转。
지금 집을 사는 건 정말이지 적절치 않아. 집값 하락세가 이미 돌이킬 수 없다고 전망하는 사람도 있어.

❸ 这点儿小灾小难算什么，那些在地震中突然失去亲人的家庭，才悲惨呢！
이 정도 작은 재난은 아무것도 아니야. 지진으로 갑자기 가족을 잃어버린 가정이야말로 정말 비참하지!

❹ 中国古代美人西施才漂亮呢，淡妆浓抹都好看，现在的美女哪比得上啊。
중국 고대 미인 서시야말로 미의 극치지. 화장이 옅든 짙든 다 예뻤지. 요즘 미녀들이 어디 비교가 되나.

대화

A : 听说哈尔滨的姑娘长得漂亮。
하얼빈 아가씨가 예쁘다면서?

B : 苏州、杭州一带的漂亮姑娘才多呢！
무슨 소리, 쑤저우, 항저우 일대야말로 예쁜 아가씨들 천지지!

연습 '……才……呢'를 사용하여 다음 대화를 완성하세요.

A : 你是不是爱上那新来的博士后了?
너 새로운 저 포스트 닥터한테 반했지?

B : 谁说的? _____!
누가 그래? 너야말로 그 사람한테 빠졌잖아!

山西 Shānxī 지명 산시 성 | 刀削面 dāoxiāomiàn 명 도삭면(산시 성 특산 국수) | 兰州 Lánzhōu 지명 란저우 | 拉面 lāmiàn 명 손으로 뽑은 면 | 推断 tuīduàn 동 추정하다 | 趋势 qūshì 명 추세 | 不可逆转 bùkě nìzhuǎn 되돌릴 수 없다, 뒤집을 수 없다 | 灾难 zāinàn 명 재난 | 地震 dìzhèn 명 지진 | 亲人 qīnrén 명 가족, 가까운 친척 | 家庭 jiātíng 명 가정 | 悲惨 bēicǎn 형 비참하다 | 西施 Xīshī 인명 서시 | 淡妆浓抹 dànzhuāng nóngmǒ 옅은 화장과 짙은 화장 | 哈尔滨 Hā'ěrbīn 지명 하얼빈 | 姑娘 gūniang 명 아가씨 | 一带 yídài 명 일대 | 爱上 àishàng 동 반하다 | 博士后 bóshìhòu 명 박사 후, 포스터 닥터(post doctor)

Pattern 048

除非……, 不然/否则……

의미 (꼭, 반드시) ~해야지 그렇지 않으면 ~, (꼭, 반드시) ~하지 않으면 ~하다

해설 '除非'는 반드시 해야만 하는 일종의 유일 조건을 제시하며, '不然/否则'는 그 유일 조건을 만족하게 하지 않았을 때 또 다른 결과가 벌어짐을 나타낸다.

예문

❶ **除非**有各方面的支持，**不然**我们完不成任务。
각 분야의 지지가 있어야 하지, 그렇지 않으면 우리는 임무를 완수할 수 없다.

❷ **除非**抓到凶手，**不然**我决不罢休。
흉악범을 반드시 잡아야만 한다. 그렇지 않고서는 우리는 절대 포기하지 않는다.

❸ **除非**你采取果断措施来解决这个问题，**否则**必将酿成大祸。
과감한 조치를 채택하여 이 문제를 해결해야지, 그렇지 않다면 반드시 큰 화를 초래할 것이다.

❹ **除非**打赢这场比赛，**否则**不能进入决赛。
이 시합을 꼭 이겨야 한다. 그렇지 못하면 결승전에 진출할 수 없다.

대화

A : 老师，上周借的那本参考书让我给弄丢了。
선생님, 지난주에 빌린 그 참고서를 제가 잃어버렸습니다.

B : **除非**交纳一百元罚款，**否则**停止借书。
벌금 100위안을 내세요. 그렇지 않으면 도서 대출이 정지됩니다.

연습 '除非……, 不然/否则……'를 사용하여 다음 대화를 완성하세요.

A : 让我进去看看比赛吧!
들어가서 시합 구경하게 해줘요!

B : 进去? _____!
들어간다고? 표가 있어야지. 그렇지 않으면 방법이 없어!

支持 zhīchí 동 지지(하다) | 任务 rènwù 명 임무 | 抓到 zhuādào 동 꽉 잡다, 체포하다 | 凶手 xiōngshǒu 명 흉악범 | 决不罢休 juébúbàxiū 절대로 중도에 그만두지 않는다 | 采取 cǎiqǔ 동 (조치를) 취하다 | 果断 guǒduàn 형 결단력 있다 | 措施 cuòshī 명 조치 | 酿成大锅 niàngchéng dàguō 큰 화를 초래하다 | 决赛 juésài 명 결승전 | 交纳 jiāonà 동 납부하다 | 罚款 fákuǎn 동 벌금을 물리다 | 停止 tíngzhǐ 동 중지하다 | 没门儿 méi ménr 방법이 없다

Pattern 049

除非……, 才……

의미 (꼭, 반드시) ~해야지만 (비로소) ~하다, ~하지 않고서야 ~할 리 없다

해설 Pattern 048의 '除非……否则……'는 유일 조건을 반드시 갖추지 않으면, 또 다른 결과가 초래됨을 나타내나, '除非……才……'는 유일 조건을 반드시 갖추어야 비로소 원하는 결과(대부분 긍정적인 결과임)를 얻게 됨을 나타낸다. 또한, 해석할 때에 앞뒤 모두를 부정하여 의미를 강조할 수 있다.

예문

❶ 除非双方都让步，才能达成和解。
쌍방이 모두 양보하셔야 합니다. 그래야 화해에 이를 수가 있어요.

❷ 除非太阳从西边出来，他这样的人才能发大财。
태양이 서쪽에서 뜨지 않고서야 그 같은 사람이 부자가 될 리가 없다.

❸ 除非你改变学习方法，多听多说，才有可能学好汉语。
학습방법을 고치고 많이 듣고 많이 말해야만 비로소 중국어를 제대로 배울 수 있다.

❹ 除非你少吃麦当劳、肯德基，才能变苗条。
너는 맥도널드, KFC 같은 걸 좀 줄이지 않으면 날씬해질 수 없어.

대화

A : 你有什么心事，跟我说说吧。
너 무슨 고민 있어? 나한테 말해 봐.

B : 除非你答应替我保密，我才跟你说。
비밀 지키겠다고 약속해주면 말할 게.

연습 '除非……, 才……'를 사용하여 다음 대화를 완성하세요.

A : 咱们一起去参加他的生日晚会吧。
우리 함께 그의 생일파티에 가자.

B : _____。
너 나한테 반드시 술 안 마신다고 약속하지 않으면 나 안 가.

让步 ràngbù 동 양보하다 | 发财 fācái 동 부자가 되다 | 苗条 miáotiao 형 날씬하다 | 答应 dāying 동 응답하다, 승낙하다, 약속하다 | 保密 bǎomì 동 비밀을 지키다

Pattern 050

除了……(以外)，都……

의미 ~를 제외하고(빼고, 말고) 모두(다) ~하다

해설 '除了'가 이끄는 부분을 포함하지 않으며, 그 부분을 제외한 다른 나머지는 모두(都) 어떠하다는 의미를 나타낸다. '除了' 또는 '以外' 둘 중 하나를 생략할 수 있다.

예문

❶ 除了刮风、下雨，他每天都去锻炼。
바람 불고 비 오는 날만 제외하고, 그는 매일 운동한다.

❷ 在中国，除了香菜，我什么蔬菜都吃。
중국에서, 고수(샹차이)를 빼고 난 아무 채소나 다 먹는다.

❸ 除了两极以外，世界各地他几乎都跑遍了。
그는 남북극 말고는 세계 각지를 거의 다 구석구석 돌아다녔다.

❹ 眼下是旅游旺季，除了这儿以外，别处都住满了。
지금은 여행 성수기여서, 이곳 이외에 다른 곳들도 모두 투숙객이 꽉 찼다.

대화

A : 今天你干什么了？
오늘 너 뭐 했어?

B : 除了睡觉，什么都没干。
잠자는 거 말고는 아무것도 안 했어.

연습 '除了……(以外)，都……'를 사용하여 다음 문장을 바꿔 쓰세요.

1. 我这一生只爱她一个人。
   나는 한 평생 그녀 한 사람만을 사랑합니다
   ➡ _____。
   그녀 이외에 나는 한 평생 그 누구도 사랑하지 않습니다.

2. 只有我能帮你这个忙。
   나만이 너의 이 일을 도울 수 있어.
   ➡ _____。
   나를 제외하고 아무도 너의 이 일을 도와줄 수 없어.

香菜 xiāngcài 명 고수(풀), 샹차이 | 蔬菜 shūcài 명 채소 | 两极 liǎngjí 명 양극, 남극과 북극 | 几乎 jīhū 부 거의 | 眼下 yǎnxià 명 현재, 지금 | 旺季 wàngjì 명 성수기(↔ 淡季)

Pattern 051

除了……, 就是……

의미 ~(만) 아니면 ~뿐이다

해설 오로지 이 두 종류의 상황만 존재하고, 다른 상황은 없음을 나타내며, 강조의 어감이 있다.

예문

❶ 这几天除了刮风就是下雨，天气糟透了。
요 며칠 바람 아니면 비야, 날씨가 완전 엉망이다.

❷ 这书架上的书，除了文学的，就是语言的。
이 책꽂이의 책은 문학에 관련된 것 아니면 언어에 관련된 것뿐이다.

❸ 出事地点周围，除了消防员就是武警。
사고 발생 지점 주변은 소방대원 아니면 무장 경찰이다.

❹ 我每天除了忙工作，就是忙家务，一点儿休闲时间也没有。
나는 날마다 회사 일 아니면 집안일로 바쁘다. 조금의 휴식시간도 없다.

대화

A : 她整天待在家里干什么呀？
걔 하루 종일 집에서 뭐 해?

B : 她呀，没别的事，除了看小说，就是聊天。
걔? 별일 없어. 그저 소설 보든지 아니면 수다 떨어.

연습 '除了……, 就是……'를 사용하여 다음 문장을 바꿔 쓰세요.

1. 他很懒，每天只吃饭、睡觉、玩儿牌，什么事也不干。
   그는 매우 게을러서 날마다 먹고, 자고, 카드놀이하고, 아무 일도 안 한다.
   ⇨ _____。
   그는 매우 게을러서 날마다 먹고, 자는 거 아니면 카드놀이만 한다. 아무 일도 안 한다.

2. 商店里卖的胶卷只有柯达和富士两种。
   상점에서 파는 필름은 코닥과 후지 두 종류뿐이다.
   ⇨ _____。
   상점에서 파는 필름은 코닥 아니면 후지 두 종류뿐이다.

糟透 zāotòu 형 엉망진창이다 | **书架** shūjià 명 책꽂이 | **出事** chūshì 동 사고 나다 | **消防员** xiāofángyuán 명 소방대원 | **武警** wǔjǐng 명 무장경찰(武装警察) | **胶卷(儿)** jiāojuǎn(r) 명 필름(film) | **柯达** Kēdá 명 코닥(Kodak) | **富士** Fùshì 명 후지(Fuji)

Pattern 052

除了……(以外)，……也/还……

의미
- '除了A(以外)，B也……': A는 물론이고, (마찬가지로) B(역시)도 ~하다
- '除了A(以外)，B还……': A는 물론이고, (추가로) B(까지)도 ~하다

해설 앞에 말한 내용을 포함할 뿐만 아니라 더불어 뒤의 내용도 함께 포함한다.

예문

❶ 这次中学同学聚会，除了小王不能去，我也去不了。
이번 중학교 동창회에 왕 군이 못 가는 것은 물론이고, 나 또한 갈 수가 없다.

❷ 除了学好各门功课，他还积极参加各种活动。
그는 각 과목을 잘하는 것은 물론, 다양한 행사에도 적극적으로 참가한다.

❸ 现在，除了南极气温升高以外，北极也有变暖的趋势。
현재 남극의 기온이 상승하는 것을 제외하고도, 북극 역시 온난화 추세가 있다.

❹ 来参加婚礼的除了双方的亲朋好友，还有双方单位的领导。
양가의 친지와 친구들은 물론이고, 양쪽 직장의 사장도 결혼식에 참석했다.

대화

A : 你喜欢什么球类运动?
어떤 구기 종목을 좋아하세요?

B : 除了高尔夫，我还喜欢保龄球。
골프는 물론이고 볼링도 좋아합니다.

연습 '除了……(以外)，……也/还……'를 사용하여 다음 대화를 완성하세요.

A : 听说他汉语说得呱呱叫，根本听不出是个外国人。
그 친구 중국어를 술술 잘한다면서? 외국인이라는 걸 전혀 구분할 수 없다던 대.

B : 对，他很有语言天赋，＿＿＿＿＿＿＿＿＿＿＿＿＿＿＿＿＿＿＿＿＿＿＿＿＿＿＿＿。
맞아. 그 친구 언어에 천부적인 자질이 있어. 중국어는 물론이고 외국어 세 가지를 더 할 줄 알아.

同学聚会 tóngxué jùhuì 동창모임 | 功课 gōngkè 명 수업, 공부, 학과목 | 南极 nánjí 명 (지리) 남극, (자석) S극 | 升高 shēnggāo 동 상승하다 | 北极 běijí 명 (지리) 북극, (자석) N극 | 变暖 biànnuǎn 동 따뜻해지다 | 명 온난화 | 趋势 qūshì 명 추세, 경향 | 高尔夫(球) gāo'ěrfū(qiú) 골프(golf) | 保龄球 bǎolíngqiú 명 볼링(bowling) | 呱呱叫 guāguājiào 형 훌륭하다, 능숙하다 | 天赋 tiānfù 명 천부적인 자질 | 外语 wàiyǔ 명 외국어

Pattern 053

从……出发

의미 ~(위치, 지점)에서 출발하다(떠나다), ~(착안점, 주안점)에 중점을 두다(초점을 맞추다, 기초하다, 바탕을 두다)

해설 본의는 원래의 소재지로부터 떠나서 다른 곳으로 간다는 뜻으로 출발점이나 기점을 나타낸다. 확장된 의미로는 문제를 고려하거나 처리함에 어떤 측면에 착안점을 둔다는 뜻이다.

예문

❶ 参加野营的学生们已经整理好行装，准备从学校出发。
야영에 참가한 학생들은 이미 짐을 다 정리하고 학교에서 출발할 준비를 하고 있다. [위치/지점]

❷ 访问团定于明日上午9时从北京出发。
방문단은 내일 오전 9시에 베이징에서 출발할 예정이다. [위치/지점]

❸ 搞经济建设不能急于求成，要从实际情况出发。
경제건설은 성급히 추진해서는 안 되고, 실제상황에 기초해야 한다. [착안점/주안점]

❹ 找什么工作，要从自己的实际水平出发。
무슨 직업을 찾든 자신의 실제 능력에 바탕을 두어야 한다. [착안점/주안점]

대화

A : 能告诉我这次的旅行计划吗?
이번 여행 계획을 제게 알려주실 수 있습니까?

B : 21号从北京出发经南京到上海。
21일에 베이징에서 출발해서 난징을 거쳐 상하이로 갑니다.

연습 '从……出发'를 사용하여 다음 대화를 완성하세요.

A : 有些人反对这项改革。
어떤 사람들은 이 개혁에 반대해.

B : 我看他们是＿＿＿＿＿＿＿＿＿＿＿＿＿＿的。
내 생각에는 그들은 개인의 이익에 초점을 맞추고 있는 것 같아.

野营 yěyíng 명동 야영(하다) | 行装 xíngzhuāng 명 짐, 행장, 여장 | 定于 dìngyú 동 (~에) 예정하다 | 急于求成 jíyú qiúchéng 성어 서둘러 성공을 추구하다 | 个人 gèrén 명 개인 | 利益 lìyì 명 이익, 이득

从……角度说

의미 ~라는 각도(측면, 관점, 분야)에서 보면, ~의 각도(측면, 관점, 분야)에서 보면

해설 어떠한 사물을 대하거나 판단할 때, 특정 분야에 기준을 두고 바라본다는 뜻이다. 일반적으로 특정한 전문분야가 기준으로 등장한다.

예문

❶ 从营养的角度说，蔬菜生吃比较好。
영양 측면에서 볼 때, 채소는 생으로 먹는 것이 좋다.

❷ 从技术角度说，制造这种产品有一定的难度。
기술적인 측면에서 말하자면, 이런 제품을 제조하는 데는 어느 정도 난도가 있습니다.

❸ 从实用的角度说，这款轿车更合适。
실용적인 각도에서 보자면, 이 승용차가 더욱 적합합니다.

❹ 从中医的角度说，这叫气虚，需要补。
중의학의 관점에서 볼 때, 이것을 기력이 허약하다고 합니다. 보양이 필요합니다.

대화

A : 你说我为什么会做这样的一个梦?
제가 왜 이런 꿈을 꾸는 걸까요?

B : 从心理学的角度说，这个梦说明你缺乏安全感。
심리학적인 측면에서 볼 때, 이 꿈은 불안해한다는 걸 말해줍니다.

연습 '从……角度说'를 사용하여 다음 대화를 완성하세요.

A : 我觉得张艺谋导演的这部电影比前几部成功。
내가 볼 때 장이머우 감독의 이번 영화는 이전 것들보다 성공적이야.

B : _____。
그거야 어느 각도에서 보느냐에 달렸지.

营养 yíngyǎng 명 영양, 양분 | **生吃** shēngchī 동 날것으로 먹다 | **制造** zhìzào 동 제조하다 | **难度** nándù 명 난이도, 어려운 정도 | **款** kuǎn 양 종류, 모양, 스타일 | **轿车** jiàochē 명 승용차 | **气虚** qìxū 명 기허(기력이 허약함) | **做梦** zuòmèng 동 꿈을 꾸다 | **缺乏** quēfá 동 결핍되다 | **张艺谋** Zhāng Yìmóu 인명 장이머우(영화 감독) | **要看** yào kàn ~를 보아야 한다, ~에 달려 있다

Pattern 055

从……(来)看/说

의미 (전체 중 일부, 특정 부분) ~로 보자면(볼 것 같으면), ~로 말하자면(말할 것 같으면)

해설 어떠한 사물을 대하거나 언급할 때, 특정 측면에 근거하거나, 어떤 상황 또는 각도, 관점을 바탕으로 관찰한다는 의미이다. 일반적으로 전체 중에서 특정 부분만을 꼬집어 이야기한다.

예문

❶ 从目前情况看，还不至于发生世界规模的战争。
현재 상황으로 볼 때, 그래도 세계규모의 전쟁이 발생하는 지경까지는 이르지 않을 것이다.

❷ 从各方面来看，医疗制度急需改革。
여러 가지 측면에서 볼 때, 의료제도는 개혁이 시급하다.

❸ 这几个方案各有利弊，但从总体上说，这个方案优于其他方案。
이 몇 가지 방안은 각각 장단점이 있습니다만 총체적으로 말해서, 이 방안은 기타 방안보다 우수합니다.

❹ 从配置来说，这台电脑比那台高多了。
시스템 설정 면에서 볼 때, 이 컴퓨터가 저것보다 훨씬 뛰어나다.

대화

A : 这个年轻人怎么样?
이 친구 어때?

B : 从工作态度来说，这小伙子还是很不错的。
업무태도로 볼 때, 이 친구는 정말 괜찮은 친구야.

연습 '从……(来)看/说'를 사용하여 다음 대화를 완성하세요.

A : 你觉得这两款车哪款比较好?
네가 보기에 이 두 대 중에 어느 차가 나은 것 같아?

B : 很难说，＿＿＿＿＿＿＿＿＿＿＿＿＿＿＿＿＿＿＿＿＿＿＿＿＿＿＿＿。
말하기 힘든걸. 성능을 보면 폴크스바겐이 낫고, 편안함을 보면 현대가 나아.

目前 mùqián 명 지금, 현재 | 不至于 búzhìyú 통 (상황/범위가) ~에까지 이르지는 않다 | 规模 guīmó 명 규모 | 战争 zhànzhēng 명 전쟁 | 医疗 yīliáo 명 의료 | 急需 jíxū 통 급히 필요하다 | 利弊 lìbì 명 이해(利害), 이로움과 폐단 | 总体 zǒngtǐ 명 총체, 전체 | 优于 yōuyú 통 ~보다 우수하다 | 配置 pèizhì 명 (컴퓨터) 배치, 설정(configuration) | 性能 xìngnéng 명 성능 | 大众(汽车) Dàzhòng (qìchē) 명 폴크스바겐(Volkswagen)

Pattern 056

从哪儿……起(呢)

의미 어디에서부터 ~(시작)해야 하나

해설 어디에서부터 시작해야 하는지 모르겠다는 의미이다. 뒤쪽에 '呢'가 있으면 자문하는 투가 된다.

예문

❶ 我有很多感想，可是从哪儿说起呢?
   느낀 바가 많습니다만, 어디서부터 이야기를 시작할까요?

❷ 这么多的展厅，我们从哪儿看起呢?
   전시실이 꽤 많군요. 우리 어디부터 둘러볼까요?

❸ 内容这么丰富多彩，从哪儿写起?
   내용이 상당히 풍부하고 다채롭네요. 어디부터 써야 할까요?

❹ 你认为孩子的教育应该从哪儿抓起?
   아이 교육은 어디부터 시작해야 한다고 생각하세요?

대화

A: 给我们讲讲这次旅行的见闻吧。
   이번 여행에서 보고 들은 것 좀 우리한테 말해봐.

B: 这次去了这么多地方，从哪儿讲起呢?
   이번에 이렇게 아주 많은 곳을 다녔지. 어디서부터 얘기할까?

연습 '从哪儿……起(呢)'를 사용하여 다음 대화를 완성하세요.

A: 你来介绍一下情况吧。
   상황을 설명해보세요.

B: _____? 好吧，我想到哪儿就说到哪儿吧。
   어디에서부터 설명을 시작할까요? 좋습니다. 생각나는 대로 얘기해보지요.

感想 gǎnxiǎng 몡 감상, 소감 | 展厅 zhǎntīng 몡 전시실 | 丰富多彩 fēngfùduōcǎi 성어 풍부하고 다채롭다 | 抓 zhuā 동 잡다, 긁다, 체포하다 | 见闻 jiànwén 몡 견문, 본 것과 들은 것

Pattern 057 从/自……起

의미 (시점, 지점) ~에서부터 (~하기 시작하다)

해설 어떤 시간이나 지점을 기점으로 삼아 시작한다는 의미이다. '自'는 주로 서면어에 사용된다. '从……'은 '打(从)……'나 '自(从)……'의 형태로, '起'는 'V+起' 형태로 사용한다. 또한 '起' 뒤에 '开始+V'의 형태를 사용하기도 한다.

예문

❶ 经理说从下月起给大家涨工资。
사장님께서 다음 달부터 모두에게 월급을 올려주겠다고 말씀하셨다. [시점]

❷ 很多人都不知道月亮是从东边升起的。
많은 사람은 달이 동쪽에서 떠오른다는 것을 모른다. [지점]

❸ 本条例自公布之日起实行。
본 조례는 공포된 날로부터 실행된다. [시점]

❹ 《中华人民共和国物权法》自2007年10月1日起正式施行。
'중화인민공화국 물권법'은 2007년 10월 1일부터 정식으로 시행한다. [시점]

대화

A : 听说中国个税起征点要调整?
중국의 개별소득세 과세 최저한도가 조정에 들어간다면서요?

B : 没错, 自2008年3月1日起个税起征点提高到2000元。
맞아요. 2008년 3월 1일부로 개별소득세 과세 최저한도가 2,000위안까지 상향조정 됩니다.

연습 '从/自……起'를 사용하여 다음 대화를 완성하세요.

A : 咱们得好好锻炼啦, 不然真的要长啤酒肚了。
우리 열심히 운동해야 해. 그렇지 않으면 정말 술배가 툭 튀어나온다고.

B : 好, 咱们_____。
좋아. 우리 내일부터 바로 운동 시작이다.

工资 gōngzī 몡 월급, 급여 | 涨工资 zhǎng gōngzī 월급이 오르다 | 升起 shēngqǐ 동 떠오르다 | 条例 tiáolì 몡 조례 | 公布 gōngbù 몡 공포(공표)하다 | 实行 shíxíng 동 실행(시행)하다 | 物权法 wùquánfǎ 몡 물권법 | 施行 shīxíng 동 시행(실행)하다 | 个税 gèshuì 몡 개별(개인)소득세 | 起征点 qǐzhēngdiǎn 과세 최저한, 세금징수 시작점 | 啤酒肚 píjiǔdù 몡 (남자의) 맥주배(술배)

Pattern 058

从/自……以来

의미 (과거 특정 시점) ~이래로 (지금까지)

해설 과거의 어떤 시기로부터 현재 말하는 시점에 이르기까지를 의미한다.

예문

① **从**新技术展览会开幕**以来**，参观者达数十万人。
신기술 전람회가 개막한 이래, 참관자 수가 수십만 명에 달했다.

② **从**认识那个女孩儿**以来**，他变了不少，也学会了珍惜时间。
그 여자를 알게 된 이후로, 그는 많이 변했고 또 시간을 소중히 할 줄도 알게 되었다.

③ **自古以来**，男大当婚，女大当嫁。
자고이래로 남자는 자라면 장가들어야 하고 여자는 자라면 시집가야 했다.

④ **自**今年一月**以来**，人民币升值逾六百个基点。
올해 1월 이래로 런민비가 달러 대비 6% 넘게 절상되었다.

대화

A : 湖南几十年没下过这么大的雪了。
후난 성에 몇십 년 동안 이렇게 많은 눈이 내린 적이 없어.

B : 是啊，**自**上世纪五十年代**以来**没下过这样的冰雨、暴雪。
맞아. 지난 세기 50년대 이래로 이런 우박이랑 폭설이 내린 적이 없지.

연습 '从/自……以来'를 사용하여 다음 대화를 완성하세요.

A : 王部长很注意听取各方面的意见。
왕 부장님은 각 방면의 의견을 주의 깊게 청취하시지.

B : ＿＿＿＿＿＿＿＿＿＿＿＿＿＿＿，大家的情绪高多了。
그분이 부장이 되신 이래로 다들 기분이 많이 업(up) 됐어.

开幕 kāimù 통 개막하다 | 达 dá 통 도달하다 | 珍惜 zhēnxī 통 귀중히 여기다 | 自古以来 zìgǔ yǐlái 예로부터, 자고로 | 男大当婚，女大当嫁 nándàdānghūn nǚdàdāngjià 속 남자는 자라면 장가들어야 하고, 여자는 자라면 시집가야 한다 | 升值 shēngzhí 통 가치가 오르다, 평가절상되다 | 逾 yú 통 넘다, 초과하다 | 百个基点 bǎi ge jīdiǎn 명 퍼센트포인트(percentage point, 一个基点은 0.01%) | 湖南 Húnán 지명 후난 성 | 冰雨 bīngyǔ 명 우박(= 冰雹 bīngbáo) | 暴雪 bàoxuě 명 폭설 | 听取 tīngqǔ 통 청취하다, 귀를 기울이다 | 当 dāng 통 맡다, 담당하다 | 情绪 qíngxù 명 정서, 감정, 기분

Pattern 059

打/从/自……以后

의미 (특정 상황, 사건 발생) ~이후(에, 로, 부터) (바로) ~

해설 어떤 상황이 발생한 이후를 의미한다. '打'는 구어체에, '自'는 서면어에, '从'은 양쪽 다 사용한다. 또한 '从……以后, ……就……'의 형태로 뒤이어 바로 또 다른 상황이 발생했음을 나타낸다.

예문

❶ 经理助理刘小姐打结婚以后就不工作了。
사장님 비서 미스 리우는 결혼한 이후로 일을 그만두었다.

❷ 打王部长听取汇报以后，他决心加快机构改革。
왕 부장은 보고를 듣고 난 이후에 조직개편을 가속하겠다고 결심했다.

❸ 从大学毕业以后，我就再也没听到过他的消息了。
대학졸업 이후로 나는 더는 그의 소식을 들은 적이 없다.

❹ 自他去西部考察以后，就决定加强生态环境建设。
그는 서부지역을 시찰한 이후로 생태환경 건설을 강화하겠다고 결정했다.

대화

A : 现在这个医院由谁负责?
지금 이 병원은 누가 책임을 지고 있지요?

B : 自院长出国以后，无人负责。
원장님이 출국하신 이후부터 아무도 책임지는 사람이 없습니다.

연습 '打/从/自……以后'를 사용하여 다음 대화를 완성하세요.

A : 你是什么时候开始对中国文学感兴趣的?
너는 언제부터 중국 문학에 흥미를 갖기 시작했어?

B : 我高中的时候读了《三国演义》, _____。
내가 고등학교 때 '삼국지'를 읽었는데, 그 뒤로 흥미를 갖기 시작했지.

助理 zhùlǐ 동 보조하다 명 보좌관, 비서 | 汇报 huìbào 명동 종합보고(하다) | 机构 jīgòu 명 기구, 조직 | 考察 kǎochá 동 고찰하다, 시찰하다 | 生态 shēngtài 명 생태 | 负责 fùzé 동 책임지다 | 对……感兴趣 duì …… gǎn xìngqù ~에 대해 흥미를 느끼다 | 三国演义 Sānguó Yǎnyì 명 삼국지연의

Pattern 060

大……大……

의미 명사 · 형용사 · 동사 앞에 쓰여 규모가 크거나 정도가 심함을 나타냄

해설 규모가 크거나 정도가 심함을 나타낸다. 두 개의 '大' 뒤에 유사 의미 혹은 관련 의미를 가진 단음절 명사, 형용사 또는 동사를 사용한다. 의역하거나 자주 쓰는 표현은 아예 단어처럼 기억한다.

예문

① 不少农村妇女逢年过节都喜欢穿大红大绿的衣服。
농촌의 많은 여성은 매년 설을 쇨 때 울긋불긋한 옷을 즐겨 입는다.

② 年轻人花钱总是大手大脚的，还没到月底呢，工资就花光了。
젊은이들은 항상 펑펑 돈을 써 대서, 월말이 되지도 않았는데 월급을 싹 다 써버린다.

③ 政府反对公务员大吃大喝，然而收效甚微。
정부는 공무원들의 호사스런 사치를 금하고 있지만, 그 효과는 극히 미미하다.

④ 他的一生大起大落，既过过十分贫穷的日子，也享受过少有的荣华富贵。
그의 일생은 그야말로 롤러코스터다. 엄청나게 빈곤한 날도 보냈고, 또한 한가락 부귀영화도 누렸다.

대화

A : 哎，体重又增加了。
아이, 몸무게가 또 늘었네.

B : 每天大鱼大肉的，能不胖吗?
날마다 고기를 그렇게 먹어대는데 살이 찌지 않고 배겨?

연습 알맞은 표현을 골라 빈칸에 넣으세요.

| 大是大非   大富大贵   大红大紫   大摇大摆 |

1. 这不是小问题，而是_____的原则性问题，我们绝不能让步。
이건 작은 문제가 아니라 시비를 분명히 가려야 하는 원칙적인 문제다. 우리는 절대 양보할 수 없다.

2. 她再也不是过去那个不起眼的小丫头了，她现在是_____的明星。
그녀는 더 이상 과거의 별 볼 일 없던 여자애가 아니야. 지금은 끝내주게 잘 나가는 스타라고.

逢年过节 féngnián guòjié 〈성어〉 설이나 명절을 맞다 | 收效甚微 shōuxiào shēnwēi 효과가 별로 없다 | 荣华富贵 rónghuá fùguì 〈명〉 부귀영화, 때를 만나 더 없는 부귀를 누리다 | 原则性 yuánzéxìng 〈명〉 원칙성 | 不起眼 bùqǐyǎn 눈에 차지 않다, 보잘것없다 | 小丫头 xiǎoyātóu 〈명〉 여자아이, 계집아이 | 明星 míngxīng 〈명〉 인기 있는 배우나 운동선수, 스타

Pattern 061

大……的，……

의미 (계절, 휴일, 명절, 절기) 한창 ~때인데 당연히 ~해야 한다(하지 말아야 한다)

해설 '大'와 '的'의 중간에는 일반적으로 계절, 휴일, 명절, 절기 등의 단어가 온다. 특정한 상황에서 마땅히 이래야 한다거나(应该) 이래서는 안 된다(不应该)는 의미를 나타낸다.

예문

❶ 大清早的，是谁叫门呢?
꼭두새벽부터 누가 문을 두드리는 거야?

❷ 大雪天的，外面滑，别出去了。
눈이 펑펑 오는구먼. 밖은 미끄러우니까 나가지 마라.

❸ 大过年的，别说让人不愉快的事。
새해 첫날부터 기분 상하는 얘기는 하지 마라.

❹ 大周末的，老待在家里多没意思。
주말이구먼, 종일 집에 있으려니 참 따분하다.

대화

A : 我今晚要穿这条超短裙去参加晚会。
나 오늘 밤에 이 미니스커트 입고 파티에 갈 거야.

B : 大冬天的，你穿裙子不怕冷吗?
한겨울에 치마라니 추위 안 타?

연습 '大……的，……'를 사용하여 다음 대화를 완성하세요.

A : 我怕鬼。
나 귀신이 무서워.

B : ＿＿＿＿＿＿＿＿＿＿，你别自己吓自己了。
대낮에 무슨, 괜히 혼자 겁먹지 마.

清早 qīngzǎo 명 새벽, 이른 아침 | 滑 huá 형 미끄럽다 동 미끄러지다 | 超短裙 chāoduǎnqún 명 미니스커트(= 迷你裙) | 怕冷 pàlěng 형 추위를 타다 | 鬼 guǐ 명 귀신 | 吓 xià 동 놀라게 하다

Pattern 062

大……特……

의미 (엄청나게, 실컷) ~해대다

해설 '大'와 '特'의 다음에 동일한 단음절 동사가 오며, 규모가 크고 정도가 심함을 의미한다. 과장의 어감이 있다.

예문

① 会上他大谈特谈改革，会下却是另一回事。
회의 때에 그는 입이 닳도록 개혁을 외치더니만 회의가 끝나니 영 딴판이다.

② 在会上老板大讲特讲如何开发海洋资源问题。
회의 석상에서 사장은 해양자원을 어떻게 개발할지에 대해 귀가 따갑도록 이야기했다.

③ 她听到法院的判决后，大骂特骂，说太不公平了。
그녀는 법원의 판결을 들은 후 너무 불공평하다며 욕을 바가지로 해댔다.

④ 香港真是购物天堂，很多人到了那里都大买特买。
홍콩은 그야말로 쇼핑천국이다. 많은 사람이 그곳에서 한 보따리씩 사댄다.

대화

A : 这次连放七天假，你有什么打算?
이번 7일 연휴 동안 무슨 계획 있어?

B : 我要大睡特睡，这些日子太辛苦了。
실컷 잠이나 자려고. 요즘 너무 힘들었어.

연습 알맞은 표현을 골라 빈칸에 넣으세요.

> 大错特错　　大吃特吃　　大批特批　　大改特改

1. 你以为他沉默不语就是同意了，那就＿＿＿＿＿＿＿了。说明你根本不了解他。
  너는 그가 말없이 침묵한다고 해서 동의한 줄 아나 본데, 그건 한참 잘못 생각하는 거야. 네가 그를 전혀 이해하지 못하고 있다는 말이지.

2. 今天的晚饭这样丰盛，大家心情又好，于是就＿＿＿＿＿＿＿了一顿。
  오늘 저녁 식사가 푸짐하니 모두 기분도 좋고 해서 배불리 먹었다.

另一回事 lìng yì huí shì 별개의 일이다 | **资源** zīyuán 명 자원 | **法院** fǎyuàn 명 법원 | **判决** pànjué 명동 판결(하다), 판단결정하다 | **购物** gòuwù 동 물건을 구입하다 | **天堂** tiāntáng 명 천당, 천국 | **沉默** chénmò 동 침묵하다 형 과묵하다 | **丰盛** fēngshèng 형 풍성하다, 푸짐하다

Pattern 063

到时候……

의미 (나중에) 때가 되면 ~, 그때에는 ~

해설 특정한 때 혹은 어떤 적당한 때가 되었다는 뜻이다.

예문

❶ 别担心，该给你的钱到时候自然会给你的。
걱정하지 마. 너한테 줄 돈은 때가 되면 자연히 너한테 줄 거야.

❷ 首先必须筹足资金，要不到时候经费不足怎么办?
우선 자금을 충분히 마련해야 합니다. 그렇지 않으면 때가 되었을 때 경비가 부족하면 어떻게 합니까?

❸ 他们长期组织文艺演出，到时候一定会有很好的舞台效果。
그들은 장기간 공연을 준비했다. 때가 되면 분명 훌륭한 공연 성과를 볼 것이다.

❹ 这个星期天我要上台演出，这次我要早点儿做好准备，免得到时候着急。
이번 일요일에 내가 무대에서 공연하는데, 이번에 조금 일찍 준비를 제대로 해야겠어. 그래야 막상 때가 되었을 때 당황하지 않으니까.

대화

A : 后天就出国了，我还什么都没准备呢!
모레 바로 출국인데, 나는 아직 아무 준비도 못 했어!

B : 别急，到时候我都会帮你准备好的。
진정해. 그때는 내가 준비를 도와줄게.

연습 '到时候……'를 사용하여 다음 대화를 완성하세요.

A : 那边的情况，我一点儿也不了解。
그쪽의 상황은 전혀 알지 못합니다.

B : _____。
그때 내가 너에게 알려주겠다.

筹 chóu 통 계획하다, 마련하다, 조달하다 명 계책, 방법 | 要不 yàobù 접 그렇지 않으면, ~하거나 ~하거나 | 舞台效果 wǔtái xiàoguǒ 무대 효과(stage effect) | 上台 shàngtái 통 무대에 오르다, 출연하다, 요직에 나아가다 | 免得 miǎnde 접 ~하지 않도록

Pattern 064

倒(是)……

의미 (예상이나 상식과 달리) 오히려(도리어/반대로) ~하다, (내 개인적으로는) ~하다

해설 예상 또는 일반적인 상식과 상반되거나 어긋나며, 뜻밖의 결과가 나왔다는 어감을 표현한다. 때로는 '倒是' 전후 내용의 상반된 의미가 비교적 뚜렷하게 대비되기도 하고, 때로는 '倒是' 전후 내용의 상반된 의미가 미약하기도 하다. (이 경우 종종 개인적인 성향이나 자신의 견해가 타인과 다르다는 어감을 표현한다.)

예문

❶ 你不喜欢这本书？我倒觉得这位作者写得挺好的。
너 이 책 마음에 안 들어? 난 이 작가가 꽤 잘 쓴 것 같은데. [개인적 성향]

❷ 原想省点儿事才这么处理的，没想到倒更费事了。
원래 일거리를 좀 줄여볼까 해서 이렇게 처리했는데, 뜻밖에 오히려 일거리가 더 늘었다. [뜻밖의 결과]

❸ 你看你，该说的没说，不该说的倒是说个没完。
너도 참, 해야 할 말은 안 하고, 안 해야 할 말은 도리어 끝도 없이 하는 구나. [전후 내용 상반]

❹ 你觉得她很高傲吗？我倒是没这个感觉。
너는 그녀가 매우 거만해 보이냐? 난 그런 느낌 못 받았는데. [타인과 다른 견해]

대화

A : 我不爱吃柚子，又酸又苦的。
난 유자 싫어. 시고 써.

B : 我倒是挺爱吃的。
난 유자 아주 좋아하는데.

연습 '倒(是)……'를 사용하여 다음 대화를 완성하세요.

A : 一般十二三岁的孩子逆反心理严重。
보통 12-3세 아이들은 청개구리 짓이 심해요.

B : 我的女儿_____。
우리 딸은 오히려 말을 잘 듣고, 부모 뜻에 순종해요.

费事 fèishì 동 일거리가 늘다 형 귀찮다, 번거롭다(↔ 省事 shěngshì) | 说个没完 shuō ge méi wán 끝도 없이 말하다 | 高傲 gāo'ào 형 거만(오만)하다, 건방지다 | 柚子 yòuzi 명 유자 | 逆反心理 nìfǎn xīnlǐ 명 역반(응) 심리, 청개구리 심리 | 听话 tīnghuà 동 말을 듣다, 순종하다 | 顺从 shùncóng 동 순종하다 | 意志 yìzhì 명 뜻, 의지

Pattern 065

到……为止

의미 (언제) ~까지

해설 서술한 상황의 시간 범위를 한정 짓는다. 주로 마감시한을 나타낸다.

예문

❶ **到**目前**为止**，他们是北京最有实力的电子商务公司。
  지금까지 그들은 베이징에서 가장 실력 있는 전자상거래회사입니다.

❷ **到**昨天**为止**，有400人报名参加这个语言学研讨会。
  어제까지 400명이 이번 언어학 세미나에 참가 신청을 했습니다.

❸ 他是退而不休，他说他要一直干**到**完全丧失工作能力**为止**。
  그는 퇴직했으나 쉬지 않는다. 그는 일할 능력을 완전히 상실할 때까지 계속 일하겠다고 말했다.

❹ **到**现在**为止**，高行健是唯一一个获得诺贝尔文学奖的华裔作家。
  현재까지 까오싱지앤은 노벨문학상을 받은 유일한 중국계 작가다.

대화

A : 台湾有多少人参观过西安的兵马俑?
  대만에서 얼마나 많은 사람이 시안의 병마용을 참관했나요?

B : 听说**到**2002年**为止**，就已经超过五十万人次了。
  듣기로는 2002년까지 이미 연인원 50만 명을 넘었습니다.

연습 '倒(是)……'를 사용하여 다음 대화를 완성하세요.

A : 你上大学的时候一直是你父母给你付学费吗?
  당신이 대학 다닐 때 줄곧 부모님께서 학비를 내 주셨나요?

B : _____，我三年级的时候开始打工。
  2학년 때까지는 부모님께서 내 주셨습니다. 3학년 때에 아르바이트를 시작했거든요.

电子商务公司 diànzǐ shāngwù gōngsī 몡 전자상거래회사, 인터넷 사업체 | 语言学 yǔyánxué 몡 언어학(linguistics) | 丧失 sàngshī 동 상실하다, 잃어버리다 | 高行健 Gāo Xíngjiàn 인명 까오싱지앤(장시 성 출생, 프랑스 국적의 소설가, 2000년 노벨문학상 수상) | 获得 huòdé 동 획득하다 | 诺贝尔(奖) Nuòbèi'ěr(jiǎng) 몡 노벨상 | 华裔 huáyì 몡 외국에서 태어나 그 나라의 국적을 취득한 화교의 자녀 | 兵马俑 Bīngmǎyǒng 몡 병마용 | 人次 réncì 몡 연인원

Pattern 066

……得不得了 / 得不行

의미 대단히(엄청, 극히) ~하다

해설 정도가 매우 높음을 나타낸다. 특수한 형태의 정도보어로, '非常'이나 '十分' 등 최상급의 의미가 있다.

예문

❶ 高级商场的商品，质量虽好，但价格贵得不得了。
고급 백화점의 물건은 품질은 좋기는 하지만 가격이 너무 비싸다.

❷ 展览厅挤得水泄不通，人多得不得了。
전시실은 물 샐 틈 없이 사람이 엄청나게 많다.

❸ 几场足球赛都赢了，大家高兴得不行。
몇 번의 축구경기에서 모두 이겨서 다들 대단히 기뻤다.

❹ 错过了那次机会，我后悔得不行。
그 기회를 놓친 후에 나는 후회막심했다.

대화

A: 你怎么一回家就躺下了?
너 왜 집에 돌아오자마자 눕는 거야?

B: 我一夜没睡，困得不行啦。
밤새 못 잤어요. 졸려 미치겠어요.

연습 '……得不得了 / 得不行'을 사용하여 다음 문장을 완성하세요.

1. 屋子里开了暖气，温度太高，_____。
   방안에 난방을 틀어놨더니 온도가 너무 높아서 끝내주게 덥다.

2. 她看到我新买的玩具，_____，所以我就送给她了。
   그녀는 내가 새로 산 장난감을 보더니 엄청나게 재미있어했다. 그래서 선물로 줬다.

展览厅 zhǎnlǎntīng 명 전시홀 | 挤 jǐ 형 빽빽하다 동 붐비다, 밀치다, 짜내다, 배척하다 | 水泄不通 shuǐxièbùtōng 성어 물샐틈없다, 몹시 붐비다 | 后悔 hòuhuǐ 동 후회하다 | 暖气 nuǎnqì 명 난방기, 라디에이터 | 玩具 wánjù 명 장난감, 완구 | 好玩(儿) hǎowán(r) 형 재미있다, 놀기 좋다, 귀엽다

Pattern 067 ……的话，……

의미 (만약, 만일) ~라면, ~

해설 가설관계, 즉 가정법을 나타낸다. '如果……的话', '要是……的话'의 형태로 조합할 수 있다.

예문

❶ 钱都投在股票上的话，太危险了。
돈을 전부 주식에 투자한다면, 너무 위험하다.

❷ 如果各方面条件都允许的话，应该去周游世界。
만약 각 방면의 조건이 모두 허락된다면, 세계 각지를 돌아다녀야 한다.

❸ 一个公司长期资金周转困难的话，只好宣布倒闭。
한 회사의 장기자금 회전이 어려워진다면, 파산을 선포할 수밖에 없다.

❹ 要是你不介意的话，我想给大家读一下你的这篇文章。
만일 괜찮으시다면, 제가 여러분에게 당신의 이 글을 읽어드리고 싶습니다.

대화

A : 你是MBA，怎么不开个公司？
너는 MBA인데, 왜 회사를 설립하지 않아?

B : 赔钱的话，怎么办？
밑지면 어떻게 하라고?

연습 '……的话，……'를 사용하여 다음 문장을 완성하세요.

1. _____，一定能取得好成绩。
   열심히 공부하면, 분명 좋은 성적을 얻을 수 있어.

2. _____，对谁都没有好处。
   이번 투자가 실패한다면, 누구에게도 좋을 게 없습니다.

股票 gǔpiào 명 주식, (유가)증권 | **危险** wēixiǎn 명형 위험(하다) | **允许** yǔnxǔ 동 동의하다, 허락하다 | **周游** zhōuyóu 동 주유하다 | **周转** zhōuzhuǎn 동 (자금이나 물건을) 운용하다 | **宣布** xuānbù 동 선포하다 | **倒闭** dǎobì 동 도산하다 | **不介意** bú jièyì 개의치 않다 | **赔钱** péiqián 동 밑지다, 보상하다 | **失败** shībài 동 실패하다, 패배하다 | **好处** hǎochu 명 이로운 점, 이익(↔ **坏处** huàichu)

Pattern 068

A的A，B的B

의미 A한 것은 A하고, B한 것은 B하다

해설 두 개의 '的' 앞뒤에는 각각 동일한 동사나 형용사가 오며, 어떤 것은 이렇고, 어떤 것은 저렇다는 의미를 나타낸다.

예문

❶ 大家推的推，拉的拉，行李很快运走了。
모두가 밀고 당기고 하면서 짐을 순식간에 운반했다.

❷ 他们家高朋满座，说的说，笑的笑。
그들 집에는 손님들이 꽉 들어차서 여기저기 웃고 떠들었다.

❸ 看到那些孩子，吵的吵，闹的闹，我的头都大了。
그 아이들을 보니 와글와글 시끌벅적한 것이 골이 다 지끈거렸다.

❹ 现在是秋高气爽的季节，山上的树红的红，绿的绿，黄的黄，真好看。
지금은 천고마비의 계절 가을이다. 산 위의 나무들이 알록달록 물든 것이 참으로 예쁘다.

대화

A：这苹果是论堆卖的，便宜。
이 사과는 무더기로 파는 거라, 값이 싸.

B：怪不得大的大，小的小呢。
어쩐지 큰놈은 크고 작은놈은 작더라니.

연습 'A的A，B的B'를 사용하여 다음 문장을 완성하세요.

1. 办公室里大家都在忙着，_____，_____，忙得不得了。
사무실 안에서 다들 바쁘게 일하고 있다. 전화받는 사람이며 회의하는 사람, 엄청나게 바쁘다.

2. 每天早上，街心公园可热闹啦！_____，_____，_____，_____。
매일 아침 도심 공원은 아주 활기가 넘친다! 춤추는 사람에, 검술 수련하는 사람에, 노래 부르는 사람에, 새장 들고 산책하는 사람들도 있다.

高朋满座 gāopéng mǎnzuò 성어 훌륭한 사람들이 좌석에 가득 차 있다, 손님이 아주 많다 | **头都大了** tóu dōu dà le 머리가 터질 것 같다 | **秋高气爽** qiūgāo qìshuǎng 성어 가을 하늘은 높고 공기는 상쾌하다 | **论堆卖** lùnduīmài 무더기로 팔다 | **怪不得** guàibude 부 어쩐지 | **街心** jiēxīn 명 거리 한복판, 도심 | **练剑** liàn jiàn 검술을 수련하다 | **遛鸟** liùniǎo 동 (애완용 새가 든) 새장을 들고 산책하다

Pattern 069

东……西……

의미 (이리) ~하고, (저리) ~하다, 여기저기(도처에) ~하다, 어지러이(함부로) ~하다

해설 의미가 같거나 비슷한 동사 또는 수량사를 각각 '东'과 '西' 다음에 넣는다. 많은 경우 성어 형태로 조합되어 사용된다.

예문

❶ 为了投诉，我东一趟西一趟，好不容易才找到负责人。
하소연을 하기 위해 나는 이리 뛰고 저리 뛰어서 겨우겨우 책임자를 찾아냈다.

❷ 有什么话请直截了当地说，别东拉西扯的。
할 말이 있으면 단도직입적으로 말하세요. 빙빙 돌려서 얘기하지 말고.

❸ 他年轻的时候不务正业，整天东游西荡。
그는 젊었을 때 제대로 일을 하지 않고 종일 여기저기 뺀질거리기만 했다.

❹ 这篇论文是东拼西凑的，甚至有些观点是相互矛盾的。
이 논문은 여기저기서 짜깁기한 거다. 심지어 어떤 관점은 서로 모순되기까지 하다.

대화

A: 这些人东倒西歪的，怎么啦?
이 사람들은 이리 비틀 저리 비틀, 왜 그런대?

B: 八成是喝醉了。
분명 술 취했어.

연습 알맞은 표현을 골라 빈칸에 넣으세요.

> 东躲西藏　　东奔西走　　东跑西颠　　东一句西一句

1. 他欠了别人的钱还不起，只好_____。
그는 다른 사람의 돈을 빌렸는데 갚을 여력이 안 돼서, 어쩔 수 없이 이리저리 숨어다닌다.

2. 他整天_____的，也不知在忙些什么。
그는 종일 동분서주하는데 뭐가 그리 바쁜지 모르겠다.

投诉 tóusù 동 고소하다, 하소연하다 | 直截了当 zhíjiéliǎodàng 성에 단도직입적이다 | 东拉西扯 dōnglā xīchě 성에 (말이나 글이) 뒤죽박죽이다 | 不务正业 búwùzhèngyè 성에 바르게 일하지 않다 | 东拼西凑 dōngpīn xīcòu 성에 여기저기서 끌어모으다 | 矛盾 máodùn 명 모순, 갈등, 상충 | 东倒西歪 dōngdǎo xīwāi 성에 비틀거리다, (세력이나 살림이) 기울다 | 欠钱 qiànqián 동 빚을 지다 | 东躲西藏 dōngduǒ xīcáng 성에 여기저기 숨다 | 东奔西走 dōngbēn xīzǒu 성에 동분서주하다

Pattern 070

动不动就……

의미 걸핏하면(툭하면, 심심하면) ~한다

해설 어떤 상황이 자주 발생함을 나타내며, 뒤쪽에 동사성 단어가 온다. 불만의 어감이 있다.

예문

1. 物价动不动就涨，这日子还怎么过!
   물가가 걸핏하면 오르니 어떻게 살라는 거야!

2. 有些名人的生活小事动不动就闹得满城风雨。
   일부 유명인들의 사는 얘기가 걸핏하면 (좋지 않은 일로) 장안의 화제가 된다.

3. 小王也太意气用事了，动不动就撂挑子不干了。
   왕 군도 너무 감정적이야. 걸핏하면 직장을 때려치운다니까.

4. 那里的老百姓有游行的自由，动不动就上街示威游行。
   그곳의 사람들은 시위의 자유가 있어서, 툭하면 거리에 나가 데모를 벌인다.

대화

A : 你好像不太喜欢跟张太太聊天儿?
   너는 장 씨 부인이랑 이야기하는 걸 별로 안 좋아하는 것 같아?

B : 嗯，她总是动不动就抱怨，看社会的消极面太多。
   응. 항상 걸핏하면 불평을 늘어놓는데, 사회의 부정적인 면을 너무 많이 보고 있어.

연습 '动不动就……'를 사용하여 다음 대화를 완성하세요.

A : 你女朋友真是个多愁善感的人，像林黛玉似的。
   네 여자친구는 정말 감수성이 예민한 것 같아. 린따이위 같아.

B : 可不是吗? _____。
   누가 아니래? 툭하면 상처받고 눈물 흘리고, 내가 항상 달래줘야 해.

满城风雨 mǎnchéng fēngyǔ 성어 온 성 안에 가을 비바람이 몰아치다, 여론이 분분하다 | 意气用事 yìqiyòngshì 성어 감정적으로 일을 처리하다 | 撂挑子 liào tiāozi 짐을 내려놓다, 일에서 손을 떼다 | 示威游行 shìwēi yóuxíng 명 시위, 시위행진 | 抱怨 bàoyuàn 동 원망을 품다, 불평하다 | 消极 xiāojí 형 소극적이다, 부정적이다(↔ 积极 jījí) | 多愁善感 duōchóu shàngǎn 성어 늘 애수에 잠기고 감상적이다 | 林黛玉 Lín Dàiyù 인명 린따이위('홍루몽 · 紅樓夢'에 나오는 비련의 여주인공)

Pattern 071

都……了，……

의미 이미(벌써, 거의) 다 ~이다

해설 '已经……了'의 의미이다. 시간이나 상황이 이미(벌써/거의) 다 끝났음(완료/변화)을 나타낸다.

예문

① 都四月了，怎么还这么冷！
벌써 4월인데, 왜 아직도 이렇게 추워!

② 都夜里一点了，孩子还在学习呢。
밤 1시가 다 되었는데, 아이가 아직도 공부하고 있다.

③ 都十二月了，一场雪还没下过呢。
벌써 12월인데, 눈이 한 번도 내린 적이 없다.

④ 利息都这么低了，可以说是负利息，还存什么钱。
이자가 이미 이렇게 낮아져서야 마이너스 금리라고 할 수 있으니, 무슨 돈을 저축하겠나.

대화

A: 饭都凉了，还不快吃！
밥 다 식어요. 빨리 안 먹고 뭐 해요?

B: 你没看见我忙着呢吗？
나 바쁜 거 안 보여?

연습 '都……了，……'를 사용하여 다음 문장을 완성하세요.

1. 那位著名的画家＿＿＿＿＿＿＿＿＿＿，还画了不少画儿呢。
   저명한 그 작가분은 벌써 여든이 넘으셨는데, 여전히 그림을 많이 그렸다.

2. 这些鱼肉罐头＿＿＿＿＿＿＿＿＿＿，千万别吃了。
   이 생선통조림은 벌써 기한이 다 됐어. 절대 먹지 마.

利息 lìxī 명 이자, 금리 | 负利息 fù lìxī 마이너스 금리 | 存钱 cúnqián 동 돈을 저축하다 | 凉 liáng 형 서늘하다 | 著名 zhùmíng 형 저명하다 | 罐头 guàntou 명 깡통, 캔 | 过期 guòqī 동 기한을 넘기다

Pattern 072

都这时候了, ……

의미 벌써 때가(시간이) 되었는데 ~(아직도, 그래도, 여태, 여전히) (~하고 있냐?),
(지금) 때가(시간이) 언제인데(몇 시인데) ~(아직도, 그래도, 여태, 여전히) (~하고 있냐?)

해설 시간이 이미 늦었음을 나타내거나 비교적 긴급한 때가 되었음을 뜻한다. 뒤 문장에 흔히 '还'를 사용하여 반문으로 표현한다. '都什么时候了'라고 하기도 한다.

예문

❶ 都这时候了, 还玩儿牌呢!
   지금 때가 언제인데 아직도 카드놀이를 하고 있어!

❷ 都这时候了, 你还有心思开玩笑!
   지금이 어느 때라고 그래도 농담할 기분이 나냐?

❸ 都什么时候了, 她还不回家, 真急人!
   지금 시각이 몇 시인데, 얘는 여태 집에도 안 오고, 정말 사람 걱정되게!

❹ 都什么时候了, 你怎么还不准备动身哪?
   지금 때가 언젠데, 여태 출발할 준비도 안 하고 뭐 하는 거야?

대화

A: 你说都这时候了, 小孙他们还会来吗?
   말 좀 해봐라. 지금 때가 벌써 이렇게 됐는데, 손 군 걔네들 오기는 오는 거야?

B: 我想他们不会来了。
   걔네들 안 올 것 같은데.

연습 '都这时候了, ……'를 사용하여 다음 대화를 완성하세요.

A: 咱们去逛逛商店吧。
   우리 쇼핑 가자.

B: 你看看表, _____。
   시계 좀 봐라. 지금 시각이 몇 시냐? 벌써 가게 문 닫았어.

心思 xīnsī 몡 생각, 기분 | 急人 jírén 통 마음을 졸이게 하다 | 动身 dòngshēn 통 출발하다, 떠나다 | 早……了 zǎo …… le 이미(벌써) ~했다 | 关门 guānmén 통 문을 닫다, 폐업하다

Pattern 073

对……来说，……

의미 ~에 대해 말하자면 ~, ~에 있어서 ~, ~에게는(한테는) ~, ~의 입장에서는 ~

해설 어떤 사람이나 사물의 각도로 문제를 바라본다는 뜻이다. 언급하고 있는 상황이나 관점과 관계된 사람이나 사물을 강조한다.

예문

① 对企业来说，流动资金是很重要的。
   기업에 있어서, 유동자금은 무척 중요하다.

② 对某些人来说，唠叨也是他们的生活乐趣。
   어떤 사람한테는 잔소리 역시 생활의 즐거움이다.

③ 对运动员来说，积累比赛经验十分重要。
   운동선수에게 경기 경험을 쌓는 것은 대단히 중요하다.

④ 对生产商来说，最关心的是市场动态。
   제조업체에 있어, 가장 관심을 가져야 할 부분은 시장의 동향이다.

대화

A : 张大爷，春节好！恭喜发财呀！
   장 씨 할아버지, 새해 복 많이 받으세요! 돈도 많이 버시고요!

B : 谢谢。不过，对我们老年人来说，健康更重要，是不是？
   고맙구나. 그렇지만 우리 노인네들은 건강이 더욱 중요하지, 안 그러냐?

연습 '对……来说，……'를 사용하여 다음 대화를 완성하세요.

A : 我得回去戴手套，今天好冷啊！
   나 되돌아가서 장갑을 껴야겠어. 오늘 정말 춥다!

B : 是吗？我是东北人，_____，_____，没什么大不了的。
   그래? 나는 중국 동북지방 출신이라, 나한테는 오늘 같은 날씨는 추운 것도 아니야. 별것도 아니구먼.

企业 qǐyè 몡 기업 | 流动资金 liúdòng zījīn 유동자금 | 唠叨 láodao 몡동 잔소리(하다), 수다(떨다) | 乐趣 lèqù 몡 즐거움, 재미 | 动态 dòngtài 몡 동태, 동작 | 恭喜 gōngxǐ 동 축하하다, 일하다 | 发财 fācái 동 돈을 벌다, 부자가 되다 | 老年人 lǎoniánrén 몡 노인 | 手套 shǒutào 몡 장갑, 글러브(glove) | 不算 búsuàn 동 ~한 편은 아니다

Pattern 074

对了, ……

의미 아 맞다, 아 참, 그건 그렇고 ~

해설 갑자기 어떤 일이 생각났거나 화제를 전환할 때 상대방의 주의를 환기하기 위해 사용한다.

예문

❶ 睡觉吧。对了，你上闹钟了吗?
자자. 참, 너 알람 맞췄어?

❷ 现在准备动身吧！对了，小王还没到呢。
이제 출발 준비합시다! 맞다, 왕 군이 아직 도착 안 했지.

❸ 春节就要到了。对了，火车票还没订吧?
곧 설날이구나. 참, 기차표는 아직 예매 안 했지?

❹ 今天的会就开到这儿。对了，晚上经理请大家吃全聚德烤鸭。
오늘 회의는 여기까지 하지요. 참, 저녁에 사장님께서 여러분을 취앤쥐더 오리구이로 초대하셨습니다.

대화

A : 今天几号?
오늘 며칠이지?

B : 15号。对了，该发工资了。
15일. 맞다, 월급날이지.

연습 '对了, ……'를 사용하여 다음 대화를 완성하세요.

A : 小李现在精神状态怎么样?
이 군은 지금 정신상태가 어때?

B : 挺好的。_____, _____?
아주 좋아. 참, 그건 그렇고 너 왜 갑자기 그 친구 얘기를 꺼내는데?

上闹钟 shàng nàozhōng 알람(시계)을 맞추다 | **订(票)** dìng(piào) 통 (표를) 예매하다 | **全聚德** Quánjùdé 명 취앤쥐더 (유명 오리구이 전문점) | **烤鸭** kǎoyā 명 오리구이 | **该……了** gāi…… le ~할 때가 되었다 | **发工资** fā gōngzī 월급을 지급하다 | **精神状态** jīngshén zhuàngtài 명 정신상태 | **提起** tíqǐ 통 제기하다, 이야기를 꺼내다

Pattern 075

多少……(一)点儿

의미 조금(약간, 다소)(이나마) ~하다, 다소(나마) ~하다

해설 가운데에 형용사나 동사를 사용하여 긍정을 나타낸다. 그러나 이 경우 수량이 많지 않고 정도가 높지도 않다.

예문

❶ 朋友聚会，大家高兴，你多少也喝点儿吧?
  친구들끼리 모여서 다들 즐겁구먼, 너도 입이라도 좀 축이지?

❷ 她是我的好朋友，向我借钱，我虽不富裕，多少也得借她点儿。
  그녀는 나의 좋은 친구다. 나한테 돈도 빌려주고. 내가 비록 부유하진 않지만, 그녀에게도 약간이나마 빌려줘야지.

❸ 经过上次比赛的失败，现在他多少成熟了一点儿。
  지난번 시합의 패배를 겪고 나서, 지금 그는 다소 성숙해졌다.

❹ 中国西部某些地方的老百姓现在仍然贫困，但比早些年多少好了一点儿。
  중국 서부 일부 지역의 사람들은 지금도 여전히 빈곤하지만, 옛날보다는 약간 나아졌다.

대화

A : 我真的不想吃，别勉强我吧。
  나 정말 먹기 싫어. 억지로 강요하지 마.

B : 为了身体，多少吃一点儿，好吗?
  건강을 위해서 다만 얼마라도 좀 먹어라. 응?

연습 '多少……(一)点儿'를 사용하여 다음 대화를 완성하세요.

A : 你的英语口语有很大提高吧?
  너 영어 회화 많이 늘었겠다?

B : 我天天练习听说，_____。
  내가 날마다 듣기랑 말하기 연습을 해서, 지금은 조금이나마 늘었지.

富裕 fùyù 형 부유하다 동 부유하게 하다 | 成熟 chéngshú 형 성숙하다 | 贫困 pínkùn 형 빈곤하다 | 早年 zǎonián 명 여러 해 전, 오래전, 젊은 시절 | 提高 tígāo 명동 제고(하다), 향상(시키다) | 进步 jìnbù 명동 진보(하다) 형 진보적이다

Pattern 076

多少有点儿……

의미 조금(약간, 다소, 얼마) ~하게 되었다

해설 비록 정도는 높지 않지만 어떤 성질, 상태, 변화가 존재함을 나타낸다. 뒤쪽에 명사, 형용사, 동사를 사용할 수 있다. 변화의 어감으로 해석한다.

예문

❶ 现在他们老板的态度**多少有点儿**改变。
지금 그들 사장의 태도가 조금 변했다.

❷ 他们这么快就结婚了，大家**多少有点儿**意外。
그들이 이렇게 빨리 결혼해서 다들 좀 의외였다.

❸ 尽管她比较有钱，但是丢了这么多钱，**多少有点儿**不痛快。
비록 그녀가 돈은 꽤 있지만, 이렇게 많은 돈을 잃고 나니 다소 언짢아졌다.

❹ 孩子还小，突然到了一个完全陌生的环境，**多少有点儿**害怕。
애가 아직 어려서 갑자기 완전히 낯선 환경을 접하고는 좀 겁을 먹었다.

대화

A : 现在那里乡镇居民生活怎么样?
지금 그곳 지방의 주민들 생활은 어때요?

B : **多少有点儿**改善吧。
약간 개선이 되었습니다.

연습 '多少有点儿……'를 사용하여 다음 대화를 완성하세요.

A : 他这么大年纪，能干得了这么重的活吗?
그 사람 그 나이에 이런 힘든 일을 할 수 있겠어?

B : 我看_____。
내가 보기엔 좀 버거워 할 것 같은데.

改变 gǎibiàn 명동 변화(하다) | 意外 yìwài 형 뜻밖이다 명 뜻밖의 사고 | 痛快 tòngkuài 형 통쾌하다, 즐겁다 | 陌生 mòshēng 형 낯설다, 생소하다 | 害怕 hàipà 동 두려워하다 | 乡镇 xiāngzhèn 명 향진(중국 행정단위, 규모가 작은 지방 도시) | 改善 gǎishàn 명동 개선(하다) | 重活(儿) zhònghuó(r) 명 중노동 | 吃力 chīlì 형 힘들다, 힘겹다 동 힘을 들이다

Pattern 077

多(么)……也/都……

의미 (제)아무리 ~한다 해도(한들) ~

해설 상황이나 사태가 어떤 정도에 처하더라도 뒤쪽의 결론에 영향을 미치지 않음을 나타낸다. 앞쪽에는 '不管'과 호응을 이룰 수 있다.

예문

❶ 对吝啬的人来说，多么有钱也不舍得花。
  인색한 사람은 아무리 돈이 많아도 선뜻 돈을 쓰지 못한다.

❷ 不管遇到多么大的困难，我们都会克服的。
  아무리 큰 어려움을 만나더라도 우리는 극복해낼 것이다.

❸ 他真了不起，不管遇到多复杂的情况，都能应付。
  그 친구 정말 대단해. 아무리 복잡한 상황을 만나더라도 능히 대처할 수 있다니까.

❹ 她男朋友对她百依百顺，只要她喜欢，多贵的东西都给她买。
  그녀의 남자친구는 그녀에게 무조건 오냐오냐한다. 그녀가 좋아하는 것이라면 아무리 비싼 물건이라도 다 사준다.

대화

A : 我已经是中年人了，才开始学英语，感到很吃力。
  벌써 중년인데, 이제서야 영어공부를 시작하려니 무척 힘이 드네.

B : 不管多吃力也要坚持，否则会影响未来的发展。
  아무리 힘들어도 멈추지 마세요. 그렇지 않으면 미래의 발전에 영향을 줄 거예요.

연습 '多(么)……也/都……'를 사용하여 다음 대화를 완성하세요.

A : 他这么有钱，你怎么还不愿意跟他交往？
  그 사람 돈이 그렇게 많은데, 너 왜 그 사람이랑 사귀기 싫어하는 거야?

B : 对我来说，感情和人品最重要，＿＿＿＿＿＿＿＿＿＿＿＿＿＿＿＿＿＿＿＿。
  나는 말이야. 감정과 인품이 제일 중요해. 그 사람이 돈이 아무리 많아도 난 흥미 없어.

吝啬 lìnsè 형 인색하다 | 舍得 shěde 동 기꺼이 버리다, 인색하지 않다 | 克服 kèfú 동 극복하다 | 应付 yìngfù 동 대응(대처)하다, 대충 때우다 | 百依百顺 bǎiyī bǎishùn 성어 모든 일을 무조건 맹종(盲從)하다 | 坚持 jiānchí 동 견지하다, 지속하다 | 影响 yǐngxiǎng 명동 영향(을 주다)

Pattern 078

凡(是)……, 都……

의미 (무릇) 모든 ~은 (가리지 않고) 다 ~하다, ~이기만 하면 (가리지 않고) 다 ~하다

해설 어떤 범위 내의 사람이나 사물을 모두 포함하며, 조금의 예외도 없음을 뜻한다.

예문

❶ 凡是邓丽君的歌，我都收藏了。
덩리쥔의 노래라면 나는 다 소장한다.

❷ 凡是帮助过我的人，我都会感恩，永远不会忘记。
저를 도와주셨던 모든 분들을 다 감사히 여기며 영원히 잊지 않을 것입니다.

❸ 宪法规定凡年满18岁的公民，都有选举权和被选举权。
헌법은 만 18세 이상의 모든 국민에게 선거권과 피선거권이 있음을 규정하고 있다.

❹ 凡贪污腐败的，不管职务高低，都应严惩。在法律面前人人平等嘛。
탐욕스럽고 부패한 자는 직무고하를 막론하고 모두 엄중히 징계해야 한다. 법률 앞에서 사람은 모두 평등하니까.

대화

A : 凡买这家公司股票的，都赔得很惨。
이 회사의 주식을 산 사람은 다들 참담한 손해를 봤어.

B : 没办法，只好认倒霉了。
어쩔 수 없어. 그저 운이 나빴다고 생각할 수밖에.

연습 '凡(是)……, 都……'를 사용하여 다음 문장을 완성하세요.

1. 他太溺爱孩子了，_____。
   그는 아이를 너무 애지중지해서, 아이가 원하는 것이라면 뭐든 다 사준다.

2. 中国实行九年制义务教育，_____，
   年满6岁就可以上学。
   중국은 9년제 의무교육을 시행하고 있다. 중국 국민이라면 누구든 교육을 받을 권리가 있고, 만 6세면 학교에 갈 수 있다.

邓丽君 Dèng Lìjūn 인명 덩리쥔(대만의 유명가수) | 收藏 shōucáng 동 소장하다, 보관하다, 보존하다 | 感恩 gǎn'ēn 동 은혜에 감사하다 | 忘记 wàngjì 동 잊어버리다 | 宪法 xiànfǎ 명 헌법 | 选举权 xuǎnjǔquán 명 선거권 | 贪污 tānwū 동 탐오하다, 횡령하다 | 严惩 yánchéng 동 엄히 처벌하다 | 赔 péi 동 손해를 보다, 밑지다, 배상하다 | 惨 cǎn 형 비참하다, 심하다, 흉악하다 | 倒霉 dǎoméi 형 운이 나쁘다, 재수 없다 | 溺爱 nì'ài 동 (자기 아이를) 지나치게 예뻐하다 | 义务教育 yìwù jiàoyù 명 의무교육 | 受教 shòujiào 동 교육을 받다 | 权利 quánlì 명 권리

Pattern 079

反正……

의미 어쨌든, 어차피, 하여간

해설 어떠한 상황에서도 태도가 변하거나 결과에 영향을 주지 않음을 강조한다. 때로는 상황이나 원인을 강조하기도 한다. '既然(기왕 ~하다)'의 의미가 있다.

예문

❶ 你要喝就喝吧，反正我不喝。
마실 거면 마셔. 어쨌든 나는 안 마셔.

❷ 反正没事儿，多聊一会儿吧。
어차피 할 일도 없는데, 얘기나 좀 더 하자.

❸ 反正事情已经这样了，无法挽回，你多想也毫无用处。
기왕 일이 이렇게 된 이상 되돌릴 수 없어. 더 생각해봐야 전혀 쓸데없어.

❹ 不管她是否还要和我继续交往，我都无所谓，反正也没谈婚论嫁。
그녀가 나랑 계속 사귀든 아니든 나는 상관없어. 어쨌든 결혼 얘기는 안 했으니까.

대화

A : 这个消息可靠吗?
이 소식 믿을 만해?

B : 信不信由你，反正我信。
믿든 안 믿든 네 마음이지. 어쨌든 난 믿어.

연습 '反正……'을 사용하여 다음 문장을 완성하세요.

1. 你再劝我也没有用，_____。
네가 아무리 나를 설득해도 소용없어. 어쨌든 나는 생각을 바꾸지는 않을 거야.

2. 今天我们聊个通宵也没关系，_____。
오늘 우리 밤새도록 얘기해도 괜찮아. 어쨌든 주말에는 늦잠을 잘 수 있으니까.

挽回 wǎnhuí 통 만회하다, 돌이키다 | 毫无 háowú 통 조금도(전혀) ~않다 | 无所谓 wúsuǒwèi 상관없다 | 谈婚论嫁 tánhūn lùnjià 결혼을 논한다 | 劝 quàn 통 권하다, 타이르다 | 通宵 tōngxiāo 명 온밤, 철야 | 睡懒觉 shuìlǎnjiào 통 늦잠을 자다

Pattern 080

放……(一)点儿

의미 (좀) ~하도록 해라

해설 청자에 대해 주의를 환기하거나 권고하거나 경고할 때 사용한다. 청자의 동작이나 행위에 대해 어떤 요구를 한다.

예문

❶ 动作还要放慢一点儿、柔韧一点儿，打太极拳不能太快太硬。
동작을 좀 천천히, 좀 부드럽고 힘있게 해야지. 태극권은 너무 빠르고 너무 뻣뻣하면 안 돼.

❷ 你呀，就是太老实，吃了个大亏，下次放机灵点儿。
너도 참. 그저 너무 순진하니까 손해를 크게 봤지. 다음번에는 좀 영악해져라.

❸ 先生，请你放尊重点儿，把手拿开。
저기요, 좀 점잖게 행동하시죠. 손 좀 치워주세요.

❹ 劝你放明白点儿，你要是敬酒不吃吃罚酒，可别怪我对你不客气。
똑바로 좀 해라. 좋은 말 할 때 안 마시면 억지로 마시게 한다. 내가 막 대해도 뭐라 하지 마.

대화

A：相亲的时候应该注意些什么?
맞선 볼 때, 뭘 신경 써야 할까?

B：我看你呀，只要放大方点儿就行了。
내가 볼 땐, 좀 자연스럽게만 하면 돼.

연습 '放……(一)点儿'을 사용하여 다음 문장을 완성하세요.

1. 儿子，今天你爸爸心情不好，你可要＿＿＿＿＿＿＿＿＿＿，别惹他生气。
아들, 오늘 아빠가 기분이 안 좋으시니까, 좀 조용히 해라. 아빠 화나게 하지 말고.

2. 脚步＿＿＿＿＿＿＿＿＿＿，她累了一天啦，刚睡着。
걸음 좀 사뿐사뿐 걸어요. 쟤 온종일 지쳐서 막 잠들었어요.

柔韧 róurèn 혱 부드러우면서도 강인하다 | 老实 lǎoshí 혱 정직하다, 성실하다, 순진하다 | 机灵 jīling 혱 영리하다, 약다 | 尊重 zūnzhòng 혱 점잖다 동 존중하다 | 敬酒不吃, 吃罚酒 jìngjiǔ bùchī, chī fájiǔ 성어 권하는 술은 마시지 않고 벌주를 마시다 | 怪 guài 동 탓하다 혱 이상하다 | 相亲 xiāngqīn 동 맞선보다, 서로 친근하다 | 大方 dàfang 혱 대범하다, 자연스럽다 | 惹 rě 동 야기하다, 기분(감정)을 건드리다 | 脚步 jiǎobù 혱 걸음, 발소리

Pattern 081

放着……不……

의미 (하라는) ~는 ~하지 않고, ~를 포기하고(마다하고) ~하지 않다

해설 마땅히 해야 할 일은 하지 않고, 오히려 하지 않아야 할 일을 하는 것을 의미한다. 또는 쉬운 조건을 포기하고 하기 어려운 일을 하는 것을 뜻한다.

예문

❶ 放着好好的日子不过，整天吵架，真没意思。
좋은 시절 잘 보내야지, 종일토록 싸우기나 하고, 정말 사는 게 재미없다.

❷ 你放着工作不干，书不看，老去玩儿牌、喝酒，太不像话了。
하라는 일은 안 하고, 보라는 책도 안 보고, 허구한 날 카드놀이에 술에 정말 못 봐주겠다.

❸ 这里各项设施都很齐备，咱们要是放着这么好的条件不利用，太可惜了。
이곳은 시설이 모두 완비되어 있다. 우리가 만약 이렇게 좋은 조건을 사용하지 않으면 너무 아깝다.

❹ 她可真跟一般人不一样，放着大机关的工作不做，跑到农村来吃苦。
그녀는 보통사람과는 참 다르다. 큰 기관의 업무는 마다하고 농촌에 와서 고생하고 있다.

대화

A : 我要出去一下。
나 좀 나갔다 올게.

B : 这都几点了？放着觉不睡，去哪儿呀？
지금이 몇 시라고, (자라는) 잠은 안 자고 어딜 가？

연습 '放着……不……'를 사용하여 다음 문장을 완성하세요.

1. 她是个闲不住的人，退休了，_____，还去做义工。
그녀는 잠시도 쉬지를 못하는 사람이다. 은퇴 후에도 편한 날들은 마다하고 자원봉사를 하러 간다.

2. 为了省过路费，司机_____，绕小路，多花了两个小时。
도로통행료를 아끼기 위해서 운전기사가 고속도로는 접어두고, 길을 돌아오느라 두 시간이나 더 걸렸다.

不像话 búxiànghuà 형 말이 안 된다, 꼴불견이다 | **齐备** qíbèi 동 갖추다, 완비하다 | **机关** jīguān 명 (공공)기관 | **吃苦** chīkǔ 동 고생하다 | **闲不住** xiánbuzhù 동 가만히 있지 못하다, 쉴 새 없이 바쁘다 | **退休** tuìxiū 동 퇴직하다, 은퇴하다 | **义工** yìgōng 명 자원봉사, 자원봉사자 | **清闲** qīngxián 형 한가하다 | **绕路** ràolù 동 우회하다, 길을 돌아가다

Pattern 082

非(得)……不可 / 不行

의미 ~하지 않으면 안 된다, 반드시(꼭) ~해야 한다, 분명 ~일 것이다

해설 반드시 이렇게 하겠다거나 꼭 이렇게 해야 한다, 또는 분명 이렇게 될 것이라는 의미이다. '非(要)……不可/不行'의 형태로도 사용한다.

예문

❶ 这几个贪官贪污的钱都到哪儿去了，非查清不可。
　이 몇몇 부패한 관리들이 횡령한 돈이 다 어디로 갔는지 반드시 철저히 조사해야 한다.

❷ 这个问题关系到国计民生，我们非下大力气解决不可。
　이 문제는 경제와 민생에 직결되어 있습니다. 우리는 최선을 다해 해결해야만 합니다.

❸ 发生这种情况非同小可，非得你亲自去一趟不行。
　이런 상황이 발생하다니 보통 일이 아니다. 네가 직접 한 번 다녀와야겠다.

❹ 幸亏你拉了我一把，不然我非被车撞上不可。
　다행히 네가 나를 잡아끌었기에 망정이지, 안 그랬으면 분명 차에 치었을 거야.

대화

A : 这么贵的玩具你也舍得给孩子买?
　이렇게 비싼 장난감을 선뜻 아이한테 사주는 거야?

B : 没办法，她又哭又闹，非要买不行。
　어쩔 수 없잖아. 저렇게 울고불고 난리인데. 안 사줄 수가 없어.

연습 '非(得)……不可/不行'을 사용하여 다음 문장을 완성하세요.

1. 不管你怎么说，我还是爱她，_____。
　네가 뭐라든 나는 그래도 그녀를 사랑해. 꼭 그녀랑 결혼하고 말 거야.

2. 这个读书报告明天要交给老师，今天_____。
　이 독후감은 내일 선생님께 제출해야 해서, 오늘 반드시 다 써야 해.

查清 cháqīng 통 철저히 조사하다 | 关系到 guānxìdào ~에 관계되다, 직결되다 | 国计民生 guójì mínshēng 성어 국가 경제와 국민 생활 | 下大力气 xià dà lìqi 많은 정력을 쏟다 | 非同小可 fēitóngxiǎokě 성어 작은 일이 아니다 | 亲自 qīnzì 부 직접, 몸소, 친히 | 幸亏 xìngkuī 부 다행히, 운 좋게 | 撞车 zhuàngchē 통 차에 치이다, 충돌하다 | 哭闹 kūnào 통 울고불고하다 | 读书报告 dúshū bàogào 독후감 | 交 jiāo 통 제출하다

Pattern 083

该A的A, 该B的B

의미 A해야 할 것(사람)은 A하고 B해야 할 것(사람)은 B하다

해설 상황에 따라 마땅히 이리해야 할 일은 이리하고, 저리 처리해야 할 일은 저리 처리한다는 것을 의미한다.

예문

❶ 把房间整理一下，该收的收，该洗的洗。
   방을 좀 정리해라. 챙겨 넣을 건 챙겨 넣고, 빨아야 할 건 빨고.

❷ 你也别太节省了，该吃的吃，该喝的喝。别难为自己。
   너무 아끼지 마라. 먹을 건 먹고, 마실 건 마셔야지. 자신을 괴롭히지 마라.

❸ 根据法律，该判刑的判刑，该释放的释放。
   법률에 근거하여 실형을 선고할 사람은 선고하고, 석방할 사람은 석방해야 한다.

❹ 我们得赏罚分明，该批评的批评，该奖励的奖励。
   우리는 상벌이 분명해야 한다. 비난해야 할 사람은 비난하고, 표창할 사람은 표창해야 한다.

대화

A: 你既然了解到一些情况，为什么不说呢?
   너는 이미 상황을 알고 있었으면서 왜 말을 하지 않았어?

B: 该说的时候说，不该说的时候不说，我不能没搞清楚事实就瞎说。
   말도 해야 할 때가 있고, 하지 말아야 할 때가 있잖아. 사실을 정확하게 알지도 못하면서 허튼 소리를 할 수는 없지.

연습 '该A的A, 该B的B'와 주어진 단어를 사용하여 다음 문장을 완성하세요.

1. 她是个勤快的家庭主妇，每天在家里＿＿＿＿＿＿＿＿＿＿＿＿＿＿＿＿＿＿＿＿＿＿＿＿＿，屋子收拾得可干净了。(洗/擦)
   그녀는 부지런한 가정주부여서, 날마다 집에서 세탁해야 할 건 세탁하고, 닦아야 할 건 닦고, 집을 무척 깨끗하게 청소한다.

2. 今年咱们要添些新衣服了，这些旧的＿＿＿＿＿＿＿＿＿＿＿＿＿＿＿＿＿＿＿＿。(扔/捐)
   올해 우리 새 옷 좀 장만해야겠다. 이 낡은 옷들은 버릴 건 버리고, 기부할 건 기부해야지.

难为 nánwéi 통 난처하게 하다 형 하기 어렵다 | 判刑 pànxíng 통 형을 선고하다, 실형을 내리다 | 释放 shìfàng 통 석방하다 | 赏罚 shǎngfá 상을 주고 벌을 주다 명 상벌 | 奖励 jiǎnglì 명 장려(하다), 표창(하다), 칭찬(하다) | 搞清楚 gǎo qīngchu 분명히 하다 | 瞎说 xiāshuō 허튼소리를 하다 | 擦 cā 통 비비다, 닦다, 칠하다 | 添 tiān 통 보태다, 사다 | 扔 rēng 통 던지다, 내버리다, 포기하다 | 捐 juān 통 버리다, 기부하다

Pattern 084

该……就……

의미 ~해야 한다면(~해야 할 때에는) (이것저것 고민할 필요 없이) (그냥, 바로, 주저 없이) ~해라

해설 너무 많이 고려할 필요 없이 해야 할 것이라면 해버린다는 뜻이다.

예문

❶ 病了就请假吧，该休息就得休息。
아프면 휴가 내. 쉬어야 할 땐 그냥 쉬어야 해.

❷ 不合格的产品，该销毁就销毁，绝对不能流入市场。
불합격한 제품은 폐기할 거면 바로 폐기해. 절대 시장에 유입이 되면 안 돼.

❸ 别舍不得花钱，根据需要，该买就买。
돈 쓰는 걸 아까워하지 마. 필요에 따라서 사야 되면 사.

❹ 效益不好的企业，该宣布破产的就宣布破产。
수익이 좋지 않은 기업은 파산을 선포해야 한다면 주저 없이 선포해야 한다.

대화

A : 企业合并之后，债务怎么办？
기업 합병 이후에 채무는 어떻게 됩니까?

B : 该谁还就谁还。
갚아야 할 사람이 갚으면 됩니다.

연습 '该……就……'와 주어진 단서를 사용하여 다음 문장을 완성하세요.

1. 对孩子不能太娇惯，_____。(批评)
아이에게 너무 오냐오냐하면 안 된다. 꾸지람할 때에는 주저 없이 꾸짖어야 한다.

2. 对于别人过分的要求，_____，别不好意思。(拒绝)
다른 사람의 지나친 요구에 대해서 거절해야 할 때에는 바로 거절하고 미안해하지 마라.

销毁 xiāohuǐ 동 소각하다, 폐기하다 | 流入 liúrù 동 유입되다, 흘러들어가다 | 效益 xiàoyì 명 효과와 이익 | 宣布 xuānbù 동 선포하다 | 企业 qǐyè 명 기업 | 合并 hébìng 동 합병하다, 합치다 | 债务 zhàiwù 명 채무, 부채 | 娇惯 jiāoguàn 동 응석받이로 키우다 | 过分 guòfèn 동 과분하다, 지나치다 | 要求 yāoqiú 명동 요구(하다) | 拒绝 jùjué 명동 거절(하다), 거부(하다)

Pattern 085 该……了

의미 ~순서/차례이다, 마땅히 ~이다, (당연히, 마땅히) ~할 때가 되었다

해설
1. '该 + 대명사/명사': 순서가 돌아왔거나 마땅히 그래야 함을 뜻한다.
2. '该 + 동사': 이치로 보아 마땅히 어떤 상황이 출현해야 한다거나, 어떤 일을 할 때가 되었음을 뜻한다.

예문
1. 下面该唐副总裁发言了，请准备。
   다음은 탕 부회장께서 발언하실 차례입니다. 준비해 주십시오.
2. 下次出国考察，该软件中心的工程师去了。
   다음번 해외시찰은 소프트웨어 센터의 엔지니어가 갈 차례다.
3. 都十二点了，该休息了，有什么事明天再说吧。
   벌써 12시야, 쉬어야겠다. 일이 있으면 내일 다시 얘기하자.
4. 孩子都十好几岁了，该懂点儿礼貌了。
   애가 벌써 열 몇 살인데, 당연히 예의를 알 나이다.

대화
A : 今天该谁值班了?
오늘은 누가 당직이야?

B : 该我了。
내 차례야.

연습 '该……了'를 사용하여 다음 문장을 완성하세요.

1. 你们都请过客了，这次_____。
   너희가 모두 한 번씩 냈으니, 이번에는 내가 한턱낼 차례군.

2. 已经三十多了，_____，再不生就太晚了。
   벌써 서른 살이 넘었으니 애를 낳아야 하지 않겠니. 더 미루다간 너무 늦어진다.

总裁 zǒngcái 몡 (기업) 총수, (정당) 총재 | 发言 fāyán 몡통 발언(하다) | 工程师 gōngchéngshī 몡 엔지니어 | 礼貌 lǐmào 몡혱 예의(바르다) | 值班 zhíbān 통 당직을 서다 | 请客 qǐngkè 통 접대하다, 한턱내다 | 生孩子 shēng háizi 아이를 낳다

Pattern 086 刚……就……

의미 막 ~하자 바로 ~하다, ~한 지 얼마 되지 않아서 바로 ~하다

해설 두 개의 사건이 긴밀히 연계되어 발생함을 뜻한다.

예문

① 这老张刚戒了烟没两天就又抽上了。
   장 씨 이 친구는 담배를 끊자마자 이틀도 못 되어서 또 피워 물었다.

② 真巧，我刚出家门就碰到邻居谢医生了。
   정말 공교롭게도 내가 막 외출하려는데 이웃집 닥터 씨랑 딱 마주쳤지 뭐야.

③ 筋疲力尽的梁总刚到家，电话就又追来了。
   량사장이 녹초가 되어 막 집에 도착하자마자 전화가 또 울려댔다.

④ 这款智能手机刚上市就赶上市场价格大战，只好降价。
   이 스마트폰은 막 시장에 출시되자마자 뜻밖에 시장의 가격전쟁을 만나 가격을 내릴 수밖에 없었다.

대화

A: 你怎么了? 刚跑了几步就上气不接下气的了。
   당신 왜 그래? 막 몇 걸음 뛰고서는 숨이 턱까지 찼네.

B: 咳，我好久没跑步了，身体虚了。
   에이, 오랫동안 안 뛰었더니 몸이 허해졌어.

연습 '刚……就……'를 사용하여 다음 대화를 완성하세요.

A: 奇怪，他俩_____。
   이상하네. 게네 둘이 신혼여행을 막 마치고 돌아와서는 바로 이혼하겠다고 싸우고 있어.

B: 以前可是爱得死去活来的恋人哪。
   게네들 이전에는 죽고 못 사는 연인이었는데.

巧 qiǎo 형 공교롭다, 교묘하다 | 筋疲力尽 jīnpí lìjìn 성어 기진맥진하다 | 赶上 gǎnshàng 동 따라잡다, 시간에 대다, 뜻밖에 만나다 | 降价 jiàngjià 동 가격을 내리다 | 上气不接下气 shàngqì bùjiē xiàqì 숨이 차다 | 蜜月(旅行) mìyuè (lǚxíng) 명 밀월여행(허니문) | 度蜜月 dù mìyuè 신혼여행을 보내다 | 离婚 líhūn 이혼하다 | 死去活来 sǐqù huólái 성어 죽었다 살아나다, 모진 고초를 당하다, 죽도록 매를 맞다 | 恋人 liànrén 명 연인

Pattern 087 ……个不停

의미 끝없이(쉴 새 없이, 끊임없이) ~하다

해설 '동사 + 个不停'의 형태로 사용하며, 어떤 동작이 연속적으로 끊임없이 계속됨을 의미한다.

예문

❶ 我们该出发了，可雨还下个不停。
출발해야 되는데(출발할 때가 되었는데), 비가 여전히 쉬지도 않고 온다.

❷ 除夕夜里12点，鞭炮声响个不停。
섣달 그믐날 자정에 폭죽 소리가 쉴 새 없이 울린다.

❸ 妈妈走了，孩子一直哭个不停，真可怜。
엄마가 떠나자 아이는 계속해서 끊임없이 울었다. 정말 불쌍하다.

❹ 这位著名的钢琴演奏家刚上场，观众的掌声就响个不停。
이 유명한 피아니스트가 막 무대에 올랐을 때, 관중들의 박수소리가 끊임없이 울려 퍼졌다.

대화

A: 我只是感冒，没什么，甭担心。
나 그냥 감기야. 별 거 아니니까 걱정하지 마.

B: 可你一直咳个不停，还是去看看大夫吧。
그렇지만 너 계속 기침이 멈추질 않아. 아무래도 의사한테 가서 좀 보여야겠어.

연습 '……个不停'을 사용하여 다음 문장을 완성하세요.

1. 他太幽默了，逗得大家_____。
   그는 무척 유머러스해서 다들 웃음을 그치지 못한다.

2. 我每天下班回家，又要照顾孩子又要干家务，真是_____。
   나는 매일 퇴근해서 집에 오면 또 애들 봐야지 집안일 해야지, 정말이지 쉴 새 없이 바쁘다.

除夕 chúxī 명 섣달 그믐밤 | 鞭炮 biānpào 명 폭죽 | 可怜 kělián 형 불쌍하다 | 钢琴演奏家 gāngqín yǎnzòujiā 명 피아니스트 | 上场 shàngchǎng 동 무대에 오르다 | 观众 guānzhòng 명 관중 | 掌声 zhǎngshēng 명 박수소리 | 咳 ké 동 기침하다 | 幽默 yōumò 형 익살맞다 명 유머 | 逗 dòu 형 웃기다 동 놀리다, 자아내다

Pattern 088

各……各的……

의미 각기(각자) 자신(만)의 ~을 ~하다

해설 '各+동사+各的+명사'의 형태로 사용하며, 각자가 각자의 일을 함을 뜻한다. 혹은 각자에게 서로 다른 특징, 태도, 방법이 있음을 뜻한다.

예문

❶ 在谈判桌上，双方各说各的观点。
협상테이블에서 양측은 각자의 관점을 이야기했다.

❷ 据说这次拳击比赛，各有各的绝招，胜负难分。
이번 복싱시합은 선수들 각자 필살기를 갖고 있어서 승부를 가리기 어렵다고 한다.

❸ 公司即将倒闭，对今后的出路员工们各有各的打算。
회사가 곧 파산하니, 앞으로의 살 길은 직원들 각자의 계획에 달렸다.

❹ 这个班的班风很好，遵守纪律。考试时大家各做各的题，没有人作弊。
이 반은 분위기도 아주 좋고 규율도 잘 지킵니다. 시험 때 다들 자기 문제만 풀고 부정행위를 하는 사람도 없습니다.

대화

A : 昨天散会以后，大家去喝酒了吧?
어제 회의 끝난 후에 다들 술 마시러 갔지?

B : 没有，会后就各回各的家了。
아뇨, 회의 후에 바로 각자 집으로 갔습니다.

연습 '各……各的……'를 사용하여 다음 문장을 완성하세요.

1. AA制就是大家一起吃完饭后_____。
더치페이란 모두가 함께 식사를 마친 후에 각자 먹은 것을 지불하는 것이다.

2. 我喜欢看连续剧，丈夫喜欢看球赛，所以我们家有两台电视，_____。
나는 연속극을, 남편은 구기시합을 즐겨본다. 그래서 우리 집에 TV가 두 대 있고, 각자 자기 것을 본다.

谈判桌 tánpànzhuō 협상테이블 | 据说 jùshuō 통 말하는 바로는 ~라 한다 | 拳击 quánjī 명 복싱 | 绝招 juézhāo 명 뛰어난 재간, 필살기 | 即将 jíjiāng 머지않아, 곧 | 出路 chūlù 명 출구, 활로 | 班风 bānfēng 명 학년(반/조) 등의 분위기 | 纪律 jìlǜ 명 기율, 기강, 법도 | 作弊 zuòbì 통 부정행위를 하다 | AA制 AA zhì 명 더치페이

Pattern 089

……个够

의미 실컷(신 나게) ~하다

해설 '……个够'는 단음절 동사 뒤에 주로 쓰인다. 어떤 일을 충분히 흥이 다하도록 한다는 뜻이다.

예문

❶ 这个消息太让人激动了，走，咱们去喝个够！
이 소식은 정말 신 나는 걸. 자, 우리 실컷 술 마시러 가자!

❷ 今天我没有别的安排，咱们去咖啡厅聊个够！
오늘 나는 별다른 계획이 없어. 우리 커피숍에 가서 실컷 수다나 떨자!

❸ 今天周末，咱们去唱卡拉OK吧，我们要唱个够。
오늘은 주말이니까, 우리 노래방 가자. 노래나 신 나게 부르게.

❹ 啊，这美丽的大草原，我要看个够。
아, 이 아름다운 대초원이라니. 실컷 감상해야지.

대화

A : 今天是新年夜，各商场营业时间延长两小时。
오늘은 새해 전날 밤이라, 상점마다 영업시간을 두 시간 연장해.

B : 那真太好了，咱们不着急，慢慢逛个够。
정말 잘 됐다. 우리 급할 거 없이 천천히 신 나게 쇼핑하자.

연습 '……个够'를 사용하여 다음 대화를 완성하세요.

A : 明天又是周末了，去国家大剧院看演出吧。
내일 또 주말이네. 국가 대극장에 공연 보러 가자.

B : 这些天累死我了，对什么都毫无兴趣，_____。
요즘 피곤해 죽겠어. 아무것도 흥미가 없어, 그냥 집에서 잠이나 실컷 자고 싶어.

激动 jīdòng 동 감격하다, 흥분하다 | 咖啡厅 kāfēitīng 명 커피숍 | 卡拉OK kǎlāOK 명 가라오케, 노래방 | 草原 cǎoyuán 명 초원 | 延长 yáncháng 동 연장하다 | 剧院 jùyuàn 명 극장, 극단

Pattern 090

(你)给我……

의미 (나한테) ~해줘라

해설 불만감을 나타낸다. 질책이나 명령의 어감이 있다.

예문

❶ 你少给我找点儿麻烦好不好！
어지간히 귀찮게 좀 해라!

❷ 那是你的座位吗？给我起来！
그게 네 자리야? 비켜!

❸ 你给我闭嘴！怎么能这样不尊重别人。
조용히 해 줄래요! 어떻게 이렇게 다른 사람한테 피해를 줄 수가 있담.

❹ 叫他给我走，我永远不想再见到他。
걔 좀 가라고 해줘. 나 영원히 걔를 다시 보고 싶지 않아.

대화

A : 别生气了，咱们去喝咖啡吧。
화내지 마. 우리 커피 마시러 가자.

B : 少啰嗦，给我走开。
그만 좀 지껄여. 꺼져.

연습 '(你)给我……'를 사용하여 다음 문장을 완성하세요.

1. 小偷偷了王先生的手机，王先生在后面一边追一边喊"＿＿＿＿＿＿！"
좀도둑이 왕 선생의 휴대전화를 훔쳤다. 왕 선생은 뒤에서 쫓아가면서 '거기 서!'라고 외쳤다.

2. 小明期末考试有两三门不及格，爸爸生气地对他说："＿＿＿＿＿＿！"
샤오밍은 기말고사에서 두세 과목 불합격했다. 아빠가 화를 내며 '나가!'라고 말했다.

找麻烦 zhǎo máfan 골칫거리를 만들다, 귀찮게 하다, 폐를 끼치다 | 闭嘴 bì zuǐ 입을 다물다 | 啰嗦 luōsuo 혱 말이 많다, 수다스럽다 | 小偷 xiǎotōu 명 도둑, 좀도둑 | 追 zhuī 동 쫓다, 따라잡다, 추구하다 | 喊 hǎn 동 외치다, 부르다

Pattern 091 ……跟/和……差不多

의미 ~와(~가) 비슷하다(차이가 거의 없다)

해설 둘 사이가 비슷하거나 차이가 매우 적음을 나타낸다.

예문
❶ 她没什么变化，还跟当学生时差不多。
그녀는 별로 변화가 없이, 여전히 학생 때와 비슷하다.

❷ 几年来他从不与人交往，跟生活在另一个世界差不多。
몇 년간 그는 전혀 사람들과 왕래하지 않았다. 다른 세상에 사는 것과 별 차이가 없었다.

❸ 现在的经济形势，和上次金融危机开始时差不多。
현재의 경제 상황은 지난번 금융위기가 시작될 때와 비슷하다.

❹ 减了半天肥也没什么效果，我的体重还是跟减肥前差不多。
반나절 다이어트를 했어도 별 효과가 없다. 내 체중은 여전히 다이어트 전과 차이가 거의 없다.

대화
A : 我希望有更多属于自己的时间。
나는 나만의 시간을 더 많이 가졌으면 좋겠어.

B : 我跟你的想法差不多。
나도 네 생각이랑 비슷해.

연습 '……跟/和……差不多'를 사용하여 다음 대화를 완성하세요.

A : 你新搬的房子有多大?
새로 이사한 집이 얼마나 커?

B : _____, 但是离单位近多了。
이전 집이랑 비슷해. 하지만 직장이랑 많이 가까워졌어.

形势 xíngshì 명 형세, 형편, 정세 | 金融危机 jīnróng wēijī 금융위기 | 减肥 jiǎnféi 통 살을 빼다, 다이어트하다 | 属于 shǔyú 통 ~에 속하다 | 搬家 bānjiā 통 이사하다, 집을 옮기다

Pattern 092

……跟/和……过不去

의미 괴롭히다, 못살게 굴다, 난처하게 만들다, 어긋나다, 그냥 못 넘기다, (감정적으로) 불쾌하다(사이가 나쁘다, 맞서다)

해설 어떤 사람과 감정적으로 사이가 좋지 않고 일을 어렵게 만든다는 의미이다.

예문

❶ 对人对事不冷静，实际上是跟自己过不去。
사람이나 일을 대할 때 냉정하지 않으면 실제로 자신이 힘들어진다.

❷ 不要老跟别人过不去，宽容待人是美德。
자꾸 다른 사람을 걸고넘어지지 마라. 관용으로 사람을 대하는 것이 미덕이다.

❸ 这份报告老板又让我重写，我觉得他有点儿和我过不去。
이 보고서를 사장이 또 나보고 다시 쓰라고 하는데, 내 생각에 사장은 나를 일부러 괴롭히는 거 같다.

❹ 你为什么总是和我过不去？我说什么你都反对！
너는 왜 항상 나한테 태클이냐? 내가 무슨 말만 하면 다 반대하고!

대화

A : 他气死我了，我哪能吃得下饭？
걔 때문에 열 받아 죽겠네. 어디 밥이 넘어가겠나?

B : 别跟自己过不去嘛！
괜히 혼자 열 받지 마!

연습 '……跟/和……过不去'를 사용하여 다음 대화를 완성하세요.

A : 省吃俭用存下的钱都丢了，以后的日子可怎么过啊！
안 먹고 안 쓰고 모아놓은 돈을 전부 잃어버렸어. 앞으로 어떻게 살아!

B : 别急，老天爷不会_____的。
걱정하지 마. 하느님이 그냥 넘기시지는 않을 거야.

冷静 lěngjìng 형 냉정하다, 조용하다 | 宽容 kuānróng 형 관용하다 | 美德 měidé 명 미덕, 좋은 품성 | 省吃俭用 shěngchī jiǎnyòng 성어 아껴 먹고 아껴 쓰다, 절약해서 생활하다 | 老天爷 lǎotiānyé 명 하느님, 조물주

Pattern 093

够……的(了)

의미 꽤(엄청나게, 되게) ~하다

해설 말하는 사람이 어떤 사람, 일, 상황, 상태 등에 대해 매우 높은 정도에 도달했다고 생각할 때 사용한다. 구어에 많이 쓰인다. '真'을 동반하여 '真够……的(了)'로 많이 쓴다.

예문

❶ 现在的孩子们是够累的，除了正常上课，周末还要上各种补习班。
요즘 아이들은 꽤 피곤해. 정상 수업 이외에 주말에도 각종 학원에 다녀야 하잖아.

❷ 他的记忆力真够好的，很多材料过目不忘。
그의 기억력은 정말 엄청나게 좋아. 그 많은 자료도 한 번 보면 다 기억해.

❸ 这个人真够啰嗦的，怪不得大家都烦他。
이 사람 되게 말이 많네, 어쩐지 다들 피곤해한다 했어.

❹ 别发牢骚了，你现在够幸福的了，知足吧。
투덜대지 마. 넌 지금 행복에 겨운 거야. 만족할 줄 알아야지.

대화

A : 她和交往了三年的男朋友分手后，哭了两天。
개 3년 동안 사귄 남자친구랑 헤어지고서 이틀을 울었어.

B : 怪不得我这几天见她老是闷闷不乐的，真够让她伤心的。
어쩐지 내가 요 며칠 개 보니까 항상 시무룩하더라니. 정말 엄청나게 속상했겠다.

연습 '够……的(了)'를 사용하여 다음 문장을 완성하세요.

1. 怎么，考了95分你还不满意? _____。
왜? 95점 맞고도 마음에 안 들어? 엄청나게 좋지?

2. 哇！你的妹妹_____。
와! 네 여동생 정말 꽤 멋쟁이구나.

补习班 bǔxíbān 명 학원 | 记忆力 jìyìlì 명 기억력 | 过目不忘 guòmù búwàng 성어 한 번 보면 잊지 않다, 기억력이 대단히 좋다 | 牢骚 láosāo 통 넋두리하다, 푸념하다 명 불평, 불만, 푸념 | 知足 zhīzú 통 지족하다, 분수에 맞게 만족할 줄 알다 | 闷闷不乐 mènmènbúlè 성어 마음이 답답하고 울적하다

Pattern 094

怪……的

의미 몹시(무척, 너무) ~하다

해설 정도가 비교적 높음을 뜻한다. '挺……的'와 의미가 비슷하다. '怪' 뒤에는 형용사나 심리상태를 나타내는 동사를 사용하는데, 좋지 않은 감정표현을 종종 표현하며, 주로 구어에 쓴다.

예문

❶ 女儿去深山探险，我怪担心的。
  딸아이가 깊은 산으로 탐험을 나가서 몹시 걱정스럽다.

❷ 听说老朋友受伤了，他心里怪难受的。
  오랜 친구가 다쳤다는 말을 듣고, 그는 너무 괴롭다.

❸ 这孩子从小就失去了母爱，怪可怜的。
  이 아이는 어려서부터 어머니의 사랑을 잃었다. 너무 불쌍하다.

❹ 你看这个地方怪有诗意的，我们照张相吧。
  봐봐. 여기 무척이나 정취가 좋다. 우리 사진 한 장 찍자.

대화

A : 这两个孩子是双胞胎，很像吧?
  이 아이 둘은 쌍둥이예요. 닮았죠?

B : 嗯，怪好玩儿的。
  네, 무척이나 귀엽네요.

연습 '怪……的'를 사용하여 다음 문장을 완성하세요.

1. 晚上一个人走这条没有路灯的小路，_____。
   밤에 혼자서 가로등도 없는 길을 걸으면 무척 무섭다.

2. 一边工作一边读博士，_____。
   일도 하고 박사 공부도 하려니 너무 힘들다.

深山 shēnshān 몡 심산, 깊은 산 | 探险 tànxiǎn 몡동 탐험(하다) | 难受 nánshòu 혱 (육체적·정신적으로) 괴롭다, 견딜 수 없다 | 母爱 mǔ'ài 몡 모정, 모성애 | 诗意 shīyì 몡 시의 의미, 시적 정취, 분위기 | 双胞胎 shuāngbāotāi 몡 쌍둥이 | 好玩儿 hǎowánr 혱 재미있다, 귀엽다 | 路灯 lùdēng 몡 가로등 | 博士 bóshì 몡 박사

Pattern 095

管……叫……

의미 ~을 ~라고 부르다

해설 '管'은 여기에서 '把'와 같다. 구어에만 쓰이며, 말하는 사람이나 사물을 지칭한다.

예문

❶ 他说话非常快，大家都管他叫"机关枪"。
그는 말이 너무 빨라서 모두 그를 '따발총(기관총)'이라고 부른다.

❷ 中国人管娇生惯养的孩子叫"小皇帝"。
중국인은 응석받이로 키운 아이를 '소황제'라고 부른다.

❸ 我们管飞扬着黄沙的天气叫"沙尘暴"。
우리는 황사가 날리는 날씨를 '모래폭풍'이라 부른다.

❹ 因为她长得胖，大家都开玩笑地管她叫"肥肥"。
그녀는 뚱뚱해서 다들 장난으로 그녀를 '뚱뚱보'라고 부른다.

대화

A : 你堂弟管你妈叫什么?
네 사촌 남동생은 너희 어머니를 뭐라고 부르니?

B : 婶子。
숙모님.

연습 '管……叫……'를 사용해서 다음 문장을 고쳐 쓰세요.

1. 妈妈的兄弟我叫"舅舅"。
   ⇨ _____。
   엄마의 형제를 나는 '외삼촌'이라고 부른다.

2. 白薯西方人叫"甜土豆"。
   ⇨ _____。
   고구마를 서양 사람은 '스위트포테이토(단 감자)'라고 부른다.

机关枪 jīguānqiāng 명 기관총 | 娇生惯养 jiāoshēngguànyǎng 성어 응석받이로 자라다 | 飞扬 fēiyáng 동 높이 오르다, 날리다 | 黄沙 huángshā 명 황사 | 沙尘暴 shāchénbào 명 모래폭풍, 황사현상 | 堂弟 tángdì 명 (친)사촌 남동생 | 婶子 shěnzi 명 작은어머니, 숙모 | 舅舅 jiùjiu 명 외삼촌 | 白薯 báishǔ 명 고구마 (= 甘薯 gānshǔ) | 土豆 tǔdòu 명 감자(= 马铃薯 mǎlíngshǔ)

Pattern 096

光 / 单……就……

의미 ~하더라도(만도) 벌써(이미) ~(수량, 시간)이다

해설 '仅仅/只……就……(~만에 겨우/간신히 ~하다)'의 의미가 있다. 가리키는 범위 안에 수량이 이미 많거나 시간이 이미 오래되었음을 뜻한다. '就' 뒤에는 흔히 수량 혹은 시간을 나타내는 단어가 온다.

예문

① 这个老板光公开的财产就有好几亿人民币。
이 사장님은 공개된 재산만 하더라도 런민비 수억 위안이다.

② 中国十几亿人口，一年光吃饭就得多少粮食啊。
중국의 십몇억 인구가 1년에 밥 먹는 것만 해도 식량이 얼마나 들어가는 거냐.

③ 在中国的外国留学生很多，光韩国的就有六万多人。
중국에 있는 외국유학생이 매우 많다. 한국인만 해도 6만 명이 넘는다.

④ 这一年物价涨得很厉害，单猪肉就涨了一倍多。
이 1년 동안 물가가 심하게 올랐는데, 돼지고기만 해도 두 배 넘게 올랐다.

대화

A : 你们的会怎么开得那么长啊？
당신들 회의를 왜 이렇게 길게 해?

B : 光邓院长就讲了两个小时。
덩 원장만 해도 두 시간을 얘기했어요.

연습 '光 / 单……就……'를 사용하여 다음 대화를 완성하세요.

A : 去那里旅行得用多少钱？
거기 여행 가는 데 얼마나 들어?

B : 不少, _____, 还不含税。
많이 들어. 비행기 표만 해도 950달러야, 세금을 안 붙이고도 말이지.

公开 gōngkāi 명동 공개(하다) | 财产 cáichǎn 명 재산 | 粮食 liángshi 명 양식, 식량 | 美元 měiyuán 명 달러(= 美金 měijīn) | 含 hán 동 머금다, 포함하다 | 不含税 bù hánshuì 세금 불포함

Pattern 097

A归A, B归B

의미 A는 A B는 B, A와 B는 별개다, A 따로 B 따로

해설 두 개의 '归' 앞뒤로 각각 똑같은 단어가 온다. 다양한 사람 혹은 일의 경계가 분명하여 상호 간에 관련이 생기지 않음을 의미한다. '归'는 '是'로 바꿔 쓸 수 있다.

예문

❶ 有些人说归说，做归做，只说不做。
어떤 사람들은 말은 말, 행동은 행동이다. 그저 말만 하고 행동하지는 않는다.

❷ 友谊归友谊，爱情归爱情，不能混为一谈。
우정은 우정, 사랑은 사랑이야. 한 데 섞어서 똑같이 얘기하면 안 되지.

❸ 朋友归朋友，钱归钱，借你的钱我一定要还。俗话说，亲兄弟，明算账嘛。
친구는 친구, 돈은 돈이야. 네게 빌린 돈을 내가 반드시 갚을게. 속담에도 친형제 간에도 돈 계산은 분명히 하랬잖아.

❹ 从今以后我们桥归桥，路归路，不再来往。
이제부터 우리는 너는 너고, 나는 나야. 다시는 보지 말자.

대화

A: 你们的房费一起结算吗?
방값은 함께 계산하시나요?

B: 不，他的归他的，我的归我的。
아니오. 따로 따로요.

연습 'A归A, B归B'를 사용하여 다음 문장을 완성하세요.

1. 她把衣橱收拾得整整齐齐，＿＿＿＿＿＿＿＿＿＿＿＿＿＿＿，找起来很方便。
그녀는 옷장을 아주 가지런하게 정돈했다. 긴 옷은 긴 옷대로, 짧은 옷은 짧은 대로, 찾기 아주 편하다.

2. 你最好不要让你的家人在你的公司工作，＿＿＿＿＿＿＿＿＿＿＿＿＿＿＿，把亲情和工作混在一起，会很麻烦。
되도록 가족을 네 회사에서 일하게 하지 마. 공은 공이고 사는 사야, 정과 일이 섞이면 문제가 생겨.

混为一谈 hùnwéiyìtán 성에 (서로 다른 사물을 한 데 섞어서) 동일시하다 | 亲兄弟, 明算账 qīnxiōngdi, míng suànzhàng 친형제 간에도 계산은 분명해야 한다 | 桥归桥, 路归路 qiáoguīqiáo, lùguīlù 다리는 다리이고 길은 길이다, 서로 다른 사물은 함께 섞어서 지낼 수 없다, 양자 간에 관계가 없다, 너 따로 나 따로 | 结算 jiésuàn 명동 결산(하다) | 衣橱 yīchú 명 옷장, 장롱 | 整齐 zhěngqí 형 가지런하다 | 公私 gōngsī 명 공과 사

Pattern 098

……还不……啊

의미 (이래도, 그래도, 아직도) ~하지 않다는 거야?, 이(그) 정도면 충분히 ~하지

해설 반문형식을 사용하여 정도가 이미 아주 높음을 의미한다. 종종 반박하는 어감이 들어있다. '这还不够……'의 형태로 흔히 나타나며, '이(그) 정도로도 충분하지 않다는 거냐?' 라는 반문이다.

예문

① 我一个小时就赶过来了，这还不快啊?
   내가 한 시간 만에 쌩하고 왔는데, 이래도 안 빨라?

② 这菜还不丰盛啊? 鸡、鸭、鱼、肉都有了。
   이 음식이 안 푸짐해? 닭, 오리, 생선, 고기 다 있잖아.

③ 这苹果还不甜啊? 我没吃过比这更甜的了。
   이 사과가 안 달다고? 나는 이것보다 더 단 사과를 먹어본 적이 없는데?

④ 一个抗震帐篷要几千块，甚至一万多块，这还不贵呀?
   내진 설계된 텐트 하나가 몇천 위안, 심지어 1만 위안이 넘다니, 이게 안 비싸다고?

대화

A : 你的屋子怎么弄得这么乱七八糟的?
   너 집이 왜 이리 엉망진창이야?

B : 这还不够整齐啊? 别对男生宿舍要求太高了。
   (이만큼 정리했으면 됐지) 아직도 부족해? 남학생 기숙사에 너무 많은 걸 요구하지 말라고.

연습 '这还不……啊'를 사용하여 다음 대화를 완성하세요.

A : 我不想跟他交往，我选男朋友首先要个儿高的。
   나 개랑 사귀고 싶지 않아. 난 남자친구 고를 때 우선은 키가 커야 해.

B : 什么? 他一米七五，_____?
   뭐? 걔 175cm야. 그게 작아?

抗震 kàngzhèn 명 내진 | **帐篷** zhàngpéng 명 텐트, 천막 | **乱七八糟** luànqībāzāo 성 엉망진창이다, 뒤죽박죽이다, 아수라장이다 | **个儿** gèr 명 체격, 키, 크기

Pattern 099

还不就是……

의미 그저(그냥, 바로) ~인 것 아닌가 (바로 그거다, 그게 다, 그게 아니면 뭔가)

해설 '只是'의 의미이다. 말하는 사람이 어떤 상황에 대해 전혀 특별하지 않고, 복잡하지도 않게 생각한다는 뜻이고, 생각해보면 알 수 있다는 의미이다. 답변하는 말로 많이 쓰인다.

예문

❶ 说来说去你还不就是嫌人家长得丑吗?
이러쿵저러쿵 말이 많은 걸 보니, 너 그저 사람이 못생겨서 불만인 거야?

❷ 他这么小能有什么心事? 还不就是想考个第一名。
그렇게 어린 녀석이 무슨 고민이 있을 수 있어? 그냥 시험에서 1등하고 싶어서 그러는 거지 뭐.

❸ 我一个人过节能怎么过啊，还不就是在家看看电视。
나 혼자 설을 어떻게 보내지. 그냥 집에서 TV나 봐야지.

❹ 你以为他真想学习什么知识呀? 还不就是为了混个文凭。
너 걔가 정말 무슨 지식을 배우고 싶어 하는 줄 알아? 걔 그냥 졸업장 따려는 거야.

대화

A : 昨天参加聚会的有哪些人?
어제 모임에 나왔던 사람 누구누구야?

B : 还不就是老李、小王、大赵、张姐他们几个。
리 씨, 왕 군, 자오 형, 장 씨 언니 그들 몇 명이 다야.

연습 '还不就是……'를 사용하여 다음 대화를 완성하세요.

A : 这次去中国的旅行线路怎么样?
이번 중국 여행노선은 어떻게 돼?

B : _____这几个大城市。
뭐 그냥 베이징, 시안, 난징, 상하이, 광저우 이런 대도시 몇 개지.

说来说去 shuōlái shuōqù 장황하게 말하다, 이리저리 둘러대다, 자꾸 반복해서 말하다 | 嫌 xián 동 싫어하다, 꺼리다, 불만스럽다 | 丑 chǒu 형 못생기다, 추하다 | 混文凭 hùn wénpíng 학문이 목적이 아니라 취직을 위해 졸업장을 따려고 공부하는 풍조 | 线路 xiànlù 명 선로, 노선 | 西安 Xī'ān 지명 시안 | 南京 Nánjīng 지명 난징 | 广州 Guǎngzhōu 지명 광저우

Pattern 100

还……哪

의미 뭐가 ~하다고 그래?

해설 답변하는 말에 사용하며 상대방의 견해에 동의하지 않음을 나타낸다. 반문에 많이 쓰이며, 때로는 질책, 풍자의 의미가 있다.

예문

❶ 还早哪？你看看都几点了？
뭐가 일찍 이라는 거야? 봐라 벌써 몇 시나 됐나?

❷ 还不错哪？刚及格。
잘 보긴 뭘? 겨우 합격했어.

❸ 还贵哪？比欧洲便宜多了。
비싸긴 뭘? 유럽보다 훨씬 싼데.

❹ 还轻松哪？你干干试试。
뭐가 쉽다고? 네가 해 봐.

대화

A : 今天的菜挺好吃的。
오늘 요리 정말 맛있네.

B : 还好吃哪？咸死人了！
이게 뭐가 맛있어? 짜서 죽겠는데!

연습 '还……哪'를 사용하여 다음 대화를 완성하세요.

A : 这间屋子挺大的呀。
이 집 무척 크네.

B : _____？只有12平方米，两个人住挤得要命。
크기는 뭐가 크다고 그래? 겨우 12m²에, 두 사람 살기도 비좁아 죽겠는데.

及格 jígé 통 합격하다 | 咸 xián 형 짜다 (↔ 淡 dàn 형 싱겁다) | 挤 jǐ 통 붐비다, 촘촘하다, 비집다 | 要命 yàomìng 통 죽을 지경이다, 귀찮아 죽겠다

Pattern 101

还没……呢

의미 (할 것이지만) 아직(여태) ~하지 않았다

해설 어떤 현상이나 동작이 아직 끝나지 않았거나 발생하지 않았음을 나타낸다. '没……'는 현상이나 동작이 단순히 발생하지 않았음을 나타내지만, '还没……呢'는 현상이나 동작이 발생할 것이며 완성될 것이라는 의미를 내포하고 있다.

예문

❶ 雨下了半天了，还没停呢。
비가 반나절이나 내렸는데, 아직 그치지 않았다. (그치기는 할 것이다)

❷ 这次社会调查报告，我还没写完呢。
나는 이번 사회조사 보고서를 아직 다 쓰지 못했다. (다 쓰기는 할 것이다)

❸ 这本小说他看了一个月了，还没看完呢。
그는 이 소설을 한 달째 보고 있는데, 아직 다 보지 못했다. (다 보기는 할 것이다)

❹ 他们俩谈恋爱已经有五年了，还没结婚呢。
그들 둘은 연애한 지 벌써 5년이 되었는데, 아직 결혼하지 않았다. (결혼할 것이다)

대화

A : 就这么点儿活儿，你们怎么还没干完呢?
겨우 이까짓 일을 너희는 왜 아직 다 못했어?

B : 快了，快了，就完了。
다 했어요, 다 했어. 금방 끝나요.

연습 '还没……呢'를 사용하여 다음 문장을 완성하세요.

1. 她可真能逛街，都逛了一天了，_____。
그녀는 정말 (쇼핑하러) 잘 돌아다니네. 벌써 온종일 다녔는데 아직도 지치지를 않아.

2. 孩子都爱玩儿游戏，你瞧我这儿子，玩儿了一晚上了，_____。
애들은 다 게임을 좋아해. 내 아들을 좀 봐라. 밤 새 게임을 하고도 아직 질리지도 않아.

社会调查 shèhuì diàochá 사회조사 | 谈恋爱 tán liàn'ài 통 연애하다 | 干活儿 gàn huór 통 (육체적인) 일을 하다 | 逛累 guànglèi 지치도록 돌아다니다 | 玩游戏 wán yóuxì 통 게임하고 놀다 | 玩腻 wánnì 놀다가 질리다, 질리게 놀다

Pattern 102

还……呢 ①

의미 아직(여전히) ~하다

해설 여전히 계속해서 어떤 상황에 속해있거나 어떤 상태에 처해있음을 강조한다. '还'와 '呢' 중간에 형용사나 동사성 단어를 사용한다.

예문

❶ 你别急着上班，刚大病了一场，身体还虚着呢。
너무 급하게 일하러 가지 마라. 크게 앓은 지 얼마 안 되어서 몸이 아직 약하잖아.

❷ 孩子还小呢，对她的培养教育你不能操之过急。
아이가 아직 어린데요. 아이의 양육과 교육을 너무 조급하게 하지 마세요.

❸ 哎呀，都两天了，你的衣服怎么还泡着呢?
이런, 벌써 이틀이나 됐네. 옷을 왜 여태 담가 뒀어?

❹ 这个杯子的保温性真好，我两个小时以前泡的茶还热着呢。
이 컵은 보온성이 정말 좋네. 내가 두 시간 전에 끓인 차가 아직 따뜻해.

대화

A : 你女儿上大学了吧?
따님이 대학 다니지요?

B : 哪儿啊，她还在读高中呢。
아니오, 아직 고등학생인걸요.

연습 '还……呢'를 사용하여 다음 대화를 완성하세요.

A : 这个牙膏可以扔了吧?
이 치약 버려도 되지?

B : 别扔啊，_____。
버리지 마. 아직 몇 번 더 쓸 수 있잖아.

培养 péiyǎng 통 배양하다, 양성하다 | 操之过急 cāozhīguòjí 성어 너무 성급하게 일 처리를 하다 | 泡 pào 통 담그다 명 거품, 물집 | 保温 bǎowēn 통 보온하다 | 牙膏 yágāo 명 치약

Pattern 103

还……呢 2

의미 (그러고도) 잘도 ~이구나, (겨우 그 수준에) 그게 무슨 ~이냐

해설 말하는 사람이 생각하기에 누군가의 행동이나 행위, 수준이 그 신분에 걸맞지 않다고 판단하거나, 또는 다른 사람의 말이 사실과 동떨어져 있다고 판단하여 그에 동의하지 않음을 의미한다.

예문

❶ 还金融学院的教授呢，就这水平！
금융대학의 교수라더니, 수준이 겨우 이거냐!

❷ 还美国留学回来的呢，英语就说成这样?
미국 유학까지 갔다 왔다면서, 영어를 고작 이렇게밖에 못해?

❸ 还哥哥呢，你就这样对待弟弟呀。
형이라는 녀석이 동생한테 이렇게밖에 못해?

❹ 还中文系毕业的呢，连篇调查报告都写不好。
중문과를 졸업했다면서, 보고서조차 제대로 못쓰다니.

대화

A : 你呀，车子、房子都有了，算是富翁了。
너 말이지, 차도 있고 집도 있으니 부자로구나.

B : 还富翁呢，"负翁"还差不多。
부자는 개뿔, '빚 부자'다.

연습 '还……呢'를 사용하여 다음 대화를 완성하세요.

A : 她是博士毕业吧?
걔 박사 마쳤지?

B : _____, 连本科都没读完。
박사는 무슨, 학부도 못 끝냈어.

金融 jīnróng 명 금융 | 对待 duìdài 동 대우하다, 대응하다, 대처하다 | 算是 suànshì 동 ~인 셈이다, ~로 치다 분 겨우, 드디어, 마침내 | 富翁 fùwēng 명 부자, 부옹 | 本科 běnkē 명 본과, 학부

Pattern 104

还是……好

의미 (생각해보니, 비교해보니) 역시(아무래도) ~하는 편이 낫다

해설 비교를 통해 선택한다는 의미이다. 이모저모 따져보고 비교해 본 결과 내리게 되는 결론이다. 영어의 'had better'에 해당한다.

예문

❶ 吃多了发胖，还是少吃点儿好。
많이 먹으면 살쪄. 역시 좀 적게 먹는 게 낫겠다.

❷ 我考虑来考虑去，觉得还是亲自去一趟好。
내가 이래저래 생각해봤는데, 아무래도 직접 다녀오는 게 나을 것 같다.

❸ 这个问题先不下结论，还是再深入调查调查好。
이 문제는 우선 결론을 내지 맙시다. 역시나 깊이 있게 조사를 좀 해보는 편이 나을 듯합니다.

❹ 孩子们的事情，父母还是让他们自己决定好。
아이들의 일은 아무래도 부모가 아이들 스스로 결정하게끔 하는 편이 좋을 것 같네요.

대화

A : 你看今天天儿挺好的，不用带伞了吧。
봐, 오늘 날씨 아주 좋은걸. 우산 가져갈 필요 없잖아.

B : 现在是雨季，随时可能会下雨，还是带去好。
지금 장마철이라 언제든 비가 올 수 있다고. 아무래도 챙겨가는 게 나아.

연습 '还是……好'를 사용하여 다음 대화를 완성하세요.

A : 陈总，明天的大会请您讲话。
천 사장님, 내일 총회에서 연설을 부탁합니다.

B : 我看，我_____。
내 생각에는 역시 발언을 하지 않는 게 낫겠어.

发胖 fāpàng 동 살찌다 | **考虑** kǎolǜ 명동 고려(하다) | **结论** jiélùn 명 결론 | **深入** shēnrù 형 심각하다, 철저하다 동 깊이 들어가다 | **决定** juédìng 명동 결정(하다) | **雨季** yǔjì 명 우기, 장마철 | **演讲** yǎnjiǎng 동 연설하다, 강연하다 | **大会** dàhuì 명 대회, (기관, 단체, 기업 등의) 전체 회의, 총회 | **发言** fāyán 명동 (회의 석상에서) 발언(하다)

Pattern 105

……, 好……

의미 ～한다 (그래야) ～하기 쉽다(편하다, 유리하다, 도움이 된다)

해설 어떤 조건을 만들어 냄으로써, 어떤 목적을 달성하는 데 유리해진다는 의미이다.

예문

❶ 我们赶快把活儿干完，好早点儿回家。
우리 어서 일을 끝내자. 그래야 일찍 집에 가지.

❷ 请给我你的手机号码，好随时联系。
제게 당신 휴대전화번호 줘봐요. 언제든 연락할 수 있게요.

❸ 我想住在当地人家里，好练习口语。
내 생각에는 현지인 집에 살아야 회화 연습에 도움이 될 것 같아.

❹ 新产品理所当然要多作广告，好扩大影响啊。
신제품은 당연히 광고를 많이 해야 한다. 그래야 영향력을 확대할 수 있다.

대화

A: 夏天的阳光太厉害了。
여름철 햇빛은 너무 강해.

B: 多搽点儿防晒霜吧，好保护皮肤。
선크림을 좀 많이 발라. 피부 보호하게.

연습 '……, 好……'를 사용하여 다음 문장을 완성하세요.

1. 今天太累了，我要泡个热水澡，_____。
오늘 너무 힘들어. 뜨거운 탕에 몸을 푹 담가야겠어. 피로 좀 풀게.

2. 生病了，就该按时吃药，_____。
병이 났으면 제때에 약을 먹어야지. 그래야 빨리 회복한다.

随时 suíshí 🜲 수시로, 아무 때나 | 当地人 dāngdìrén 🜳 현지인 | 理所当然 lǐsuǒdāngrán 🜴 도리(道理)로 보아 당연하다 | 扩大 kuòdà 🜵 확대하다 | 搽 chá 🜵 바르다 | 防晒霜 fángshàishuāng 🜳 선크림, 자외선차단제 | 保护 bǎohù 🜵 보호(하다) | 泡澡 pàozǎo 🜵 탕에 몸을 담가 목욕하다 | 消除 xiāochú 🜵 제거하다, 해소하다, 풀다 | 疲劳 píláo 🜳 피로 | 按时 ànshí 🜲 제때에, 시간 맞춰 | 早日 zǎorì 🜲 일찍이 🜳 조기, 조속한 시일 | 康复 kāngfù 🜵 건강을 회복하다

Pattern 106

好……啊

의미 얼마나 ~한지!, 아주(정말) ~하구나!

해설 '好' 뒤에 형용사를 사용하여 규모가 크고 정도가 심함을 나타낸다. '多么'와 의미가 같으며, 감탄의 어감을 지닌다. 문장 끝에 감탄사 '啊'를 동반하는데, 음 변화가 생기면 '呀 ya', '哪 na', '哇 wa'로 쓸 수 있다.

예문

❶ 上海外滩的建筑群好漂亮啊!
  상하이 와이탄의 건축물들은 정말 예뻐!

❷ 她的头发好黑好亮啊,像黑锦缎似的。
  그녀의 머리카락이 얼마나 까맣고 빛나는지. 검은 비단결 같아.

❸ 我从电视上看到地震灾区的景象好惨哪!
  내가 TV에서 지진 재해 지역의 광경을 봤는데 얼마나 참혹하던지!

❹ 我当时迷迷糊糊地听到有人跟我说话,声音好熟悉呀。
  내가 당시에 어렴풋이 누군가 나에게 말하는 걸 들었는데, 목소리가 무척 익숙했다.

대화

A: 这是我的朋友小黄,刚从国外回来。
  이쪽은 제 친구 황 군입니다. 외국에서 막 돌아왔습니다.

B: 哟,小伙子好酷哇。
  오, 젊은 친구가 아주 멋지네.

연습 '好……啊'를 사용하여 다음 대화를 완성하세요.

A: 这是我女儿的照片。她今年五岁了。
  이게 제 딸 사진입니다. 올해 다섯 살 됐어요.

B: _____。
  눈이랑 코가 당신을 정말 닮았네요. 엄청나게 귀엽네요!

外滩 Wàitān 지명 와이탄(상하이 황푸 강 안 일대의 지명) | 建筑 jiànzhù 명 건축(물) 동 건축하다 | 像……似的 xiàng……shìde 조 마치 ~같다 | 锦缎 jǐnduàn 명 무늬 비단. 브로케이드(brocade) | 灾区 zāiqū 명 재해 지역 | 景象 jǐngxiàng 명 현상, 상황, 광경 | 惨 cǎn 형 참혹하다, 비참하다 | 迷糊 míhu 형 모호하다, 혼미하다, 정신이 없다 | 声音 shēngyīn 명 목소리 | 熟悉 shúxī 형 익숙하다 동 분명히 알다 | 小伙子 xiǎohuǒzi 명 젊은이, 청년, 총각 | 酷 kù 형 쿨(cool)하다, 멋지다, 잔혹하다

Pattern 107

好不……

의미 아주(몹시, 무척) ~하다

해설 '好不'는 일부 2음절 형용사와 함께 사용하여 모두 긍정의 의미를 나타낸다. 예를 들어, '好不热闹'와 '好热闹'는 의미가 같으며, 정도가 더 높음을 나타낸다. 그러나 '容易'의 경우 예외로 '好容易'와 '好不容易'는 둘 다 '간신히, 겨우, 가까스로'라는 부정의 의미를 나타낸다.

예문

❶ 大热天，吹来一股风，好不凉爽。
   엄청나게 더운 날씨인데 바람이 한 줄기 부니 아주 시원하다.

❷ 老朋友在一起开怀畅饮，好不痛快！
   오랜 벗들이 함께 흉금을 터놓고 마음껏 마시니 아주 통쾌하다!

❸ 听说朋友坐的那艘船失事了，他好不着急。
   친구가 탄 배가 사고가 났다는 소리에 그는 몹시 마음을 졸였다.

❹ 节日的街头，人山人海，好不热闹！
   명절의 거리는 인산인해다. 무척 북적거린다!

대화

A : 这部连续剧打动了很多人。
    이 연속극은 많은 사람을 감동시켰어.

B : 是的，情节跌宕起伏，特别是女主人公的不幸遭遇，令人好不心酸！
    맞아. 스토리가 흥미진진하고 생동감 있어. 특히 여주인공의 불행한 운명에 정말 사람 마음이 짠하더라.

연습 '好不……'를 사용하여 다음 대화를 완성하세요.

A : 这件事办得太不顺利了。
    일이 영 잘 안 풀리네.

B : 真是的，跑来跑去，_____。
    정말이지. 왔다 갔다 얼마나 번거로운지!

一股风 yì gǔ fēng 한 줄기 바람 | 凉爽 liángshuǎng 형 시원하고 상쾌하다 | 开怀畅饮 kāihuáichàngyǐn 가슴을 열고 마음껏 마시다 | 失事 shīshì 동 의외의 사고가 발생하다 | 打动 dǎdòng 동 마음을 움직이다, 감동시키다 | 情节 qíngjié 명 줄거리, 스토리 | 跌宕 diēdàng 형 문장변화가 풍부하다 | 起伏 qǐfú 명동 (감정 등이) 기복(하다) | 遭遇 zāoyù 명 처지, 운명 동 (불행 등을) 만나다, 부닥치다 | 心酸 xīnsuān 형 마음이 쓰리다

Pattern 108

……好了

의미 ~하든가 (그러면 된다), ~해라 (그러면 된다)

해설 문장 끝에 '好了'를 써서 제기한 의견대로 하면 문제를 해결할 수 있음을 나타낸다. 이 경우 굳이 상대방의 동의를 구하는 것은 아니며, 말하는 사람의 단독 판단 성향이 있다.

예문

❶ 你觉得无聊? 那看电视好了。
심심해? 그럼 TV나 보든가.

❷ 想买些鱼、虾等半成品? 去超市好了。
생선이나 새우 반제품을 사려고? 그럼 슈퍼에 가봐.

❸ 雨下得太大,不能出去,在家玩儿好了。
비가 너무 많이 와서 밖에 못 나가. 그냥 집에서 놀아.

❹ 如果去你家不方便的话,就到我家来聚会好了。
만약 너희 집에 가는 게 불편하면, 그냥 우리 집에 모여도 돼.

대화

A: 要不要我陪你去商场?
내가 쇼핑몰에 같이 가줄까?

B: 你在家休息吧,我一个人去好了。
너는 집에서 쉬어. 나 혼자 가면 돼.

연습 '……好了'를 사용하여 다음 대화를 완성하세요.

A: 真抱歉,今天没时间买菜。
정말 미안해. 오늘 장 보러 갈 시간이 없었어.

B: 没关系,_____。
괜찮아. 라면 먹으면 되지.

虾 xiā 명 새우 | 半成品 bànchéngpǐn 명 반제품 | 聚会 jùhuì 동 회합하다 명 모임 | 抱歉 bàoqiàn 동 미안해하다 | 方便面 fāngbiànmiàn 명 라면

Pattern 109 好(不)容易才……

의미 간신히(겨우, 가까스로, 어렵사리) ~

해설 '好容易才'와 '好不容易才'는 의미가 같다. 많은 노력을 들여 매우 어렵게 일을 해냈음을 뜻한다.

예문

❶ 我好容易才买到明天的足球票。
나는 간신히 내일 축구경기 표를 구했다.

❷ 他好容易才找到这份工作，能不积极干吗?
그는 간신히 이 일을 구했는데, 열심히 안 할 수가 있겠어?

❸ 他假期住在乡下，我好不容易才找到他的家。
그는 휴가 때 시골에 있었는데, 내가 겨우 그의 집을 찾아냈다.

❹ 我好不容易才打听到朱先生的消息，原来他去了新加坡。
내가 어렵사리 주 선생의 소식을 수소문했는데, 알고 보니 그는 싱가포르에 갔다.

대화

A : 对不起，那份材料我落在出租车上了。
죄송합니다. 그 자료를 제가 택시에 빠뜨리고 내렸습니다.

B : 哎呀，那是我好不容易弄到的。
이런, 그건 내가 힘들게 어렵사리 작성해 놓은 거라고.

연습 '好(不)容易才……'를 사용하여 다음 대화를 완성하세요.

A : 那本法国小说买到了吗?
그 프랑스 소설책 샀어?

B : 上哪儿去买呀? _____。
어디 가서 사? 내가 간신히 한 권 빌렸다.

乡下 xiāngxia 명 시골, 지방, (농)촌 | 打听 dǎtīng 통 (사실, 상황 등을) 알아보다, 물어보다 | 新加坡 Xīnjiāpō 지명 싱가포르(Singapore) | 落 là 통 처지다, 빠뜨리다, 누락하다

Pattern 110

好在……，要不然……

의미 다행히(운 좋게) ~했다(~했기에 망정이지) 그렇지 않았으면 (분명) ~했을 것이다

해설 어떤 유리한 조건과 상황을 이미 갖추었으며, 그렇지 않았다면 원하지 않는 상황이 발생했을 것임을 의미한다.

예문

1. **好在**今天阳光好，**要不然**这些衣服根本干不了。
   다행히 오늘 햇빛이 좋네. 그렇지 않았으면 이 옷들을 전혀 말리지 못했을 거야.

2. **好在**我多买了些鱼呀肉的，**要不然**哪儿够吃的呀。
   다행히 내가 생선이며 고기를 넉넉하게 샀기에 망정이지, 안 그랬으면 먹기에 모자랐을 거다.

3. **好在**现在上网很方便，**要不然**一个人在异国他乡太寂寞、无聊了。
   지금은 인터넷이 편리해서 다행이야. 그렇지 않았으면 혼자 이국 타향에서 무척 쓸쓸하고 심심했을 거야.

4. **好在**这合同漏洞发现得及时，**要不然**我们的经济损失就大了。
   다행히도 이 계약서가 빈틈이 있다는 것을 제때에 발견했기에 망정이지, 안 그랬으면 우리의 경제적 손실이 클 뻔했다.

대화

A : 你这个马大哈，出门没关火，那多危险啊！
이 덜렁아, 불을 안 끄고 외출하면 얼마나 위험하니!

B : 是啊！**好在**妈妈回家早，**要不然**我就闯大祸了。
그러게 말이에요! 엄마가 일찍 귀가하셔서 다행이지, 그렇지 않았으면 대형사고 칠 뻔했어요.

연습 '好在……，要不然……'을 사용하여 다음 대화를 완성하세요.

A : 你今天起晚了，上课没迟到吗?
너 오늘 늦게 일어났는데, 수업에 지각 안 했어?

B : _____，_____。
운 좋게도 길에 차가 안 밀렸어. 그렇지 않았으면 분명 지각했을 거야.

异国 yìguó 명 이국, 타국, 외국 | 他乡 tāxiāng 명 타향 | 寂寞 jìmò 형 적막하다, 쓸쓸하다 | 合同(书) hétong(shū) 명 계약(서) | 漏洞 lòudòng 명 구멍, 빈틈, 약점 | 及时 jíshí 부 적시에, 제때에 형 시기적절하다, 때맞다 | 马大哈 mǎdàhā 명 덜렁이 동 덜렁거리다, 부주의하다 | 闯祸 chuǎnghuò 동 사고를 일으키다, 손실을 일으키다, 화를 자초하다 | 肯定 kěndìng 부 확실히, 분명히 명/동 긍정(하다), 확신(하다) 형 긍정적이다, 명확하다

Pattern 111

A和B比起来, ⋯⋯ / 和B比起来, A⋯⋯

의미 'A和B比起来, ⋯⋯': A는 B에 비해 ~하다, A는 B와 비교해보면 ~하다
'和B比起来, A⋯⋯': B에 비해 A는 ~하다, B와 비교해보면 A는 ~하다

해설 A를 B와 비교했을 때 A의 상황이 어떠하다는 것을 나타낸다.

예문

❶ 和昨天比起来, 今天冷多了。
어제에 비해 오늘은 꽤 춥다.

❷ 上海话和苏州话比起来要硬一些。
상하이 방언은 쑤저우 방언에 비해 좀 더 딱딱하다.

❸ 哥哥长得很高, 但和弟弟比起来还矮五公分。
형이 키가 무척 크지만, 동생에 비하면 그래도 5cm가 작다.

❹ 和十年前比起来, 中国人的生活水平真是大大提高了。
10년 전과 비교하면 중국인의 생활 수준은 정말 엄청나게 발전했다.

대화

A: 这位歌星嗓音不错, 挺甜的。
이 가수는 목소리가 좋아, 무척 감미로워.

B: 我觉得她和邓丽君比起来还差得远呢。
덩리쥔(타이완 유명 가수)에 비하면 한참 멀었다고 생각해.

연습 'A和B比起来, ⋯⋯ / 和B比起来, A⋯⋯'를 사용하여 다음 문장을 다시 쓰세요.

1. 他比同龄人成熟。
   그는 또래보다 성숙하다.
   ⇨ _____。
   그는 또래에 비해 성숙하다.

2. 美国的物价比欧洲的便宜。
   미국의 물가는 유럽보다 싸다.
   ⇨ _____。
   미국의 물가는 유럽에 비하면 싸다.

上海话 Shànghǎihuà 상하이 방언 | 苏州话 Sūzhōuhuà 쑤저우 방언 | 硬 yìng 형 단단하다, 딱딱하다 형 (의지, 태도 등이) 완강하다, 강경하다 부 고집스럽게, 완강하게 | 公分 gōngfēn 양 센티미터(cm) 양 그램(g) | 歌星 gēxīng 명 유명 가수, 스타 가수 | 嗓音 sǎngyīn 명 목소리, 목청 | 同龄人 tónglíngrén 동갑, 동년배

Pattern 112

何必……呢

의미 굳이(구태여, 하필) ~할 필요가 뭐 있나

해설 굳이 이렇게 할 필요가 없다는 것을 의미하는 반문표현이다. 상대방을 설득할 때에 자주 사용한다.

예문

① 天都这么晚了，末班车也没了，何必非要走呢。
시간이 벌써 이렇게 늦어버려서 막차도 끊겼는데, 굳이 꼭 가야겠어?

② 人家都已经道歉了，你何必再计较呢。
사람이 이미 사과를 했는데, 구태여 더 따지고 들 필요가 있어?

③ 你冷静些，何必为了图一时痛快而酿成大错呢。
좀 냉정해져라. 한때의 즐거움을 위해서 큰 잘못을 초래할 필요가 있겠어?

④ 人生就是有得有失，有苦有甜，你又何必想不开呢。
인생은 얻는 게 있으면 잃는 게 있고, 고통이 있으면 즐거움도 있어. 왜 굳이 속에 담아두는 거야?

대화

A : 我得换个手机，这个已经过时了。
나 휴대전화를 바꿔야겠어. 이건 벌써 한물갔어.

B : 这手机还能用，何必赶时髦呢。
이 휴대전화 아직 쓸 수 있는데, 굳이 유행을 좇을 필요가 뭐 있어?

연습 '何必……呢'를 사용하여 다음 대화를 완성하세요.

A : 这件事没办好，都是我的错。
이 일을 제대로 처리하지 못한 건 전부 제 잘못입니다.

B : 你已经尽力了，＿＿＿＿＿＿＿＿＿＿＿＿＿＿＿＿＿＿。
자네는 이미 최선을 다했네. 굳이 자신을 책망할 필요가 뭐 있나.

末班车 mòbānchē 몡 막차(↔ **头班车** tóubānchē) | **计较** jìjiào 동 계산하여 비교하다, 따지다 | **图** tú 동 도모하다, 바라다, 탐내다 | **酿成** niàngchéng 동 (나쁜 결과를) 조성하다 | **想不开** xiǎngbukāi 동 생각을 떨치지 못하다 | **赶时髦** gǎn shímáo 유행을 따르다 | **尽力** jìnlì 동 온 힘을 다하다, 전력을 다하다 | **责怪** zéguài 동 탓하다, 책망하다

Pattern 113

……, 何况……

의미 ~인데 더욱이(더군다나, 하물며) ~는 말할 필요도 없다

해설 반문 어감을 사용하여 한층 더 정도가 심해짐을 나타낸다. 더욱이 말할 필요 없다는 의미이다.

예문

❶ 虎毒还不食子呢, 何况是人!
호랑이가 아무리 잔인해도 제 자식은 잡아먹지 않는다 했다. 하물며 사람이야!

❷ 村镇的师资也缺乏, 何况偏僻的山区。
소도시의 교사 자원도 부족한데, 외진 산간지역이야 오죽하겠는가.

❸ 她住的地方很难找, 何况你还是个外国人, 就别去了。
그녀가 사는 곳은 매우 찾기 어려워요. 더군다나 당신은 외국인인데, 그냥 가지 마세요.

❹ 这段山路一般人爬起来都很吃力, 何况是一个腿有毛病的老人。
이 산길은 일반사람이 가기에도 힘에 겨운데, 더군다나 다리가 성치 않은 노인이야 말할 필요도 없다.

대화

A : 她在那里人生地疏的, 我有点儿担心。
그녀는 그곳에서 사람도 땅도 낯설 텐데, 좀 걱정스럽네요.

B : 都这么大了, 何况还有她姑姑在呢。
이미 다 컸는걸. 더구나 걔 고모도 거기 있는데 뭘.

연습 '……, 何况……'을 사용하여 다음 대화를 완성하세요.

A : 学外语真不容易。
외국어 배우는 건 정말 어려워.

B : 学母语也要花时间哪, ＿＿＿＿＿＿＿＿＿＿＿＿＿＿。
모국어를 배우는 것도 시간이 걸리는데, 외국어는 오죽하겠어.

虎毒不食子 hǔ dú bù shí zǐ 성에 범은 잔인해도 제 새끼를 잡아먹지는 않는다, 흉악한 사람도 제 자식은 사랑한다 | 村镇 cūnzhèn 명 촌락과 소도시, 읍 | 师资 shīzī 명 교사 (자원) | 偏僻 piānpì 형 외지다, 편벽하다, 구석지다 | 毛病 máobìng 명 약점, 고장, 질병 | 人生地疏 rénshēng dìshū 성에 사람도 환경도 낯설다 | 姑姑 gūgu 명 고모 | 母语 mǔyǔ 명 모국어

Pattern 114

A和B相比

의미 A와 B를 (서로) 비교하면

해설 서로 비교함을 뜻한다. 서면어에서는 흔히 '与(同)……相比'를 사용한다.

예문

❶ 和发达国家相比，中国的生产力还很低下。
선진국과 비교하면 중국의 생산력은 아직 무척 낮다.

❷ 电子产品的价格，和几年前相比，差别很大。
전자제품의 가격은 몇 년 전과 비교하면 차이가 크게 난다.

❸ 现在冬天的平均气温和几十年前相比，高了不少。
요즘 겨울의 평균기온은 몇십 년 전과 비교하면 많이 높아졌다.

❹ 北京今年3月份二手房交易量与去年相比，有下跌趋势。
베이징의 올해 3월 중고 주택 거래량은 작년과 비교하면 하락 추세에 있다.

대화

A：你们国家的人权状况还不理想。
당신 나라의 인권 상황은 아직 이상적이지 않습니다.

B：和过去相比，已经民主多了。
과거와 비교하면 이미 많이 민주화되었습니다.

연습 'A和B相比'를 사용하여 다음 대화를 완성하세요.

A：你的新工作单位怎么样?
너의 새 직장은 어때?

B：_____。
이전 직장과 비교하면 급여나 대우가 모두 많이 좋아졌어.

低下 dīxià 〔형〕 (생산 수준이나 경제적 지위 등이 일반적인 기준보다) 낮다, 떨어지다 | 平均 píngjūn 〔명〕 평균 〔형〕 평균적인 | 二手房 èrshǒufáng 〔명〕 중고 주택 | 人权 rénquán 〔명〕 인권 | 状况 zhuàngkuàng 〔명〕 상황 | 民主 mínzhǔ 〔형〕 민주적이다 〔명〕 민주 | 待遇 dàiyù 〔명〕 (보수, 지위 등의) 대우 〔동〕 대우하다

Pattern 115

A和B相似

의미 A와 B가 서로 비슷하다(닮다), A는 B와 서로 비슷하다(닮다)

해설 두 가지 사물이 서로 닮았음을 뜻한다. 서면어에서는 흔히 'A与(同)B相似'를 사용한다.

예문

❶ 这辆轿车和董事长的奔驰车外貌相似。
　　이 자가용과 회장님의 벤츠가 외양이 비슷하군.

❷ 现在亚洲的经济形势和几年前相似吗?
　　현재 아시아의 경제상황이 몇 년 전과 유사합니까?

❸ 听说现在那里的情况和中国文革时期很相似。
　　요즘 그곳의 상황이 중국의 문화대혁명 시기와 무척 비슷하다고 들었습니다.

❹ 科学家发现鳄鱼祖先的鼻子结构与狗相似。
　　과학자들은 악어 조상의 코 구조가 개와 닮았다는 것을 발견했다.

대화

A : 大卫和小张的性格、举止都有些相似。
　　데이비드와 장 군의 성격과 행동이 다 좀 비슷해.

B : 怪不得他们是形影不离的朋友呢。
　　어쩐지 게네들 그림자처럼 딱 붙어 다니더라.

연습 'A和B相似'를 사용하여 다음 대화를 완성하세요.

A : 有人说_____。
　　현재의 연회복이 19세기의 것과 비슷하대.

B : 是吗? 我没注意过。
　　그래? 미처 몰랐네.

董事长 dǒngshizhǎng 명 대표이사, 이사장, 회장 | **奔驰** Bēnchí 명 벤츠(Mercedez Benz) | **文革** Wéngé 명 문화대혁명(文化大革命)의 줄임말 | **鳄鱼** èyú 명 악어 | **祖先** zǔxiān 명 조상, 선조 | **结构** jiégòu 명 구조, 기구, (건축물의) 구조 | **性格** xìnggé 명 성격, 개성 | **举止** jǔzhǐ 명 행동거지, 거동 | **形影不离** xíngyǐngbùlí 성어 그림자가 형체를 따르듯이 조금도 떨어지지 않다, 그림자처럼 따라다니다, 대단히 사이가 좋다 | **晚礼服** wǎnlǐfú 명 연회복, 이브닝드레스

Pattern 116

忽……忽……

의미 이랬다저랬다, (잠시, 갑자기) ~했다가 (잠시, 갑자기) ~했다가

해설 안정적이지 않고 이랬다저랬다 하는 것을 의미한다. '忽而……忽而……'로 사용할 수도 있다. 두 개의 '忽' 뒤에는 의미가 상반된 단음절 단어로 제한되며, '忽而' 뒤에는 이러한 제한이 없다.

예문

① 山区的气候，忽晴忽雨，变化无常。
산간지역 날씨는 맑았다가 비가 왔다가 변화무쌍이다.

② 近来他的血压不太稳定，忽高忽低的。
요즘 그의 혈압이 불안정해서 높았다가 낮았다 한다.

③ 我的电脑显示屏好像出了问题，忽明忽暗的。
내 컴퓨터 모니터에 문제가 생긴 것 같아. 밝아졌다가 어두워졌다가 그래.

④ 最近中国的股市忽上忽下，让不少股民心神不定。
최근 중국의 주식시장이 올랐다 떨어졌다 해서 많은 투자자가 안절부절못한다.

대화

A : 小李的脾气真让人猜不透。
이 군의 성격은 정말 사람 종잡을 수가 없어.

B : 是啊，忽而高兴，忽而生气。
맞아, 금방 헤헤거렸다가 또 금방 씩씩거려.

연습 '忽……, 忽……'를 사용하여 다음 문장을 완성하세요.

1. 前面的车大概是故意要挡我的路，_____，我没法超过去。
앞쪽 차가 고의로 우리 진로를 막는 것 같아. 빨리 갔다가 천천히 갔다가, 추월할 수가 없네.

2. 一日三餐最好定量，不要_____。
하루 세끼는 되도록 정량을 먹는 게 좋다. 많이 먹었다가 적게 먹었다 하지 마라.

气候 qìhòu 명 기후 | 无常 wúcháng 형 수시로 변하다, 무상하다 | 血压 xuèyā 명 혈압 | 稳定 wěndìng 형 안정적이다 동 안정시키다 | 显示屏 xiǎnshìpíng 명 (컴퓨터) 모니터스크린 | 股民 gǔmín 명 주식투자자 | 心神不定 xīnshénbúdìng 성 마음이 안정되지 않다, 안절부절하다 | 猜不透 cāibútòu (남의 마음이나 생각 등을) 꿰뚫어 볼 수 없다, 알아맞힐 수 없다 | 挡路 dǎnglù 동 길을 막다, 방해하다 | 定量 dìngliàng 명 정량

Pattern 117

话是这么说，可是……

의미 말은 그렇게 해도(하지만) ~, 그 말이 맞기는 한데 ~, 맞는 말이기는 한데 ~,

해설 우선 상대방이 말한 것이 일리가 있고 사실임을 인정한 다음, 뒤 문장에서 자신의 보충 견해를 제기한다.

예문

❶ 朋友之间应多来往、多了解，话是这么说，可是大家都忙，哪有时间哪。
친구 사이에는 자주 왕래하고 많이 이해해야 한다고 말은 하지만, 다들 너무 바빠서 어디 시간이 나야지.

❷ 条条道路通罗马，话是这么说，可是有的路走起来太艰辛了。
모든 길은 로마로 통한다. 말은 그렇지만 어떤 길은 가기에는 너무 고생스럽다.

❸ 一分钱一分货，话是这么说，可是有时多花钱也不一定能买到好货。
싼 게 비지떡이라고. 맞는 말이기는 하지만 때로는 돈을 많이 쓴다 해도 반드시 좋은 물건을 살 수 있는 것은 아니다.

❹ 日子一个人也能过，话是这么说，可是那还是挺孤单的。
혼자서도 살아갈 수 있다고 말은 하지만, 그래도 역시 너무 쓸쓸하다.

대화

A : 夫妻本是同林鸟，大难临头各自飞。
부부는 본래 같은 숲에 사는 새와 같아. 큰 재난이 닥치면 각자 살길 찾아 날아간다고.

B : 话是这么说，可是患难夫妻也不少。
말은 그래도 고난을 함께 하는 부부도 많아.

연습 '话是这么说，可是……'를 사용하여 다음 대화를 완성하세요.

A : 对学生来说，没有比学习更重要的了。
학생에게는 공부보다 더 중요한 것은 없다.

B : 话是这么说，_____。
말씀은 그렇게 하셔도, 책만 보고 쉬지 않는다 해서 반드시 명문대학에 합격할 수 있는 건 아닙니다.

罗马 Luómǎ 지명 로마(Roma) | 艰辛 jiānxīn 형 고생스럽다 | 一分钱一分货 yì fēn qián yì fēn huò 성에 한 푼으로는 한 푼짜리 물건밖에 살 수 없다, 싼 게 비지떡 | 孤单 gūdān 형 외롭다, 쓸쓸하다 | 大难临头 dànànlíntóu 성에 큰 재난이 임박하다 | 患难 huànnàn 명 환난, 고난 | 名牌大学 míngpái dàxué 명문대학 | 考上 kǎoshàng 동 (시험에) 합격하다

Pattern 118 话又说回来

의미 (그렇지만) (또) 다시 (돌아와) 말하자면, (그렇지만) (또) 달리 말해(달리 보면)

해설 한발 뒤로 물러나서 생각하거나, 혹은 또 다른 각도에서 문제를 바라본다는 의미이다. 흔히 앞에 '可是/不过'와 함께 사용한다.

예문

❶ 今天我起得太晚了，可是，话又说回来，早了我也起不来。
오늘 너무 늦게 일어났다. 하지만 또 그렇다고 해서 일찍 일어날 수 있는 것도 아니지.

❷ 我应该跟他一起去上海，可是话又说回来，哪有时间呢！
걔랑 같이 상하이에 갔어야 했어. 그렇지만 또 따지고 보면 어디 시간이 있어야 말이지!

❸ 丈夫有很多地方让她不满意，可话又说回来，这世上哪有十全十美的人呢。
남편이 마음에 안 드는 구석이 많이 있지만, 또 달리 보면 이 세상에 완벽한 사람이 어디 있을까.

❹ 我对他做的这个项目不太满意，不过话又说回来，这个项目确实很难做，换成我，可能还不如他呢。
나는 그가 해놓은 프로젝트가 별로 마음에 들지 않는다. 그런데 또 생각해보면 이 프로젝트는 확실히 어려운 일이었다. 나였다면, 아마 그 친구보다 훨씬 못했을지도 모른다.

대화

A：附近超市的东西太贵。
근처 슈퍼마켓의 물건은 너무 비싸.

B：那你到远处的大超市去买呀。
그럼 멀리 있는 대형슈퍼에 가서 사.

A：不过，话又说回来，附近有这个超市还是挺方便的。
그렇지만, 또 어떻게 보면 근처에 이런 슈퍼마켓이 있다는 게 무척 편리하기도 하지.

연습 '话又说回来'를 사용하여 다음 대화를 완성하세요.

A：天天做饭挺麻烦的。날마다 밥하기가 참 귀찮아.

B：那就去饭馆吃呗。그럼 그냥 식당에 가서 먹어.

A：_____，_____，自己做比较省钱。
하지만 또 생각해보면 직접 해먹는 게 돈이 덜 들어.

十全十美 shíquán shíměi 성어 모든 방면에 완전무결하여 나무랄 데가 없다 | 满意 mǎnyì 형 만족하다, 만족스럽다 | 项目 xiàngmù 명 항목, 사항, 과제, 프로젝트

Pattern 119

或者……或者……

의미 ~하든지 (아니면) ~하든지, ~든 (아니면) ~든

해설 '이렇게 하든지 아니면 저렇게 하든지'의 뜻으로, 두 가지 혹은 몇 가지 상황 중에 선택하는 것을 가리킨다.

예문

❶ 或者打针，或者吃药，都可以。
  주사를 맞든, 약을 먹든 다 괜찮아요.

❷ 或者明天，或者后天，我得去一趟上海。
  내일이든 모레든 상하이에 한 번 다녀와야 한다.

❸ 你或者同意，或者反对，总得表示个态度。
  네가 동의하든 반대하든, 어쨌든 태도를 밝혀야 한다.

❹ 这个会，或者你去，或者他去，你们两个谁都行。
  이 회의는 네가 가든, 그가 가든 너희 두 사람 누가 가도 괜찮다.

대화

A : 中午去哪儿吃饭?
  점심때 어디 가서 밥 먹지?

B : 或者中餐馆，或者西餐厅，随你挑。
  중식당이나 양식당이나 당신 마음대로 선택해.

연습 '或者……或者……'를 사용하여 다음 대화를 완성하세요.

A : 暑假你打算去哪儿?
  여름방학에 너 어디 갈 거야?

B : _____, _____。
  여행 갈 건데, 중국 베이징이나 일본 도쿄.

打针 dǎzhēn 통 주사를 맞다(놓다) | 态度 tàidù 명 태도, 몸짓 | 中餐 zhōngcān 명 중식, 중국요리 | 西餐 xīcān 명 양식, 서양요리 | 挑 tiāo 통 고르다, (부정적인 면을) 들추어내다 | 东京 Dōngjīng 지명 도쿄(Tokyo)

Pattern 120

即使……也……

의미 (설령, 설사) ~하더라도(할지라도, 일지라도) ~

해설 양보적인 조건을 가정하며, 이 조건에서는 결과가 영향을 받지 않음을 나타낸다. 같은 표현으로 '就算 jiùsuàn, 纵然 zòngrán, 纵使 zòngshǐ, 哪怕 nǎpà, 就是 jiùshì' 등이 있으며, 뒤 문장에 흔히 '也'를 동반한다.

예문

❶ 明天**即使**没汽车，走路我**也**要去。
내일 설령 차가 없더라도 나는 걸어서라도 가겠다.

❷ 这次**即使**考上的希望很小，我**也**要去试试。
이번에 설사 합격의 희망이 적더라도 나는 시험을 보러 가겠다.

❸ **即使**你对工作没兴趣，**也**得去上班，年轻人不能总啃老吧。
설령 네가 일에 흥미가 없다 해도 일하러 가야 한다. 젊은 녀석이 항상 부모에게 빌붙어서야 쓰나.

❹ 要想提高听力就得多听，**即使**听不懂**也**要硬着头皮听。
듣기능력을 향상하고 싶다면 많이 들어야 한다. 설사 알아듣지 못하더라도 눈 딱 감고 들어야 해.

대화

A : 这是一家非常好的公司，机会难得，赶快申请吧。
여긴 엄청나게 좋은 회사야. 기회는 흔치 않으니까 얼른 신청해.

B : 谢谢，不过**即使**待遇非常优厚，我**也**不想去，因为专业不对口。
고마워. 그렇지만 설사 대우가 굉장히 후하더라도 난 가기 싫어. 전공이 안 맞아.

연습 '即使……也……'를 사용하여 다음 대화를 완성하세요.

A : 那个顾客，老是大喊大叫的，我真不想理她。
저 손님은 항상 고래고래 큰소리를 쳐서 정말 상대하기 싫어.

B : 顾客就是上帝，_____。
손님은 왕이야. 설령 상대하기 싫더라도 손님을 홀대해서는 안 돼.

啃老 kěnlǎo 동 (부정적) 부모에게 빌붙어 살다 (cf. 啃老族 kěnlǎozú 나이가 들어서도 부모에게 생계를 의탁하는 젊은 세대) | 硬着头皮 yìngzhe tóupí 무리하다, 염치불구하고, 체면 가리지 않고, (마지못해) 어떤 일을 하다 | 难得 nándé 형 얻기 어렵다, 드물다 | 优厚 yōuhòu 형 (보수, 대우 등이) 후하다 | 对口 duìkǒu 형 서로 맞다, 입맛에 맞다 | 大喊大叫 dàhǎn dàjiào 성어 큰소리로 외치다 | 上帝 shàngdì 명 하느님, (옥황)상제 | 慢待 màndài 동 냉담하다, 푸대접하다

Pattern 121

既然……(那么)就……

의미 기왕(이왕) ~하다면 ~

해설 먼저 전제를 제시하고, 다음으로 이 전제에 근거하여 추론을 진행한 후 인과관계를 설명한다. '既然' 뒤에는 기정사실 또는 기정사실로 간주할 수 있는 내용이 온다. '既然'은 주어 앞이나 뒤에 모두 올 수 있으며, '既'로 사용하면 주어 뒤에 놓는다. '既然'은 '也'나 '还'와도 고정어구를 이룬다.

예문

❶ 既然想去，那你就去吧。
기왕 가고 싶다면, 가라.

❷ 既然你已经考虑成熟了，就大胆地去做吧。
기왕이지사 네가 이미 충분히 생각했다면, 대담하게 해 봐라.

❸ 你既然来了，还不多坐一会儿?
이왕 온 거, 좀 더 앉았다가 가지 않고?

❹ 既然你一定要这样做，那我也不多说什么了。
이왕에 네가 꼭 그렇게 해야겠다면, 나도 긴말 하지 않겠다.

대화

A : 这套衣服，你既然那么喜欢，还犹豫什么? 买吧!
이 옷을 네가 기왕 그렇게 마음에 드는데, 뭘 더 망설여? 사!

B : 你说得倒轻松，我哪有那么多钱哪!
말 참 쉽게 한다. 내가 그렇게 많은 돈이 어디 있니?

연습 '既然……(那么)就……'를 사용하여 다음 대화를 완성하세요.

A : _____ , _____ 。
네가 기왕에 유학을 가고 싶다면, 외국어를 열심히 공부해야 한다.

B : 就是。
확실히 할게요.

大胆 dàdǎn 혱 대담하다 | 犹豫 yóuyù 동 망설이다, 주저하다 | 轻松 qīngsōng 혱 수월하다, 홀가분하다

Pattern 122

既……又/也……

의미 (기왕, 이왕) ~이고(하고) (또, 역시) ~이다(하다)

해설 양쪽 측면을 동시에 모두 갖추고 있음을 의미한다. '既不……又不……'는 두 가지 모두를 부정하는 형태로 자주 사용한다.

예문

1. 她既不胖，又不瘦，体形真棒。
   그녀는 뚱뚱하지도 않고 마르지도 않고, 체형이 정말 좋다.

2. 孩子考上了名牌大学，要去外地就读，当妈妈的既高兴又有些舍不得。
   아이가 명문대학에 합격해서 외지에 공부하러 간다니, 엄마로서 기쁘기도 하고 또 좀 섭섭하기도 하다.

3. 他们的公寓小区，既有健身房，也有游泳池。
   그들의 아파트 단지는 헬스클럽도 있고 수영장도 있다.

4. 金先生既有学历、资历，也有能力，所以老板很器重他。
   김 선생은 학력도 있고 경력도 있고 능력도 있다. 그래서 사장이 그를 무척 신임한다.

대화

A : 这座建筑既有传统特色，又有现代气息。
   이 건축물은 전통적인 특색도 있고 또 현대적인 분위기도 나네.

B : 可以看出，设计师很高明。
   디자이너가 무척 뛰어나다는 걸 알 수 있지.

연습 '既……又/也……'를 사용하여 다음 문장을 다시 쓰세요.

1. 旅游可以欣赏风景。旅游可以增加见闻。
   여행을 하면 풍경을 감상할 수도 있고, 견문을 넓힐 수도 있다.
   ⇨ _____ 。

2. 游泳可以健身。游泳可以减肥。
   수영을 하면 몸을 건강하게 할 수도 있고, 살을 뺄 수도 있다.
   ⇨ _____ 。

舍不得 shěbude 통 섭섭해하다, 아까워하다 | **公寓** gōngyù 명 아파트, 공동주택 | **健身房** jiànshēnfáng 명 헬스클럽 | **游泳池** yóuyǒngchí 명 수영장 | **学历** xuélì 명 학력 | **资历** zīlì 명 자격과 경력 | **器重** qìzhòng 통 (아랫사람을) 중시하다, 신임하다 | **传统** chuántǒng 명 전통 | **气息** qìxī 명 숨, 냄새, 정취 | **设计师** shèjìshī 명 설계사, 디자이너 | **高明** gāomíng 형 (학식, 기술 등이) 고명하다, 빼어나다 | **联欢会** liánhuānhuì 명 친목회, 사교회

Pattern 123

继……之后, ……

의미 ~에 이어서(뒤이어) ~

해설 어떤 사물이나 상황이 발생한 후에 또 다른 사물이나 상황이 출현함을 나타낸다.

예문
1. 继去年突破一千万之后，今年高考人数将再创新高。
   작년에 천만 명을 돌파한 데 이어 올해 대입 수험생의 수가 다시 최고기록을 세웠다.
2. 澳大利亚成为继英美之后世界第三大留学中心。
   호주는 영국과 미국의 뒤를 이어 세계 3대 유학 중심국이 되었다.
3. 继肯德基之后，麦当劳也将进驻这家大型购物广场。
   KFC의 뒤를 이어 맥도널드가 이 대형쇼핑몰에 입점할 것이다.
4. 这家网站继去年推出简约风格的搜索首页之后，又一次做出修正。
   이 웹사이트는 작년에 심플한 스타일의 검색 초기화면을 내놓은 데 이어 또 한 차례 수정했다.

대화
A : 听说您又出版了一本书?
   책을 한 권 또 출판하셨다면서요?
B : 是的，这是继去年那本畅销书之后的第二本小说。
   네. 작년의 베스트셀러에 이은 두 번째 소설입니다.

연습 '继……之后, ……'를 사용하여 다음 대화를 완성하세요.

A : 中国现在也是石油消费大国。
   중국 역시 지금은 석유 소비 대국입니다.
B : 对, _____, 世界第二大石油消费国。
   맞습니다. 중국은 미국에 이어 세계 두 번째 석유 소비국입니다.

突破 tūpò 동 돌파하다, (기록 등을) 깨다 | 创 chuàng 동 창조하다, 발명하다 | 新高 xīngāo 명 신기록, 최고기록 | 澳大利亚 Àodàlìyà 지명 호주, 오스트레일리아 | 肯德基 Kěndéjī 명 KFC | 麦当劳 Màidāngláo 명 맥도널드(McDonalds) | 进驻 jìnzhù 동 진주하다, 투입하다 | 网站 wǎngzhàn 명 웹사이트 | 简约 jiǎnyuē 형 간략하다, 절약하다 | 风格 fēnggé 명 스타일, 풍격, 기풍 | 搜索 sōusuǒ 동 검색하다, 수색하다 | 首页 shǒuyè 명 홈페이지 초기 화면 | 畅销书 chàngxiāoshū 명 베스트셀러 | 石油 shíyóu 명 석유 | 消费 xiāofèi 명동 소비(하다)

Pattern 124

假如……, 就……

의미 만약(만일, 가령) ~라면(하면) ~이다(하다)

해설 어떤 상황의 출현을 가정할 때, 어떤 선택을 하거나 어떤 결과가 야기된다는 것을 나타낸다. '就'는 '那'로 바꿀 수 있다. '如果(要是/假如/倘若/若是/万一)……的话, 那么……就(则/便)……' 가 가설표현에 주로 사용하는 형식이다.

예문

❶ 假如没有太阳，世界上就没有生命。
　 만약 태양이 없다면, 세상에는 생명이 없을 것이다.

❷ 假如我能选择，我就选择轻松的活法。
　 만일 선택할 수 있다면, 나는 여유로운 삶을 선택하겠다.

❸ 假如人真有下辈子，那我来世一定要嫁给你。
　 만약 사람에게 정말로 다음 생이 있다면, 나는 내세에 반드시 네게 시집갈 거야.

❹ 假如有一天生活欺骗了你，那你也不要对生活失去信心。
　 만약 어느 날 삶이 그대를 속일지라도, 삶에 대해 믿음을 잃지 마십시오.

대화

A : 假如我有很多钱的话，我就会去环游世界。
　　만약에 내가 돈이 엄청나게 많다면, 세계 일주를 할 거야.

B : 我也是。
　　나도.

연습 '假如……, 就……'를 사용하여 다음 대화를 완성하세요.

A : ＿＿＿＿＿＿＿＿＿＿＿＿, ＿＿＿＿＿＿＿＿＿＿＿?
　　만약 당신이 20년 젊어진다면, 무엇을 하겠습니까?

B : 或许会当舞蹈家。
　　아마 댄서가 되겠지요.

生命 shēngmìng 명 생명 형 생동감 있다 | **活法** huófǎ 명 삶의 방식, 태도 | **下(一)辈子** xià(yí)bèizi 명 다음 생, 내세, 후세 | **来世** láishì 명 내세 | **欺骗** qīpiàn 동 속이다, 사기 치다 | **环游** huányóu 동 주유(周游)하다, 일주하다 | **或许** huòxǔ 부 아마도, 어쩌면 (~인지 모른다) | **舞蹈家** wǔdǎojiā 명 무도가, 댄서

Pattern 125

叫……给……

의미 ~에게(한테) ~당하다(하게 되다)

해설 '叫'는 대표적인 의미는 ①소리치다 ②부르다 ③시키다 등의 의미 이외에 '被'의 피동의미가 있다. 흔히 어떤 사람이나 사물이 원하지 않는 상황을 만났음을 의미하며 구어에서 많이 사용한다. '给'는 피동의미가 있으며, 그래서 피동문에서 '被(让/叫)……给……' 등의 형태로 자주 나타나고, 동작을 가하는 주체가 특정하지 않은 경우에는 '被(让/叫)' 뒤에 '人' 또는 '人家'를 쓴다.

예문

❶ 这么大的树，叫风给刮倒了。
이렇게 큰 나무가 바람에 쓰러져버렸다.

❷ 我心爱的小狗叫人给抓走了，能不伤心吗?
내가 사랑하는 강아지가 (누군가에게) 잡혀갔는데, 속이 상하지 않겠느냐?

❸ 付钱时我发现钱包叫小偷给偷走了，让我真尴尬。
돈을 낼 때 나는 지갑을 (도둑에게) 도둑맞았다는 걸 발견했다. 정말 난처했다.

❹ 这么重要的文件叫他给落在出租车上了，能不挨批吗?
이렇게 중요한 서류를 그가 택시에 흘렸다는데, 혼이 안 날 수가 있겠어?

대화

A : 你去瑞士旅行时买的那块儿金表呢?
너 스위스 여행할 때 산 금시계 어떻게 했어?

B : 唉，叫我的女儿给弄丢了。
에이. 우리 딸이 잃어버렸어.

연습 '叫……给……'를 사용하여 다음 대화를 완성하세요.

A : 我的那双高筒靴子呢?
내 롱부츠 못 봤어?

B : 太旧了，打扫卫生时_____。
너무 오래돼서 청소할 때 엄마가 내다 버리셨어.

付钱 fùqián 동 돈을 지불하다(= 付款 fùkuǎn) | 尴尬 gāngà 형 입장이 곤란하다, 난처하다, 난감하다 | 挨批 áipī 동 비난받다, 혼나다 | 瑞士 Ruìshì 지명 스위스 | 弄丢 nòngdiū 동 잃어버리다 | 靴子 xuēzi 명 장화, 부츠 | 扔掉 rēngdiào 동 던져버리다, 내버리다

Pattern 126

尽管……, 可是……

의미 (비록) ~지만, ~, ~에도 불구하고 ~

해설 양보구문이다. 어떤 상황이 존재함을 사실로 인정하긴 하지만, 이로 인해 '可是' 뒤에 언급하는 사정이 바뀌지는 않음을 나타낸다. '可是'는 '但是/然而'로 바꾸어 쓸 수 있다. 주된 형태로는 '虽然(尽管/虽说/固然)……可是(但是/然而/还/也)……' 등이 있다.

예문

❶ 尽管这些天我忙得焦头烂额，可是过得非常充实。
비록 요 며칠 내가 정신없이 바쁘기는 하지만, 매우 충실하게 보내고 있다.

❷ 尽管他没有明说，可是我能猜到发生了什么事。
비록 그가 터놓고 말하지는 않았지만, 무슨 일이 생겼는지 짐작할 수 있다.

❸ 尽管对手实力很强，但是我们一定要想办法打败他。
비록 경쟁자의 실력이 강하기는 하지만, 우리는 반드시 그를 패배시킬 방법을 생각해내야 한다.

❹ 尽管大家都投票给他，然而各人的想法并不一样。
비록 모두 그에게 투표했지만, 각자의 생각은 전혀 같지 않다.

대화

A : 你想考北大、清华？没那么容易。
너 베이징대나 칭화대 시험 보려고? 그렇게 쉽진 않을 텐데.

B : 尽管难考，可是我还是想试试。
어렵기는 하지만, 그래도 시험 봐 보려고.

연습 '尽管……, 可是……'를 사용하여 다음 대화를 완성하세요.

A : 这次展销会，展位租金很贵。
이번 전시회는 부스 대여비가 너무 비싸.

B : _____ , _____ 。
비싸기는 하지만, 그래도 전시회에 참가하려고 노력해봐야지.

焦头烂额 jiāotóu làn'é 성어 머리를 그슬리고 이마를 데다(대단히 낭패하고 곤경에 빠진 모양) | 明说 míngshuō 동 명확하게(사실대로, 터놓고) 말하다 | 对手 duìshǒu 명 상대, 호적수, 맞수, 라이벌 | 打败 dǎbài 동 패배시키다, 싸워 물리치다, 패전하다 | 展销会 zhǎnxiāohuì 명 전시 판매회 | 展位 zhǎnwèi 명 부스(booth) | 租金 zūjīn 명 임대료, 렌트비 | 争取 zhēngqǔ 동 쟁취하다, (성과를 위해) 노력하다 | 参展 cānzhǎn 동 전시회에 참가하다

Pattern 127

……就/便……

의미 ~하자(마자), (바로, 즉시) ~

해설 두 가지 사건이 연이어 발생함을 나타낸다. 이때 전후의 두 사건은 인과관계가 있다.

예문

❶ 到了国外，就知道该学的东西太多了。
외국에 도착하자마자 공부해야 할 것이 너무나 많다는 걸 알았다.

❷ 她身体不好，就在家多待了一天，不必指责。
그녀는 건강이 좋지 않아서 그냥 집에서 하루 더 있었으니 질책하지 마.

❸ 一知道情况不好，她便坐立不安起来。
상황이 좋지 않다는 걸 알자마자 그녀는 이내 안절부절못했다.

❹ 我敲了一下门，没人应，我便垂头丧气地往回走了。
문을 두드렸는데 대답하는 사람이 없어서 바로 풀이 죽은 채로 돌아왔다.

대화

A : 你怎么这么快回来了?
너 왜 이렇게 빨리 돌아왔어?

B : 我送她上了车便回来了。
걔 차 태워주자마자 바로 돌아왔어.

연습 '……就/便……'을 사용하여 다음 대화를 완성하세요.

A : 老王在家吗?
왕 씨 집에 있나요?

B : _____。
막 들어왔다가 바로 또 나갔어요.

指责 zhǐzé 명동 지적(하다), 질책(하다) | 坐立不安 zuòlìbù'ān 성 앉아도 서도 편안하지 않다, 좌불안석, 안절부절 | 敲门 qiāomén 동 문을 두드리다, 노크하다 | 垂头丧气 chuítóu sàngqì 성 풀이 죽고 기가 꺾이다, 의기소침하다

Pattern 128

……就……吧

의미 ~하려면 ~하라지 (괜찮다, 상관없다), ~하면 어때, ~하거나 말거나

해설 '就'를 두 개의 동일한 성분 사이에 놓으면, 그런대로 감당할 수 있거나 불리한 상황에 대해 괜찮다는 태도를 나타낸다.

예문

① 远就远点儿吧，反正有车。
   멀면 좀 어때. 어쨌든 차가 있으니까 (괜찮아).

② 他不来就不来吧，你别勉强他。
   안 올 거면 오지 말라지. 걔한테 억지로 강요하지 마.

③ 这式样老气就老气吧，我都这把年纪了。
   스타일이 노티 나거나 말거나. 어차피 이 나이에.

④ 今年高考落榜就落榜了吧，早点儿工作也好。
   올해 대학입시에 낙방했으면 어때. 좀 일찍 일하는 것도 괜찮아.

대화

A : 那房子是朝北的。
   그 방은 북향이야.

B : 朝北的就朝北的吧，反正住不了几天。
   북향이면 뭐 어때. 어차피 며칠 묵지도 않을 건데.

연습 '……就……吧'를 사용하여 다음 대화를 완성하세요.

A : 我不爱喝牛奶嘛！干嘛非要我喝?
   나 우유 싫어하잖아! 왜 내가 꼭 마셔야 하는데?

B : 好，好，_____，真拿你没办法。
   알았다 알았어. 안 마실 거면 마시지 마. 정말 못 말려.

老气 lǎoqì 형 노련(노숙)하다, 노티 난다 | 这把年纪 zhè bǎ niánjì 이 나이에 | 落榜 luòbǎng 동 낙방하다, 낙제하다 | 朝北 cháo běi 북향 | 拿你没办法 ná nǐ méi bànfǎ 너를 당할 수가 없다, 어쩔 수 없다, 못 말린다

Pattern 129 ……就看……

의미 ~하는 것은 ~에 달려있다(~를 보아야 한다), ~는 ~가 좌우한다

해설 성공을 가능하게 하거나 현실적으로 이루어질 수 있게 만드는 결정적인 요소가 무엇인지를 나타낸다. '那得看(那要看)……'의 형태도 자주 볼 수 있다.

예문

❶ 能否买到真古董，就看你识别的眼力了。
진짜 골동품을 살 수 있느냐는 당신의 식별하는 안목에 달렸지요.

❷ 明天能不能去春游，就看下不下雨了。
내일 봄 소풍을 갈 수 있을지 없을지는 비가 오냐 안 오냐에 달렸다.

❸ 能否达成停火协议，就看双方是否有诚意。
휴전협정을 달성할 수 있을지의 여부는 쌍방이 진정성이 있느냐에 달려 있다.

❹ 他是我们队里最优秀的，能不能拿下冠军就看他的了。
그는 우리 팀의 최우수 선수이다. 우승을 차지할 수 있는지는 그에게 달렸다.

대화

A : 听说他应聘到一家外资企业当市场经理了，不知能不能干长。
듣자하니 그가 외자 기업의 시장조사 사장으로 갔다던데, 오래 일을 할 수 있을지 모르겠어.

B : 那就看他的工作业绩怎么样了。
그거야 그의 업무실적이 어떠냐에 달렸지.

연습 '……就看……'을 사용하여 다음 대화를 완성하세요.

A : 你们和培信公司的合作有戏吗?
너희 (회사)랑 페이신 회사의 합작은 비전이 좀 보여?

B : _____。
성공할지 안 할지는 오늘 협상에 달렸지.

古董 gǔdǒng 명 골동품 | **识别** shíbié 동 식별하다, 분별하다 | **眼力** yǎnlì 명 시력, 안목 | **春游** chūnyóu 명 봄나들이, 봄 소풍 | **达成** dáchéng 동 달성하다 | **停火协议** tínghuǒ xiéyì 명 정전(휴전) 협정 | **诚意** chéngyì 명 성의 | **优秀** yōuxiù 형 우수하다 | **冠军** guànjūn 명 우승, 1등 | **应聘** yìngpìn 동 초빙에 응하다, 지원하다 | **外资企业** wàizī qǐyè 외자 기업 | **业绩** yèjì 명 업적, 실적 | **有戏** yǒuxì 희망이 있다 | **谈判** tánpàn 동 협상하다, 담판하다

Pattern 130

就……来说/来看

의미 ~에 대해 말하자면, ~로 보면(판단해보면)

해설 어떤 측면에서 이야기하거나, 어떤 상황에 근거하여 문제를 바라보는 것을 나타낸다. 주로 서면어에 사용한다. '就'는 서면어에서 종종 '对'의 의미로 사용한다.

예문

❶ 就我的经验来说，这样做没问题。
   내 경험으로 보자면, 이렇게 하면 문제가 없다.

❷ 他哥哥，就技术来说，绝对是一流的。
   그의 형은 기술 쪽에 있어 절대적으로 일류다.

❸ 就病人目前的情况来看，手术不是十分理想。
   환자의 현재 상황으로 보아 수술 결과가 대단히 이상적이지는 않습니다.

❹ 这本书我还没看完，但就读过的章节来看，还是很不错的。
   이 책은 내가 아직 덜 봤는데, 지금까지 읽어본 걸로는 꽤 괜찮은 책이야.

대화

A：你这篇科普文章翻译得真棒，比我强多了。
   너 이 과학잡지의 문장 번역을 엄청나게 잘했어. 나보다 훨씬 낫네.

B：可就专业知识来说，我远不如你。
   그렇지만 전문지식 쪽은 나보다 네가 훨씬 낫잖아.

연습 '就……来说/来看'을 사용하여 다음 대화를 완성하세요.

A：索尼的相机和富士的相机哪个牌子的好?
   소니의 카메라하고 후지의 카메라하고 어느 상표가 더 좋아?

B：＿＿＿＿＿＿＿＿＿＿＿＿＿＿＿＿＿＿＿＿＿＿＿＿＿＿＿。
   디지털카메라 쪽은 역시 소니 것이 후지 것보다 조금 더 낫다고 생각해.

一流 yīliú 명 일류 | 手术 shǒushù 명동 수술(하다) | 章节 zhāngjié 명 장절, 장과 절 | 科普 kēpǔ 명 과학보급잡지 | 翻译 fānyì 동 통역하다, 번역하다 | 专业知识 zhuānyè zhīshi 전공(전문) 지식 | 索尼 Suǒní 명 소니(Sony) | 富士 Fùshì 명 후지(Fuji) | 数码相机 shùmǎ xiàngjī 명 디지털카메라

Pattern 131

……就是(……)

의미 (바로) ~이다

해설 긍정을 강조하고, 범위를 확정한다.

예문

❶ 你要找林主任？左边第三位就是。
린 주임 찾으세요? 왼쪽 세 번째 분이 바로 린 주임입니다.

❷ 韩国人最喜欢的中国酒就是"二锅头"和"五粮液"。
한국인이 가장 좋아하는 중국 술은 바로 '얼꿔터우'와 '우량예'다.

❸ 立交桥南边那座高楼就是中国大饭店。
나들목 남쪽의 그 고층빌딩이 바로 중국대반점(차이나 그랜드 호텔)입니다.

❹ 你知道他说的那个人就是我，还明知故问。
너는 걔가 말한 그 사람이 바로 나라는 걸 알잖아. 뻔히 알면서도 일부러 묻는 거냐?

대화

A : 地铁站在哪儿？
지하철역이 어디 있나요?

B : 到前面路口，一拐弯就是。
앞쪽 교차로에서 코너를 돌면 바로예요.

연습 '……就是(……)'를 사용하여 다음 대화를 완성하세요.

A : 这个班上最调皮的学生是谁？
이 반에서 제일 장난꾸러기 학생이 누구인가요?

B : _____，_____。
바로 제 아들입니다. 그렇지만 그 녀석 대단히 똘똘해요.

二锅头 Èrguōtóu 명 얼꿔터우(술 이름) | **五粮液** Wǔliángyè 명 우량예(술 이름) | **立交桥** lìjiāoqiáo 명 나들목, 입체 교차로 | **高楼** gāolóu 명 빌딩, 고층건물 | **明知故问** míngzhī gùwèn 성 뻔히 알면서 일부러 묻다 | **拐弯** guǎiwān 동 (코너, 커브를) 돌다 명 모퉁이 | **调皮** tiáopí 형 말을 잘 안 듣다 동 장난치다 | **绝顶** juédǐng 부 대단히, 매우 명 정상(頂上), 절정

Pattern 132

……就是了

의미 ~하면 된다, 그뿐이다, 불과하다

해설 문장 끝에 사용한다. '只不过……(단지 ~에 불과하다)' 또는 '只要……就行了(~하기만 하면 된다)'는 의미로, 지나치게 신경 쓸 필요 없다는 뜻이다.

예문

❶ 谁都会犯错误的，以后改正就是了。
누구든 실수를 할 수 있다. 다음에 고치면 된다.

❷ 他哪里会真想当老师！说说就是了。
걔가 무슨 진짜로 교사가 되고 싶어한다고! 그냥 말이나 한번 해 본 것뿐이지.

❸ 我怎么可能开公司当大老板？开个玩笑就是了。
내가 어떻게 회사를 차려서 사장이 될 수 있겠어? 그냥 농담한 거야.

❹ 别再为这事难受了，以后接受教训，当心点儿就是了。
다시는 이 일로 힘들어하지 마라. 앞으로 이 교훈을 받아들여서 주의하면 되는 거야.

대화

A : 你倡议举办的这个晚会真不错。
네가 제안하고 개최한 이 파티 정말 괜찮다.

B : 算不上是晚会，大家聚在一起热闹热闹就是了。
제대로 파티라고 할 수 없지, 그냥 다들 같이 모여서 기분 내는 건데 뭐.

연습 '……就是了'를 사용하여 다음 대화를 완성하세요.

A : 我很欣赏这个小摆设，造型真可爱。
이 장식 마음에 든다. 디자인이 참 깜찍하네.

B : ＿＿＿＿＿＿＿＿，＿＿＿＿＿＿＿＿。
마음에 들면 가져가도 됩니다.

犯错误 fàn cuòwù 실수하다 | 改正 gǎizhèng 동 개정하다, 시정하다 | 教训 jiàoxùn 명 교훈 동 훈계하다 | 当心 dāngxīn 동 주의하다 | 倡议 chàngyì 명 동 제안(하다), 제창(하다) | 举办 jǔbàn 동 거행하다, 개최하다 | 欣赏 xīnshǎng 동 감상하다, 마음에 들다 | 摆设 bǎishe 명 진열품, 장식품 | 造型 zàoxíng 명 조형, 이미지 동 형상화하다

Pattern 133

……, 就是……了点儿

의미 ~인데 다만 좀 ~하다(~한 측면이 있다)

해설 앞쪽은 긍정을 나타내고, 뒤쪽은 약간의 부족함을 나타내는데 아쉬움이나 불만의 어감이 있다.

예문

❶ 这位主持人很有风度，就是矮了点儿。
   이 사회자는 기품은 있는데, 키가 좀 작다.

❷ 那座公寓环境不错，就是远了点儿。
   그 아파트는 환경은 좋아. 좀 멀어서 그렇지.

❸ 这个牌子的轿车很受欢迎，就是贵了点儿。
   이 브랜드의 승용차는 인기가 좋아요. 다만 좀 비싸긴 하지요.

❹ 现在的孩子都挺聪明的，就是娇气了点儿。
   요즘 아이들은 다들 참 똑똑한데 좀 나약한 면이 있다.

대화

A : 这部电影拍得不错。
   이 영화 잘 찍었네.

B : 对，就是武打镜头多了点儿。
   맞아. 액션 장면이 좀 많은 것 빼고.

연습 '……, 就是……了点儿'을 사용하여 다음 대화를 완성하세요.

A : 你看这件衣服怎么样?
   네가 보기에 이 옷 어때?

B : 样子、花色都好，_____。
   모양이나 무늬는 다 좋은데, 색깔이 좀 어둡네.

风度 fēngdù 명 풍모, 기품, 매너 | 娇气 jiāoqi 형 나약하다, 여리다, 까다롭다 | 武打 wǔdǎ 명 격투, 무술, 액션 | 花色 huāsè 명 무늬와 색깔, 패턴, 종류 | 暗 àn 형 어둡다, 어리석다 부 몰래

Pattern 134

就是 / 就算……也……

의미 (설령, 설사) ~일지라도(하더라도) ~

해설 가설성 양보를 나타낸다. '即使'의 뜻이다. 뒤쪽에 양보를 나타내는 '也'를 흔히 동반한다. '就是/就算……也……' 구문은 문장 앞이나 뒤에 모두 올 수 있는데, 본문에서는 뒤쪽에 오는 경우를 주로 보여준다.

예문

❶ 这孩子智力过人，就是高等数学题也会做。
이 아이는 지능이 남다르다. 설령 고등수학 문제라 해도 풀 수 있다.

❷ 他有充足的论据，就是专家要驳倒他也不容易。
그는 충분한 논거가 있다. 설사 전문가가 그를 논박하려 해도 쉽지 않다.

❸ 他武功可不一般，就算你们再加几个人也不是他的对手。
그는 무공이 보통이 아니다. 너희가 몇 명이 더 붙어도 그의 적수가 못 된다.

❹ 她的手真巧，就算工艺美术家也不一定能赶上她。
그녀는 손재주가 뛰어나다. 공예미술가라 해도 그녀보다 꼭 뛰어나다고 볼 수 없다.

대화

A : 鲁迅的杂文你都能看懂了吧?
너는 노신의 산문을 다 보고 이해할 수 있지?

B : 别拿我开心了，就算我再学两年也不见得能行啊。
놀리지 마. 내가 2년을 더 공부한대도 할 수 있을까 말까 야.

연습 '就是/就算……也……'를 사용하여 다음 대화를 완성하세요.

A : 这帐篷很结实。
이 텐트 아주 튼튼하네.

B : 这下好啦，_____。
이제 됐어. 폭우가 쏟아져도 걱정 없겠어.

智力 zhìlì 명 지력, 지능, 지적 능력 | 驳倒 bódǎo 동 반박하여 굴복시키다 | 武功 wǔgōng 명 무공 | 巧 qiǎo 형 공교롭다, 솜씨 있다, 교묘하다 명 솜씨, 재주 | 工艺 gōngyì 명 공예 | 鲁迅 Lǔxùn 인명 루쉰(작가) | 杂文 záwén 명 잡문, 산문 | 开心 kāixīn 동 (남을 놀려서) 즐겁다 형 즐겁다 | 不见得 bújiànde 부 반드시 ~인 것은 아니다 | 帐篷 zhàngpeng 명 장막, 천막, 텐트 | 结实 jiēshi 형 튼튼하다, 견고하다 | 暴雨 bàoyǔ 명 폭우

Pattern 135

就说……吧，……

의미 (예를 들어) ~만 해도 그래

해설 어떤 사람이나 사물을 예로 드는 것을 나타낸다. 여러 가지 중에서 한 가지만 꼭 집어서 얘기하는 경우에 사용한다.

예문

❶ 我们俩有很多地方不一致，就说吃饭吧，一个爱吃米饭，一个爱吃面食。
우리 둘은 여러 면에서 안 맞아. 밥 먹는 것만 해도 그래. 한 사람은 밥, 한 사람은 면을 좋아하거든.

❷ 谁说北方男人不干家务活？就说我们家吧，家务活多半儿是我干的。
북쪽 남자들이 집안일을 안 한다고 누가 그래? 우리 집만 해도 집안일은 태반이 내가 하거든.

❸ 这几天事事不顺，就说今天吧，刚出门就崴了脚。
요즘 되는 일이 없어. 오늘만 해도 그래, 문밖에 나오자마자 발을 삐었어.

❹ 我对这家旅行社的服务不满意，就说旅游车吧，又破又脏。
나는 이 여행사의 서비스가 불만이야. 여행버스만 해도 낡고 지저분해.

대화

A : 你怎么那么爱吃水果？
너는 어떻게 그렇게 과일을 좋아하니?

B : 营养丰富嘛，就说苹果吧，可以预防好多病呢。
영양이 풍부하잖아. 사과만 해도 많은 병을 예방할 수 있어.

연습 '就说……吧，……'를 사용하여 다음 대화를 완성하세요.

A : 你觉得她哪点儿好看？让你这么着迷。
걔가 어디가 예뻐서 너를 그렇게 반하게 했어?

B : 哪儿都好看，_____。
전부 다 예뻐. 머리카락만 해도 까맣고 윤기가 흘러.

一致 yízhì 몡혱 일치(하다) | 家务活 jiāwù huó 집안일 | 多半(儿) duōbànr 몡 대다수 믬 아마 | 崴脚 wǎijiǎo 통 발을 삐다 | 预防 yùfáng 몡통 예방(하다) | 着迷 zháomí 통 몰두하다, 매혹되다

Pattern 136

……就行

의미 ~하면 된다

해설 요구의 수준이 높지 않음을 나타낸다. 어떠한 최소한의 조건만 갖춘다면 혹은 작은 목적만 달성하면 그것으로 충분하다는 의미이다.

예문

❶ 你们有什么事找服务员就行。
여러분 무슨 일이 있거든 종업원을 찾으시면 됩니다.

❷ 这篇文章您过一下目，签个名就行。
이 글을 한 번 훑어보시고 서명하시면 됩니다.

❸ 我对衣服的样式无所谓，能穿就行。
나는 옷의 스타일은 신경 안 써. 입을 수만 있으면 돼.

❹ 她没什么大病，只是疲劳过度，多休息休息就行。
그녀는 그다지 큰 병은 아닙니다. 그저 피로가 과도할 뿐이니 많이 쉬면 됩니다.

대화

A : 这个文件下午去送可以吗?
이 문건은 오후에 보내면 되나요?

B : 没问题。明天送到就行。
문제없어요. 내일 도착하면 됩니다.

연습 '……就行'을 사용하여 다음 대화를 완성하세요.

A : 今天我们好好聊聊，中午饭就做得简单点儿。
오늘 우리 신 나게 얘기나 하자. 점심은 좀 간단하게 하고.

B : 对，_____。
그래, 라면 먹으면 되겠다.

过目 guòmù 동 훑어보다, 심의하다 | 签名 qiānmíng 동 서명하다 | 疲劳 píláo 형 피로하다 | 过度 guòdù 동 과도하다

Pattern 137

A就A在……(上)

의미 A는 바로 ~에 있다, A는 (다른 이유 때문이 아니라) 바로 ~때문이다

해설 어떤 사람이나 사물이 특징, 포인트를 갖는 이유가 바로 어디에 있다는 것을 나타낸다.

예문

❶ 她的这身儿打扮，俏就俏在帽子上。
그녀의 오늘 차림새는 모자에 포인트를 두었다.

❷ 这套衣服贵就贵在面料上。
이 옷이 비싼 건 바로 옷감 때문입니다.

❸ 他这人可气就可气在有钱不还，所以有人骂他是无赖。
그에게 화가 나는 건 바로 돈을 갚지 않기 때문이다. 그래서 그를 무뢰한이라고 욕하는 사람들이 있다.

❹ 这个商店好就好在品种齐全，特别受白领们的欢迎。
이 상점이 좋은 이유는 바로 품종이 완비되어 있기 때문으로, 특히 화이트칼라에게 인기가 있다.

대화

A : 昨天的足球赛我们输了。
어제 축구시합 우리가 졌어.

B : 你们输就输在整体配合差。
너희가 진 건 전체 팀워크가 부족했기 때문이야.

연습 'A就A在……(上)'을 사용하여 다음 대화를 완성하세요.

A : 为什么中国足球队三十年来老输给韩国呢?
어째서 중국 축구팀은 30년 동안 한국에 계속 지는 거야?

B : _____, 恐韩症。
중국팀이 지는 이유는 바로 이길 수 없다는 두려운 심리, 즉 공한증에 있어.

打扮 dǎban 명동 단장(하다), 분장(하다), 치장(하다) | 俏 qiào 형 (자태가) 아름답다, (말솜씨가) 재치있다 | 面料 miànliào 명 옷감 | 无赖 wúlài 명 무뢰한 형 무뢰하다, 막돼먹다 | 齐全 qíquán 형 완전히 갖추다, 완비하다 | 白领 báilǐng 명 화이트칼라, 사무직 노동자 | 整体 zhěngtǐ 명 (한 조직의) 전체 | 配合 pèihé 명 협력 동 협력하다, 배합하다 | 骗局 piànjú 명 속임수, 기만책, 사기수단 | 恐惧 kǒngjù 동 두려워하다 | 恐韩症 kǒnghánzhèng 명 공한증

Pattern 138

就这样(……)，……还……呢

의미 이런 식으로(이렇게) ~해도 그래도(아직도, 여전히) ~

해설 비록 최선을 다했지만, 또는 이미 일정한 조건을 갖추었지만 그래도 객관적인 요구수준이나 타인의 요구수준에는 아직 도달하지 못했음을 나타낸다.

예문

❶ 他就这样起早贪黑地干，老板还不满意呢。
그가 이렇게 밤낮없이 일하지만, 사장은 그래도 성에 차지 않는다.

❷ 我每月的工资，就这样省吃俭用，还不够花呢。
나는 매달 월급을 이런 식으로 안 먹고 안 쓰고 사는데도 여전히 쓸 돈이 부족하다.

❸ 我一天只吃一顿饭，就这样，体重还减不下来呢。
나는 하루에 겨우 한 끼만 먹는데, 이렇게 해도 체중은 여전히 줄지 않는다.

❹ 开夜车对她来说已经是家常便饭，可就这样她父母还逼她抓紧呢。
밤샘은 그녀에게 있어 이미 일상다반사다. 그렇지만 그렇게 하는데도 그녀의 부모는 여전히 그녀에게 더 하라고 몰아붙인다.

대화

A : 你不用花那么多时间给孩子辅导。
그렇게 많은 시간을 써가면서 아이에게 지도할 필요 없어요.

B : 就这样他的成绩还上不去呢。
이렇게 하는데도 그의 성적이 여전히 올라가지를 않아.

연습 '就这样(……)，……还……呢'를 사용하여 다음 대화를 완성하세요.

A : 你真算得上是个贤妻良母啊。
넌 정말 현모양처야.

B : _____。
이렇게 해도 우리 남편은 여전히 불만이라니까.

起早贪黑 qǐzǎo tānhēi [성어] 아침 일찍 일어나고 밤늦게 자다, 밤낮없이 일하다 | **家常便饭** jiācháng biànfàn [성어] 평소 집에서 먹는 식사, 흔히 있는 일 | **逼** bī [동] 핍박하다, 강박하다, 강제로 받아 내다 | **算得上** suàn de shàng ~라고 할 수 있다 | **贤妻良母** xiánqī liángmǔ [성어] 남편에게는 현명한 아내 자식에게는 어진 어머니, 현모양처

Pattern 139

看把你/他……的

의미 네(그)가 ~하는 것 좀 봐라, ~하기는

해설 '看把(A)(B)的'에서 (A)는 인칭대사 혹은 일반명사, (B)는 형용사 또는 심리상태 동사가 온다. 상대방 또는 타인의 감정 정도가 높은 것을 강조하는 표현이다. 정도보어를 생략하며, 사람의 주의를 끌고자 하는 의도가 있다.

예문

❶ 看把他得意的，不就是当个小科长吗?
  쟤 우쭐대는 것 좀 봐라. 겨우 과장이 된 것뿐이잖아?

❷ 你这次得了学习优秀奖，看把你妈妈乐的。
  네가 이번에 학업우수상을 탔구나. 네 엄마 즐거워하시는 것 좀 봐라.

❸ 看把他气的，我只是跟他开个玩笑，至于吗?
  저 친구 화내는 것 좀 봐. 난 그냥 농담한 것뿐인데, 저럴 것까지야?

❹ 孩子真的离不开妈妈，你才走几天，看把孩子想的。
  애가 정말 엄마한테서 떨어지지를 못하네. 네가 간 지 며칠이나 됐다고, 엄마 보고 싶어 하는 것 좀 봐.

대화

A : 我的女儿真的骨折了吗?
  내 딸이 정말 뼈가 부러졌어?

B : 看把你吓的，老黄蒙你的。
  놀라기는, 황 씨가 장난친 거야.

연습 '看把你/他……的'를 사용하여 다음 대화를 완성하세요.

A : 这个暑假我妈妈要带我去欧洲旅游!
  이번 여름방학에 우리 엄마가 나 데리고 유럽여행 간다!

B : _____，但期末考试你要考第一名，是不是?
  좋아하기는. 대신 기말고사에 1등 해야 하는 거 아니야?

得意 déyì 동 마음에 들다, 뜻을 얻다, 득의양양하다 | 优秀奖 yōuxiùjiǎng 우수상 | 至于 zhìyú 동 ~의 정도(결과)에 이르다(반문으로 많이 씀) | 骨折 gǔzhé 명동 골절(되다) | 蒙 mēng 동 속이다, 짐작하다, 멍해지다

Pattern 140

看上去……

의미 (겉모습, 외부상황을) 보아하니(보기에는) ~인 것 같다(~하게 보인다)

해설 일종의 추측이나 짐작을 나타낸다. '看来'의 의미가 있다. 겉모습이나 외부상황으로 판단하는 것에 많이 사용한다.

예문

❶ 她已经三十岁了，看上去也就是二十来岁。
　그녀는 벌써 서른 살이야. 보기에는 그냥 20살 정도인 거 같은데.

❷ 他高高大大的，看上去像个威武的军官。
　그 친구 키가 무지 커서, 보기에는 위풍당당한 장교 같아.

❸ 雷声不断，乌云密布，看上去要下雨了。
　천둥소리가 끊이질 않고 먹구름이 잔뜩 몰려드는 걸 보니 금방 비가 올 것 같다.

❹ 这姑娘，皮肤白里透红，看上去很健康。
　이 아가씨는 피부가 뽀얗고 홍조가 도는 것이 무척 건강해 보인다.

대화

A : 这座仿古建筑物，看上去像是星级宾馆。
　이 클래식한 건물은 유명 호텔 같아 보이는걸.

B : 哪儿呀，这是文化部的办公楼。
　무슨 소리. 이건 문화부 청사야.

연습 '看上去……'를 사용하여 다음 대화를 완성하세요.

A : 他们来了多少人?
　쟤네 몇 명이나 왔어?

B : _____, 个个都是棒小伙子。
　30명도 넘어 보이는데, 하나같이 장정들이야.

威武 wēiwǔ 휑 힘이 세다, 위풍당당하다 휑 위무, 권세와 무력 | 军官 jūnguān 휑 장교, 사관 | 雷声 léishēng 휑 천둥소리, 우렛소리 | 乌云 wūyún 휑 먹구름 | 密布 mìbù 툉 (구름 따위가) 짙게 덮이다, 빽빽이 들어차다 | 皮肤 pífū 휑 피부 | 仿古 fǎnggǔ 툉 옛것을 모방하다 | 星级 xīngjí 휑 호텔 등급, 품질 등급, 스타급 | 办公楼 bàngōnglóu 휑 사무동, 행정동 | 棒小伙子 bàng xiǎohuǒzi 원기 왕성한 젊은이

Pattern 141

看样子……

의미 현상(상황, 모양)을 보아하니 ~것 같다(듯하다)

해설 표면적으로 보이는 현상을 통해 추측·판단하는 것을 의미한다.

예문

❶ 今天的晚霞真好，**看样子**明天是个晴天。
오늘 저녁놀이 참 예쁘네. 보아하니 내일은 맑은 날일 것 같다.

❷ 他沉着脸从经理的办公室出来，**看样子**是挨批了。
그는 굳은 얼굴로 사장실을 나왔다. 보아하니 야단을 맞은 것 같다.

❸ 她对你这么在意，**看样子**是喜欢上你了。
그녀가 네게 이렇게 신경 쓰는 것을 보니 너를 좋아하나 보다.

❹ 这几天没人提公司重组的事了，**看样子**这事要搁浅了。
요즘 회사의 조직개편 일을 거론하는 사람이 없다. 보아하니 이 일은 진척되지 않는 것 같다.

대화

A : 星期天你能来参加同学聚会吗?
일요일에 너 동창회에 올 수 있어?

B : 家里要来客人，**看样子**去不了。
집에 손님이 올 거라서 못 갈 것 같아.

연습 '看样子……'를 사용하여 다음 대화를 완성하세요.

A : 这次海啸，有好几百人失踪呢。
이번 해일에 수백 명의 사람이 실종되었다.

B : 已经过去一个多月了，＿＿＿＿＿＿＿＿＿＿＿＿＿＿＿＿＿＿＿＿＿。
벌써 한 달 넘게 지났는데, 보아하니 그 사람들이 살아 돌아올 가능성은 크지 않다.

晚霞 wǎnxiá 몡 저녁놀 | **沉脸** chénliǎn 통 어두운 얼굴을 하다 | **挨批** áipī 통 비난받다, 꾸중 듣다, 야단맞다 | **重组** chóngzǔ 통 개편하다, 재구성하다 | **搁浅** gēqiǎn 통 (배가) 좌초하다, 일이 진척되지 않다 | **海啸** hǎixiào 몡 해일, 쓰나미(tsunami) | **失踪** shīzōng 통 실종되다 | **生还** shēnghuán 통 생환하다, 살아 돌아오다 | **可能性** kěnéngxìng 몡 가능성

Pattern 142

……, 可不就……

의미 ~하니 (바로) ~하는 것도 당연하다, ~하니 (바로) ~하지 않느냐?

해설 어떤 원인으로 인해 당연히 어떤 결과가 출현할 것이라는 의미이다.

예문

① 她八点才起床，九点才吃早饭，可不就晚了。
그녀는 8시에야 일어나서 9시에야 아침을 먹으니, 늦는 게 당연하다.

② 整天生闷气，可不就憋出病来了嘛。
온종일 울컥하니까 화병이 나는 게 당연하잖아.

③ 外边天寒地冻的，你穿得这么少跑出去，可不就感冒了。
밖이 꽁꽁 얼었는데 그렇게 얇게 입고 뛰쳐나가더니, 그러니 감기에 안 걸리겠느냐.

④ 我看他喝得醉醺醺的，可不就生气了嘛。
저 녀석 헬렐레 취한 꼴을 보자니 화가 안 나고 배기겠냐고.

대화

A : 这个月我花的钱可超支了不少。
이번 달에 내가 쓴 돈이 엄청나게 초과 지출했네.

B : 天天下馆子，可不就费钱。
허구한 날 외식이니 돈이 안 들고 배겨.

연습 '……, 可不就……'를 사용하여 다음 대화를 완성하세요.

A : 这台机器的噪音怎么越来越大?
이 기계의 소음이 왜 점점 커져?

B : 光用不维修，_____。
쓰기만 하고 관리는 안 하는데 고장이 날만도 하지.

生闷气 shēng mènqì 울분이 생기다, 울화가 치밀다 | 憋 biē 동 (숨, 화, 용변 등을) 참다, 벼르다, 숨이 막히게 하다 | 天寒地冻 tiānhán dìdòng 성어 날씨가 무척 춥다 | 醉醺醺 zuìxūnxūn 형 건하게 취하다(곤드레만드레 취한 모양) | 超支 chāozhī 명동 초과지출(하다), 적자(나다) | 下馆子 xià guǎnzi 외식하다, 음식점에 식사하러 가다 | 费钱 fèiqián 동 돈을 쓰다, 돈을 낭비하다 | 机器 jīqi 명 기계, 기기, 기구 | 噪音 zàoyīn 명 소음 | 维修 wéixiū 동 (기계 등을) 보수하다, 손보다

Pattern 143

……, 可见……

의미 ~하는 것을 보면 ~라는 것을 알 수 있다, ~인 것을 보니 ~인가보다

해설 앞 문장 혹은 상대방이 서술한 상황으로 미루어보아 판단해 낸 결론을 의미한다.

예문

1. 再冷的天，他都去户外游泳，可见他身体多棒了。
   아무리 추운 날이라도 수영하러 밖에 나가는 것을 보면 그가 무척 건강하다는 걸 알 수 있다.

2. 每次谈判，老板都把你带着，可见很器重你。
   매번 협상할 때마다 사장이 너를 데리고 가는 것으로 보아 너를 무척 신임한다는 것을 알 수 있다.

3. 现在"可口可乐"家喻户晓，可见广告的作用很大。
   현재 '코카콜라'는 모르는 사람이 없다. 이는 광고의 효과가 크다는 걸 보여준다.

4. 离婚后，两人都感到天像塌下来一样，可见离婚对人是有极大伤害的。
   이혼 후에 두 사람 모두 하늘이 무너지는 것 같았다. 이것으로 이혼은 사람에게 커다란 상처를 준다는 것을 알 수 있다.

대화

A : 有什么好吃的，妈妈总要给我留着点儿。
맛있는 것이 있으면 엄마는 항상 나를 위해 조금 남겨주셔.

B : 可见你妈妈特别偏爱你。
너희 엄마는 너를 꽤 편애하시나 봐.

연습 '……, 可见……'을 사용하여 다음 문장을 완성하세요.

1. 他什么事都告诉你, _____。
   그가 무슨 일이든 다 네게 알려주는 걸 보면, 그가 너를 무척 신임하나 보다.

2. 现在学汉语的学生越来越多了, _____。
   현재 중국어를 배우는 학생이 점점 많아진다. 이로써 중국이 이미 국제적 영향력을 갖춘 대국이 되었음을 알 수 있다.

户外 hùwài 몡 집밖, 야외 | 器重 qìzhòng 동 신임하다, 중시하다 | 家喻户晓 jiāyùhùxiǎo 성 집집마다 다 알다 | 天塌下来 tiān tā xiàlai 하늘이 무너져내리다 | 伤害 shānghài 동 상해하다, 손상시키다, 해치다 | 偏爱 piān'ài 동 편애하다 | 信任 xìnrèn 동 신임하다 | 具有 jùyǒu 동 갖추다, 가지다, 구비하다 | 全球 quánqiú 몡 전 세계, 국제적 | 影响力 yǐngxiǎnglì 몡 영향력

Pattern 144

可……啦

의미 무척(정말, 참, 꽤) ~하다

해설 정도가 비교적 심함을 나타내며, 감탄문에 사용한다.

예문

❶ 今天的考试题目可容易啦。
오늘 시험문제는 무척이나 쉬웠다.

❷ 我哥哥的女朋友可讨人喜欢啦。
우리 형의 여자친구는 정말 싹싹해.

❸ 这条路坑坑洼洼的，可不好走啦。
이 길은 울퉁불퉁해서 정말 걷기에 좋지 않다.

❹ 你看看我新买的电子词典，用起来可方便啦。
내가 새로 산 전자사전 좀 봐봐. 쓰기 참 편해.

대화

A: 你这件大衣看上去是毛料的，不便宜吧?
너 이 옷 보아하니 모직으로 된 것 같은데, 비싸지?

B: 别提了，可贵啦，花了我差不多一个月的工资。
말도 마라, 엄청나게 비싸. 내 거의 한 달 치 월급을 썼어.

연습 '可……啦'를 사용하여 다음 대화를 완성하세요.

A: 巴西人_____!
브라질 사람들은 2016년 올림픽에 꽤 관심이 많네요.

B: 那当然，巴西市民是最大的受益者。
그거야 당연하지요. 브라질 시민이 가장 큰 수혜자인걸요.

讨人喜欢 tǎorénxǐhuan 타인의 기분을 잘 맞추다, 싹싹하게 굴다 | 坑坑洼洼 kēngkengwāwā 웹 울퉁불퉁하다 | 毛料 máoliào 몡 모직물 | 巴西 Bāxī 지명 브라질 | 奥运会 Àoyùnhuì 몡 올림픽(奥林匹克运动会 Àolínpǐkè yùndònghuì의 줄임말) | 受益者 shòuyìzhě 몡 수익자, 수혜자

Pattern 145

快……了

의미 (좀 있으면) 곧(바로) ~하다(되다, 이다)

해설 '马上就要……(곧 ~하다)'라는 의미이며, 어떤 상황이 곧 발생할 것임을 나타낸다. '就要……了'는 시간 표현 어구와 함께 사용할 수 있지만, '快(要)……了'는 시간 표현 어구와 함께 사용하지 않는다.

예문

❶ 天快亮了，鸡也快叫了，还能接着睡吗?
날이 곧 밝는다. 닭도 금방 울 거고, 그래도 계속 잘 거야?

❷ 体育彩票快要抽奖了。
스포츠 복권을 곧 추첨한다.

❸ 我们朝夕相处快两年了，相互能不了解吗?
우리가 아침저녁으로 같이 지낸 지 좀 있으면 2년인데, 서로가 이해를 못 할 수가 있겠어?

❹ 春天快来了，柳树也快发芽了。
금방 봄이 오겠네. 버드나무도 곧 싹을 틔울 테고.

대화

A: 您的女儿快要大学毕业了吧?
댁의 따님이 곧 대학졸업이지요?

B: 对，很快能挣钱了。
맞아요. 좀 있으면 바로 돈을 벌 수 있어요.

연습 '快……了'를 사용하여 다음 문장을 완성하세요.

1. _____, 大家都在认真复习、备考。
좀 있으면 기말고사다. 모두 열심히 복습하고 시험준비를 하고 있다.

2. _____, 商场里好多人，都在购买年货。
곧 새해다. 쇼핑몰 안에 많은 사람이 신년물품을 구매하고 있다.

彩票 cǎipiào 명 복권 | 抽奖 chōujiǎng 동 추첨하다 | 朝夕相处 zhāoxīxiāngchǔ 성어 늘 함께 지내다, 사이가 좋다 | 柳树 liǔshù 명 버드나무 | 发芽 fāyá 동 발아하다, 싹이 트다 | 备考 bèikǎo 동 시험을 준비하다 | 年货 niánhuò 명 설에 쓰이는 일체의 물건

Pattern 146

……啦，……啦

의미 ~며 (그리고) ~며 (등등)

해설 '啦 la'는 '了 le + 啊 a'의 결합음이다. '啦'를 두 개 또는 여러 개 연이어 써서 나열하여 설명한다. '……什么的(~한 것들, 등등)'와 유사한 표현이다.

예문

❶ 她真是多才多艺，唱啦，跳啦，什么都行。
그녀는 정말이지 다재다능해, 노래며 춤이며 뭐든 다 잘해.

❷ 出门在外，冷啦，热啦，自己要多当心。
집 나가면 추위에 더위에 고생이다. 알아서 잘 챙겨야 한다.

❸ 一般女孩子成了大姑娘之后，爱情啦，婚姻啦，五花八门的浪漫想法就都有了。
보통 여자애들은 다 큰 처녀가 되면, 연애며 결혼 같은 온갖 낭만적인 생각을 꿈꾼다.

❹ 办公室里电脑啦，传真机啦，现代化办公设备样样齐全。
사무실 안은 컴퓨터며 팩스 같은 현대화 사무설비가 이것저것 다 갖추어져 있다.

대화

A : 日常饮食必须讲究科学。
일상적인 음식도 과학적으로 따져봐야 해.

B : 是啊，粗粮啦，细粮啦，水果、蔬菜啦，得搭配起来吃。
맞아. 잡곡이며 쌀이나 밀가루며, 과일에 채소 등을 골고루 배합해서 먹어야지.

연습 '……啦，……啦'를 사용하여 다음 대화를 완성하세요.

A : 现在中国市场上进口商品多着呢。
지금 중국시장에는 수입상품이 많아요.

B : 可不，＿＿＿＿＿＿＿＿＿＿＿＿＿＿＿＿＿＿＿＿＿＿＿＿＿＿，都有。
누가 아니래요. 미국산이며 한국산이며 이탈리아산 등 다 있어요.

多才多艺 duōcái duōyì 성에 여러 방면에 재주가 많다, 다재다능하다 | **当心** dāngxīn 동 주의하다, 조심하다 | **浪漫** làngmàn 형 낭만적이다, 로맨틱하다 | **五花八门** wǔhuābāmén 성에 형형색색, 천태만상 | **传真机** chuánzhēnjī 명 팩시밀리 | **讲究** jiǎngjiu 동 중시하다, ~에 신경 쓰다, 강구하다 | **粗粮** cūliáng 명 옥수수, 조, 수수 같은 잡곡 | **细粮** xìliáng 명 쌀, 밀가루 등의 식량 | **搭配** dāpèi 동 배합하다, 결합하다, 안배하다

Pattern 147 ……来……去

의미 이리저리(반복해서, 거듭) ～하다

해설 동작이 여러 차례에 걸쳐 반복된다는 의미이다. 'V来V去'의 형태로 사용한다.

예문
① 别再犹豫来犹豫去了，时间不等人啊。
　더는 머뭇머뭇하지 마. 시간은 사람을 기다려주지 않는다고.
② 我比来比去，还是我女朋友心灵手巧。
　내가 요모조모 비교해봤는데, 역시 내 여자친구가 똑똑하고 솜씨도 좋아.
③ 他们研究来研究去，也没找出事故发生的原因。
　그들은 연구를 거듭했으나, 마찬가지로 사고발생의 원인을 찾아내지 못했다.
④ 天太热了，我躺在床上翻来覆去，怎么也睡不着。
　날이 너무 더워. 침대에 누워서 엎치락뒤치락 아무리 해도 잠을 못 이루겠어.

대화
A : 他挑来挑去，怎么挑上了这么个人！
　　걔는 고르고 고르더니, 어떻게 이런 사람을 골랐니!
B : 真没眼力! 自找苦吃。
　　정말 보는 눈도 없지! 괜히 사서 고생이라니까.

연습 '……来……去'를 사용하여 다음 대화를 완성하세요.

A : 到底派谁去参加谈判呢?
　　도대체 누구를 협상하러 보내지?
B : 领导们＿＿＿＿＿＿＿＿＿＿＿＿＿，＿＿＿＿＿＿＿＿＿＿。
　　간부들이 의논에 의논을 거듭했는데도 결정을 못 했어.

心灵手巧 xīnlíng shǒuqiǎo [성어] 영리한데다 손재주도 있다 | 翻覆 fānfù [동] 뒤집히다, (몸을) 뒤척이다 | 自找苦吃 zìzhǎokǔchī [성어] 고생을 사서 하다 | 商量 shāngliáng [동] 의논하다, 상의하다

Pattern 148

······来着

의미 ~였다(였더라), ~했다(했더라)

해설 이미 발생했던 일, 주로 상대방이 이미 했던 말을 추궁하는 데 사용하며 문장 끝에 놓는다. 옛일을 회상하는 기분을 나타낸다.

예문

❶ 他们要什么来着？你瞧瞧，我怎么给忘了。
  쟤들이 뭘 달라고 그랬지? 내 정신 좀 봐, 어떻게 그걸 깜빡하니.

❷ 你回老家这些天都干什么来着？
  그래 고향에 돌아가서 며칠 동안 뭘 했다고?

❸ 你千万别告诉她我昨天喝酒来着。
  너 절대로 걔한테 내가 어제 술 마셨다느니 그런 소리 하지 마.

❹ 我昨天哪儿也没去，在家玩儿游戏来着。
  나 어제 아무 데도 안 갔어. 집에서 게임 했는데.

대화

A : 刚才你说什么来着？
  좀 전에 너 뭐라고 그랬니?

B : 怕是你记错了吧？我什么也没说呀。
  너 뭐 잘못 기억하는 거 아니야? 나 아무 말도 안 했어.

연습 '······来着'를 사용하여 다음 대화를 완성하세요.

A : _____？ 我记不清了。
  이름이 뭐라고 했지요? 정확히 기억이 안 나네요.

B : 何怡。
  허이(Hé Yí)라고 해요.

瞧 qiáo 통 보다, 구경하다, 방문하다, 진찰하다 | 记错 jìcuò 통 잘못 기억하다 명 기억착오 | 记不清 jìbuqīng 기억이 정확하지(뚜렷하지) 않다

Pattern 149

懒得……

의미 ~하기가 내키지 않는다, ~할 기분이 아니다, ~하기가 귀찮다

해설 어떤 일을 하고 싶지 않거나 원하지 않는다는 것을 나타낸다.

예문

❶ 我不是不想你，只是懒得写信。
내가 너를 보고 싶어 하지 않은 게 아니야. 단지 편지 쓰는 게 귀찮을 뿐이지.

❷ 这种人只考虑自己，自私自利，我懒得理他。
이런 사람은 자기만 생각하지. 너무 이기적이야. 난 그를 상대하고 싶지 않아.

❸ 这位王师傅太啰嗦了，我真懒得再跟他打交道。
이 왕 사부는 말이 너무 많아서, 나는 정말 그와 다시는 왕래하고 싶지 않다.

❹ 就这么两行字，手写一下算了，懒得再开电脑了。
몇 줄 안 되는데 손으로 쓰면 되지. 귀찮게 컴퓨터를 다시 켜.

대화

A : 你买的这个背包有毛病，得去换。
네가 산 이 배낭 문제 있어. 바꾸러 가야 해.

B : 凑合着用吧，我懒得再跑了。
대충 쓰지 뭐. 또 가기 귀찮아.

연습 '懒得……'를 사용하여 다음 문장을 완성하세요.

1. 今天丈夫和孩子们都不回来吃饭，_____。
   오늘 남편이랑 애들이 집에 와서 밥을 안 먹는다. 잘 됐다. 나도 밥하기 싫었는데.

2. 他这个人这么不讲道理，_____。
   그 녀석 이렇게 억지를 부리다니. 점점 개랑 말하기 싫어진다.

自私自利 zìsīzìlì 성어 지나치게 이기적이다 | **师傅** shīfu 명 스승, 사부, 사범 | **打交道** dǎ jiāodao 왕래하다, 교제하다, 연락하다 | **行** háng 명/양 줄, 항렬 | **凑合** còuhe 동 한곳에 모으다, 가까이 오다, 임시변통하다, 아쉬운 대로 지내다 | **不讲道理** bù jiǎng dàolǐ 이치를 따지지 않고 제멋대로 굴다, 억지 부리다

Pattern 150

……了又……

의미 ~하고 또(거듭) ~하다(했다)

해설 'A了又A'의 형식으로, 앞뒤에 같은 동사를 사용하여 동작이 여러 차례 반복됨을 나타낸다.

예문

① 妈妈叮嘱了又叮嘱，路上千万要小心。
  엄마는 부디 길 조심하라고 거듭 당부하셨다.

② 爷爷把传家的宝玉包了又包，放在箱底。
  할아버지께서 집안 대대로 내려오는 보옥을 겹겹이 싸고 또 싸서 상자 밑바닥에 넣어두셨다.

③ 她穿上新警服，对着镜子照了又照，觉得自己更有魅力了。
  그녀는 새 경찰복을 입고 거울을 몇 번이고 비추어보았다. 자신이 더욱 매력 있어 보였다.

④ 出去要锁好门，这一点我是提醒了又提醒，可她还总是忘记。
  외출할 때 문을 잘 잠그라고 내가 거듭 주의를 환기했지만, 그녀는 여전히 항상 깜빡한다.

대화

A : 老大娘，那人是什么模样，能告诉我们吗?
  할머니, 그 사람이 어떻게 생겼는지 저희에게 말씀해 주실 수 있으세요?

B : 我想了又想，还是想不起来。咳，老啦。
  계속 생각을 해봐도 기억이 안 나. 에이, 늙었나 봐.

연습 '……了又……'를 사용하여 다음 대화를 완성하세요.

A : 你姐姐看了那张照片了吗?
  너희 언니가 그 사진 봤어?

B : _____。
  언니가 몇 번을 봤는데, 그래도 그 사람을 못 알아보네.

叮嘱 dīngzhǔ 동 신신당부하다 | **传家** chuánjiā 동 집안에 대대로 전해지다 | **宝玉** bǎoyù 명 보옥, 보석 | **镜子** jìngzi 명 거울 | **魅力** mèilì 명 매력 | **锁门** suǒ mén 문을 잠그다 | **模样(儿)** múyàng(r) 명 모양, 용모, 대략 | **认不出** rènbuchū 동 알아보지 못하다, 몰라보다

Pattern 151

连……带……

의미 ~에서 ~까지, ~랑 ~도, ~랑 ~랑 모두, ~며 ~도(까지), ~하고 ~하며, ~하고 ~하면서, ~하기도 하고 ~하기도 하다

해설
1. 범위: 전후 두 항목의 내용을 하나로 포괄함을 나타내며, 주로 단음절 동사와 함께 사용한다.
2. 동작: 두 동작이 동시에 발생함을 나타내며, 주로 단음절 동사와 함께 사용한다.

예문

❶ 看来他是饿坏了，连饭带菜，三口两口就吃完了。
보아하니 저 친구 배가 무척 고팠나 보다. 밥이며 요리며 할 것 없이 우걱우걱 다 먹어치웠다.

❷ 我这套职业妇女装连裙子带上衣一共才花了二百来块钱。
내 여성근무복은 치마에 상의까지 모두 200위안 정도밖에 안 들었다.

❸ 一路上，我们连说带笑，一会儿就走到了。
도중에 우리는 이야기도 하고 웃기도 하면서 잠시 후에 바로 도착했다.

❹ 他老远看到我，连奔带跑地就迎过来了，真是老朋友见面分外亲热。
그는 멀찍이서 나를 발견하고는 후다닥 달려와 반갑게 맞이했다. 정말이지 옛 친구를 만나니 정겹기 그지없었다.

대화

A : 邻居家的孩子，连哭带闹地吵了一夜。
이웃집 애가 울고불고 밤새 난리를 쳤어.

B : 这也难怪，妈妈出差了，爸爸怎么哄得了嘛。
그럴 만도 하지. 엄마가 출장을 갔거든. 아빠가 어떻게 애를 달래겠어.

연습 '连……带……'를 사용하여 다음 대화를 완성하세요.

A : 你看朴太太真能干，_____，摆了满满一桌。
이것 봐, 박 씨 부인 정말 재주가 좋으시네. 고기에 요리까지 한 상 가득 차리셨어.

B : 哟，真丰盛，咱们可以一饱口福啦。
오, 정말 풍성하네. 우리 제대로 포식하겠는걸.

老远 lǎoyuǎn 형 아주 멀다 | 分外 fènwài 부 유난히, 특별히 명 본분 밖의 일 | 亲热 qīnrè 형 친밀하고 다정스럽다 | 哄 hǒng 동 (어린아이를) 어르다, 달래다, 돌보다 | 摆桌 bǎizhuō 동 (밥)상을 차리다, 술자리를 차리다 | 丰盛 fēngshèng 형 풍성하다, 성대하다 | 一饱口福 yìbǎo kǒufú 동 맛있는 음식을 배불리 먹다

Pattern 152

连……也/都……

의미 (심지어) ~조차(마저, 까지도) ~하다

해설 도드라진 사례나 심지어 극단적인 사례를 들어 강조를 나타낸다. '甚至(심지어)'의 의미를 포함하고 있다. '连'은 종종 생략된다.

예문

❶ 孙子说的笑话，连病中的爷爷也给逗笑了。
   손자의 우스갯소리가 병중에 계신 할아버지까지도 웃게 하였다.

❷ 这消息连大街上都传开了，你怎么还不知道?
   이 소식이 길바닥에 다 퍼졌는데, 넌 왜 아직도 모르니?

❸ 她说出这样的话，连她自己都觉得可笑。
   그녀는 이런 소리를 하고 나서, 그 자신조차 우스웠다.

❹ 参加这样盛大的体育比赛，连她这样身经百战的老将都不免有点儿紧张。
   이처럼 성대한 체육대회에 참가하다니, 백전노장인 그녀조차도 약간은 긴장하지 않을 수 없었다.

대화

A : 这些娃娃围棋手们的水平提高得真快。
   이 어린 바둑 기사들의 수준이 정말 빨리 향상되었습니다.

B : 是啊，连老师都败在他们的手下了。
   네, 심지어 선생님들조차 저 친구들한테 졌어요.

연습 '连……也/都……'를 사용하여 다음 문장을 완성하세요.

1. 功课实在太多了，忙得我_____。
   공부할 게 정말 너무 많다. 바빠서 화장실 갈 시간도 없다.

2. 真没想到这里贫富差距这么大，穷人穷得_____。
   이곳이 빈부격차가 이렇게 큰 줄은 정말 생각도 못 했다. 가난한 사람은 하루에 밥 한 끼도 못 먹는다.

逗笑 dòuxiào 웃기다 | 身经百战 shēnjīngbǎizhàn 성어 많은 전쟁과 어려움을 겪다, 산전수전 다 겪다, 경험이 풍부하다 | 老将 lǎojiàng 명 노장, 베테랑 | 不免 bùmiǎn 통 면할 수 없다, ~할 수밖에 없다 | 娃娃 wáwa 명 어린애, 인형, 아기 | 围棋 wéiqí 명 바둑 | 败在……的手下 bài zài …… de shǒuxià ~에게 패하다, ~에게 지다, ~의 손에서 패하다 | 厕所 cèsuǒ 명 화장실 | 一顿饭 yí dùn fàn 밥 한 끼

Pattern 153

连……也/都……, 甭/别说……了

의미 (심지어) ~조차(마저, 까지도) ~하는데, ~는 말할 필요도 없다(말도 하지 마라, 어림도 없다)

해설 일반인이 가장 쉽게 해낼 수 있거나 혹은 해야만 하는 일인데, 어떤 사람이 그 일을 해내지 못한다면, 다른 일은 더 말할 필요도 없다는 것을 강조하거나, 혹은 반대로, 일반인은 해내기 어려운 일인데, 어떤 사람은 해낼 수 있다면, 다른 일은 당연히 더 말할 나위가 없다는 의미이다.

예문

① 这孩子连他爸爸的话都不听, 甭说你了。
이 아이는 자기 아빠 말도 안 듣는데, 너는 말할 것도 없다.

② 连上千元的衣服她也嫌不好, 甭说几百块钱的了。
그녀에게는 수천 위안짜리 옷도 별로인데, 몇백 위안짜리는 말할 것도 없다.

③ 他连高等数学题做起来都不困难, 别说这么简单的题了。
그는 고등수학문제 푸는 것도 별로 어려워하지 않는데, 이렇게 간단한 문제는 말할 필요도 없다.

④ 她连冰上芭蕾舞、国际标准舞都会跳, 别说这一般的交谊舞了。
그녀는 빙상발레, 국제표준 댄스도 다 출 줄 아는데, 이런 일반적인 사교댄스는 말할 필요도 없다.

대화

A : 我看妹妹这病, 老不见好, 给她吃点儿中药试试?
내가 보기에 여동생의 이 병은 계속 호전이 안 되는데, 중약을 좀 먹여보지요?

B : 她连西药都不肯吃, 别说那么苦的中药了。
양약조차 안 먹는데, 그렇게 쓴 중약은 말할 것도 없어요.

연습 '连……也/都……, 甭/别说……了'를 사용하여 다음 대화를 완성하세요.

A : 你父母都会用电脑吗?
너희 부모님은 두 분 다 컴퓨터를 쓸 줄 아시니?

B : 他们_____, _____。
부모님은 휴대전화조차 쓸 줄 모르시는데, 컴퓨터는 말할 것도 없지.

冰上芭蕾舞 bīngshàng bāléiwǔ 아이스 발레 | 交谊舞 jiāoyì wǔ 사교춤, 사교댄스(= 交际舞 jiāojìwǔ) | 西药 xīyào 명 양약 | 中药 zhōngyào 명 중약

Pattern 154 连……也/都……, 何况……(呢)

의미 (심지어) ~조차(마저, 까지) ~하는데 더욱이(더군다나, 하물며) ~(오죽하겠는가)

해설 '何况'은 점층적인 의미를 강조한다. 반문 어감이 있으며, 흔히 문장 끝에 '……呢'를 동반한다.

예문

❶ 连三层楼他都懒得爬，何况六层呢？
걔는 3층도 올라가기 귀찮아하는 애인데, 하물며 6층이라니?

❷ 连学本国语言都得下苦工夫，更何况学外语呢？
모국어를 배우는 것조차도 각고의 노력을 해야 하는데, 하물며 외국어를 배우는 건 오죽하겠어?

❸ 我连啤酒也喝不了，何况白酒呢？
나는 맥주도 못 마시는데, 더군다나 배갈이라니?

❹ 她结婚前连方便面也不会煮，更何况炒菜做饭呢？
그녀는 결혼 전에 라면도 끓일 줄 몰랐는데, 더욱이 요리에 밥이 웬 말이냐.

대화

A: 对不起，我迷路了，所以来晚了。
미안해, 길을 잃어버려서 늦었어.

B: 没事儿，连本地人也会迷路的，何况你是外国人。
괜찮아, 현지인들도 길을 잃어버릴 수 있는데, 더욱이 너는 외국인이잖아.

연습 '连……也/都……, 何况……(呢)'을 사용하여 다음 대화를 완성하세요.

A: 你有博客吧？常上MSN吗？
너 블로그 있지? MSN 자주 접속해?

B: 我是电脑盲，_____?
나 컴맹이야, 이메일도 보낼 줄 모르는데 웬 블로그?

下工夫 xià gōngfu 동 공을 들이다, 노력하다 | 煮 zhǔ 동 삶다, 끓이다, 익히다 | 炒菜 chǎocài 동 요리를 볶다, 요리하다 명 볶음요리 | 本地人 běndì rén 현지인, 본토 사람 | 迷路 mílù 동 길을 잃다, 잘못된 길로 들어서다 | 博客 bókè 명 블로그(blog) | 电脑盲 diànnǎománg 명 컴맹 | 发电子邮件 fā diànzǐ yóujiàn 이메일을 보내다

Pattern 155

没个不……的

의미 ~하지 않는 것이 없다, ~하지 않을 수가 없다

해설 이중부정 형식을 사용하여 강한 긍정을 나타냄으로써 어감을 강하게 만든다. 의미는 어떤 조건에서 모든 사람 또는 사물이 예외 없이 어떤 상황이 나타나거나 어떤 상태에 처하게 된다는 뜻이다. 주로 구어에 사용한다.

예문

❶ 长期吃垃圾食品，身体没个不受影响的。
장기간 정크 푸드를 먹으면 건강에 영향을 받지 않을 수가 없다.

❷ 平时爱贪图小便宜的人，没个不上当的。
평소에 작은 이익에 욕심을 부리는 사람은 속임수에 당하지 않는 이가 없다.

❸ 看到那个人那么无理取闹，没个不生气的。
저 사람 저렇게 생트집을 하는 걸 보면 화가 나지 않을 사람이 없다.

❹ 在专家、教授面前进行论文答辩，没个不紧张的。
전문가와 교수 앞에서 논문 심사를 진행하려니 긴장이 되지 않을 수 없다.

대화

A：中国有句俗话："七八九，嫌似狗。"是什么意思啊?
중국에 '七八九，嫌似狗。'라는 속담이 있는데, 무슨 뜻이야?

B：就是说，半大不小的男孩儿，没个不讨厌的。
그건 말이지, 애도 아니고 어른도 아닌 사내 녀석들을 싫어하지 않는 사람이 없다는 뜻이야.
(7, 8, 9세 철이 덜 든 남자아이들이 너무 말썽을 피우서 개도 꺼린다는 뜻)

연습

'没个不……的'를 사용하여 다음 대화를 완성하세요.

A：她不远千里来到这里上学，实现了她的梦想，可是非常想家。
그녀는 불원천리 이곳에 와 학교에 다녀서 자신의 꿈을 이루었어. 그렇지만 집을 무척 그리워한대.

B：初离故乡，＿＿＿＿＿＿＿＿＿＿＿＿＿＿＿＿＿＿＿。
처음 고향을 떠나면 가족을 그리워하지 않는 사람이 없지.

垃圾食品 lājī shípǐn 정크 푸드(junk food), 쓰레기 음식 | 小便宜 xiǎo piányi 작은 이익 | 贪图 tāntú 동 욕심부리다, 탐하다 | 上当 shàngdàng 동 속다 | 无理取闹 wúlǐ qǔnào 성어 이유 없이 소란 피우다, 일부러 행패를 부리다 | 论文答辩 lùnwén dábiàn 논문(구술 답변) 심사 | 俗话 súhuà 명 속담 | 半大不小 bàndàbùxiǎo 성어 어린이와 성년 중간의 나이, 많지도 적지도 않은 나이 | 不远千里 bùyuǎnqiānlǐ 성어 불원천리, 천 리 길도 마다치 않다 | 思念 sīniàn 동 그리워하다

Pattern 156 没什么大不了的

의미 별 것 없다, 뭐 그리 대단할 것 없다, 대수롭지 않다, 아무것도 아니다

해설 별달리 큰 문제가 없고, 상황이 그렇게 심각하지 않다는 뜻이다.

예문

❶ 不就是丢了钱嘛，没什么大不了的，再挣呗。
겨우 돈 잃어버린 거잖아. 별 큰일도 아니구먼. 다시 벌면 되지.

❷ 这事没什么大不了的，由我来处理，你就放宽心吧。
이 일은 대단할 것도 없다. 내가 알아서 처리할 게. 너는 그냥 마음 푹 놔.

❸ 他觉得这次没被续聘也没什么大不了的，正好另谋高就。
그는 이번에 재계약이 되지 않은 것도 대수롭지 않다고, 더 나은 일자리를 찾을 수 있어서 마침 잘 됐다고 생각했다.

❹ 这点儿困难没什么大不了的，大风大浪都经历过了，还怕这个?
이런 어려움 따위는 아무것도 아니야. 온갖 풍파를 다 겪었는데 이까짓 것을 두려워해?

대화

A : 哎呀，电脑出问题了，我昨天写的文章全丢啦!
이런, 컴퓨터에 문제가 생겼네. 내가 어제 쓴 글을 전부 날렸어!

B : 这没什么大不了的，重新写一下不就得了。
별일 아니네. 다시 쓰면 되는 거잖아.

연습 '没什么大不了的'를 사용하여 다음 대화를 완성하세요.

A : 发生车祸了，这可怎么办?
교통사고가 났네, 이거 어떻게 해?

B : 这＿＿＿＿＿＿＿＿＿，＿＿＿＿＿＿＿＿＿＿＿＿＿＿＿。
별일 아니네. 보험회사에 전화해서 보험 처리한다고 얘기해.

放宽 fàngkuān 동 완화하다, 넓히다, 마음을 편히 갖다 | 续聘 xùpìn 동 (계약 종료 후) 재임용하다, 재계약하다 | 另谋高就 lìngmóugāojiù 다른 더 좋은 일자리를 찾다 | 大风大浪 dàfēng dàlàng 성어 거대한 풍랑, 질풍노도, 사회의 대변동 | 车祸 chēhuò 명 교통사고 | 保险公司 bǎoxiǎn gōngsī 보험회사 | 办保险 bàn bǎoxiǎn 보험 처리하다

Pattern 157 没什么好/可……的

의미 (더, 딱히, 별로) ~할 필요 없다(할 만한 것이 없다, 할 만한 이유가 없다)

해설 부정의 표현이다. '할 필요가 없다, 쓸모없다, 할 만한 가치가 없다'는 의미이다.

예문

❶ 这个手续一定要补办，没什么好说的。
이 수속은 사후처리해야 합니다. 더 이상의 언급은 불필요합니다.

❷ 这事就这么定了，你愿意不愿意都得照办，没什么好商量的。
이 일은 이렇게 결정됐으니까, 네가 원하든 원하지 않든 이대로 처리해야 해. 더 의논할 필요 없어.

❸ 算了，没什么可讨论的了，散会！
됐습니다. 딱히 더 토론할 만한 내용이 없습니다. 산회합니다!

❹ 我跟他真找不到什么共同语言，没什么可说的。
나는 걔랑 정말 뭔가 공감대를 찾을 수가 없어. 별로 할 말도 없다니까.

대화

A : 这个电影没什么好看的，你怎么这么感兴趣?
이 영화는 별로 볼 만한 장면도 없는데, 넌 왜 이렇게 흥미를 갖니?

B : 这就是代沟啊!
이게 바로 세대 차라고요!

연습 '没什么好/可……的'를 사용하여 다음 대화를 완성하세요.

A : 今天你去商场买了些什么?
오늘 쇼핑하러 가서 뭘 샀어?

B : 看了半天，_____，就空着手回来了。
한참 돌아봤는데, 딱히 살 만한 게 없길래 그냥 빈손으로 돌아왔어.

补办 bǔbàn 图 (증명서, 수속 등을) 사후에 처리하다 | 照办 zhàobàn 图 (규정, 지시를) 그대로 처리하다 | 散会 sànhuì 图 산회하다, 회의를 해산하다 | 共同语言 gòngtóng yǔyán 공통의 언어, 공감대 | 代沟 dàigōu 图 세대 차

Pattern 158

没有比A更……的了

의미 A보다 더 ~한 것은 없다, A가 가장 ~하다

해설 A의 정도가 가장 높음을 나타낸다.

예문

❶ 这孩子真伶俐，没有比她更讨人喜欢的了。
이 아이는 정말 영리하다. 이 아이보다 더 정이 가는 아이는 없다. (이 아이가 정이 제일 많이 간다.)

❷ 没有比今天的考试更容易的了。
오늘 시험보다 더 쉬운 시험은 없었다. (오늘 시험이 제일 쉬웠다.)

❸ 当前没有比发展经济更重要的了。
현재 경제를 발전시키는 것보다 더 중요한 것은 없다. (경제를 발전시키는 것이 가장 중요하다.)

❹ 没有什么比失去亲人更让人伤心的了。
가족을 잃는 일보다 사람을 더 슬프게 하는 건 없다. (가족을 잃는 일이 사람을 가장 슬프게 한다.)

대화

A : 这件休闲服式样不错，有再长一点儿的吗?
이 캐주얼은 스타일이 괜찮네. 좀 더 긴 것 있나요?

B : 对不起，没有比这件更长的了。
죄송합니다. 이 옷보다 더 긴 건 없습니다.

연습 '没有比A更……的了'를 사용하여 다음 문장을 다시 쓰세요.

1. 对我来说，数学是最难学的。 내게 있어 수학은 가장 공부하기 힘들다.
   ➡ _____。
   나에게 있어 수학보다 더 공부하기 힘든 건 없다.

2. 我的家乡是世上最美的地方。 내 고향은 세상에서 가장 아름다운 곳이다.
   ➡ _____。
   세상에 내 고향보다 더 아름다운 곳은 없다.

伶俐 línglì 형 (머리가) 영리하다, (말주변이) 뛰어나다 | 讨人喜欢 tǎorénxǐhuan 남에게 귀여움을 받다 | 当前 dāngqián 명 현재, 눈앞 동 직면하다 | 休闲服 xiūxiánfú 명 캐주얼 복장 | 家乡 jiāxiāng 명 고향

Pattern 159

没有……, 哪(能)有……

의미
명사형 해석: A가 없으면 어떻게 B가 있을 수 있겠나, A가 있어야 B도 있다
동사형 해석: A하지 않으면 어떻게 B할 수 있겠나, A해야 B할 수 있다

해설 어떤 전제조건이 없다면 해당 결과도 없음을 나타낸다. 반문의 표현으로 형태는 '没有+명사성어구(A), 哪能有+명사성어구(B)'이지만 해석은 두 가지 방식으로 한다.

예문

❶ 没有播种, 哪有收获呢?
파종이 없는 데 수확인들 있을까?

❷ 没有父母的辛勤养育, 哪有我今天的成就?
부모님께서 정성껏 키워주시지 않았다면 제가 오늘 성공할 수 있었을까요?

❸ 没有创业的艰难, 哪能有成功的喜悦?
창업의 어려움 없이 성공의 기쁨이 있으랴.

❹ 没有前人种的树, 哪能有后人乘凉的好地方?
선인들이 나무를 심지 않았다면 후대 사람들이 더위를 피할 곳이 있었을까? (선인들의 노력으로 후대 사람들이 혜택을 입는다.)

대화

A: 唉, 这次新抗癌药品实验又没成功。
이런, 이번 새로운 항암 약품 실험이 또 실패했어.

B: 别泄气, 没有失败, 哪有成功。
낙담하지 마. 실패가 없으면 성공도 없어.

연습 '没有……, 哪(能)有……'를 사용하여 다음 문장을 다시 쓰세요.

1. 只有经历过才会有这样切身的感受。
경험해야만 이처럼 자신의 느낌이 들 수 있다.

➡ _____ ?

경험이 없다면 어떻게 이처럼 자신의 느낌이 들 수 있을까?

2. 有了健康的身体才能享受幸福的生活。
건강한 신체가 있어야만 행복한 삶을 누릴 수 있다.

➡ _____ ?

건강한 신체가 없다면 어떻게 행복한 삶이 있을 수 있을까?

播种 bōzhòng 명 파종 | 收获 shōuhuò 명 수확, 소득 동 수확하다 | 辛勤 xīnqín 형 부지런하다 | 喜悦 xǐyuè 명 기쁨, 희열 형 기뻐하다 | 乘凉 chéngliáng 동 더위를 피해 서늘한 바람을 쐬다 | 抗癌药品 kàng'ái yàopǐn 항암 약품 | 泄气 xièqì 동 바람이 빠지다, 화풀이하다, 낙담하다 | 切身 qièshēn 형 자신의, 절실하다

Pattern 160

A, 免得/省得B

의미 A해야 한다 B하지 않게(않도록, 않으려면), A해야 한다 그렇지 않으면 ~하게 된다, B하지 않게(않도록, 않으려면) A해야 한다

해설 마땅히 어떤 일을 함으로써 발생하기를 바라지 않는 일의 발생을 피할 수 있다는 뜻이다.

예문

❶ 咱们先查一下交通图吧，**免得**跑冤枉路。
우리 먼저 교통지도를 살펴보자. 헛걸음하지 않게.

❷ 读书写字姿势要正确，不要总趴着，**免得**变成个小驼背。
책 읽기와 글쓰기 자세는 바르게 해야 한다. 항상 구부정해 있다가는 곱사등이가 된다.

❸ 最好把最近要做的事都记下来，**免得**到时候忘了。
되도록 최근에 해야 할 일을 모두 적어보세요. 안 그러면 그때 가서 잊어버려요.

❹ 到了那里，常来电话，**省得**大家为你担心。
모두 네 걱정하지 않게, 그곳에 도착하거든 자주 전화해라.

대화

A : 喂，小丽，还生气吗？下了班我就来看你，好吗？
여보세요, 샤오리, 아직 화났어? 퇴근하고 바로 너 보러 갈게, 응?

B : 你别来，**免得**我见你更生气。
오지 마, 나 더 화나는 꼴 보기 싫으면.(너를 봤다가는 더 화가 날 거야.)

연습 'A, 免得/省得B'를 사용하여 다음 대화를 완성하세요.

A : 现在我去领事馆办签证。
나 지금 비자 발급받으러 영사관에 간다.

B : 检查一下材料是否都带齐了，＿＿＿＿＿＿＿＿＿＿＿＿＿＿＿＿。
서류 다 챙겼나 살펴봐. 안 그러면 또 헛걸음하니까.

冤枉路 yuānwanglù 명 헛걸음 | 趴 pā 동 엎드리다, 기대다, 구부정하게 있다 | 驼背 tuóbèi 명 낙타 등, 곱사등이 동 등이 굽다 | 领事馆 lǐngshìguǎn 명 영사관 | 白跑 báipǎo 동 헛걸음하다

Pattern 161

拿A跟/和B比

의미 A를 (가지고) B와 비교하다, A와 B를 비교하다

해설 A와 B를 비교한다는 의미이다.

예문

❶ 拿孩子跟成人比，那怎么行呢？
아이를 어른과 비교하다니, 그러면 쓰나?

❷ 拿凉面跟热面比，我觉得凉面爽口。
냉면과 온면을 비교하자면, 나는 냉면이 더 개운한 것 같다.

❸ 拿古典音乐和流行音乐比，古典音乐高雅。
클래식과 유행음악을 비교해보면, 클래식이 더 고상하다.

❹ 拿美国人和欧洲人比，在某些方面美国人算是比较保守的。
미국사람을 유럽사람과 비교했을 때, 어떤 면에서는 미국사람이 보수적인 편이라고 할 수 있다.

대화

A : 他特爱喝酒，常喝醉，你也是吧？
걔는 술을 무척 좋아해서 자주 취해, 너도 그렇지?

B : 他是他，我是我，你别拿我跟他比。
걔는 걔고, 나는 나야. 나를 걔랑 비교하지 마.

연습 '拿A跟/和B比'를 사용하여 다음 대화를 완성하세요.

A : 强强，健健这次考得又比你好。
창창아, 젠젠이 이번 시험을 또 너보다 잘 봤구나.

B : 妈，你怎么总是_____？
엄마, 왜 항상 나랑 동생이랑 비교하세요?

爽口 shuǎngkǒu 형 (맛이) 시원하다, 개운하다 | 高雅 gāoyǎ 형 고상하고 우아하다 | 保守 bǎoshǒu 형 보수적이다 동 고수하다 | 喝醉 hēzuì 동 (술에) 취하다

Pattern 162

拿……来说

의미 ~를 가지고 말하자면, ~를 예로 들면(보면), ~로 말할 것 같으면, ~의 경우

해설 어떤 사람이나 일을 예로 든다는 의미이다.

예문

❶ 拿气候来说，韩国首尔和北京差不多。
  기후를 예로 들자면, 한국 서울은 베이징과 비슷하다.

❷ 拿工资待遇来说，外企要比国企高很多。
  월급으로 말하자면, 외자기업이 국영기업보다 훨씬 많다.

❸ 每个人口味都不同，拿我来说，就是不喜欢吃甜的。
  사람마다 입맛이 다 다르다. 내 경우는 단 것을 좋아하지 않는다.

❹ 我觉得住在农村比住在城里好，就拿空气来说，农村的空气新鲜多了。
  나는 농촌에 사는 것이 도시에 사는 것보다 나은 것 같다. 공기만 해도 농촌의 공기가 훨씬 신선하다.

대화

A : 对门邻居的那个女孩子真讨人喜欢。
  건너편 집의 그 여자는 참 붙임성이 좋아.

B : 对，拿性格来说，既活泼，又开朗。
  맞아, 성격을 예로 들면 활발하고 명랑해.

연습 '拿……来说'를 사용하여 다음 대화를 완성하세요.

A : 近几年中国的知识分子待遇提高了不少。
  요즘 중국 지식인들의 대우가 많이 좋아졌어.

B : 没错儿，_____，一般都超过了"小康"水平。
  맞아. 대학교 선생님들을 보면 보통 다들 '샤오캉' 수준을 넘었어.

外企 wàiqǐ 명 외자기업 | 国企 guóqǐ 명 국영기업 | 口味 kǒuwèi 명 입맛, 구미, 기호 | 空气 kōngqì 명 공기 | 对门 duìmén 명 건너편 집, 맞은 편 집 | 邻居 línjū 명 이웃 | 活泼 huópo 형 활발하다, 활기차다 | 开朗 kāilǎng 형 명랑하다, (장소가) 탁 트이다 | 知识分子 zhīshi fènzǐ 지식분자, 지식인, 인텔리 | 小康 xiǎokāng 형 먹고살 만하다 | 小康水平 xiǎokāng shuǐpíng 중등 정도의 생활 수준

Pattern 163

哪儿(呀)

의미
'哪儿+동사': (어디, 어떻게) ~인가(하겠나)?
'哪儿呀': (어디, 어떻게) 그런 말을, 웬걸요

해설
동사 앞에 쓰여 부정을 나타낸다. 처소의 의미는 없으며 반문을 나타낸다. '哪儿呀'는 주로 대답할 때 쓰며, 상대방이 말하는 내용을 완곡하게 부정한다.

예문

❶ 这么多人，一辆车哪儿坐得下?
　이렇게 많은 사람이 한 차에 어디 다 앉을 수 있겠어?

❷ 大家相处得这么融洽，分别后哪儿能不想?
　다들 함께 있으면서 이렇게 사이가 좋았는데, 헤어지면 어떻게 안 보고 싶겠어?

❸ 不爱开口，哪儿能学好外语? 你非张口不行!
　입을 열기 싫어해서야 어디 외국어를 잘 배울 수 있겠어? 말문을 트지 않으면 안 돼!

❹ 自由惯了的人，一下子被管得死死的，哪儿受得了。
　자유로움에 익숙한 사람이 갑자기 숨 막힐 정도로 통제되면 어디 견디겠나.

대화

A : 他说他们学校挺大的。
　걔가 그러는데 자기네 학교가 엄청나게 크대.

B : 哪儿大呀，他瞎吹，就这么几座楼。
　크기는 뭐가 커, 걔 허풍 떨었어. 달랑 이렇게 건물 몇 채뿐이잖아.

연습 '哪儿(呀)'를 사용하여 다음 대화를 완성하세요.

A : 听说你被解聘了?
　너 해임당했다며?

B : ＿＿＿＿＿＿，＿＿＿＿＿＿＿＿＿＿＿＿＿＿＿＿。
　웬걸, 내가 스스로 사직한 거야.

融洽 róngqià 형 사이가 좋다, 융화하다 | 张口 zhāngkǒu 동 입을 열다, 말하다 | 一下子 yíxiàzi 단시간에, 갑자기 | 死死(的) sǐsǐ(de) 형 꼼짝하지 않다, 죽은 듯하다 | 瞎吹 xiāchuī 동 허풍 떨다, 허튼소리 하다 | 解聘 jiěpìn 동 해임하다, 해촉하다 | 辞职 cízhí 동 사직하다

Pattern 164

……哪儿，……哪儿

의미 어디든(무엇이든) ~하는 대로 ~하다

해설 두 개의 '哪儿'은 같은 장소를 가리키는데(불특정, 비의문), 전후의 내용이 상관관계가 있음을 나타낸다.

예문

❶ 这个烟鬼，走到哪儿，抽到哪儿。
이 골초는 어디를 가든 담배야.

❷ 他是个助人为乐的人，走到哪儿，好事做到哪儿。
그는 남 돕는 걸 낙으로 여기는 사람이다. 어디를 가든 선행을 베푼다.

❸ 你放心吧，他是个言行一致的人，从来都是说到哪儿，做到哪儿。
안심해. 걔는 언행이 일치하는 사람이야. 여태껏 무엇이든 말한 걸 다 지켰어.

❹ 他的枪法可准了，指哪儿打哪儿，百发百中。
그는 사격술이 매우 정확하다. 어디든 겨누는 대로 다 맞춘다. 백발백중이다.

대화

A : 明天我去同学家聚会。
내일 나 친구 집에 모임을 하러 간다.

B : 周末嘛，你想去哪儿，就去哪儿。
주말이잖아, 어디든 가고 싶은 대로 가.

연습 '……哪儿，……哪儿'을 사용하여 다음 문장을 완성하세요.

1. 他是个酒鬼，_____。
   그는 술꾼이라, 어디를 가든 술이다.(술을 마신다)

2. 他很好学，_____。
   그는 공부하기를 좋아해서, 어디를 가든 책이다.(책을 본다)

烟鬼 yānguǐ 명 골초, 아편 중독자 | 助人为乐 zhùrén wéilè 성에 남을 돕는 것을 즐거움으로 여기다 | 做好事 zuò hǎoshì 좋은 일을 하다 | 言行一致 yánxíng yízhì 성에 말과 행동이 일치하다, 언행일치 | 枪法 qiāngfǎ 명 사격술 | 酒鬼 jiǔguǐ 명 술고래, 술꾼

Pattern 165

哪会儿……哪会儿……

의미 언제든(수시로, 아무 때나) ~하면 ~하다

해설 불특정 시간, 아무 때나(any time)의 의미이다.

예문

❶ 这里叫出租车很方便，哪会儿叫哪会儿到。
　 이곳은 택시 부르는 게 편해요. 아무 때나 부르면 와요.

❷ 蔡老板既精明，又很了解情况，公司哪会儿有问题，他就哪会儿出现。
　 차이 사장은 똑똑한 데다 회사 상황도 훤히 잘 알고 있다. 회사에 언제든 문제가 생기면 언제든 나타난다.

❸ 我家买了成箱的牛奶和饮料，我哪会儿想喝就哪会儿喝。
　 우리 집에 우유랑 음료수를 상자 채로 사뒀다. 나는 언제든 마시고 싶을 때 마신다.

❹ 我平时生活没什么规律，哪会儿饿了就哪会儿吃。
　 나는 평소 생활이 불규칙적이다. 아무 때나 배고프면 먹는다.

대화

A : 王先生，我们以后怎么联系呢?
　　왕 선생님, 우리 다음에 어떻게 연락하지요?

B : 这是我的手机号码，哪会儿要找我，您就哪会儿给我打个电话。
　　여기 제 휴대전화 번호입니다. 언제든 찾으실 일이 있으면 언제든 제게 전화 주세요.

연습 '哪会儿……，哪会儿……'을 사용하여 다음 대화를 완성하세요.

A : 咱们什么时候去看电影?
　　우리 언제 영화 보러 가?

B : 什么时候都可以，_____。
　　언제든 괜찮아. 너 언제 시간 있으면 아무 때나 보러 가자.

精明 jīngmíng 웹 영리하다, 총명하다 | 规律 guīlǜ 몡 규율, 규칙 웹 규율에 맞다, 규칙적이다 | 联系 liánxì 동 연락하다, 연계하다

Pattern 166

哪里……, 哪里……

의미 (어디든) ~한 곳이 ~하다

해설 조건관계를 나타낸다. 어떤 장소가 어떤 조건을 갖추고 있으면 그에 상응하는 결과가 나타난다는 의미이다.

예문

① **哪里**交通便利, **哪里**经济发展就快。
교통이 편리한 곳은 경제 발전이 빠르다.

② **哪里**价廉物美, **哪里**顾客就多。
가격이 저렴하고 물건이 좋은 곳은 고객이 많다.

③ **哪里**有梦想, **哪里**就有未来。
꿈이 있는 곳에 미래가 있다.

④ **哪里**有需要, **哪里**就有陆工程师的身影。
도움이 필요한 곳에는 루 엔지니어가 있다.

대화

A: **哪里**老师好, **哪里**学生质量高。
선생님이 훌륭한 곳은 학생들의 수준이 높아.

B: 对, 有道理。
맞아, 일리 있는 말이야.

연습 '哪里……, 哪里……'를 사용하여 다음 문장을 고치세요.

1. 有压迫的地方就有反抗。
억압이 있는 곳에 저항이 있다.
   ⇨ _____。

2. 人多的地方就热闹。
사람이 많은 곳이 활기차다.
   ⇨ _____。

价廉物美 jiàlián wùměi 성에 상품의 질이 좋고 값도 저렴하다 | **身影** shēnyǐng 명 그림자, 형체, 모습 | **有道理** yǒu dàolǐ 이치에 맞다, 일리가 있다 | **压迫** yāpò 명동 압박(하다), 억압(하다) | **反抗** fǎnkàng 명동 반항(하다), 저항(하다)

Pattern 167

哪怕……, 也/都……

의미 (설령, 설사) ~하더라도(할지라도, 일지라도) ~

해설 객관적인 상황이 어떠하더라도, 아무리 어려움이 커도 상관하지 않고 어떤 일을 하겠다는 뜻이다. 주로 구어에 사용한다. 유사한 표현으로 '就算 jiùsuàn, 纵然 zòngrán, 纵使 zòngshǐ, 就是 jiùshì' 등이 있다.

예문

❶ 哪怕路途再遥远，春节我也得回家跟父母团聚。
　(설사) 길이 아무리 멀어도, 춘절에 나는 집에 돌아가 부모님과 함께 지내야 한다.

❷ 要想学好外语就得多听，哪怕听不懂，硬着头皮也要听下去。
　외국어를 제대로 배우려면 많이 들어야 한다. 설령 못 알아들어도 억지로라도 계속 들어야 한다.

❸ 当官的要多听老百姓的意见，哪怕有些意见考虑不周也没什么。
　관직에 있는 사람은 백성들의 의견을 많이 들어야 한다. 설사 엉성한 의견일지라도 상관없다.

❹ 只要电视转播足球比赛，哪怕半夜三更，我家小钟都要看。
　TV에서 축구경기를 중계하기만 하면, 설령 한밤중이라 해도 우리 집 샤오중은 TV를 시청한다.

대화

A : 这孩子很有音乐天分。
　이 아이는 음악에 천부적인 재능이 있어.

B : 是啊，哪怕再难的曲子，他都能又快又熟练地弹出来。
　그래요. 설령 아무리 어려운 곡이라 해도 이 아이는 빠르고 능숙하게 연주해내요.

연습 '哪怕……, 也/都……'를 사용하여 다음 대화를 완성하세요.

A : 那个钻戒太贵了，别买了。
　저 다이아몬드 반지 너무 비싸. 사지 마.

B : 不行! ＿＿＿＿＿＿＿＿＿＿＿＿＿＿＿＿＿＿＿。
　안 돼! 돈을 빌려서라도 너한테 사줄 거야.

路途 lùtú 몡 길, 도로, 여정 | 遥远 yáoyuǎn 혱 아득히 멀다, 요원하다 | 团聚 tuánjù 동 한자리에 모이다 | 不周 bùzhōu 혱 주도면밀하지 못하다 | 转播 zhuǎnbō 동 중계방송하다 | 曲子 qǔzi 몡 곡, 가곡, 노래 | 半夜三更 bàn yè sāngēng 성에 한밤중, 깊은 밤 | 钻戒 zuànjiè 몡 다이아몬드 반지

Pattern 168

那得/要看……

의미 그건 ~을 봐야 한다(~에 달려있다)

해설 어떤 일을 함에 있어 특정한 조건을 고려해야 한다는 것을 의미한다. 또는 어떤 일을 성공적으로 해낼 수 있는지가 특정한 조건에 달려있다는 것을 의미한다.

예문

❶ 我想明天就走，不过那得看能否买到票。
나는 내일 바로 떠나고 싶지만, 표를 구할 수 있을지 어떨지를 봐야 한다.

❷ 这种红木家具我是想买，不过那得看价钱怎么样。
이 마호가니 가구를 사고 싶긴 하지만, 그건 가격이 어떤지를 봐야 한다.

❸ 明天能不能去长城那要看天气如何。
내일 만리장성에 갈 수 있을지 없을지는 날씨가 어떠냐에 달렸다.

❹ 能不能说服他，那要看你的口才了。
그를 설득할 수 있을지 없을지는 너의 말재주에 달려 있다.

대화

A: 看样子你很喜欢狗?
보아하니 너는 개를 좋아하는 것 같다.

B: 那得看是什么狗。
그건 어떤 개이냐에 달렸지.

연습 '那得/要看……'을 사용하여 다음 대화를 완성하세요.

A: 最好跟谁都不要伤和气。
되도록 누구하고든 얼굴 붉히지 마라.

B: _____。
그건 상대방이 어떤 사람이냐에 달렸지.

红木 hóngmù 명 홍목, 마호가니 | 说服 shuōfú 동 설복하다, 설득하다, 이해시키다 | 口才 kǒucái 명 말재주 | 伤和气 shāng héqi 감정을 상하게 하다, 상하다 | 对方 duìfāng 명 상대방, 상대편

Pattern 169 那还……得了

의미 (그러고도) ~할 수 있나

해설 어떤 상황이 발생하거나 어떤 상태가 출현하는 것은 불가능하다는 의미이다. 반문에 사용하는 강조표현이다.

예문

❶ 这孩子从小父母就这样惯，长大那还好得了?
   이 아이는 어려서부터 부모가 이렇게 버릇을 잘 못 들였는데, 커서 잘 될 리가 있겠냐?

❷ 这次考试，她毫无准备，分数那还高得了?
   그녀는 이번 시험을 전혀 준비하지 않았는데, 점수가 높을 턱이 있나.

❸ 现在的人天天用电脑，手写的汉字那还好看得了?
   요즘 사람들은 날마다 컴퓨터를 쓰는데, 손으로 쓴 한자가 예쁠 수가 있겠어?

❹ 你看你，什么都尽挑名牌的买，钱那还够花得了?
   너도 참, 뭐든 명품만 골라서 사는데, 그러고도 돈이 남아나겠어?

대화

A : 听说温家铺子快倒闭了。
   원 씨네 가게가 곧 폐점한다지.

B : 对顾客的态度那么坏，生意那还好得了?
   손님을 대하는 태도가 그렇게 엉망인데, 장사가 잘 될 리가 있겠어?

연습 '那还……得了'를 사용하여 다음 대화를 완성하세요.

A : 我的脚好痛，真不舒服。
   발이 너무 아파. 정말 불편해.

B : 你穿的鞋跟儿那么高，_____。
   신발 뒷굽이 그렇게 높은데, 발이 편할 리가 있겠어?

惯 guàn 통 (버릇없이) 멋대로 하도록 내버려 두다, 응석받이로 키우다 | 分数 fēnshù 명 점수, 분수 | 铺子 pùzi 명 점포, 가게 | 鞋跟(儿) xiégēn(r) 명 신 뒤축, 힐(heel)

Pattern 170 那还用说

의미 그거야 더 말할 필요 있나, 두말하면 잔소리지, 아무렴, 그렇고말고, 당연하지

해설 이미 잘 알고 있으므로 더 이상 말할 필요가 없다는 의미이다. 답변에 사용한다.

대화

1. A : 没有车, 那我们就去不了啦?
   차가 없으면 우리 못 가는 거야?

   B : 那还用说! 二十里的路, 怎么走啊?
   당연한 거 아니야! 20리(10km) 길을 어떻게 걸어가?

2. A : 孔英玉同学即使进不了北大, 也能考上别的重点大学。
   콩잉위 학우는 설사 베이징대학에 들어가지는 못해도 다른 일류 대학은 합격할 수 있어.

   B : 那还用说, 她的高考分数那么高!
   그거야 말할 필요도 없지. 그녀의 대학시험(가오카오) 점수가 그렇게 높은데!

3. A : 这场比赛要是再输了, 他们连亚军也得不了啦!
   이번 시합에서 만약 또다시 지면, 그들은 준우승도 못 해!

   B : 那还用说!
   아무렴!

연습 '那还用说'를 사용하여 다음 대화를 완성하세요.

A : 这次大赛, 他肯定会得奖的。
이번 대회에서 그가 분명 상을 탈 거야.

B : _____! _____。
두말하면 잔소리! 그의 수준은 다른 사람보다 월등해.

里 lǐ 양 리(길이 단위), 1里=500m, 1公里=1km | 考上 kǎoshàng 동 (시험에) 합격하다 | 亚军 yàjūn 명 준우승 | 得奖 déjiǎng 동 수상하다, 상을 타다, 상장이나 상금을 받다

Pattern 171

难道/莫非……(吗/不成)

의미 설마 ~하겠는가?(~란 말인가?, ~는 아니겠지?)

해설 반문 형식으로 부정이나 의문·의혹을 나타낸다. '莫非'는 주로 서면어에 쓰인다.

예문

❶ 这么明显的错误我都没看出来，难道我真的老眼昏花了？
이렇게 분명한 실수를 내가 알아보지 못했다니, 내가 정말 노안으로 눈이 침침해진 건가?

❷ 孩子已经承认错误了，难道一定还要打他一顿不成？
아이가 이미 잘못을 인정했는데, 그래도 아이를 때리려는 건 아니겠지?

❸ 总裁让秘书打电话约你都不行，莫非要他亲自去请你？
총재님이 비서 보고 전화해서 너랑 약속을 잡으라고 했는데도 안 된다고 하다니, 설마 총재님보고 직접 너를 초대하라고 하는 건 아니겠지?

❹ 我已经向你道歉了，你怎么还不依不饶的，莫非要我下跪不成？
내가 이미 네게 사과했는데, 너는 어떻게 받아주질 않니? 나보고 무릎이라도 꿇으라는 거야?

대화

A : 吴教授，按照规定，这封信不能由别人转交。
우 교수님, 규정에 따라 이 편지는 다른 사람에게 대신 전달할 수가 없습니다.

B : 怎么？莫非要我亲自来取不成？
뭐요? 나보고 직접 와서 찾아가라는 소리요?

연습 '难道/莫非……(吗/不成)'과 주어진 단어를 사용하여 다음 문장을 완성하세요.

1. 小金还没有来？他可是一向守时的，＿＿＿＿＿＿＿＿＿＿＿＿＿？(病了)
김 군 아직 안 왔어? 걔는 원래 시간을 잘 지키는 녀석인데, 설마 어디 아픈 건 아니겠지?

2. 他怎么会知道这件事的？＿＿＿＿＿＿＿＿＿＿＿？(告诉)
걔가 어떻게 이 일을 알았대? 설마 네가 알려준 건 아니겠지?

老眼昏花 lǎoyǎn hūnhuā 〈성어〉 늙어서 눈앞이 흐릿하게 보이다 | 承认 chéngrèn 〈동〉 승인하다, 동의하다, 인정하다 | 不依不饶 bùyī bùráo 〈성어〉 용서하지 않다 | 下跪 xiàguì 〈동〉 무릎을 꿇다, 꿇어앉다 | 转交 zhuǎnjiāo 〈동〉 전달하다, 건네주다 | 一向 yíxiàng 〈부〉 줄곧, 내내, 원래 | 守时 shǒushí 〈동〉 시간을 준수하다

Pattern 172

闹到天也……

의미 무슨 일이 있어도 ~, 아무리 해도~

해설 이미 결심을 굳혔고, 상황이 어떤 정도까지 발전한다고 해도 그 결심이 변하지 않음을 나타낸다.

예문

❶ 不及格就是不及格，闹到天也没用。
　불합격은 불합격이야. 무슨 짓을 해도 소용없어.

❷ 这是规定，我必须按规定办，你就是闹到天也没用。
　이건 규정이고, 저는 규정대로 처리해야 합니다. 아무리 그러셔도 소용없습니다.

❸ 你发这么高的烧，闹到天我也不能让你出门。
　너 열이 이렇게 많이 나는데, 무슨 일이 있어도 너를 나가게 할 수는 없다.

❹ 他利用职权，随心所欲，闹到天我也要反映到上边去。
　그는 직권을 이용하여 제멋대로 행동하는데, 나는 무슨 일이 있어도 상부에 보고하겠다.

대화

A : 他说要到法院告你，跟你打官司。
　　그 녀석 법원에 가서 너를 고발하고, 네게 소송을 걸겠대.

B : 他是无理取闹，闹到天我也不怕。
　　괜히 생트집 잡는 거야. 아무리 난리를 쳐봐라, 내가 무서운가.

연습 '闹到天也……'를 사용하여 다음 대화를 완성하세요.

A : 他说，一定得跟你见个面，当面和你谈。
　　걔가 그러는데, 꼭 너랑 한 번 만나서 직접 너한테 얘기해야겠대.

B : 这种人, _____。
　　그런 인간, 아무리 그래 봐라. 내가 만나주나.

发烧 fāshāo 통 열이 나다 | 职权 zhíquán 명 직권 | 随心所欲 suíxīn suǒyù 성에 자기 하고 싶은 대로 하다 | 反映 fǎnyìng 명 통 반영(하다), 보고하다 | 打官司 dǎ guānsi 소송을 걸다 | 无理取闹 wúlǐ qǔnào 성에 아무런 까닭 없이 남과 다투다, 괜히 생트집 잡다, 일부러 말썽을 부리다 | 当面(儿) dāngmiàn(r) 통 마주 보다

Pattern 173

你看你, ……

의미 너도 참 ~, 네 하는 짓 좀 봐라 ~

해설 상대방의 행위에 대해 그다지 만족하지 않거나, 상대방이 굳이 그렇게 할 필요가 없다고 생각한다는 의미이다.

예문

❶ 你看你, 这么点儿小事都办不好, 还能干什么大事。
너도 참, 이렇게 사소한 일도 제대로 못 하면서, 무슨 큰일을 할 수 있다는 거냐?

❷ 你看你, 每次考试都是临时抱佛脚。
너도 참 어지간하다. 매번 시험 때마다 벼락치기야.

❸ 你看你, 年纪轻轻的, 记性怎么这么差。
너도 참, 나이도 젊은 녀석이 기억력이 어찌 그리 형편없니.

❹ 你看你, 来就来吧, 干吗还带东西来呀。
너도 참, 올 거면 그냥 오지. 뭐하러 이런 건 가져오고 그래.

대화

A : 老赵, 这是我的一点儿心意, 请收下。
자오 형, 이건 제 작은 성의입니다. 받아주세요.

B : 你看你, 这么客气干吗?
참나, 뭘 이렇게까지.

연습 '你看你, ……'를 사용하여 다음 대화를 완성하세요.

A : 我可不买这么贵的东西。
난 이렇게 비싼 물건은 안 사.

B : _____, _____。
당신도 참. 항상 자신한테 돈 좀 쓰는 걸 아까워하네.

抱佛脚 bào fójiǎo 급하면 부처 다리를 안는다 [비유] 평소에 준비하지 않다가 일이 닥쳐서야 급히 하다 | 心意 xīnyì 명 성의, 의향, 생각 | 收下 shōuxià 동 받아두다

Pattern 174

你……你的(……)

의미 (신경 쓰지 말고) 너의 ~을 계속 ~해라, (신경 쓰지 말고) 하던 ~ 계속 ~해

해설 상대방으로 하여금 진행하고 있는 일을 계속하라고, 또는 하려고 계획한 일을 하라는 의미로, 방해받을 필요가 없음을 의미한다.

예문

❶ 你忙你的，我随便看看。
신경 쓰지 말고 일 보세요. 그냥 둘러볼게요.

❷ 你们玩儿你们的，我先告辞了。
신경 쓰지 말고 계속 놀아. 나 먼저 간다.

❸ 你写你的作业，我去买菜做饭。
숙제 계속 하고 있어라. 장 봐서 밥하게.

❹ 你搞你的研究，这种应酬的事我来负责。
연구나 계속 하세요. 이런 접대는 내가 맡을 테니.

대화

A : 你回来啦，快洗洗手吃饭。
다녀오셨어요. 얼른 손 씻고 식사하세요.

B : 你吃你的，我现在不饿，一会儿再吃。
신경 쓰지 말고 먹어. 지금 배가 안 고파서, 좀 있다 먹을게.

연습 '你……你的(……)'을 사용하여 다음 대화를 완성하세요.

A : 我弹琴影响你睡觉吗?
내가 피아노 쳐서 당신 자는 데 방해돼?

B : 不碍事，＿＿＿＿＿＿＿＿＿＿＿＿＿＿，＿＿＿＿＿＿＿＿＿＿。
괜찮아. 계속 쳐, 듣기 좋은데.

告辞 gàocí 동 작별을 고하다, 헤어지다 | **应酬** yìngchou 명동 응대(하다), 접대(하다) | **弹钢琴** tán gāngqín 피아노를 치다, 조율하다 | **不碍事** bú àishì 방해되지 않는다, 지장 없다

Pattern 175

你……我…… ①

의미 (누구는) ~하고, (누구는) ~한다

해설 '你'와 '我'는 실제 지칭이 아니다. 사람이 많은 가운데 어떤 이는 이렇게 하고, 어떤 이는 저렇게 한다는 의미이다.

예문
1. 一家人你说我笑，家里洋溢着欢乐的气氛。
   온 가족이 얘기하고 웃으며 집안에 행복한 기운이 넘친다.
2. 办公室里常常你来我往的，怎么能静下心来写报告。
   사무실 안은 항상 사람들이 많이 오가는데, 어떻게 차분하게 보고서를 쓸 수 있겠어?
3. 你瞧这些运动员，你追我赶的，都憋着股劲儿拿第一呢。
   이 운동선수들 좀 봐. 앞서거니 뒤서거니 1등을 차지하려고 다들 사력을 다하고 있어.
4. 这真是你方唱罢我登场，那叫一个热闹。
   이거 정말이지 하나가 지나가면 또 하나가 시작이네. 볼거리가 제대로군.

대화
A : 你怎么刚来就要走啦?
   너 왜 방금 오자마자 가려고 그래?
B : 你打我闹的，吵死人了。
   여기 시끌 저기 시끌, 시끄러워 죽겠어.

연습 '你……我……'와 주어진 단어를 사용하여 다음 문장을 완성하세요.

1. 晚会上大家＿＿＿＿＿＿＿＿＿，热闹极了。(弹/唱)
   이브닝 파티에서 모두 피아노 연주도 하고 노래도 부르며 무척 흥겨웠다.
2. 游乐场里孩子们＿＿＿＿＿＿＿＿＿，玩得高兴极了。(蹦/跳)
   놀이공원 안에서 아이들은 여기 팔딱 저기 팔딱 정말 신 나게 논다.

洋溢 yángyì 통 (감정, 기분 등이) 충만하다, 넘치다 | 欢乐 huānlè 형 즐겁다, 유쾌하다 | 气氛 qìfen 명 분위기 | 静心 jìngxīn 통 마음을 가라앉히다, 진정하다 명 평정심 | 憋着(一)股劲(儿) biēzhe (yì) gǔ jìn(r) 온 힘을 다하다 | 罢 bà 통 멈추다, 끝나다 | 游乐场 yóulèchǎng 명 유원지, 놀이공원 | 蹦跳 bèngtiào 통 깡충거리고 뛰다

Pattern 176

你……我…… ②

의미 너도 ~(하고) 나도 ~(하고), 너도나도 ~(하다)

해설 많은 사람이 돌아가며 같은 동작을 하는 것을 나타낸다. '你'와 '我' 뒤에 수량구가 따라온다.

예문

❶ 你一杯，我一杯，一壶茶很快就喝光了。
너도 한 잔, 나도 한 잔, 차 한 주전자가 금세 바닥이 났다.

❷ 大伙儿你一言，我一语，越聊越高兴。
모두 너도 한 마디, 나도 한 마디 얘기를 나눌수록 신이 났다.

❸ 听到这个惊人的消息，同学们你一句，我一句，讨论了起来。
이 놀랄 만한 소식을 듣고 학우들은 너도나도 한 마디씩 토론하기 시작했다.

❹ 这里卖的珍珠项链真漂亮，价格也合理，游客们你一条，我一条，抢购一空。
여기에서 파는 진주 목걸이는 정말 예쁘고 가격도 적당해서, 관광객들이 너도나도 하나씩 앞다투어 구매하면서 금세 다 팔렸다.

대화

A : 那篇社论已经翻译完了?
그 사설 벌써 번역 다했어?

B : 是啊，大家你一段，我一段，很快就完稿了。
네. 다들 너 한 단락, 나 한 단락 해서 금세 탈고했습니다.

연습 '你……我……'를 사용하여 다음 대화를 완성하세요.

A : 那么大个西瓜，这么快就吃完了?
그렇게 큰 수박을 이렇게 빨리 다 먹었어?

B : 是啊，这么多人，大家＿＿＿＿＿＿＿＿＿＿，很快就吃光了。
네. 사람이 이렇게 많으니까, 다들 너 한 입, 나 한 입 금방 먹어치웠어요.

大伙儿 dàhuǒr 대 모두, 여러 사람 | 珍珠 zhēnzhū 명 진주 | 抢购 qiǎnggòu 동 앞을 다투어 사다 | 社论 shèlùn 명 사설 | 完稿 wángǎo 동 탈고하다, 원고를 다 쓰다

Pattern 177

宁可……, 也不……

의미 (차라리) ~하더라도(할지언정) ~하지 않는다, (차라리) ~했으면 했지 ~하기는 원치 않는다

해설 말하는 사람이 원하지 않는 두 가지 상황을 비교한 후에 전자를 선택함을 나타낸다. 후자는 말하는 사람이 가장 원하지 않는 일이라는 것을 강조한다. '宁愿/情愿……也不愿……'의 형식으로도 많이 사용한다.

예문

❶ 她本性善良, 宁可自己吃亏、受委屈, 也不愿伤害别人。
그녀는 본성이 선량해서 차라리 자기가 손해를 보고 억울함을 당하더라도, 다른 사람에게 상처 주기를 원하지 않는다.

❷ 我宁可砸锅卖铁, 也不能让孩子辍学。
내가 모든 것을 내놓는 한이 있어도, 아이가 학업을 중단하게 할 수는 없다.

❸ 我宁可一辈子独身, 也不嫁给这样窝囊的人。
나는 차라리 평생을 독신으로 살지언정, 그렇게 별 볼 일 없는 사람에게 시집가지는 않는다.

❹ 古人说: 宁可不吃肉, 也不能住在没有竹子的地方。
옛사람이 이르기를, "고기를 안 먹었으면 안 먹었지, 대나무가 없는 곳에 살 수는 없다"고 했다.

대화

A: 假如因特殊情况考前未做好准备, 考试时你会偷看别人的吗?
만약 특수한 상황으로 인해 시험 전에 준비를 제대로 하지 못했다면, 시험 때 너는 다른 사람 것을 훔쳐 볼 거냐?

B: 绝不会, 我宁可没好成绩, 也不能没人格。
절대 그렇지 않아. 차라리 성적을 포기하면 포기했지, 인격을 포기할 수는 없지.

연습 '宁可……, 也不……'를 사용하여 다음 대화를 완성하세요.

A: 老朴这人可真厚道。
박 형 이 친구는 참 후덕한 사람이야.

B: 是啊, 他＿＿＿＿＿＿＿＿＿＿, ＿＿＿＿＿＿＿＿＿＿＿＿＿。
맞아. 그 친구는 차라리 자기가 손해를 보더라도 친구한테 폐를 끼치는 걸 원하지 않아.

受委屈 shòu wěiqu 괴로움(억울함)을 당하다, 손해를 입다 | 砸锅卖铁 záguō màitiě 〈성어〉솥을 부수어 철을 팔다, 자기가 가지고 있는 모든 것을 다 내놓다 | 辍学 chuòxué 〈동〉학업을 중단하다 | 窝囊 wōnang 〈형〉겁약하다, 무능하다 〈형〉분하다, 억울하다 | 厚道 hòudao 〈형〉후덕하다, 인정이 많다 | 吃亏 chīkuī 〈동〉손해를 보다, 손실을 입다

Pattern 178

宁可……, 也要……

의미 (차라리) ~하더라도(할지언정, 하는 한이 있어도) (기꺼이) ~하겠다(해야 한다)

해설 어떤 사람이 어떤 일을 하겠다고 결심했으면, 아울러 이를 위해 기꺼이 앞에서 이야기하는 불리한 상황이나 조건을 감수하겠다는 것을 의미한다.

예문

❶ 全村的人意见一致，宁可少分红甚至不分红，也要把学校建起来。
온 마을 사람들은 차라리 배당이 적거나 심지어 없더라도 학교를 세우겠다고 의견일치를 보았다.

❷ 我宁可被人嘲笑为傻子，也要按照自己想好的路子走下去。
나는 남들에게 바보라고 비웃음을 당하더라도 내가 생각한 방식대로 계속 걸어가겠다.

❸ 她是那种宁可放弃事业，也要保全爱情的女人。
그녀는 사업을 포기하는 한이 있어도 사랑을 지켜내는 그런 여자다.

❹ 有些人特好面子，宁可借钱，也要办个体面的婚事。
어떤 사람은 체면을 유난히 중시해서, 돈을 빌리는 한이 있어도 번듯한 결혼식을 치르려 한다.

대화

A : 你说如果我现在把股票卖了，会不会踏空啊?
만약 내가 지금 주식을 팔면 괜한 짓을 하는 걸까? 네 생각은 어때?

B : 宁可踏空，也要回避风险。
차라리 자금을 놀릴지언정 리스크는 피해야지.

연습 '宁可……, 也要……'를 사용하여 다음 대화를 완성하세요.

A : 你觉得GDP重要，还是环境重要?
GDP가 중요한 거 같아, 아니면 환경이 중요한 거 같아?

B : 当然环境重要，＿＿＿＿＿＿＿＿＿＿＿＿＿，＿＿＿＿＿＿＿＿＿＿＿＿＿＿。
당연히 환경이 중요하지. GDP를 희생하는 한이 있어도, 환경을 보호해야 해.

分红 fēnhóng 동 이익을 분배하다 | 嘲笑 cháoxiào 동 조소하다, 비웃다 | 傻子 shǎzi 명 멍청이, 바보 | 路子 lùzi 명 길, 방법, 연줄 | 保全 bǎoquán 동 보전하다, 온전히 지키다 | 体面 tǐmiàn 명 체면, 체통 형 체면이 서다, 떳떳하다 | 踏空 tàkōng 동 발을 잘못 디디다 (투자자가 주식시장 시세가 오르기 전에 주식을 미처 사지 못하거나 팔아서 자금을 놀리는 것을 가리킴) | 回避 huíbì 동 회피하다 | 风险 fēngxiǎn 명 위험(성), 모험, 리스크

Pattern 179 七……八……

의미 (이리저리, 여기저기, 어지럽게, 엉망으로, 정신없게) ~하다

해설 명사 또는 동사 사이에 넣어 수량이 많음, 또는 수량이 많아 무질서하고 난잡하다는 의미이다. 이 경우에 한국어 의태어를 활용하여 해석, 번역하면 어감이 살아난다.

예문

❶ 他写字从来不认真，总是七扭八歪的。
그는 글씨를 쓰는 데 원래부터 정성이 없다. 항상 삐뚤빼뚤하다.

❷ 我爸七弄八弄，居然把这玩具修好了。
우리 아빠가 뚝딱뚝딱하시더니 이 장난감을 싹 고쳐놓으셨어.

❸ 这里的路太复杂，车七拐八拐，都把我拐糊涂了。
여기 길은 너무 복잡해서 차가 이리저리 꼬불꼬불 도는데, 사람을 정신없게 만든다.

❹ 大家七手八脚地，很快就把汉语演讲比赛的会场布置好了。
다들 우르르 달라붙어서 금방 중국어 말하기대회 대회장 준비를 마쳤다.

대화

A : 这篇论文质量实在太差了，根本无法通过。
이 논문은 수준이 정말 떨어지는군. 전혀 통과할 수 없겠어.

B : 是，七拼八凑的，毫无自己的见解。
네, 완전 여기저기 짜깁기네요. 자신의 견해가 하나도 없어요.

연습 알맞은 표현을 골라 빈칸에 넣으세요.

> 七搞八搞   七拼八凑   七上八下   七嘴八舌

1. 听说要提高印花税，股民们心里＿＿＿＿＿＿＿＿＿＿的。
   인지세를 올린다는 말에, 투자자들은 속으로 두근두근 노심초사다.

2. 一听说在校园里发生了这样的事，大家＿＿＿＿＿＿＿＿＿＿地议论开了。
   캠퍼스 안에서 이런 일이 발생했다는 소식을 듣고, 다들 이러쿵저러쿵 논의가 일기 시작했다.

歪扭 wāiniǔ 혱 비뚤다, 바르지 않다 | 拐 guǎi 동 방향을 바꾸다, 꺾어 돌다, 돌아가다 | 糊涂 hútu 혱 어리석다, 멍청하다, 흐리멍덩하다 | 拼凑 pīncòu 동 긁어모으다, 모아서 합치다, 짜깁기하다 | 见解 jiànjiě 명 견해, 소견 | 印花税 yìnhuāshuì 명 인화세, 인지세 | 议论 yìlùn 동 의논하다, 논의하다 명 의견

Pattern 180

千……万……

의미 (온갖, 갖은, 엄청나게) ~하다, 절대로 ~

해설 수량이 엄청나게 많다는 뜻을 나타내며, 때로는 어감을 강조하거나 더 한다.

예문

① 经过千辛万苦的训练，这次比赛他终于拿到了金牌。
천신만고의 훈련을 거쳐, 이번 시합에서 그는 마침내 금메달을 차지했다.

② 现在我认识到，千错万错，出了这样的事我不该瞒着她。
온갖 잘못을 지금에야 깨달았다. 이 같은 일이 생겼음을 나는 그녀에게 감춰서는 안 된다.

③ 外面的世界千好万好，也不如家里好。
바깥세상이 제아무리 끝내주게 좋아도 집만 못하다.

④ 千不该万不该，我不该搞这行，真是后悔莫及。
천부당만부당, 내가 절대 그러면 안 되는 거였어. 정말이지 후회막급이다.

대화

A: 人人都说，世上只有妈妈好。
사람들이 말하지, 세상에 엄마가 제일 좋다고.

B: 可不是，妈妈的恩情，千言万语说不尽。
아무렴. 어머니의 은혜는 온갖 말로도 이루 다할 수 없지.

연습 알맞은 표현을 골라 빈칸에 넣으세요.

> 千叮万嘱   千恩万谢   千山万水   千真万确

1. 出门前，妈妈_____，一定要注意安全。
   문을 나서기 전에 어머니가 반드시 안전에 주의하라고 신신당부를 하셨다.

2. 这个消息是_____的，我绝不会搞错。
   이 소식은 확실히 틀림없어. 내가 절대 잘못 알지는 않았을 거야.

训练 xùnliàn 명동 훈련(하다) | 金牌 jīnpái 명 금메달 | 后悔莫及 hòuhuǐmòjí 성어 후회막급이다, 후회해도 소용없다 | 恩情 ēnqíng 명 은정, 은혜 | 说不尽 shuōbujìn 이루 다 말할 수 없다 | 千叮万嘱 qiāndīng wànzhǔ 성어 신신당부하다, 거듭 부탁하다 | 千恩万谢 qiānēn wànxiè 성어 천만 번 사례하다(매우 감사해 함을 이르는 말) | 千山万水 qiānshān wànshuǐ 성어 멀고도 험난한 길 | 千真万确 qiānzhēn wànquè 성어 천만 번 지당하다, 아주 틀림없다

Pattern 181

前……后……

의미 앞으로 ~ 뒤로 ~ 연신 ~하다

해설 '前'과 '后'는 호응하며 어감을 강하게 만든다. 두 종류의 사물 또는 행위가 시간적·공간적으로 하나는 앞서고 다른 하나는 뒤서는 것을 나타내거나, 또는 반복을 나타낸다.

예문

❶ 应该了解事情的前因后果，再做判断。
일의 전후 인과관계를 잘 파악한 다음 판단해야 한다. [선후]

❷ 真不巧，方会计前脚走，田主任后脚就来了。
이거 참 우연찮네. 팡 회계가 나가자마자 티엔 주임이 뒤이어 들어오다니. [선후]

❸ 这个相声真有意思，大家都笑得前仰后合的。
이 만담은 정말 재미있다. 다들 웃겨서 앞뒤로 몸을 연신 흔들어댄다. [반복]

❹ 这个地方前不着村后不着店的，哪里去弄吃的呢？
이 동네는 어중간히 외지네. 어디 가서 먹을 것을 구하지?

대화

A : 这件事还得考虑考虑。
이 일은 좀 더 생각해봐야겠어.

B : 别前怕狼后怕虎的，这样什么事也干不成。
이것저것 너무 따지지 마라. 그러다가 아무 일도 제대로 되는 게 없다.

연습 알맞은 표현을 골라 빈칸에 넣으세요.

> 前因后果   前思后想   前摇后晃   前呼后拥

1. 他是大明星，出门总是_____的。
그는 대스타라 밖에 나갈 때면 항상 앞뒤로 사람들이 우르르 따라붙는다.

2. 他非常谨慎，不管干什么都要_____才做决定。
그는 무척 신중해서 무엇을 하든 심사숙고한 다음에야 결정을 내린다.

相声 xiàngsheng 명 만담, 재담 | 前仰后合 qiányǎng hòuhé 성어 (웃거나 술 취했거나 졸 때) 몸을 앞뒤로 (크게) 흔들다 | 前不着村，后不着店 qián bùzhuó cūn, hòu bùzhuó diàn 성어 앞에도 마을이 없고, 뒤에도 묵을 곳 없다, 곤경에 처해 의지할 곳이 없다 | 前怕狼，后怕虎 qián pà láng, hòu pà hǔ 성어 소심하여 이것저것 우려하다 | 前思后想 qiánsī hòuxiǎng 성어 앞뒤로 곰곰이 생각하다, 심사숙고하다 | 前摇后晃 qiányáo hòuhuàng 앞뒤로 흔들어대다 | 前呼后拥 qiánhū hòuyōng 앞에서는 소리쳐 길을 열고 뒤에서는 에워싸서 호위하다 | 谨慎 jǐnshèn 형 신중하다

Pattern 182

瞧你说的, ……

의미 말하는 것 좀 봐라, 뭘 그런 말을, 별말씀을, 천만에

해설
1. 대답할 때 사용한다. 상대방이 말한 바를 완곡하게 부정하거나 교정한다는 의미이다.
2. 다른 사람의 칭찬을 받을 때 겸손함을 나타낸다.
3. 다른 사람이 자신에게 사과나 감사 등 겸양을 표할 때 굳이 그럴 필요 없음을 나타낸다.

대화

1. A : 回到美国以后，别忘了我们啊！
   미국에 돌아가서 우리를 잊으면 안 돼!

   B : 瞧你说的，怎么会呢?
   애 말하는 것 좀 봐, 그럴 리가 있겠어?[완곡한 부정]

2. A : 你的字和书法家写的一样。
   네 글씨가 서예가가 쓴 거랑 똑같아.

   B : 瞧你说的，我的字还差得远呢。
   별말씀을요. 제 글씨는 아직 멀었는걸요.[겸손]

3. A : 实在是太感谢了，我们在这里的这段日子，人生地不熟的，多亏有你帮忙。
   정말 감사합니다. 우리가 이곳에 있는 동안 낯도 설고 물도 설었는데, 다행히도 덕분에 도움 많이 받았습니다.

   B : 瞧你说的，咱们是什么关系!
   천만의 말씀입니다. 우리가 보통 사이입니까![겸양]

연습 '瞧你说的, ……'를 사용하여 다음 대화를 완성하세요.

A : 你唱歌在我们全公司是数一数二的。
너는 노래 부르는 걸로 우리 회사 전체에서 손가락 안에 들어.

B : _____。
별소리를 다 하네. 내가 어디 그렇게 대단한가.

书法家 shūfǎjiā 명 서예가 | 人生地不熟 rén shēng dì bùshú 성어 사람도 땅도 낯설어 상황을 이해하지 못하다 | 多亏 duōkuī 부 덕분에, 다행히 동 은혜를 입다 | 数一数二 shǔyī shǔ'èr 성어 1, 2등을 다투다, 뛰어나다, 손꼽히다

Pattern 183

让/随……去吧

의미 (그냥, 상관 말고, 원하는 대로, 원래대로) ~하게 해라(~하게 둬라)

해설 다른 사람이 원하는 대로 하게 해주거나, 원래 하기로 했던 대로 하게 하고, 관여할 필요 없다는 의미이다.

예문

❶ 他已经长大成人了，让他自己闯去吧！
그는 이미 장성했는데, 그냥 자기가 알아서 헤쳐나가게 둬요!

❷ 只有两个名额，让他们争去吧，我不想去凑热闹。
정원은 두 명뿐인데, 자기들끼리 경쟁하라고 하세요. 나는 그 판에 끼어들고 싶지 않아요.

❸ 随他折腾去吧，反正就这么点儿家产。
걔 마음대로 (재산을) 처분하게 두세요. 어쨌든 재산이라고 해봐야 고작 얼마 되지도 않아요.

❹ 房间随它乱去吧，我也不想收拾了。
방이 어수선해도 그냥 두세요. 나도 정리하고 싶지 않아요.

대화

A: 作为领导人，他怎么能对大家的要求置之不理？
걔는 지도자가 되어서, 어떻게 모두의 요구를 거들떠보지도 않을 수가 있어?

B: 随他去吧，说也没用。
그냥 둬. 말해봐야 소용없어.

연습 '让/随……去吧'를 사용하여 다음 대화를 완성하세요.

A: 有的人老爱在背后说别人的坏话。
어떤 사람들은 늘 뒤에서 다른 사람의 험담하기를 좋아한다.

B: _____，这种人没什么市场。
마음대로 흉보라고 해. 그런 사람은 설 자리가 없어.

闯 chuǎng 동 돌진하다, 경험을 쌓다, 바쁘게 다니다, 문제를 일으키다 | 名额 míng'é 명 정원, 인원수 | 凑热闹 còu rènao 동 함께 즐겁게 놀다, 성가시게 굴다 | 折腾 zhēteng 동 괴롭히다, 뒤척이다, 손을 대다 | 家产 jiāchǎn 명 가산, 집안 재산 | 置之不理 zhìzhībùlǐ 성어 방치하고 상관하지 않다 | 背后 bèihòu 명 배후 부 뒤에서 | 坏话 huàihuà 명 험담, 귀에 거슬리는 말 | 没有市场 méiyǒu shìchǎng 환영을 받지 못하다

Pattern 184

如果……, 就……

의미 (만약, 만일, 가령) ~라면(하면) ~이다(하다)

해설 가설을 나타낸다. 어떤 조건이 있다면 이에 상응하는 상황이나 결과가 나타난다는 의미이다. '如果/要是/假如/倘若/若是/万一……的话，那么，……就/则/便……' 등으로 주로 사용된다.

예문

① 如果连放五天假，我就去西藏旅游。
만약 5일 연휴가 주어진다면, 나는 티베트로 여행 가겠다.

② 她如果身高一米七五，就会去当服装模特。
만일 그녀가 만약 키가 1m 75cm였다면, 패션모델이 되었을 거다.

③ 如果环境污染得不到有效的治理，企业发展后劲儿就会不足。
만약 환경오염이 효과적인 통제를 거두지 못하면, 기업발전은 발목이 잡힌다.

④ 如果出现通货膨胀，政府就一定会进行宏观调控。
만약 인플레이션이 발생하면, 정부는 반드시 거시조정을 시행한다.

대화

A : 今天又是黑色星期一，大盘下跌了190点。
오늘은 또 블랙먼데이다. 주식시세가 190포인트 하락했다.

B : 如果政府再不救市，股民们就会失去信心，出现赎回潮。
정부가 시장을 구제하지 않으면, 투자자들은 신뢰를 잃고 자금회수 흐름이 나타날 것이다.

연습 '如果……, 就……'를 사용하여 다음 대화를 완성하세요.

A : 谢谢你帮了我的大忙，问题解决了。
많이 도와주셔서 감사합니다. 문제가 해결되었습니다.

B : _____, _____。
만약 앞으로 또 문제가 있으면, 언제든 저를 찾아오십시오.

西藏 Xīzàng [지명] 티베트(Tibet) | 后劲(儿) hòujìn(r) [명] 후에 나타나는 기운이나 작용, 뒤끝, 뒷심 | 治理 zhìlǐ [동] 다스리다, 통치하다, 관리하다 | 通货膨胀 tōnghuò péngzhàng [명] 통화팽창, 인플레이션 | 宏观 hóngguān [형] 거시적(↔微观 wēiguān) | 调控 tiáokòng [동] 제어하다, 조정하다, 조절하다 | 大盘 dàpán [명] 증권시세, 선물시세 | 下跌 xiàdiē [동] 하락하다, 떨어지다 | 赎回 shúhuí [동] 대금을 치르고 저당물을 되찾다, 보상하다

Pattern 185

如果说……, 那(么)……则/就……

의미 가령(만약, 만일) ~라고 하자 그럼(그렇다면) ~는 곧(바로) ~라고 할 수 있다

해설 어떤 논리가 성립하거나 어떤 상황이 존재한다고 가정했을 때, 또 다른 논리나 상황 역시 존재할 이유가 분명히 있다는 것을 뜻한다. '则 zé'는 주로 서면어에 사용한다.

예문

❶ 如果说你是一本书，那我就是一首诗。
그대가 한 권의 책이라면, 나는 한 편의 시입니다.

❷ 如果说人生是一首优美的乐曲，那痛苦则是一个不可缺少的音符。
인생이 한 편의 아름다운 음악이라면, 고통은 바로 필수불가결한 음표이다.

❸ 如果说政治关系是两国关系的核心，那么经贸、人文交流则是双边关系的两翼。
정치관계가 양국관계의 핵심이라면, 경제무역과 인문교류는 곧 양자관계의 양 날개라고 할 수 있다.

❹ 如果说各种规章制度是规范员工行为的"有形规则"，那么企业文化就作为一种"无形规则"存在于员工的意识中。
각종 규정이 직원의 행위를 규범하는 '유형의 규칙'이라 한다면, 기업문화는 바로 일종의 '무형의 규칙'으로서 직원들의 의식 속에 존재한다고 할 수 있다.

대화

A : 这也算经典小说啊?
이것도 명작소설이라고 할 수 있어?

B : 如果说这都不算经典小说，那就没什么经典的了。
이걸 전부 명작소설이라고 할 수 없다면, 명작소설이란 건 없다고 봐야지.

연습 '如果说……, 那(么) ……则/就……'를 사용하여 다음 대화를 완성하세요.

A : 德语太难学了，我没信心学下去。
독일어는 너무 배우기 어려워. 계속 공부할 자신이 없어.

B : _____, _____是难上加难了。
독일어가 배우기 어렵다고 그러면 중국어는 최고로 어려운 말이겠다.

优美 yōuměi 휑 우아하고 아름답다 | 痛苦 tòngkǔ 명 고통 휑 고통스럽다 | 不可缺少 bùkěquēshǎo 불가결 | 音符 yīnfú 명 음부, 음표 | 核心 héxīn 명 핵심 | 经贸 jīngmào 명 경제(经济 jīngjì)와 무역(贸易 màoyì) | 两翼 liǎngyì 명 양쪽 날개 | 意识 yìshí 명 의식 | 难上加难 nánshangjiānán 성어 어려운데 어려움을 더하다, 설상가상, 엎친 데 덮치다

Pattern 186

三……两……

의미 수량이 적음: 두어(몇) ~, 간격이 짧음: 몇 번(몇 차례) ~

해설 수량이 많지 않거나 동작이 반복 발생하는 시간 간격이 짧다는 것을 의미한다.

예문

❶ 这事说起来话长，三言两语说不完。
　이 일은 말하자면 길어. 말 몇 마디로 안 끝나. [수량이 적음]

❷ 上课铃响了，学生们才三三两两地往教室走。
　수업 시작종이 울렸다. 학생들은 몇 명씩(삼삼오오) 교실로 향했다. [수량이 적음]

❸ 她手脚特麻利，三下两下就把厨房收拾得井井有条。
　그녀는 동작이 엄청나게 빠르다. 쓱쓱 손 몇 번 지나가더니 금방 주방을 반듯하게 정리했다.
　[간격이 짧음]

❹ 看来他真是饿坏了，这么一大碗面条，他三口两口就吃完了。
　쟤 정말 배고팠나 봐. 이렇게 큰 그릇에 담긴 국수를 젓가락질 몇 번에 다 먹어버렸어. [간격이 짧음]

대화

A : 一般女孩子出嫁了，也老惦着妈妈。
　보통의 여자들은 출가하고 나서도 자주 엄마를 그리워해.

B : 可不，我表姐也是三天两头往娘家跑。
　그렇다니까. 내 사촌 언니도 사흘이 멀다 하고 친정으로 달려와.

연습 알맞은 표현을 골라 빈칸에 넣으세요.

> 三言两语　　三天两头　　三三两两　　三天打鱼，两天晒网

1. 他们这帮中学同学关系可真亲密，_____地聚会。
　그 중학교 동창 녀석들은 관계가 참 끈끈해. 사흘이 멀다 하고 모임을 해.

2. 他的发言十分简短，_____就说完了。
　그의 발언은 무척 간단했는데, 몇 마디로 바로 말을 끝냈다.

三言两语 sānyán liǎngyǔ 성어 두세 마디 말, 몇 마디 말 | 三三两两 sānsān liǎngliǎng 성어 둘씩 셋씩, 삼삼오오 | 麻利 máli 형 민첩하다, 날래다 | 三下两下 sānxià liǎngxià 성어 일을 별로 힘들이지 않고 대강대강 해내다 | 井井有条 jǐngjǐngyǒutiáo 성어 조리정연하다, 질서정연하다 | 惦 diàn 동 늘 생각하다, 걱정하다, 염려하다 | 娘家 niángjia 명 친정 | 三天两头(儿) sāntiān liǎngtóu(r) 구어 사흘이 멀다 하고, 뻔질나게, 자주 | 三天打鱼，两天晒网 sāntiāndǎyú, liǎngtiānshàiwǎng 성어 사흘 고기 잡고 이틀 그물 말리다, 공부나 일을 꾸준히 하지 못함을 비유

Pattern 187

三下五除二

의미 (일이나 동작이) 재빠르다(민첩하다, 명쾌하다, 시원스럽다, 깔끔하다, 군더더기가 없다)

해설 원래 주산에서 사용하는 셈법 구결 중 하나이다. 3을 더할 때, 5짜리 알을 내리고 1짜리 알 2개를 내리는 것으로(3=5-2), 간단하고 빠르게 처리한다는 의미로 전용되었다.

예문

❶ 一大堆垃圾，大家三下五除二，一会儿就清理干净了。
잔뜩 쌓인 쓰레기를 모두가 깔끔하게 처리해서 금방 깨끗해졌다.

❷ 无论做什么，她从来都是三下五除二，一下子就干完了。
무슨 일을 하든지 그녀는 항상 신속하게 처리하는데, 순식간에 다 해버린다.

❸ 你看我多利索，这么多图书卡片，三下五除二，半天工夫就抄写完了！
내가 얼마나 깔끔하게 하나 봐. 도서카드가 이렇게 많아도 잽싸게 처리하면 반나절이면 다 베껴 쓴다고!

❹ 因为赶着去上班，两大块儿面包他三下五除二就塞进肚子里了。
서둘러서 출근하느라, 그는 커다란 빵 두 조각을 뱃속으로 순식간에 밀어 넣었다.

대화

A : 秦部长作风泼辣，处理任何问题都很干脆。
친 부장은 업무 스타일이 화끈해서, 무슨 문제를 처리하든 다 시원시원해.

B : 真的。多么复杂的问题到他手里，三下五除二，就能提出解决方案。
맞는 말씀. 아무리 복잡한 문제도 그 양반 손에만 들어가면, 한방에 끝, 금방 해결방법을 내놓는다니까.

연습 '三下五除二'을 사용하여 다음 대화를 완성하세요.

A : 经理助理小张很能干。来了什么事，＿＿＿＿＿＿＿＿＿＿＿＿＿＿＿＿。
사장 비서 장 양은 아주 유능해. 무슨 일이 생기면, 일사천리로 바로 적절하게 처리하지.

B : 怪不得老板总夸奖她呢。
어쩐지 사장님이 항상 그녀를 칭찬하더라니.

垃圾 lājī 명 쓰레기 | 清理 qīnglǐ 동 깨끗이 정리하다, 청산하다 | 利索 lìsuo 형 (언행이) 명쾌하다, 깔끔하다 | 抄写 chāoxiě 동 필사하다, 베껴 적다 | 塞进 sāijìn 밀어 넣다, 쑤셔 넣다 | 泼辣 pōla 형 괄괄하다, 드세다, 박력 있다 | 干脆 gāncuì 형 (언행이) 명쾌하다, 시원스럽다 부 아예, 차라리 | 妥当 tuǒdang 형 타당하다, 적절하다 | 夸奖 kuājiǎng 동 칭찬하다

Pattern 188 ……上下

의미 (대략, 대충) ~쯤(내외, 정도)

해설 수량사 뒤에 사용하며, 대략의 어림수를 나타낸다. 의미는 '……左右'와 같다.

예문

❶ 她钓上来的这条鱼可真不小，有五斤上下呢。
그녀가 낚아올린 이 물고기 진짜 엄청나게 크다. 다섯 근쯤 나가겠는데.

❷ 我们的校长才三十岁上下，真是年轻有为。
우리 학교 교장은 겨우 서른 살쯤 됐어. 정말 젊고 능력 있어.

❸ 考古队新发现的这个地下古城估计有两千年上下的历史。
고고학팀이 새로 발견한 이 지하 고성은 2천 년 내외의 역사가 되는 것 같다.

❹ 这种小巧玲珑的笔记本电脑重量只有一公斤上下。
이 작고 깜찍한 노트북 컴퓨터는 무게가 겨우 1kg 정도밖에 안 된다.

대화

A：你提一下看看这箱子有多重?
이 상자 얼마나 무거운지 한 번 들어봐.

B：我看，三十斤上下。
내가 보기엔, 30근(15kg)쯤 되는데.

연습 '……上下'를 사용하여 다음 대화를 완성하세요.

A：你们学校有多少学生?
너희 학교는 학생이 얼마나 되니?

B：_____。
2천 명쯤 될걸.

钩 gōu 图 낚시로 낚다, 갈고리로 걸다 | 年轻有为 niánqīngyǒuwéi 젊고 유망(유능)하다 | 考古 kǎogǔ 명图 고고학(을 연구하다) | 古城 gǔchéng 명 고도(古都), 오래된 도시, 고성 | 估计 gūjì 图 어림잡다, 예측(추정)하다, 평가하다 | 小巧玲珑 xiǎoqiǎolínglóng 성어 작고 깜찍하다, 앙증맞다 | 笔记本(电脑) bǐjìběn (diànnǎo) 명 노트북 컴퓨터

Pattern 189

少说(也)……

의미 적어도(적게 잡아도, 최소한) ~

해설 수량이 최소한도로 적다고 예측함을 의미한다. 주로 구어에 쓰인다. '少说也有……/少说也得(děi)……'의 형태로 흔히 사용한다.

예문

❶ 这礼堂少说也能坐两千人上下。
이 강당은 적어도 2천 명쯤 앉을 수 있다.

❷ 我这次去上海、新疆考察，少说也得个把月才能回来。
내가 이번에 상하이, 신장을 시찰하러 가는데, 최소한 한두 달은 걸려야 돌아올 수 있다.

❸ 那次参加反战示威游行的队伍，少说也有两三万人。
지난번 반전시위 데모에 참가한 행렬은 적게 잡아도 2, 3만 명은 된다.

❹ 这次义演筹得的善款少说也有上百万人民币。
이번 자선공연에서 모은 성금은 최소한 1백만 위안이 넘는다.

대화

A : 你看这副翡翠手镯值多少钱？
보시기에 이 비취 팔찌의 가치가 얼마나 나가겠습니까?

B : 少说也得上万。
최소 1만 위안은 나갑니다.

연습 '少说(也)……'를 사용하여 다음 대화를 완성하세요.

A : 去美国私立学校留学，我看一年得要两万美金。
미국 사립학교에 유학 가려면, 내가 보기엔 1년에 2만 달러는 들 것 같아.

B : 不止，不止，_____。
더 되지. 못 잡아도 3만 달러 넘게 들어.

礼堂 lǐtáng 명 강당, 식장 | 个把 gèbǎ 양 한두, 일이 | 反战示威 fǎnzhàn shìwēi 명 반전시위 | 义演 yìyǎn 명동 자선공연(하다) | 筹 chóu 동 마련하다, 조달하다 | 善款 shànkuǎn 명 자선금, 의연금, 성금 | 翡翠 fěicuì 명 비취 | 手镯 shǒuzhuó 팔찌 | 私立 sīlì 형 사립의 | 不止 bùzhǐ 동 (수량이나 범위가 초과하여) ~에 그치지 않다 | 出头 chūtóu 동 (수량이) 남짓하다, 약간 넘다

Pattern 190

……什么

의미 ~하긴 뭘, 무슨 ~하냐

해설 부정이나 동의하지 않음을 의미한다. 주로 동사나 형용사와 연용한다. 동사와 연용할 때에는 불만족스러운 의미를 나타내기도 한다. 동사가 목적어를 동반할 때에는 'V+什么+N'의 형태가 된다.

예문

❶ 大家都休息了，你嚷嚷什么！
다들 쉬고 있는데, 너는 뭘 떠들고 있니!

❷ 雨下得这么大，还散什么步！
비가 이렇게 많이 오는데, 뭔 놈의 산책이야!

❸ 生什么气！小孩子淘气很正常。
뭘 화를 내고 그래! 애가 장난치는 게 정상이지.

❹ 他就是作案嫌疑人，证据确凿，还犹豫什么？
그가 바로 범죄 용의자입니다. 증거도 명확한데, 뭘 더 망설입니까?

대화

A : 你好好跟他谈谈嘛，也许他会改变态度的。
너 걔랑 잘 얘기 좀 해봐라. 혹시라도 걔가 태도를 바꿀 수도 있잖아.

B : 谈什么！跟这种人没什么好谈的！
얘기는 무슨! 그런 인간이랑은 딱히 얘기할 것도 없어!

연습 '……什么'를 사용하여 다음 대화를 완성하세요.

A : 他要是当个作家也许还行。
걔는 작가가 되었더라면 더 잘 나갔을 수도 있어.

B : _____ ! 他这个人缺少想象力。
잘 나가기는! 그 인간은 상상력이 부족해.

嚷嚷 rāngrang 동 떠들다, 소문내다 | 作案 zuò'àn 동 범죄를 저지르다 | 嫌疑人 xiányírén 명 혐의자, 용의자 | 证据 zhèngjù 명 증거 | 确凿 quèzáo 형 확실하다, 확고하다 | 犹豫 yóuyù 형 머뭇거리다, 주저하다, 망설이다 | 也许 yěxǔ 부 어쩌면, 아마도 | 想象力 xiǎngxiànglì 명 상상력

Pattern 191

什么……不……的

의미 ~하긴 ~뭘, ~이든 ~아니든, ~하든 ~하지 않든, ~인지 ~인지 뭘 따지느냐(가리냐)

해설 상대방의 말에 동의하지 않거나 숙고할 필요가 없다는 의미를 나타내며, 다른 사람의 말을 인용할 때 많이 사용한다. '什么A不A的'와 '什么A呀B的'의 두 가지 형식이 있다.

예문

❶ 想吃就吃，什么钱不钱的！
먹고 싶은 대로 먹어. 돈은 무슨 돈!

❷ 管谁说什么好看不好看的，自己觉得适合自己就行。
누가 예쁘다고 하거나 말거나, 자기 생각에 자기한테 어울리면 된 거지.

❸ 拿着吧，什么你呀我的，咱们是铁哥们儿。
가져가. 너랑 나랑 뭘 따지니. 우린 형제 같은 사이잖아.

❹ 什么大呀小的，有得吃就不错了。
크든 작든 뭘 따지니. 있는 거 아무거나 먹으면 되지.

대화

A : 大家都说你是帅哥，你一定要交个漂亮的女友。
다들 너보고 꽃미남이라고 말하니, 너 반드시 예쁜 여자친구를 사귀어야겠다.

B : 什么漂亮不漂亮的，心眼好、性格好最重要。
예쁘고 말고가 뭐 있어. 마음씨 착하고 성격 좋은 게 제일 중요해.

연습 '什么……不……的'를 사용하여 다음 대화를 완성하세요.

A : 这套结婚礼服质量、式样都不错，可价钱太贵了。
이 결혼 예복은 품질과 스타일이 다 괜찮네. 그런데 가격이 너무 비싸.

B : _____, 买！
비싸고 자시고 할 게 뭐 있어, 사!

铁哥们儿 tiěgēmenr 명 의리로 똘똘 뭉친 남자 친구 | **帅哥** shuàigē 명 꽃미남, 멋진 오빠 | **心眼** xīnyǎn 명 내심, 심지, 속마음, 도량 | **礼服** lǐfú 명 예복 (↔ **便服** biànfú 평상복) | **式样** shìyàng 명 양식, 모양, 스타일, 디자인

Pattern 192

什么……都/也……

의미 무슨(어떤, 아무) ~라도 (다) ~하다

해설 '什么+명사+都/也+동사……'의 형태로 사용하는데, 말하는 범위 내에 예외가 없음을 뜻한다.

예문

❶ 我刚回国，什么情况都不了解。
   나는 막 귀국해서 아무런 상황도 모른다.

❷ 在我们单位，张会计什么人都认识，而且都能谈得来。
   우리 직장에서 장 회계는 누구든 다 안다. 게다가 그는 모두와 사이좋게 지낸다.

❸ 这些天她累得够呛，回家来什么话也不想说。
   요즘 그녀는 피곤해 죽을 지경이라, 집에 돌아와서 어떤 말도 하고 싶어 하지 않는다.

❹ 孩子到了逆反年龄，什么事也不愿意告诉父母。
   아이가 반항기가 되어서, 무슨 일이든 부모에게 알려주려고 하지 않는다.

대화

A : 你见多识广，什么事情都懂。
   너는 박학다식하구나. 무슨 일이든 다 알고.

B : 哪里，哪里，我也是一知半解。
   웬걸. 나도 그냥 대충 아는 거지.

연습 '什么……都/也……'를 사용하여 다음 대화를 완성하세요.

A : 没见你看报纸，_____?
   네가 신문 보는 것을 못 봤는데, 어떻게 어떤 소식이든 다 알아?

B : 我上网啊。
   인터넷 하잖아.

会计 kuàijì 명 회계원 동 회계하다 | 谈得来 tándelái 동 말이 잘 통하다 | 够呛 gòuqiàng 형 지독하다, 힘들다 | 逆反 nìfǎn 명동 상반(되다), 반대(되다) | 见多识广 jiànduō shíguǎng 성어 보고 들은 것이 많고 식견도 넓다, 박학다식하다 | 一知半解 yìzhī bànjiě 성어 하나쯤 알고 반쯤 깨달음, 많이 알지 못하다, 수박 겉핥기

Pattern 193 ……什么劲儿

의미 뭐(딱히) ~할(만한) 것도 없다, 굳이 ~하려고 그러니

해설 필요가 없고 가치가 없음을 뜻한다. '看/唱/学/吃/喝/玩/买' 등의 동사 뒤에 놓는다.

예문

❶ 这些节目没意思，看什么劲儿呀！
이 프로그램 재미없어. 뭐 볼 게 있다고!

❷ 这事和我根本没关系，你和我说个什么劲儿！
이 일은 나랑 전혀 관계없어. 너랑 나랑은 딱히 할 말도 없어!

❸ 他既然不想说，你还老问个什么劲儿！
걔가 기왕 말하기 싫다는데, 넌 뭘 굳이 자꾸 캐물어!

❹ 这么老掉牙的歌，还听个什么劲儿！
이런 구닥다리 노래를 뭐하려고 듣고 있어?

대화

A : 他年纪这么大了，还学什么劲儿！
그는 이렇게 나이가 많은데 굳이 뭘 더 배우겠다고 그런다니?

B : 俗话说：活到老，学到老嘛。
속담에 이런 말이 있잖아. "배움에는 끝이 없다."

연습 '……什么劲儿'을 사용하여 다음 문장을 완성하세요.

1. 你看你，这鸡翅也没什么肉，＿＿＿＿＿＿＿＿＿＿＿＿＿＿。
   너도 참, 이 닭 날개는 고기도 별로 없는데, 뭐 더 먹을 게 있다고 그러니.

2. 这种无聊的电视剧，＿＿＿＿＿＿＿＿＿＿＿＿＿＿。
   이런 따분한 드라마를 굳이 뭐 더 볼 게 있다고.

老掉牙 lǎodiào yá 매우 낡다, 낡아 빠지다, 케케묵다 | 活到老, 学到老 huódào lǎo, xuédào lǎo [성어] 배움에는 끝이 없다 | 鸡翅 jīchì [명] 닭 날개 | 电视剧 diànshìjù [명] 텔레비전 드라마

Pattern 194 ……什么，……什么

의미 무엇을 ~하면 (그대로) 그 무엇을 ~하다

해설 전후 두 개의 '什么'는 동일한 사물을 가리키며, 전자가 후자를 결정한다. 주로 '就'가 그 중간에 들어가서 조건절을 만든다.

예문

❶ 快开学了，你还缺什么，就买什么。
곧 개학하니까, 뭐 부족한 거 있으면 사라.

❷ 今天我做东，你们想吃什么，我就请什么。
오늘은 내가 대접할 테니까, 너희 뭐 먹고 싶으면 내가 쏠게.

❸ 高考就像个指挥棒，高考常考什么，老师就教什么。
가오카오는 지휘봉과 같아서 가오카오에서 자주 시험 보는 내용대로 선생님께서 가르치신다.

❹ 孩子小，没有判断力，大人教什么，他就学什么。
아이는 어려서 판단력이 없다. 어른이 가르쳐주는 그대로 배운다.

대화

A : 这个箱子装什么好呢?
이 상자에 뭘 담으면 좋을까?

B : 想装什么，装什么呗。
담고 싶은 거 아무거나 담으면 되지.

연습 '……什么，……什么'를 사용하여 다음 대화를 완성하세요.

A : 你要我说些什么呢?
나더러 무슨 말을 하라는 거야?

B : 你_____，我都洗耳恭听。
할 말 있으면 그대로 다 해. 내가 전부 귀담아들을게.

做东(儿) zuòdōng(r) 동 주인 노릇을 하다, 한턱내다, 초대하다 | 高考 gāokǎo 명 중국의 대학 입시 | 指挥棒 zhǐhuībàng 명 지휘봉, 바로미터 | 洗耳恭听 xǐ'ěrgōngtīng 성어 귀를 씻고 공손히 듣다, 경청하다, 귀담아듣다

Pattern 195

什么也 / 都……

의미 아무것도(어떤 것도, 그 무엇도) (다, 모두) ~하다

해설 '什么'는 임의의 것을 지칭하며, 말한 것이나 관계된 것 모두를 포함한다. 주로 부정의 형태 '什么 也/都(不)……'로 사용한다.

예문

❶ 心情不好时，我什么都干不下去。
   기분이 안 좋을 때, 나는 아무것도 못 한다.

❷ 这位总理脑子真快，记者提什么问题都难不倒他。
   이 총리는 두뇌 회전이 정말 빠르다. 기자가 어떤 질문을 던져도 총리는 어려워하지 않는다.

❸ 我困死了，现在你跟我说什么也是白说。
   나 졸려 죽겠어. 지금 네가 나한테 무슨 말을 해도 헛말이야.

❹ 真是初生牛犊不怕虎，年轻人常常什么也不怕，敢闯敢干。
   정말이지 하룻강아지 범 무서운 줄 모른다고, 젊은 애들은 종종 아무것도 겁나는 거 없이 막 들이대.

대화

A : 你这次可是出远门，再想想，该带的还缺什么？
   당신 이번에 멀리 나가는데, 다시 잘 생각해봐요. 갖고 갈 거 뭐 빠진 거 없는지.

B : 别担心，该带的都带了，什么也不缺了。
   걱정하지 마. 가져갈 건 다 가져가. 아무것도 빠진 거 없어.

연습 '什么也 / 都……'를 사용하여 다음 문장을 완성하세요.

1. 你别问我，昨天我不在办公室，_____。
   내게 묻지 마. 어제 나는 사무실에 없었어. 아무것도 모른다고.

2. 你是怎么搞的，学了半天，_____。
   넌 어떻게 된 게, 한참을 배웠는데 수학문제를 하나도 못 풀어.

初生牛犊不怕虎 chūshēng niúdú búpà hǔ [성어] 막 태어난 송아지는 호랑이도 무서워하지 않는다 | 闯 chuǎng [동] 돌진하다, 갑자기 뛰어들다 | 出远门 chū yuǎnmén 멀리 출장을 가다, 멀리 여행 가다, 먼 길을 떠나다

Pattern 196

……, 甚至……

의미 ～일뿐만 아니라 심지어 ～조차도(마저도)

해설 '甚至'를 사용하여 극단적인 사례를 들면서 도드라지게 강조를 나타낸다. '(不但/不仅)……, 甚至(连)…(也/都)'의 형태로 자주 사용한다

예문

① 这次颁奖会不但他的家长来了, 甚至一些亲朋好友也来了。
이번 수상식에는 그의 부모님께서 오셨을 뿐만 아니라, 심지어 친척과 친구들까지도 왔다.

② 世界上竟会有这样稀奇古怪的事! 我甚至连听都没听说过。
세상에 이렇게 희한하고 신기한 일이 있다니! 나는 들어본 적조차 없다.

③ 她这么个年纪轻轻的姑娘, 真受不了这样的打击, 甚至都不想活了。
그렇게 나이가 젊디젊은 아가씨는 심한 충격을 견디지 못하고, 살고 싶지 않다는 생각마저 들었다.

④ 他爷爷得了失忆症, 甚至自己的名字都忘了。
그의 할아버지는 기억상실증에 걸려서 심지어 자신의 이름조차 잊었다.

대화

A : 现在, 不少儿童智商都很高。
요즘은 대다수 아이의 아이큐가 다 높아.

B : 是啊, 甚至三岁的娃娃也会玩儿电脑游戏。
맞아. 심지어 세 살짜리 아기도 컴퓨터 게임을 할 줄 안다니까.

연습 '……, 甚至……'를 사용하여 다음 대화를 완성하세요.

A : 不管是东方国家还是西方国家, 不少孩子都喜欢孙悟空。
동양의 국가든 서양의 국가든, 많은 아이가 손오공을 좋아해.

B : 岂止孩子, _____。
어디 애들뿐이야, 심지어 어른들도 좋아하지.

颁奖 bānjiǎng 통 상을 주다 | 稀奇古怪 xīqígǔguài 성어 기괴하다, 매우 신기하다 | 打击 dǎjī 명 충격, 타격 통 치다, 때리다 | 失忆症 shīyìzhèng 명 기억상실증 | 智商 zhìshāng 명 아이큐, 지능지수 | 孙悟空 Sūn Wùkōng 명 손오공 (the Monkey King) | 岂止 qǐzhǐ 어찌 ～에 그치겠는가?, 어찌 ～뿐이겠는가?

Pattern 197

时……时……

의미 어떤 때는(때로는) ~하고 어떤 때는(때로는) ~하다, 이랬다저랬다 하다

해설 어떤 때에는 이렇고, 어떤 때에는 저렇다는 것을 의미한다. 주로 완전히 상반된 현상이 나타난다.

예문

❶ 这电视的图像时隐时现，真气人。
이 텔레비전의 화면이 나왔다 안 나왔다, 정말 사람 열 받게 하네.

❷ 现在是梅雨季节，在我们南方牛毛细雨时下时停。
지금은 장마철이라, 남부 지역에는 가랑비가 내렸다 그쳤다 한다.

❸ 前面的那辆车开得是时快时慢，让我超也不是，不超也不是。
앞쪽의 저 차는 빨랐다가 느렸다 하는 게, 내가 추월하기도 그렇고, 안 하기도 그렇고.

❹ 主机的风扇是不是出毛病了？怎么声音时大时小？
본체의 팬이 고장 났나? 왜 소리가 커졌다가 작아졌다가 그러지?

대화

A：这孩子的成绩不错嘛，几门主科都是优。
이 아이의 성적이 좋군요. 주요 과목이 모두 우수예요.

B：哪儿呀，不稳定，时好时坏。
아니에요, 성적이 일정하지가 않아요. 좋았다가 나빴다 해요.

연습 알맞은 표현을 골라 빈칸에 넣으세요.

> 时好时坏　　时快时慢　　时明时暗　　时左时右

1. 她的病情不稳定，＿＿＿＿＿＿＿＿＿＿。
그녀의 병세는 안정적이지 않다. 좋아졌다가 나빠졌다 한다.

2. 灯光一闪一闪的，前面的建筑物也＿＿＿＿＿＿＿＿＿＿。
등불이 반짝반짝하자 앞쪽의 건물 역시 밝아졌다가 어두워졌다 한다.

时隐时现 shíyǐn shíxiàn 성어 사라졌다 나타났다 하다 | **牛毛(细)雨** niúmáo (xì)yǔ 명 가랑비, 이슬비, 안개비, 보슬비, 부슬비 | **主机** zhǔjī 명 컴퓨터 본체, 메인 컴퓨터 | **风扇** fēngshàn 명 선풍기, 팬(fan)

Pattern 198

时而……时而……

의미 때로는(한동안) ~하고 때로는(한동안) ~하다

해설 한동안은 이런 상황이고, 한동안은 또 다른 상황으로 시시때때로 교차하는 것을 의미한다.

예문

❶ 近来气候反常，时而刮黄沙风，时而又下泥雨。
요즘 날씨 비정상이야. 황사가 불다가도 흙비가 내려.

❷ 躺在草原上，听到远处传来悠扬的歌声，时而高，时而低。
초원에 누워서 저 멀리 들려오는 은은한 노랫소리를 듣는데, 곡조가 높아졌다가 낮아졌다 한다.

❸ 这位扬名天下的运动员，最近情绪时而高涨时而低迷。
세상에 이름을 떨친 이 운동선수는 최근 정서가 때로는 고조되었다가 때로는 침체되었다 한다.

❹ 你注意到了吗？她的神情时而欢快，时而忧郁。
너 눈치챘어? 그녀의 표정이 기뻤다가 우울했다가 그래.

대화

A : 目前中东地区形势如何？
요즘 중동 지역의 정세가 어떻습니까?

B : 情况依旧，时而紧张，时而缓和。
상황은 여전합니다. 때로는 긴장상태였다가 때로는 완화상태였다가 하지요.

연습 '时而……时而……'을 사용하여 다음 문장을 바꿔 쓰세요.

1. 孩子的表情变化很快，一会儿哭，一会儿笑。
아이의 표정 변화는 매우 빠르다. 울다가 웃다가 한다.

　➡ _____ 。

2. 这里的天气阴晴不定，一会儿狂风大雨，一会儿艳阳高照。
이곳 날씨는 맑고 흐린 것이 일정하지가 않다. 잠깐 비바람이 불었다가 또 잠깐 햇볕이 쨍쨍 내려 쬐었다가 한다.

　➡ _____ 。

反常 fǎncháng 형 비정상적이다 | 泥雨 níyǔ 명 흙비 | 悠扬 yōuyáng 형 은은하다, 멀고 아득하다, 소리가 높아졌다 낮아졌다 하다 | 扬名 yángmíng 통 이름을 날리다 | 高涨 gāozhǎng 통 (물가, 수치 등이) 뛰어오르다, 급증하다 | 低迷 dīmí 형 떨어지다, 침체하다, 불경기이다 | 忧郁 yōuyù 형 우울하다 | 中东 Zhōngdōng 지명 중동 | 依旧 yījiù 통 의구하다, 여전하다 부 여전히 | 缓和 huǎnhé 통 완화하다, 느슨해지다 | 艳阳 yànyáng 명 밝은 태양, (주로 봄의) 화창한 풍광

Pattern 199

……似的

의미 (마치) ~같다, ~와 비슷하다

해설 '好像是……(마치 ~같다)'의 뜻이다. 명사, 대사, 동사 뒤에 쓰인다. 종종 '跟'이나 '像'과 함께 '(好/就)像……似的shìde, 跟……似的'의 형식으로 사용한다.

예문

❶ 她深深地爱着你，离开你就像鱼儿离开水似的。
그녀는 너를 깊이 사랑하고 있어. 너를 떠난다는 건 곧 물고기가 물을 떠나는 것과 같아.

❷ 你看他狼吞虎咽的，简直跟个饿狼似的。
쟤 좀 봐, 게눈 감추듯 먹어치우네. 그야말로 배고픈 이리가 따로 없군.

❸ 你这么个大小伙子怎么也扭扭捏捏的，像个小姑娘似的。
넌 이렇게 다 큰 사내 녀석이 왜 수줍어하고 그래, 아가씨처럼?

❹ 他突然发病，脑袋疼得像针扎似的。
그는 갑자기 병이 났는데, 머리가 바늘로 찌른 듯이 아팠다.

대화

A : 他的官不大，架子怎么那么大?
그의 직급은 높지 않은데, 자세가 왜 그렇게 거만해?

B : 是啊，像多大的官似的，没人喜欢他。
그러게. 엄청나게 높은 사람 같네. 그를 좋아하는 사람이 없어.

연습 '……似的'를 사용하여 다음 대화를 완성하세요.

A : 这小伙子, _____。
이 친구는 운동선수 같아.

B : 嗯，结实、健美、高高大大，挺像个篮球运动员!
응, 튼튼하고, 건강하고, 키가 크고 건장한 것이 딱 농구선수 같네.

狼吞虎咽 lángtūn hǔyàn 성어 게걸스럽게 먹다, 게눈 감추듯 하다 | 饿狼 èláng 명 굶주린 이리, 음식이나 재물을 탐내는 사람 | 扭扭捏捏 niǔniu niēniē 형 우물쭈물하다, 쭈뼛쭈뼛하다, 수줍어하다 | 扎 zhā 동 (뾰족한 물건으로) 찌르다 | 架子 jiàzi 명 선반, 구조, 자세 | 结实 jiēshi 형 튼튼하다, 건장하다 | 健美 jiànměi 형 건강하고 아름답다 명 건강미

Pattern 200

是……的

의미 ~인 것이다, ~했다

해설 이미 발생한 사건의 시간, 지점, 방식, 주체 등을 강조하거나, 말하는 사람이 자신의 태도나 관점 등을 강조한다. 이때 '是'는 생략할 수 있으나 부정문에서는 생략할 수 없다.

예문

❶ 我的汉语是在北大学的。
   내가 중국어를 배운 곳은 베이징대학이다. [지점 강조]

❷ 我今天开车来的，你可以搭我的车回家。
   나는 오늘 운전해서 왔다. 너는 내 차를 얻어타고 집에 돌아가도 된다. [방식 강조]

❸ 那照相机是他借来的，弄坏了当然要赔。
   저 카메라는 그가 빌려 온 거예요. 망가뜨렸으면 당연히 배상해야죠. [주체 강조]

❹ 你别一脸不高兴，这是机密，我是不会告诉你的。
   얼굴 가득 인상 쓰지 마. 이건 기밀이라서 나는 네게 알려주지 않을 거야. [화자의 태도]

대화

A : 你病成这样，我看明天的会你就别去了。
    네가 병이 나서 이 모양이 되었으니, 내가 보기에는 너 내일 회의에 가지 마라.

B : 那哪儿成啊，我还得发言呢，非参加不可的。
    그게 어디 될 말이에요? 나는 발언도 해야 하는데, 참가 못 하면 안 돼요.

연습 '是……的'를 사용하여 다음 대화를 완성하세요.

A : 你买到去海南三亚的火车票了?
    너 하이난 산야 가는 기차표 구했어?

B : 对，_____。
    응, 어제 오후에 샀어.

搭车 dāchē 통 차를 타다, 편승하다 | 赔 péi 통 손해를 보다, 배상하다 | 机密 jīmì 명 기밀, 극비 | 海南 Hǎinán 지명 하이난 | 三亚 Sānyà 지명 산야(하이난의 성(省) 소재지)

Pattern 201

……是/归……, 可是/但……

의미 ~는 ~이다 그렇지만 ~

해설 의미는 '虽然……可是……'와 비슷해서, 하나의 사실은 인정하지만 또 다른 하나의 사실은 고려할 필요가 있음을 나타낸다. '是'나 '归'의 앞뒤에 동일한 단어를 사용한다.

예문

❶ 这份工作累归累，但能学到不少东西。
이 일은 힘들기는 힘들지만 많은 것을 배울 수가 있다.

❷ 养孩子辛苦归辛苦，可是孩子也给父母带来很多快乐。
아이를 키우는 것은 고되기는 고되지만, 아이는 부모에게 많은 기쁨을 가져다준다.

❸ 学外语难是难，可是还得学。
외국어를 배우는 것은 어렵기는 어렵지만 그래도 배워야 한다.

❹ 这种进口车贵是贵，但质量确实好，还是有不少人买。
이런 수입차는 비싸기는 비싸지만, 품질은 확실히 좋아서 적지 않은 사람들이 구매한다.

대화

A : 她长得那么漂亮，你怎么跟她分手了呢?
그녀는 그렇게 예쁘게 생겼는데, 너는 왜 그녀와 헤어졌어?

B : 漂亮是漂亮，可是缺少共同语言。
예쁘기야 예쁘지만, 공감대가 부족해.

연습 '……是/归……, 可是/但……'을 사용하여 다음 대화를 완성하세요.

A : 我知道你喜欢喝这种酒，今天让你喝个够。
네가 이런 술을 좋아하는 거 알아. 오늘 실컷 마셔.

B : _____, _____, 还得少喝。
좋아하긴 좋아하지. 하지만 건강을 위해서 아무래도 조금만 마셔야겠어.

养孩子 yǎng háizi 아이를 키우다 | 确实 quèshí 🖳 확실히 🖳 확실하다 | 分手 fēnshǒu 🖳 헤어지다, 관계를 끊다 | 缺少 quēshǎo 🖳 모자라다, 결핍하다

Pattern 202 ……是时候

의미 마침 좋은 때이다, 적절한 시기이다, 때마침 ~하다

해설 어떤 상황의 발생이 마음에 꼭 들거나, 또는 시간이 딱 적당하다는 의미이다. 부정할 때에는 '不是时候'를 사용한다.

예문

① 你来的是时候，我刚从农贸市场采购回来，可以做一顿丰盛的午餐。
당신 마침 잘 왔어. 내가 막 농산물시장에서 장을 봐왔거든, 푸짐한 점심 한 끼 식사를 만들 수 있겠어.

② 我来的真是时候，能见到你说的比天使还好的姨妈。
내가 정말 딱 맞춰 왔네. 네가 말한 천사보다 좋은 이모를 볼 수 있다니.

③ 现在买股票可不是时候，股价已经太高了，说不定还有泡沫呢。
지금은 주식을 살 때가 아니다. 주가가 이미 너무 올라서, 거품이 있을지도 몰라.

④ 你这会儿跟他说这样的事可不是时候，他正为提职称的事烦着呢。
네가 지금 그에게 이런 일을 얘기하는 건 때가 적절치 않다. 그는 한창 승진하는 일로 골치가 아프거든.

대화

A : 清明节你和他们去扫墓啦?
청명절에 너 그들이랑 성묘 갔었어?

B : 是，不过走的不是时候，半路上遇到大雨，都淋了个落汤鸡。
응, 그렇지만 가는 날이 장날이라고. 도중에 비가 엄청나게 와서 다들 물에 빠진 생쥐가 됐어.

연습 '……是时候'를 사용하여 다음 대화를 완성하세요.

A : 我昨天向爸爸要零花钱，他一脸不高兴。
나 어제 아빠한테 용돈 달랬다가, 엄청나게 한 소리 들었어.

B : _____，昨天他心情不好。
돈 달라는 타이밍이 좋지 않았어. 어제 아버지가 기분이 좋지 않으셨거든.

农贸市场 nóngmào shìchǎng 몡 농수산물시장 | 采购 cǎigòu 통 구입하다 몡 구매담당원 | 丰盛 fēngshèng 혱 (음식 등이) 풍성하다, 성대하다 | 天使 tiānshǐ 몡 천사 | 姨妈 yímā 몡 결혼한 이모 | 股价 gǔjià 몡 주가 | 说不定 shuōbudìng 튀 아마 톙 단언하기 어렵다, 아마 ~일 것이다 | 泡沫 pàomò 몡 거품, 물거품, 버블 | 职称 zhíchēng 몡 직명, 직무상의 칭호, 직함 | 扫墓 sǎomù 동 성묘하다 | 落汤鸡 luòtāngjī 몡 물에 빠진 생쥐, 온몸이 푹 젖은 사람

Pattern 203

A是A, B是B

의미 A는 A이고 B는 B이다

해설 A와 B가 별개의 사람 혹은 사물이라는 뜻으로 서로 관계가 없다는 것을 나타낸다. 'A归A, B归B'와 같은 표현이다.

예문

❶ 他是他，我是我。别把我们扯一块儿。
그는 그고, 나는 나야. 우리를 하나로 엮지 말라고.

❷ 去年是去年，今年是今年，哪儿能年年都是一个样儿呢。
작년은 작년이고, 올해는 올해지. 어떻게 해마다 똑같을 수가 있겠어.

❸ 送礼是送礼，行贿是行贿，不能混为一谈。
선물은 선물이고, 뇌물은 뇌물이지. 대충 얼버무려 이야기할 수는 없어.

❹ 说是说，做是做。能说会道的人，事情未必能办得漂亮。
말은 말이고, 행동은 행동이다. 언변이 뛰어난 사람이 반드시 일 처리를 잘한다고는 볼 수 없다.

대화

A : 这桩婚事你妈都同意了，你还反对?
이 혼사는 네 어머니께서 동의하셨는데, 넌 왜 계속 반대해?

B : 我妈是我妈，我是我，她不能代表我。
엄마는 엄마고, 나는 나야. 엄마가 나를 대신할 수는 없어.

연습 'A是A, B是B'를 사용하여 다음 대화를 완성하세요.

A : 鱿鱼是不是就是章鱼?
오징어가 바로 문어 아냐?

B : 哪儿呀，_____，_____。
무슨 소리. 오징어는 오징어고, 문어는 문어지.

扯 chě 图 끌다, 당기다, 잡아당기다 | 送礼 sònglǐ 图 선물을 주다 | 行贿 xínghuì 图 뇌물을 주다 (↔ 受贿 shòuhuì) |
能说会道 néngshuō huìdào 图 말솜씨가 좋다 | 未必 wèibì 图 반드시 ~인 것은 아니다 | 桩 zhuāng 图 가지, 건(件) |
鱿鱼 yóuyú 图 오징어 | 章鱼 zhāngyú 图 문어

Pattern 204

……是他/你, ……也是他/你

의미 ~인(한) 것도 그(녀)이고 ~인(한) 것도 그(녀)이다

해설 잘 이해되지 않는 완전히 상반된 두 가지 행위, 혹은 비슷한 여러 가지 행위가 모두 동일한 사람이 한 일이라는 것을 나타낸다.

예문

❶ 疼人的是他，气人的也是他。
나를 마음 아프게 하는 사람도 그이고, 나를 화나게 하는 사람도 그이다.

❷ 哭着喊着要去的是她，去了又说没意思的也是她。
울고불고 가겠다던 사람도 그녀이고, 가고 나서 재미없다고 떠드는 사람도 그녀이다.

❸ 帮我的人是你，给我添麻烦的人也是你，叫我说你什么好。
나를 도와준 사람도 너고, 나에게 폐를 끼친 사람도 너다. 내가 너에게 뭐라고 하면 좋겠니.

❹ 哭的是你，闹的是你，打人骂人的也是你。
운 사람도 너고, 난리를 친 사람도 너다. 그리고 사람을 때리고 욕한 사람도 역시 너다.

대화

A : 干吗把眼睛瞪得那么大，是谁惹你啦？
뭐야, 눈을 그렇게 부릅뜨고, 누가 너를 열 받게 했다고 그래?

B : 这东西说要买的是你，买来不要的也是你！
이 물건을 사자고 한 사람도 너고, 사 와서 필요 없다고 한 사람도 너야!

연습 '……是他/你, ……也是他/你'를 사용하여 다음 문장을 완성하세요.

1. 他的成绩忽上忽下，_____。
그의 성적은 들쑥날쑥하다. 반에서 1등을 한 사람도 그이고, 꼴등을 한 사람도 그이다.

2. 我对他爱恨交加，_____。
나는 그에게 애증이 교차해. 내가 사랑하는 사람도 그 사람, 미워하는 사람도 그 사람이야.

添麻烦 tiān máfan 동 폐를 끼치다 | 瞪眼 dèngyǎn 동 눈을 크게 뜨다, 노려보다, 부라리다 | 惹 rě 동 야기하다, (언행이) 상대방의 기분을 건드리다 | 忽上忽下 hūshàng hūxià 성어 올라갔다 내려갔다 하다, 마음이 흠칫흠칫 하다 | 倒数第一 dàoshǔ dìyī 명 꼴찌, 뒤에서 1등 | 恨 hèn 명 한, 원한 동 원망하다, 증오하다 | 交加 jiāojiā 동 동시에 나타나다, 겹치다

Pattern 205

首先……，其次……

의미 우선(먼저, 첫째) ~ 그다음(부차, 둘째) ~

해설 항목을 열거할 때 사용하는 표현이다.

예문

❶ 想学好外语，首先要多听，其次要多说。
외국어를 제대로 배우고 싶으면, 우선 많이 들어야 하고, 그다음으로 말을 많이 해야 한다.

❷ 我买东西，首先考虑质量，其次才考虑价格。
나는 물건을 살 때, 먼저 품질을 고려하고, 다음에야 가격을 고려한다.

❸ 我觉得喝酒有好处，首先能让人忘记烦恼，其次使人容易交朋友。
나는 술을 마시는 것이 장점이 있다고 생각한다. 첫째는 사람의 번민을 잊게 해주고, 둘째는 친구를 쉽게 사귀게 해준다.

❹ 首先我要感谢王老师的指导，其次我还要感谢家人的支持。
제일 먼저 왕 선생님의 지도에 감사하며, 그다음으로 가족의 응원에도 감사합니다.

대화

A : 为什么你觉得汉语比英语难学?
너는 왜 중국어가 영어보다 배우기 어렵다고 생각해?

B : 首先，汉字很难写；其次，汉语有声调，这也很难掌握。
첫째 한자는 매우 쓰기 어렵고, 둘째 중국어는 성조가 있어서 이 역시 마스터하기 힘들어.

연습 '首先……，其次……'를 사용하여 다음 대화를 완성하세요.

A : 你觉得怎样才算是好朋友?
네 생각에 어떻게 해야 좋은 친구라고 할 수 있어?

B : 好朋友_____，_____。
좋은 친구는, 첫째로 서로 이해할 수 있어야 하고, 둘째로 곤란할 때 너를 도울 수 있어야 해.

声调 shēngdiào 몡 성조 | 掌握 zhǎngwò 동 파악하다, 정복(마스터)하다, 장악하다

Pattern 206

谁……, 谁……

의미 (누구든) ~하는 사람은 (누구든) ~한다, 아무도 서로 ~하지 않다

해설 두 개의 '谁'는 임의의 동일인을 가리킨다. 또한, 두 개의 '谁'는 다른 사람을 가리킬 수도 있는데, 부정문에 주로 사용하며 서로 이해나 공감이 있다는 의미이다.

예문
❶ 下午开全体大会，谁要是不能来，谁就得请假。
오후에 전체회의가 열립니다. 못 오는 사람은 불참 요청을 해야 합니다. [임의의 동일인]

❷ 这里是禁烟区，谁要抽烟，谁就到外边去抽。
이곳은 금연구역입니다. 담배를 피우실 분은 밖에 나가서 피우세요. [임의의 동일인]

❸ 我们过去谁也不认识谁，可现在是好朋友。
우리는 과거에 아무도 서로 알지 못했다. 하지만 지금은 좋은 친구이다. [다른 사람]

❹ 他们俩虽是同班同学，可谁也不喜欢谁，谁也看不起谁。
그들 둘은 비록 같은 반 친구이지만, 서로 좋아하지 않고, 서로 무시한다. [다른 사람]

대화
A : 明天我也可以去看安防新仪器展览吗?
내일 나도 보안기구 전시회에 가 봐도 될까?

B : 当然可以，谁想去谁报名。
당연히 되지. 누구든 가고 싶은 사람은 신청해.

연습 '谁……, 谁……'를 사용하여 다음 대화를 완성하세요.

A : 今天谁请客?
오늘 누가 쏘는 거야?

B : _____, _____, 反正我不掏钱。
쏠 사람은 쏴. 어쨌든 나는 돈 안 내.

禁烟区 jìnyānqū 금연구역 | 安防 ānfáng 몡 안전방범(安全防范)의 줄임말, 보안 | 仪器 yíqì 몡 측정(계측)기, 기구 (device) | 掏钱 tāoqián 통 돈을 꺼내다, 돈을 내놓다

Pattern 207 谁也 / 都······

의미 누구도(누구든, 누구라도, 아무도) ~

해설 임의의 어떤 사람도 모두 이러하며 예외가 없음을 나타낸다. 부정형식으로 많이 사용한다.

예문

❶ 我说的全是真的，怎么谁也不相信呢。
내가 말한 것은 전부 진짜야. 어떻게 아무도 안 믿냐.

❷ 不是我们不肯帮她，是谁也帮不了她。
우리가 그녀를 돕지 않으려고 한 것이 아니라, 아무도 도울 수가 없었던 거야.

❸ 在那种情况下，大家都拼命干，谁都不愿意落后。
그런 상황에서는 모두 죽기 살기로 일한다. 누구도 뒤떨어지기를 원치 않는다.

❹ 像他这样两面三刀的人，谁都不喜欢。
그 인간처럼 겉과 속이 다른 사람은 누구도 좋아하지 않는다.

대화

A : 求你了，别说了，太恐怖了！
부탁이야, 그만 얘기해. 너무 무서워!

B : 我知道，你们谁都不爱听，可这是铁的事实！
나도 너희가 모두 듣기 싫어하는 거 알아. 하지만 이건 엄연한 사실이라고!

연습 '谁也 / 都······'를 사용하여 다음 문장을 다시 쓰세요.

1. 没有人想在环境这么糟糕的地方吃饭。
   환경이 이렇게 열악한 곳에서 밥을 먹고 싶어 하는 사람은 없다.
   ⇨ _____。
   누구도 환경이 이렇게 열악한 곳에서 밥을 먹고 싶어 하지 않는다.

2. 没有人喜欢跟脾气这么坏的人交往。
   성격이 이렇게 나쁜 사람과 사귀기를 좋아하는 사람은 없다.
   ⇨ _____。
   누구나 성격이 이렇게 나쁜 사람과 사귀기를 좋아하지 않는다.

拼命 pīnmìng 图 목숨을 내던지다, 필사적으로 하다, 활발하게 움직이다 | 两面三刀 liǎngmiàn sāndāo 솅에 양다리를 걸치며 겉과 속이 다르다 | 铁的事实 tiě de shìshí 확고부동한(명백한, 엄연한) 사실 | 糟糕 zāogāo 图 엉망이 되다, 망치다

Pattern 208 顺着……往……

의미 ~따라(대로) (계속) ~로(향해)

해설 어떤 노선이나 상황대로 계속 진행하는 것을 나타낸다.

예문

❶ 顺着马路右边往前走，五分钟就到了。
큰길 오른쪽을 따라 계속 앞으로 가세요. 5분 정도면 도착합니다.

❷ 这些花籽儿，就顺着墙根儿往前撒吧。
이 꽃씨를 담장 밑을 따라서 죽 앞으로 뿌려라.

❸ 你是新手，别走快车道，就顺着慢车道往前开吧。
너는 초짜니까 빠른 고속차선으로 가지 말고, 그냥 저속차선을 따라 계속 앞으로만 운전해.

❹ 既然丁处长提到了这个问题，那我就顺着他的话题再往下说两句。
기왕 딩 처장이 이 문제를 제기했으니, 그럼 나는 그의 안건대로 계속 두어 마디 더 얘기하겠습니다.

대화

A : 快告诉我，后来那个孩子找到他亲妈了吗?
빨리 얘기해! 나중에 그 애가 자기 친엄마를 찾았어?

B : 别急，你顺着这篇报道往下看，就知道了。
재촉하지 마. 이 기사를 따라 계속 읽어 봐. 그럼 알게 될 거야.

연습 '顺着……往……'를 사용하여 다음 대화를 완성하세요.

A : 文章后半部分怎么写呢?
글의 후반부는 어떻게 써?

B : _____, 不就行了。
방금 말한 구상대로 계속 생각해봐. 그럼 되겠지.

花籽儿 huāzǐr 명 꽃씨 | 墙根 qiánggēn 명 담장 밑, 성벽 부근, 벽의 밑 | 撒 sǎ 동 살포하다, 뿌리다, 엎지르다, 흘리다 | 新手 xīnshǒu 명 신참, 풋내기, 초보, 신인 | 报道 bàodào 명 보도, 기사, 뉴스 동 보도하다 | 思路 sīlù 명 사고의 맥락, 글의 구상

Pattern 209

说到……，……就……

의미 [우연한 일치] ~ 말했더니 (우연하게, 우연히) ~ 바로 ~하다, [조건 연쇄 반응] ~ 말하면 (항상, 늘) ~ 바로 ~하다

해설 우연하게 맞아떨어지거나, 또는 어떤 일을 언급하면 항상 그 상황이 발생한다는 것을 나타낸다.

예문

❶ 刚说到炒股，咱们赚钱的机会就来了，你们看，"抄底"的时候到了。
막 주식투자 이야기를 하고 있었는데, 우리가 돈을 벌 기회가 (우연히) 찾아왔어. 너희 봐라. 바닥 매수 타이밍이 왔어. [우연한 일치]

❷ 小马来啦! 真是说到曹操，曹操就到。
샤오마 왔네! 정말이지 호랑이도 제 말 하면 온다니까. [우연한 일치]

❸ 说到过去的那段经历，她就会伤心流泪。
과거의 그 경험을 이야기할 때면, 그녀는 늘 마음 아파하며 눈물을 흘린다. [연쇄 반응]

❹ 说到她孙子，张奶奶就会乐得合不上嘴。
손자 얘기만 나오면 장 씨 할머니는 신나서 입이 다물어지지 않는다. [연쇄 반응]

대화

A : 你最近老愁眉苦脸的，为什么事烦恼啊?
너 최근에 계속 근심에 찬 얼굴인데, 무슨 일 때문에 고민이야?

B : 人家都说我谈的是马拉松式恋爱，可我只要一跟他说到结婚，他就转移话题。
사람들이 다들 내가 마라톤식 연애를 하고 있대. 하지만 내가 그 사람한테 결혼 얘기만 했다 하면, 바로 화제를 돌려버리는걸.

연습 '说到……，……就……'를 사용하여 다음 대화를 완성하세요.

A : 哈哈! _____，_____。
하하! 우리 막 네 얘기를 하고 있었는데, 어쩜 네가 딱 왔어.

B : 你们是不是在背后说我的坏话呢?
너희 뒤에서 내 험담하고 있었던 거야?

合不上嘴 hébushàng zuǐ 입을 다물지 못하다 | 说曹操，曹操就到 shuō Cáo Cāo, Cáo Cāo jiù dào [속담] 조조(曹操)를 말하고 있는데 조조가 나타나다, 호랑이도 제 말 하면 옴을 비유 | 流泪 liúlèi [동] 눈물을 흘리다 | 炒股 chǎogǔ [동] 주식 투자(투기) 하다 | 抄底 chāodǐ [동] (급반등 전에) 최저점 매수하다, 바닥 매수 | 愁眉苦脸 chóuméi kǔliǎn [성어] 찡그린 눈썹과 고통스러운 얼굴, 수심에 찬 얼굴, 우거지상

Pattern 210 说到哪儿去了

의미 그렇게까지 말씀하실 필요까지는 없습니다, 별말씀을 다 하십니다, 뭘 그런 말씀을, 뭘 그렇게까지

해설 앞서 언급한 상황이 아니라고, 혹은 상대방의 견해에 동의하지 않음을 나타내는 완곡한(겸손한) 표현이다. 주로 대답할 때에 말머리에 사용한다. (Pattern 182 瞧你说的 참조)

대화

1. A：你送这么重的礼，真叫我过意不去。
   이렇게 중한 선물을 주시다니요. 정말 몸 둘 바를 모르겠습니다.

   B：说到哪儿去了，一点点心意。
   별말씀을요. 그저 작은 정성일 뿐입니다.

2. A：你帮了我这么大的忙，真不知道怎么谢你！
   이렇게 큰 도움을 주셔서 어떻게 감사해야 할지 정말 모르겠습니다!

   B：说到哪儿去了，这只不过是举手之劳。
   별말씀을 다 하십니다. 그저 살짝 거들었을 뿐입니다.

3. A：今天还让你掏腰包，怎么好意思呢？
   오늘도 또 자네보고 돈을 내게 했네. 이거 미안해서 어쩌지?

   B：说到哪儿去了，没几个钱。
   별소리를 다하네. 몇 푼 되지도 않는데.

연습 '说到哪儿去了'를 사용하여 다음 대화를 완성하세요.

A：让你花了那么多时间陪我东逛西逛，太不好意思了。
나 데리고 여기저기 구경시킨다고 네 시간을 많이 쓰게 했어. 정말 미안한걸.

B：_____，_____，_____。
뭘 그렇게까지. 고향 사람이잖아, 당연한 일 같고.

过意不去 guòyìbúqù 통 미안해하다, 죄송하다, 송구스럽다 | **举手之劳** jǔshǒuzhīláo 성어 손을 드는 것처럼 아주 쉽다, 쉽게 처리할 수 있는 일을 비유 | **掏腰包** tāo yāobāo 통 돈을 내다, 비용을 부담하다 통 소매치기하다 | **老乡** lǎoxiāng 명 동향인(同鄉人), 한 고향 사람

Pattern 211

说话就……

의미 말하는 사이에~ 곧(바로, 금방, 이내) ~하다

해설 말하고 있는 잠깐 사이를 가리키는데, 시간이 매우 짧다는 뜻이다. '马上', '立刻'의 의미가 있다.

예문

❶ 都五月了，说话就要热了。
5월이 됐네. 금방 더워지겠다.

❷ 刚才还是大太阳呢，说话就下起雨来了。
좀 전까지 해가 쨍쨍하더니, 어느새 비가 내리기 시작했다.

❸ 孩子长得可真快，说话就长成大姑娘了。
아이가 정말 빨리 크네요. 어느새 아가씨가 되었어요.

❹ 他们俩一直说说笑笑的，怎么说话就大吵起来了呢？
걔네 둘은 계속 웃으면서 수다를 떨더니, 어떻게 금방 싸우고 그러니?

대화

A : 服务员，这么半天了，怎么还不给我们上菜呀!
웨이터, 한참 지났는데 왜 아직도 음식을 안 내오는 거야!

B : 说话就得，说话就得。
금방 갑니다, 금방 가요.

연습 '说话就……'를 사용하여 대화를 완성하세요.

A : 真是光阴似箭，日月如梭啊!
정말이지 세월이 쏜살같이 지나가네.

B : 可不，＿＿＿＿＿＿＿＿＿＿＿＿＿＿＿＿＿＿＿＿＿＿＿＿＿。
그러게. 1년이 어느새 또 지나가.

说笑 shuōxiào 동 담소하다, 이야기로 웃음꽃을 피우다 | 上菜 shàngcài 동 요리를 내오다, 상등의 요리 | 光阴似箭 guāngyīnsìjiàn 성어 세월이 화살처럼 빠르게 지나가다, 세월이 유수와 같다 | 日月如梭 rìyuèrúsuō 성어 해와 달이 베틀의 북같이 오가다, 세월이 쏜살같이 흐르는 것을 비유

Pattern 212

说……就……

의미 ~라고 말하자마자 (갑자기, 곧, 바로, 금방, 금세, 이내, 순식간에) ~하다

해설 행위·동작이 매우 갑작스럽고 빠르게 연이어 발생했음을 의미한다. 또는 상황이 매우 쉽게 변화가 발생한다는 것을 의미한다. 앞뒤로 동일한 동사를 사용한다.

예문

❶ 北京的春天，说刮风就刮风。
베이징의 봄은 갑작스러운 바람이 분다.

❷ 山区的天气说变就变，早晚多穿点儿。
산간지역 날씨는 순식간에 변해서, 아침저녁으로 옷을 든든히 입어야 한다.

❸ 中国的股市说暴涨就暴涨，说暴跌就暴跌，是什么原因？
중국의 주식시장은 금세 폭등했다가 또 이내 폭락하는데 무슨 이유 때문인가?

❹ 你怎么说辞职就辞职了？难道去哪个单位已经确定啦？
너 왜 그렇게 갑자기 사표를 던져? 어디 다른 직장에 이미 확정된 거야?

대화

A : 今后咱们一块儿打羽毛球吧！得注意锻炼身体了。
앞으로 우리 같이 배드민턴 하자! 신경 써서 운동 좀 해야겠어.

B : 好，说干就干，从今天下午开始。
좋아, 말 나온 김에 바로 하지. 오늘 오후부터 시작하기다.

연습 '说……就……'와 주어진 단어를 사용하여 다음 대화를 완성하세요.

A : 我们的车间主任老张人挺好，就是脾气不太好。
우리 작업주임 장 형은 사람이 참 좋아. 다만 성깔이 좀 있어.

B : 是啊, _____。
맞아. 갑자기 성질을 버럭 내지.

暴涨 bàozhǎng 동 (물가가) 폭등하다, (강물이) 갑자기 불어나다 | **暴跌** bàodiē 동 폭락하다 | **打羽毛球** dǎ yǔmáoqiú 배드민턴을 하다 | **车间** chējiān 명 작업장, 작업 현장, 직장 | **发脾气** fā píqi 성질 부리다, 화내다, 성내다

Pattern 213

(把话)说开了……

의미 솔직히 말하다, 터놓고 말하다

해설 마음속의 생각을 말하여 밝힌다는 의미이다.

예문

❶ 说开了，老百姓就是对缺少民主不满意。
솔직히 말해서, 국민들은 민주주의가 부족한 것에 대해 불만이다.

❷ 很多问题都是由误会引起的，说开了，问题也就解决了。
많은 문제가 오해로부터 비롯되는데, 사실대로 말하면 문제도 바로 해결된다.

❸ 把话说开了，我不想跟他这种人打交道。
까놓고 말해서 나는 그 같은 사람과 왕래하고 싶지 않다.

❹ 我看你们之间并没什么大矛盾，两个人把话说开了，还可以是好朋友。
내가 보기에 너희 사이에는 무슨 큰 갈등은 없는 것 같다. 두 사람이 터놓고 얘기하면 여전히 좋은 친구가 될 수 있을 거다.

대화

A : 最近她心情极坏，连班都懒得去上了。
최근에 그녀는 기분이 극도로 안 좋아. 출근도 하기 싫어해.

B : 劝劝她，有什么意见，说开了就完了，不要老压在心上。
잘 타일러봐. 할 말이 있으면 터놓고 얘기하면 되니까 계속 마음에 담아두지 말라고.

연습 '(把话)说开了……'를 사용하여 다음 대화를 완성하세요.

A : 为什么不让我们做总代理呢?
왜 우리가 GA(총대리인)를 못 맡게 하는 거죠?

B : _____, _____。
솔직히 말해서, 당신 회사의 실력이 아직 부족합니다.

误会 wùhuì 몡통 오해(하다) | 打交道 dǎ jiāodao (사람끼리) 왕래하다, 교제하다, 접촉하다 | 矛盾 máodùn 몡 모순, 갈등 혱 모순적이다 | 懒得 lǎnde 통 (어떤 일을) 하기 싫어하다, 귀찮아하다 | 总代理 zǒng dàilǐ 총대리인(점), General Agent

Pattern 214

说什么也……

의미 무슨 말을 해도 ~, 뭐라 해도 ~, 어쨌든(하여튼, 어찌) 하더라도 ~

해설 말하는 사람이 어떤 일을 함에 있어 무척 결연하다는 것을 나타낸다. '无论如何'의 의미가 있다.

예문

❶ 都这么晚了，说什么也不能让她一个人回家。
   시간이 벌써 이렇게 늦었는데, 어쨌든 그녀 혼자 집에 돌아가게 할 수는 없어.

❷ 这孩子太小，身体又弱，说什么也要保证她的营养。
   이 아이는 너무 어리고 몸도 약한데, 어쨌든 아이의 영양을 보장해야 합니다.

❸ 我说什么也不愿再过这种平淡无聊的生活了。
   나는 누가 뭐래도 이런 무미건조한 생활을 다시는 보내고 싶지 않다.

❹ 基金市值一路下滑，我损失惨重，以后说什么也不买了。
   펀드 시가가 줄곧 내리막이라, 손실이 막대하다. 앞으로 누가 뭐래도 펀드는 안 산다.

대화

A : 这次毕业考试，你得好好复习了。
    이번 졸업시험은 열심히 복습해야 해.

B : 是，说什么也要考个高分。
    예, 누가 뭐래도 높은 점수 받아야지요.

V '说什么也……'를 사용하여 다음 대화를 완성하세요.

A : 金老板老借钱不还。
    김 사장은 항상 돈을 빌려 가고 갚지를 않아.

B : _____。
    하여간 그런 사람하고는 왕래를 하지 마라.

保证 bǎozhèng 동 보증하다, 담보하다, 확보하다 명 보증, 담보 | 基金 jījīn 명 펀드(fund) | 市值 shìzhí 명 시가 | 下滑 xiàhuá 동 아래로 미끄러지다 | 惨重 cǎnzhòng 형 (손실이) 극심하다, 막심하다 | 高分 gāofēn 명 고득점, 높은 점수

Pattern 215

似……非……

의미 ~인 것 같기도 하고 ~아닌 것 같기도 하다, ~인듯 아닌듯, ~같지도 않은 ~

해설 비슷한 것 같기도 하고, 그렇지 않은 것 같기도 하다는 의미이다. 중간에 항상 같은 단음절 명사, 형용사, 동사를 사용한다.

예문

❶ 我根本没睡着，只是似睡非睡地躺了一会儿。
나는 전혀 자지 않았다. 다만 비몽사몽 잠시 누워있었을 뿐이다.

❷ 她这么打扮，似男非男，似女非女。
그녀가 이렇게 꾸미니, 남자도 아니고 여자도 아닌 것 같다.

❸ 这种似酒非酒，似水非水的是什么饮料？
이런 술 같지도 않고, 물 같지도 않은 건 무슨 음료수야?

❹ 她的话似真非真、似假非假，我还真难以判断。
그녀의 말은 진짜 같기도 하고, 가짜 같기도 하다. 내가 판단하기가 참 어렵다.

대화

A : 听说总经理辞职，另谋高就了？
듣자하니 회장님이 사표를 내셨고, 더 좋은 일자리를 찾으셨다는데?

B : 对于这个消息，大家都还似信非信呢。
그 소식에 대해선 모두 여전히 반신반의한다.

연습 알맞은 표현을 골라 빈칸에 넣으세요.

| 似梦非梦　　似懂非懂　　似睡非睡　　似信非信 |

1. 我问她相信不相信闹鬼的事，她脸上现出一副＿＿＿＿＿＿＿＿的样子。
내가 그녀에게 귀신이야기를 믿는지 물었더니, 그녀의 얼굴에 반신반의하는 모습이 드러났다.

2. 老师讲完以后，学生都是＿＿＿＿＿＿＿＿的表情。
선생님 말씀이 끝난 이후에, 학생들은 모두 알 듯 모를 듯한 표정들이었다.

高就 gāojiù 동 영전하다 | **闹鬼** nàoguǐ 동 귀신이 나타나다, 귀신이 조화를 부리다, 몰래 나쁜 짓을 함을 비유 | **现出** xiànchu 동 나타나다, 드러나다

Pattern 216 算了

의미 됐다, ~하면 그만이다(그만두다, 개의치 않다, 내버려두다, 따지지 않다)

해설 한 발 뒤로 물러서는 방법으로 문제를 해결하는 것을 의미한다. 더 따지지 않거나 더 고려하지 않겠다는 뜻이다.

예문

❶ 大雪天的，在家随便吃点儿算了，别出去了。
눈 오는 날에 집에서 대충 뭐 좀 먹으면 그만이지. 나가지 마라.

❷ 算了，红茶没有了，喝绿茶吧。
에이 됐다. 홍차가 떨어졌으니 녹차 마시자.

❸ 既然你那么不情愿合作，那我们就各干各的算了。
기왕 네가 그렇게 합작을 원하지 않는다면, 우리 그냥 각자 따로 하면 그만이다.

❹ 他对你不冷不热的，你又何必对他如此钟情，干脆分手算了。
그는 네게 미적지근하게 대하는데, 네가 굳이 그에게 이처럼 집착할 필요가 뭐 있어? 그냥 헤어져 버려.

대화

A : 因为雾大，下午的航班也取消了，怎么办?
안개가 짙어서 오후의 항공편 역시 취소되었어. 어떻게 하지?

B : 算了，算了，退票吧。
됐어, 됐어. 표 물러.

연습 '算了'를 사용하여 다음 대화를 완성하세요.

A : 他连着开了两天夜车，现在还在呼呼大睡呢。
걔 이틀 밤을 연이어 새고는 지금까지 쿨쿨 퍼질러 자고 있어.

B : _____, _____。
그럼 됐어. 깨우지 마.

钟情 zhōngqíng 동 반하다, 애정을 기울이다 | 干脆 gāncuì 부 아예, 차라리 | 航班 hángbān 명 운행표, 취항 순서, 정기편 | 取消 qǔxiāo 동 취소하다, 제거하다, 없애다 | 退票 tuìpiào 동 표를 무르다, 표를 환불하다 | 叫醒 jiàoxǐng 동 (불러서) 깨우다, 깨다

Pattern 217 虽然……, 但是/可是……

의미 (비록) ~지만 ~

해설 전환관계를 나타낸다. 앞쪽에서 말하는 내용이 비록 사실이긴 하지만 뒤쪽의 상황 역시 존재한다는 의미이다. '虽然/尽管/虽说/固然……可是/但是/然而/还/也……' 등이 유사 표현이다.

예문

❶ 那幢别墅虽然是精装修，但是设计不当。
   그 별장은 비록 실내 장식은 훌륭하지만, 디자인이 적절하지 않다.

❷ 虽然中国社会还存在这样那样的问题，但是经济的发展速度是有目共睹的。
   비록 중국사회에 이런저런 문제가 여전히 존재하지만, 경제 발전속도는 세상이 다 아는 바다.

❸ 我们虽然住在同一个公寓小区，可是来往并不多。
   우리는 비록 같은 아파트 단지에 살고 있지만, 왕래가 절대 잦지는 않다.

❹ 他虽然想在国外开个贸易公司，可是又怕风险太大，承受不了。
   그는 비록 외국에 무역회사를 차리고 싶어 하지만, 위험성이 너무 커서 감당하지 못할까 봐 걱정이다.

대화

A : 那个新来的年轻设计师一看就知道是个精明强干的人。
    새로 온 그 젊은 디자이너는 딱 보면 똑똑하고 유능한 사람이라는 걸 알 수 있어.

B : 虽然能干，但是有些狂妄自大。
    능력은 있지만, 좀 안하무인이야.

연습 '虽然……, 但是/可是……'를 사용하여 다음 대화를 완성하세요.

A : 这两天天气还行，不怎么太热。
    요즘 날씨가 그럭저럭 괜찮아. 너무 덥지도 않고.

B : _____, _____, 一点儿风都没有。
    덥다고 할 수는 없지만, 너무 갑갑해. 바람 한 점 없어.

别墅 biéshù 명 별장 | 装修 zhuāngxiū 명 내장 공사, 실내 장식·설비 | 有目共睹 yǒumùgòngdǔ 성어 눈만 달려 있으면 다 볼 수 있다, 세상이 다 안다, 명백하다, 확실하다 | 承受 chéngshòu 동 받아들이다, 견뎌 내다, 감당하다 | 精明强干 jīngmíngqiánggàn 성어 영리하고 일솜씨가 있다, 똑똑하고 일 잘하다 | 狂妄自大 kuángwàng zìdà 성어 아주 거만하여 안하무인격이다

Pattern 218

虽说……，可……

의미 (비록) ~지만 ~

해설 '虽然……，但是……'와 의미가 같다. 주로 구어에 사용한다.

예문
① 当老师**虽说**工资不算高，**可**受人尊敬。
선생님은 비록 급여가 높지는 않지만, 사람들의 존경을 받는다.

② 田师傅这个人哪，遇到事情，**虽说**嘴上不讲，**可**心里有数。
티엔 사부 그 양반은 말이지, 무슨 일이 생기면 입으로는 말은 하지 않지만 속으로는 다 생각이 있다.

③ 她**虽说**算不上美女，**可**很有风度，也很有魅力。
그녀는 비록 미녀라고는 할 수 없지만, 기품이 있고, 매력도 넘친다.

④ 他这人**虽说**有点儿懒，**可**为人真诚、坦率、值得信赖。
그 친구가 좀 게으르긴 하지만, 사람됨이 진실하고 솔직해서 신뢰할 만하다.

대화
A : 你的衣服不少啦，衣柜都放不下了，怎么还买呀?
너 옷 많잖아. 옷장에 다 들어가지도 않는데, 왜 또 사?

B : **虽说**不少，**可**连一件像样的也没有。
많기야 많지. 그렇지만 제대로 된 게 한 벌도 없어.

연습 '虽说……，可……'를 사용하여 다음 대화를 완성하세요.

A : 这种苹果可不便宜呀。
이 사과는 꽤 비싸군요.

B : _____，_____。
좀 비싸기는 합니다만, 맛은 아주 좋아요.

尊敬 zūnjìng 명동 존경(하다) 형 존경받을 만한 | 心里有数 xīnliyǒushù 마음속으로 이해하고 있다, 계산이 서 있다, 속셈이 있다 | 风度 fēngdù 명 품격, 풍모, 기품, 매너 | 魅力 mèilì 명 매력 | 真诚 zhēnchéng 형 진실하다, 성실하다 | 坦率 tǎnshuài 형 솔직하다, 정직하다 | 信赖 xìnlài 동 신뢰하다, 신임하다 | 像样 xiàngyàng 형 그럴듯하다, 모양새가 나다

Pattern 219 随着A的……, B……

의미 A가 ~함에 따라 B도 ~하다

해설 A가 변화하면, B 역시 따라서 변화한다는 의미이다. '随着＋A的……'는 명사수식구 형태로 되어 있지만, 한국어는 주술구조로 해석하는 것이 자연스러운 경우가 많다.

예문

❶ 随着经济的发展，大陆的各个方面都发生了很大的变化。
경제가 발전함에 따라, 대륙의 각 분야에 모두 큰 변화가 일어났다.

❷ 随着国际油价的不断攀升，国际石化产品的价格也不断上涨。
국제유가가 지속해서 반등함에 따라, 국제 석유화학제품의 가격 역시 끊임없이 상승하고 있다.

❸ 随着相处时日的增多，我渐渐地喜欢上了这个朴实的小伙子。
함께 한 시간이 늘어나면서, 나는 차츰 소박한 이 청년을 좋아하게 되었다.

❹ 随着城市化进程的加快，粮食紧张状态可能日益加剧。
도시화 과정이 가속함에 따라, 식량 부족 상태가 날이 갈수록 심해질 수도 있다.

대화

A : 随着收入和财富总量的增长，分配的公平性将越来越受到社会的关注。
소득과 자산 총량이 증가함에 따라, 분배의 공평성이 앞으로 점점 더 사회적 주목을 받게 될 것입니다.

B : 是啊，国家钱多了，大家当然要关心怎么分配。
맞습니다. 국가가 돈이 많아지면, 모두 당연히 어떻게 분배하는지에 관심을 두게 됩니다.

연습 '随着A的……, B……'를 사용하여 다음 대화를 완성하세요.

A : 现在我们的社会还有不少阴暗面。
현재 우리 사회는 어두운 면이 아직도 많이 있어.

B : 是的。不过＿＿＿＿＿＿＿＿＿＿＿＿＿＿, 这个社会肯定会越来越美好。
사실이야. 그렇지만 나는 시대가 발전함에 따라 이 사회도 분명 점점 나아질 것이라고 믿어.

攀升 pānshēng 동 (은행 이자나 가격이) 오르다, (비행기 등이) 높이 오르다 | 石化 shíhuà 명 석화, 석유화학공업(石油化工)의 준말 | 增多 zēngduō 동 증가하다, 늘어나다 | 渐渐 jiànjiàn 부 점점, 점차, 차츰 | 朴实 pǔshí 형 소박하다, 검소하다, 꾸밈이 없다 | 日益 rìyì 부 날로, 날이 갈수록 | 加剧 jiājù 동 격화하다, 심해지다 | 财富 cáifù 명 부, 재산, 자산 | 增长 zēngzhǎng 동 증가하다, 성장하다 | 分配 fēnpèi 동명 분배(하다), 할당(하다) | 关注 guānzhù 동 주시하다, 관심을 가지다, 배려하다 | 阴暗面 yīn'ànmiàn 명 (사상, 생활, 사회의) 어두운 면

Pattern 220

挺……的

의미 ～매우(아주, 대단히, 무척, 꽤) ～하다

해설 정도가 비교적 높음을 의미한다. 구어에 자주 사용한다.

예문

❶ 我得了过敏性鼻炎，挺难受的。
알레르기성 비염에 걸렸는데, 아주 견디기 힘들다.

❷ 在中国市场，诺基亚、摩托罗拉和三星手机都挺受欢迎的。
중국시장에서 노키아, 모토로라, 삼성(Samsung) 휴대전화 모두 인기가 좋다.

❸ 南方三月是鲜花盛开的季节，而北方这时还挺冷的呢。
남쪽은 3월이 꽃이 활짝 피는 계절이지만, 북쪽은 이때까지도 무척 춥다.

❹ 《甜蜜蜜》、《月亮代表我的心》这两首歌你都不知道？挺经典的。
'첨밀밀', '월량대표아적심' 이 두 곡을 다 몰라? 대단한 명곡인데.

대화

A：你们的班主任徐老师怎么样？
너희 담임 쉬 선생님은 어떠셔?

B：不但课讲得好，人也挺亲切、随和的。
수업도 잘하시고, 인품도 무척 친절하시고 온화하세요.

연습 '挺……的'를 사용하여 다음 대화를 완성하세요.

A：听说许经理对下级员工很不错？
쉬 사장님이 부하 직원에게 잘해주신다며?

B：是，他_____。
어, 사장님이 아랫사람의 사소한 일에도 무척 관심을 두셔.

过敏性 guòmǐnxìng 형 과민성, 민감성, 알레르기성 | 鼻炎 bíyán 명 비염 | 诺基亚 Nuòjīyà 명 노키아(Nokia) | 摩托罗拉 Mótuōluólā 명 모토로라(Motorola) | 盛开 shèngkāi 동 (꽃이) 활짝 피다, 만발(만개)하다 | 班主任(老师) bān zhǔrèn 명 학급 담임(선생님) | 亲切 qīnqiè 형 친절하다 | 随和 suíhe 형 부드럽다, 상냥하다, 유순하다 | 下属 xiàshǔ 동 부속되다 명 부하, 아랫사람 | 小事 xiǎoshì 명 사소한 일, 소사

Pattern 221

为的是……

의미 ~를 위해서이다, ~ 때문이다

해설 목적을 나타낸다.

예문

❶ 张总裁后天得去一趟香港，**为的是**参加合作签字仪式。
장 회장님이 모레 홍콩에 한 번 가셔야 하는데, 합작 서명식에 참가하기 위해서입니다.

❷ 她常在夏季购冬装，**为的是**能买到物美价廉的服装。
그녀는 항상 여름에 겨울옷을 사는데, 싸고 좋은 옷을 살 수 있기 때문이다.

❸ 他故弄玄虚，**为的是**掩盖事实真相。
그는 고의로 짐짓 뭔가 있는 것처럼 꾸며대는데, 이는 사실의 진상을 덮기 위해서다.

❹ 父母起早贪黑地工作，**为的是**给子女幸福的生活。
부모가 밤낮없이 일하는 건 자녀에게 행복한 삶을 주기 위함이다.

대화

A : 想要自助游，就得每到一个地方都买张地图。
배낭여행을 가고 싶으면 가는 곳마다 지도를 한 장씩 사야 해.

B : 对，**为的是**了解交通情况，要不东西南北都不清楚，怎么游啊。
맞아. 교통상황을 이해하려면 그래야지. 안 그랬다가는 동서남북을 분간을 못 하는데 어떻게 여행하겠어.

연습 '为的是……'를 사용하여 다음 대화를 완성하세요.

A : 你姑妈怎么老陪她女儿去健身房？
네 고모는 왜 항상 자기 딸을 데리고 헬스장에 가?

B : _____。
뚱뚱한 딸을 다이어트 하게 하려고.

总裁 zǒngcái 명 총재, 회장 | 签字 qiānzì 동 서명하다, 조인하다 | 仪式 yíshì 명 의식, 행사 | 物美价廉 wùměi jiàlián 성에 상품의 질이 좋고 값도 저렴하다 | 故弄玄虚 gùnòng xuánxū 성에 고의로 미혹시키다, 별것 아닌 일을 고의로 현묘(玄妙)한 것처럼 꾸미다 | 掩盖 yǎngài 동 덮어씌우다, 덮어 감추다 | 起早贪黑 qǐzǎo tānhēi 성에 아침 일찍 일어나서 밤늦게 자다, 매우 부지런하고 근면함을 비유 | 自助游 zìzhùyóu 명 자유여행, 배낭여행(= 自助旅游) | 姑妈 gūmā 명 결혼한 고모 | 妞 niū 명 여자아이, 처녀애, 딸아이

Pattern 222

为……而……

의미 ~때문에 ~하다, ~위해서 ~하다

해설 어떤 원인이나 목적을 위해서 어떤 일을 한다는 의미이다. '为' 뒤에 원인이나 목적이 오고, '而' 뒤에는 수단이나 결과가 온다.

예문

❶ 他们正在为祖国的存亡而战。
그들은 조국의 존망을 위해 싸우고 있다.

❷ 政府要想方设法让老百姓不会为物价上涨而感到不安。
정부는 온갖 수단과 방법을 동원하여 국민들이 물가상승 때문에 불안을 느끼지 않게 하려 한다.

❸ 父亲为给孩子凑足教育费而到处奔波。
아버지는 아이에게 교육비를 충분히 마련해주기 위해서 여기저기 분주하게 뛰어다닌다.

❹ 表演艺术家们正在为这场义演而加紧排练。
공연예술가들은 이번 자선공연을 위해 리허설에 박차를 가하고 있다.

대화

A : 孙悟空为什么三打白骨精?
손오공은 왜 백골 요괴를 세 번 공격했어?

B : 他是为保护师傅唐僧而战。
삼장법사를 보호하려고 싸운 거지.

연습 '为……而……'을 사용하여 다음 대화를 완성하세요.

A : 韩国不少公务员在学习汉语上可真下工夫。
한국의 많은 공무원이 중국어를 공부하는 데 있어 엄청난 노력을 하고 있어.

B : 他们是＿＿＿＿＿＿＿＿＿＿＿＿＿＿＿＿＿＿＿＿＿＿。
그 사람들은 중국에 유학이나 일하러 가려고 필사적으로 공부해.

存亡 cúnwáng 몡 존망, 생존과 멸망 | **想方设法** xiǎngfāng shèfǎ 성에 온갖 방법을 생각하다 | **凑足** còuzú 동 충분히 모으다 | **奔波** bēnbō 동 분주히 뛰어다니다 | **加紧** jiājǐn 동 다그치다, 박차를 가하다 | **排练** páiliàn 동 무대연습(리허설)을 하다 | **白骨精** báigǔjīng 몡 서유기에 나오는 백골 요괴, 음흉하고 악랄한 여자를 비유 | **唐僧** tángsēng 몡 당나라 승려, 당승, 삼장법사(현장)의 속칭 | **拼命** pīnmìng 동 기를 쓰다, 죽을힘을 다하다, 필사적으로 하다

Pattern 223

为……起见

의미 ~을 위해서

해설 목적을 표시하며, '为了……'와 의미가 같다. 주로 서면어에 사용한다.

예문

❶ 为节电起见，请随手关灯。
절전을 위해, 수시로 소등해 주십시오.

❷ 为安全起见，必须时刻注意防火。
안전을 위해서, 반드시 화재 예방에 늘 주의해야 한다.

❸ 为提高国民文化素质起见，政府需增加教育经费。
국민문화 소양을 향상시키기 위해, 정부는 교육 경비를 늘릴 필요가 있다.

❹ 专家建议，为孩子健康成长起见，八岁以下儿童应少打手机。
아이들의 건강한 성장을 위해, 전문가들은 8세 이하의 아동이 휴대전화를 적게 사용해야 한다고 건의한다.

대화

A：这个文件要留副本吗?
이 문서는 사본을 남겨야 하나요?

B：为保险起见，留一份吧，以防万一。
안전을 위해서 한 부 남겨놓으세요, 만일을 대비해서.

연습 '为……起见'을 사용하여 다음 대화를 완성하세요.

A：这次出国访问，还有什么事要做准备?
이번 해외방문에 준비해야 할 일이 또 뭐가 있습니까?

B：_____，最好_____。
교류의 편의를 위해, 선물을 좀 준비하는 게 좋겠어요.

随手 suíshǒu 동 ~하는 김에 ~하다, 즉석에서 하다, 손이 가는 대로 하다 | 时刻 shíkè 명 시각, 시간 부 시시각각, 항상 | 防火 fánghuǒ 동 불을 막다 명 방화 | 素质 sùzhì 명 소양, 자질, 본질 | 副本 fùběn 명 부본, 사본 | 以防万一 yǐfángwànyī 성어 만일의 상황에 대비하다 | 联络 liánluò 동 연락하다, 접촉하다, 소통하다, 교류하다 | 礼品 lǐpǐn 명 선물, 예물

Pattern 224 我说……

의미 그러니까 (내 말은, 내 생각은) ~, 이봐(저기, 에, 또)

해설 말할 때 말머리에 사용하는 표현으로, 상대방의 주의를 환기하고, 뒤에 말하는 사람의 견해나 태도를 표현한다. 주로 청자의 호칭을 연용한다.

예문

❶ 我说老王，今天别去了，有什么事明天再说吧。
이봐 왕 씨, 오늘은 가지 마. 무슨 일이 있으면 내일 다시 처리하라고.

❷ 我说金总，这是原则问题，我是不会轻易让步的。
내 말 좀 들어봐 김 사장, 이건 원칙문제야. 나는 쉽게 양보하지 않을 거야.

❸ 喂，我说，还是带上伞吧，有备无患嘛。
어이, 저기 아무래도 우산 가지고 가. 유비무환이잖아.

❹ 我说你有完没完了，不就是芝麻大点儿破事，至于嘛。
그러니까 됐으니까 그만 좀 하라고. 별것도 아닌 일이잖아, 정말 그러기야!

대화

A：我说老公，这封投诉信什么时候写?
그러니까 여보, 이 항의 서신을 언제 쓸 거야?

B：过几天吧，听说有关部门要进行调查了。
며칠 있어봐. 관련 부서가 조사를 진행할 거래.

연습 '我说……'를 사용하여 다음 대화를 완성하세요.

A：＿＿＿＿阿姨，汤里＿＿＿＿＿＿＿＿＿＿＿。
저기 아줌마, 국에 후춧가루를 좀 뿌려야겠어요.

B：对，我给忘了。
맞다, 깜빡했어요.

轻易 qīngyì 형 경솔하다, 함부로 하다, 쉽다, 수월하다 부 쉽게, 함부로 | 有备无患 yǒubèi wúhuàn 성어 유비무환, 사전에 방비하면 우환이 없다 | 芝麻大的事 zhīma dà de shì 참깨알 크기 같은 일, 사소한 일 | 投诉信 tóusù xìn 항의 서신 | 洒 sǎ 동 뿌리다 | 胡椒粉 hújiāofěn 명 후춧가루

Pattern 225

我说嘛, ……

의미 (거봐) 그러기에 내가 뭐라 했어, 내 말이 맞잖아 ~, 그럴 줄 알았어, 그러면 그렇지

해설 자기가 원래부터 갖고 있던 짐작이나 관점이 정확했음을 사실이 증명한다는 의미이다. 답문의 말 머리에 사용한다.

대화

1. A : 老王没参加会，是脚扭伤了。
   왕 씨가 회의에 참석하지 않았는데, 다리를 삐어서 그랬대.

   B : 我说嘛，他怎么会无故缺席呢。
   거봐, 내가 뭐랬어. 그 친구가 괜히 이유 없이 결석할 리가 없다 그랬잖아.

2. A : 老张说他昨天没来参加，是他太太忘了告诉他。
   장 씨가 그러더라. 그 친구 어제 참가 못 한 거 안사람이 깜빡하고 말을 안 해줬대.

   B : 我说嘛，小陈不会不通知他的。
   내 말이 맞잖아? 천 군이 장 씨한테 통지 안 했을 리가 없다고.

3. A : 对不起，我迟到了，我的这辆破车在半路上又抛锚了。
   죄송합니다. 늦었습니다. 제 거지 같은 똥차가 도중에 또 퍼졌어요.

   B : 我说嘛，没原因你不会晚来的。
   내 그럴 줄 알았어. 괜히 자네가 늦게 올 리가 없지.

연습 '我说嘛, ……'를 사용하여 다음 대화를 완성하세요.

A : 她知道这个不幸的消息后，挺伤心的。
그녀는 이 불행한 소식을 알게 된 이후에 무척 상심하고 있어.

B : _____ , _____。
그럼 그렇지. 그녀가 상심하지 않을 리가 없을 거라고 그랬잖아.

扭伤 niǔshāng 동 (발목 따위를) 삐다, 접질리다 | 无故 wúgù 부 이유 없이, 까닭 없이 | 缺席 quēxí 동 결석하다 명 결석(자) | 破车 pòchē 명 낡아빠진 차, 헌 차 | 抛锚 pāomáo 동 닻을 내리다, (차량 등이) 고장으로 멈추다 | 伤心 shāngxīn 동 상심하다, 슬퍼하다

Pattern 226

我说呢, ……

의미 (어쩐지) 왜 그런가 했어, 그런 거였어? (그랬구나, 그랬어)

해설 일찍이 생긴 의문을 지금에서야 문득 깨닫게 되었음을 나타낸다. 주로 대화에 사용한다.

대화

1. A：报上说，今天气温38摄氏度。
   신문에서 그러는데, 오늘 기온이 섭씨 38도래.

   B：我说呢，坐着什么都没干，怎么还一直淌汗呢。
   어쩐지 덥다 했어. 앉아서 아무것도 안 했는데도 어째 계속 땀이 줄줄 흐르더라니.

2. A：她可是当过模特、上过电视的人物啊。
   그 여자 모델도 했었고, 텔레비전에도 나왔던 사람이래.

   B：我说呢，怎么好多人都认识她。
   그랬어? 어쩐지 사람들이 다 그 여자를 안다 했어.

3. A：王副市长因为贪污受贿被送上了法庭。
   왕 부시장은 횡령과 뇌물수수로 법정에 세워졌어.

   B：我说呢，最近他没在电视上露面。
   그랬구나. 요즘 TV에 안 나온다 했어.

연습 '我说呢, ……'를 사용하여 다음 대화를 완성하세요.

A：这孩子一顿要吃三碗饭。
이 아이는 한 끼에 세 그릇을 먹어요.

B：＿＿＿＿＿＿，＿＿＿＿＿＿＿＿＿＿＿＿＿＿＿＿＿＿＿。
어쩐지, 애가 어쩜 이렇게 튼튼한가 했어.

摄氏度 shèshìdù 몡 섭씨(℃, Celsius) | 淌汗 tǎnghàn 동 땀을 흘리다 | 贪污 tānwū 동 횡령하다 | 受贿 shòuhuì 동 수뢰하다, 뇌물을 받다(↔ 行贿) | 法庭 fǎtíng 몡 법정 | 露面 lòumiàn 동 (공개 장소에) 얼굴을 내밀다, 나타나다 | 壮 zhuàng 형 튼튼하다, 건장하다

我说你, ……

의미 (그러니까) 너 말이야 ~ (하는 게 어때)

해설 말하는 사람이 상대방에게 견해나 건의를 제안함을 나타낸다. 때로는 약간의 불만의 어감을 내포한다. '你'는 상대방에 대한 호칭으로 바꿀 수 있다.

예문

❶ **我说你**, 都有啤酒肚了, 得抽时间锻炼了.
너 말이야, 벌써 똥배가 튀어나왔어. 시간 내서 운동 좀 해야겠다.

❷ **我说你**, 还是把烟戒了的好, 别让我们吸二手烟了.
당신 말이지, 역시 담배를 끊는 게 좋겠어. 우리 간접 흡연하게 하지 말고.

❸ **我说**小林, 别真像林妹妹一样, 老那么多愁善感的.
임 군 너 말이야, 정말 여동생처럼 항상 그렇게 감수성 예민하게 그러지 말라고.

❹ **我说**贾哥, 话可不能这么说, 到底谁欺负谁呀?
그러니까 지아 형, 말을 그렇게 하면 안 되지. 도대체 누가 누구를 괴롭히는 건데?

대화

A : 明天的聚会, 我穿什么衣服好?
내일 모임에 뭘 입어야 좋을까?

B : **我说你**, 穿什么衣服还要问我, 让人烦不烦哪!
당신 말이야, 무슨 옷을 입는 것까지 나한테 물어야 해? 사람 귀찮게!

연습 '我说你, ……'를 사용하여 다음 대화를 완성하세요.

A : 今天学校开家长会, 咱们都忙, 不去了.
오늘 학교에서 학부모 회의가 있는데, 우리 다 바쁘니까 가지 말자.

B : _____, _____, 怎么能不去听听呢.
이봐요 애 아버지, 이건 처음으로 학부모 회의를 소집하는 거예요. 어떻게 안 가볼 수가 있어요.

啤酒肚 píjiǔdù 명 술배, 뚱뚱한 배 | **二手烟** èrshǒuyān 명 간접 흡연, 2차 흡연 | **多愁善感** duōchóu shàngǎn 성어 늘 근심에 잠기고 감상적이다 | **欺负** qīfu 동 얕보다, 괴롭히다, 업신여기다 | **召开** zhàokāi 동 (회의) 소집하다, 개최하다, 열다 | **家长** jiāzhǎng 명 가장, 학부모, 세대주

Pattern 228

我说……怎么……呢

의미 ～이 왜(어떻게) ～할 수 있나 했더니 (～ 때문이었구나)

해설 말하는 사람이 처음에는 어떤 상황에 대해 이해하지 못했다가, 나중에 원인을 알고 잘 이해하게 되었음을 나타낸다. '我说呢, ……'의 확장형이라고 볼 수 있다.

예문

❶ 我说他怎么这么糊涂呢，原来是喝醉了。
그가 왜 이렇게 흐리멍덩한가 했더니, 술에 취했구나.

❷ 我说房间里怎么这么冷呢，是停暖气了。
방안이 왜 이렇게 춥나 했더니 난방이 멈췄구나.

❸ 我说你这两天怎么回来得这么晚呢，原来是在赶写实验报告。
네가 요즘에 어째 이렇게 늦게 돌아오나 했다. 알고 보니 실험보고서 쓰는 게 급하구나.

❹ 奶奶中了福利大奖了？我说她怎么那么开心呢。
할머니께서 복권에 당첨되셨어? 어쩐지 왜 그렇게 기분이 좋으신가 했다.

대화

A : 昨晚我妹妹一人在家，听到有人敲门，把她给吓坏了。
어젯밤에 내 여동생이 혼자 집에 있는데, 누가 문을 두드리는 소리에 혼쭐났어.

B : 我说房里灯亮着怎么没人给我开门呢。
방에 등불이 켜져 있는데 어째 문 열어주는 사람이 없나 했다.

연습 '我说……怎么……呢'를 사용하여 다음 대화를 완성하세요.

A : 江先生不打算回美国了，留在中国社会科学院工作了。
장 선생이 미국에 돌아가지 않기로 하고, 중국사회과학원에 남아 일하게 되었어.

B : _____。
장 선생이 왜 아직 안 떠났나 했다.

糊涂 hútú 형 어리석다, 애매하다, 뒤죽박죽이다 | 中国社会科学院 Zhōngguó shèhuì kēxuéyuàn 중국사회과학원

Pattern 229

无论怎么说, 也……

의미 (경우야, 이유야) 어쨌든(여하튼, 하여간, 좌우간) ~

해설 어떤 상황이든 어떤 이유이든 막론하고, 모두 반드시 이렇다는 의미이다. '无论如何'와 비슷하다. 이외에 '不管怎(么)样, 不管怎么说' 등과도 의미가 비슷하다.

예문

❶ 无论怎么说，他也不应该撒谎骗钱啊。
어쨌든, 그는 거짓말하고 나를 속여서는 안 되는 거야.

❷ 无论怎么说，他也不该干那种伤天害理的事。
하여간, 그는 그런 비인간적인 일을 해서는 안 돼.

❸ 无论怎么说，公司也应该留有足够的流动资金。
어떤 경우라도, 회사는 충분한 유동자금을 남겨두어야 한다.

❹ 无论怎么说，你也不能先动手打人，有理讲理嘛。
좌우지간, 너는 먼저 사람을 때리면 안 돼. 할 말 있으면 차근차근 말로 해야지.

대화

A : 反正我已经拿到了公司的聘书，没必要再到学校去了。
어쨌든 나는 이미 회사의 고용동의서를 받았으니까, 학교에 더 나갈 필요가 없어졌어.

B : 无论怎么说，你也该把这学期的课上完哪。
아무리 그래도, 너 이번 학기 수업은 다 들어야 해.

연습 '无论怎么说，也……'를 사용하여 다음 대화를 완성하세요.

A : 关于这个问题我已经多次表明了我的观点，不想再谈了。
이 문제에 관해서 나는 이미 여러 차례 내 관점을 밝혔어. 더 얘기하고 싶지 않아.

B : ＿＿＿＿＿＿＿＿＿＿, ＿＿＿＿＿＿＿＿＿＿＿＿＿＿＿＿。
아무리 그래도, 걔들하고 다시 의견교환을 해 봐야 해.

撒谎 sāhuǎng 동 거짓말(허튼소리)을 하다(= 说谎) │ 留有 liúyǒu 동 남겨 두다, 간직하다 │ 讲理 jiǎnglǐ 동 시비를 가리다, 이치를 따지다, 도리를 알다 │ 聘书 pìnshū 명 초빙증서, 고용계약서, 임명(임용)장 │ 沟通 gōutōng 동 (소)통하다, 교류하다, 연결하다, 의견을 나누다

Pattern 230

无论……，只要……

의미 ~를 막론하고 ~이기만 하면, ~든지 ~하기만 하면

해설 어떠한 장소, 사람, 상황을 막론하고, 어떤 조건이 있다면 어떤 결과가 발생함을 나타낸다.

예문

❶ 无论是到天涯还是海角，只要你去哪里，我就去哪里。
하늘 끝이든 바다 끝이든, 네가 가는 곳이라면 어디든 나도 갈 거야.

❷ 无论是法国、意大利还是瑞士，只要有钱，有时间，我都想去看看。
프랑스든 이탈리아든 아니면 스위스든, 돈이 있고 시간만 있다면 나는 다 가 보고 싶다.

❸ 无论是赢是输，只要能参加这次奥运比赛，就算圆了我的梦。
이기든 지든, 이번 올림픽 경기에 참가할 수만 있다면 내 꿈을 이루는 셈이다.

❹ 无论遇到多强的谈判对手，只要吴部长参加谈判，都能搞定。
아무리 버거운 협상 상대를 만나더라도, 우 부장만 협상에 참여한다면 제대로 잘해낼 수 있다.

대화

A : 没想到朱总经理是这么幽默的人。
주 총리가 이렇게 유머러스한 사람인 줄 미처 몰랐어.

B : 没错。无论在哪儿，只要他讲话，笑声就不断。
아무렴. 어디에서든 총리가 이야기만 하면 웃음소리가 끊이질 않아.

연습 '无论……，只要……'를 사용하여 다음 대화를 완성하세요.

A : 新来的乔部长很严肃?
새로 온 차오 부장은 꽤 진중하지?

B : 嗯, _____, _____, 都有点儿紧张。
응, 누가 됐든 그를 만나자마자 다들 긴장하지.

天涯海角 tiānyá hǎijiǎo [성어] 하늘가와 바다 끝, 아득히 멀고 구석진 곳, 서로 간에 멀리 떨어짐 | 瑞士 Ruìshì [지명] 스위스 | 圆梦 yuánmèng [동] 해몽하다, 꿈(이상)을 실현하다 | 搞定 gǎodìng [동] 제대로 처리하다, 해결하다 | 部长 bùzhǎng [명] 부장, 장관 | 严肃 yánsù [형] 엄숙하다, 진중하다

Pattern 231

无时无刻不……

의미 ~하지 않는 때가 없다, 시시각각(시도 때도 없이) 항상(언제나, 늘, 줄곧, 내내)

해설 '始终'이나 '一直'의 의미이다. 주로 서면어에 사용하며, 뒤쪽의 '不'는 '都'의 의미이다.

예문

❶ 有些人无时无刻不想发财，而且是不择手段。
어떤 사람들은 부자가 될 생각을 하지 않는 때가 없다. 게다가 수단을 가리지도 않는다.

❷ 这孩子真是淘气得出奇，无时无刻不让人操心。
이 아이는 정말 장난기가 보통이 아니다. 시도 때도 없이 사람을 걱정시킨다.

❸ 她只身一人在国外，无时无刻不在思念故乡和亲人。
그녀는 홀몸으로 외국에 있으면서, 언제나 고향과 가족을 그리워한다.

❹ 交通真是糟糕透顶，白天几乎无时无刻不在堵车。
교통상황이 정말이지 최악이다. 대낮에도 거의 항상 차가 막힌다.

대화

A : 小王近来好像心神不定的。
왕 군이 요즘 마음이 안절부절못하는 것 같아.

B : 妈妈病了，她无时无刻不惦记着。
어머니가 병이 나셨거든. 항상 걱정을 달고 살아.

연습 '无时无刻不……'를 사용하여 다음 대화를 완성하세요.

A : 公司开发新产品，遇到了技术难题。
회사가 신제품을 개발하는데 기술적인 난제에 봉착했어.

B : 听说工程师们_____。
듣자하니 엔지니어들이 이 난제를 어떻게 해결할지 늘 연구 중이라던데.

不择手段 bùzéshǒuduàn [성어] 목적을 달성하기 위하여 수단 방법을 가리지 않다 | **出奇** chūqí [형] 특별하다, 보통이 아니다, 유다르다 | **操心** cāoxīn [동] 신경을 쓰다, 걱정하다, 애를 태우다 | **只身** zhīshēn [명] 단신, 홀몸 | **透顶** tòudǐng [동] (~함이) 극에 달하다, 짝이 없다, 그지없다 | **惦记** diànjì [동] 염려하다, 걱정하다 | **难题** nántí [명] 난제, 어려운 문제

Pattern 232

无所不……

의미 ~하지 않는 바가 없다

해설 뒤쪽에 언급하는 내용에 대해 관련되지 않는 것이 없다는 뜻이다. 뒤쪽에 단음절 동사를 흔히 사용한다. 참고로, '无所……' 자체는 '~하는 바가 없다'는 의미이다.

예문

❶ 现在的年轻人拼车、拼房、拼吃、拼玩儿、拼购、拼卡，真是无所不拼！
요즘 젊은이들은 카풀, 셰어하우스, 푸드셰어, 같이 놀기, 공동구매, 공동결제 등, 정말이지 공동으로 하지 않는 게 없어!

❷ 他自称万事通，这世上的事，无所不知、无所不通。
그는 자칭 만물박사다. 이 세상의 일은 모르는 게 없고, 통달하지 않은 게 없다.

❸ 他总是夸夸其谈，让人觉得他无所不能。
그는 항상 과장이 심해서, 남들이 그를 두고 못하는 게 없다고 생각하게 한다.

❹ 这本书内容丰富，历史、地理、政治、艺术……，几乎是无所不包。
이 책은 내용이 풍부해. 역사, 지리, 정치, 예술 등등, 거의 포함하지 않는 게 없어.

대화

A : 有些中国人好像动物的什么部位都吃。
어떤 중국인들은 동물의 특정 부위까지 모두 먹는 것 같아.

B : 对啊，什么猪蹄、牛筋、鸡爪，可以说是无所不吃。
맞아. 무슨 돼지족발, 소 힘줄, 닭발까지, 안 먹는 것이 없다고 할 수 있지.

연습 '无所不……'를 사용하여 다음 대화를 완성하세요.

A : 现在有了网络真方便，什么都可以查到。
요즘 인터넷이 생겨서 정말 편해. 뭐든 다 찾아낼 수 있어.

B : 可不是吗? _____。
그러게 말이야. 인터넷에는 정말 없는 게 없다니까.

拼 pīn 동 맞붙이다, 긁어모으다, 필사적이다, 다 함께 무엇인가를 공동으로 하는 것을 뜻하는 신조어 | 拼车 pīnchē 명 카풀 | 拼房 pīnfáng 명 셰어하우스 | 拼吃 pīnchī 명 푸드셰어 | 拼玩儿 pīnwánr 명 같이 놀기 | 拼购 pīngòu 명 공동구매 | 拼卡 pīnkǎ 명 공동결제 | 自称 zìchēng 동 자칭하다 | 万事通 wànshìtōng 명 만물박사 | 夸夸其谈 kuākuāqítán 성어 (말이나 글을) 쓸데없이 부풀리다, 터무니없이 과장하다 | 猪蹄 zhūtí 명 돼지족발 | 牛筋 niújīn 명 소의 힘줄 | 鸡爪儿 jīzhuǎr 명 닭발

Pattern 233

无……无……

의미 ~도 없고 ~도 없다, ~도 아니고 ~도 아니다

해설 '无'는 의미가 동일한 단어나 비슷한 단어 혹은 형태소 앞에 쓰여서 '없다'는 뜻을 강조한다.

예문

❶ 一转眼，那孩子已经跑得无影无踪了。
순식간에 그 아이는 벌써 흔적도 없이 뛰어서 사라졌다.

❷ 经理无缘无故地发什么火呀？谁惹他啦？
사장님은 아무런 이유도 없이 무슨 화를 내시는 거야? 누가 사장님 비위를 건드렸어?

❸ 她无时无刻不在牵挂着灾区的亲人们。
그녀는 시도 때도 없이 재난구역의 친지들을 걱정하고 있다.

❹ 谁不怀念童年时代那种无拘无束、无忧无虑的日子。
누구라도 어린 시절의 아무런 구속도 없고, 아무런 걱정도 없던 날들을 그리워한다.

대화

A : 这帮流氓大白天的竟敢这样为非作歹。
이 깡패 녀석들 벌건 대낮에 감히 이렇게 지독한 짓을 저지르다니.

B : 简直是无法无天。
그야말로 무법천지군.

연습 알맞은 표현을 골라 빈칸에 넣으세요.

| 无声无息 | 无依无靠 | 无穷无尽 | 无怨无悔 |

1. 鹅毛大雪_____地飘落下来。
   함박눈이 소리소문없이 흩날린다.

2. 亲人们都在地震中丧生了，这个孩子现在_____。
   가족들이 모두 지진 중에 생을 마감해서, 이 아이는 지금 기댈 곳이 하나 없다.

一转眼 yìzhuǎnyǎn 명 눈 깜짝할 사이, 순식간 | 无影无踪 wúyǐng wúzōng 성어 그림자도 종적도 없다, 흔적도 없다 | 无缘无故 wúyuán wúgù 성어 아무런 이유도 원인도 없다 | 惹 rě 통 불러일으키다, 야기하다, 초래하다 | 牵挂 qiānguà 통 걱정하다, 근심하다 | 无拘无束 wújū wúshù 성어 아무런 구속이 없다 | 无忧无虑 wúyōu wúlǜ 성어 아무런 근심 걱정이 없다 | 流氓 liúmáng 명 건달, 깡패, 불량배, 무뢰한 | 为非作歹 wéifēi zuòdǎi 성어 온갖 나쁜 짓을 저지르다 | 无法无天 wúfǎ wútiān 성어 법도 무시하고 하늘도 두려워하지 않다, 극악무도하다 | 鹅毛大雪 émáo dàxuě 명 거위 털처럼 가벼이 흩날리는 함박눈 | 飘落 piāoluò 통 날리며 떨어지다, 흔들리며 내려오다 | 丧生 sàngshēng 통 목숨을 잃다, 사망하다

Pattern 234

先……，接着……

의미 우선(먼저) ～하고 잇따라(연이어, 뒤이어) ～하다

해설 우선 어떤 일이나 행위동작을 진행하고, 그런 다음에 곧 다른 일이나 행위동작을 진행하는 것을 의미한다. 때로는 어떤 상황이 다른 상황 뒤에 긴박하게 연이어 나타난다는 것을 의미한다.

예문

❶ 先把作文写好，接着把数学题做完，明白吗?
우선 작문을 다 쓰고, 이어서 수학문제를 다 푼다. 알겠어?

❷ 我这次先去四川九寨沟旅行，接着去云南大理考察。
나는 이번에 우선 쓰촨 성 주자이거우에 가서 여행하고, 이어서 윈난 성 따리에 시찰하러 갈 거야.

❸ 我每次生病都是先流鼻涕、咳嗽，接着就是喉咙红肿。
나는 매번 병이 날 때마다 먼저 콧물이 흐르고, 기침하고 뒤이어 바로 목이 빨갛게 부어.

❹ 她们先洗桑拿浴，接着美容，然后又做了足底按摩，用了一整天时间。
그녀는 먼저 사우나를 하고 이어서 머리를 손질하고, 그다음 또 발마사지를 하면서 온종일 시간을 보냈다.

대화

A：贺顾问，请对这个议题发表你的意见。
허 고문, 이 의제에 대해 의견을 발표해 주시기 바랍니다.

B：我和主任商议过。他先说，我接着说。
제가 주임과 토의를 해봤습니다. 주임이 먼저 말씀하시면 제가 이어서 말씀드리겠습니다.

연습 '先……，接着……'를 사용하여 다음 대화를 완성하세요.

A：服务员，快给我们上饺子，我们要赶火车。
웨이터, 빨리 만두 내와요. 우리 기차 타야 한다고.

B：好，好，您二位＿＿＿＿＿＿＿＿＿＿，＿＿＿＿＿＿＿＿＿＿。
네, 네. 두 분 우선 량차이(냉채)를 좀 드세요. 바로 만두 올려드릴게요.

九寨沟 Jiǔzhàigōu 지리 주자이거우 | 大理 Dàlǐ 지명 따리 | 流鼻涕 liú bítì 콧물이 흐르다 | 喉咙 lóulóng 명 인후, 목구멍 | 红肿 hóngzhǒng 동 피부가 빨갛게 붓다 | 桑拿(浴) sāngná(yù) 명 사우나(sauna) | 足底按摩 zúdǐ ànmó 발(바닥) 마사지 | 顾问 gùwèn 명 고문, 컨설턴트 | 商议 shāngyì 동 상의하다, 토의하다 | 凉菜 liángcài 명 냉채, 차게 먹는 요리

Pattern 235

先……，然后……

의미 우선(먼저) ~하고 그다음에(연후에) ~하다

해설 먼저 한 가지 활동을 진행하고, 계속해서 다른 활동을 진행하는 것을 의미한다. 또는 한 가지 사건 이후에 다른 사건이 또 발생하는 것을 나타낸다. '然后' 뒤에는 흔히 '再/又'가 따라온다.

예문

❶ 我打算先在国内学点儿外语，然后再去国外留学。
나는 우선 국내에서 외국어를 조금 배운 다음에 외국에 가서 유학할 생각이다.

❷ 你得先通过留学考试，然后再考虑申请哪所大学。
너는 먼저 유학시험을 통과해야 한다. 그런 다음에 어느 대학을 신청할지 생각해봐라.

❸ 这个问题很复杂，我们得先了解一下情况，然后再考虑如何处理。
이 문제는 매우 복잡합니다. 우리는 우선 상황을 이해해야 하고, 그다음 어떻게 처리할지 생각해봅시다.

❹ 我们进入山区后，那里先是刮了一阵狂风，然后又下了倾盆大雨。
우리가 산간지역에 들어온 후, 먼저 일진광풍이 불더니만 다음에는 또 장대비가 쏟아졌다.

대화

A：这些都是美味，咱们先尝尝饺子、包子、馄饨，然后再吃锅贴。
이것들 전부 별미네. 우리 먼저 쟈오즈, 빠오즈, 훈둔을 먹고 나서 그다음에 군만두를 먹자.

B：好，一样样地品尝，哈哈，就怕把肚子撑破了。
좋아. 하나하나씩 맛을 보자. 하하, 이거 배가 터지면 어떻게 하지?

연습 '先……，然后……'를 사용하여 다음 대화를 완성하세요.

A：你拿到考题时千万别慌，_____，_____。
시험문제를 받으면 절대 당황하지 말고, 우선 쉬운 문제를 풀고 그다음에 어려운 문제를 고민해라.

B：这是宝贵的经验，我得好好记住。
이건 귀중한 경험이군요. 명심하겠습니다.

一阵狂风 yízhènkuángfēng 몡 일진광풍, 한바탕 세차게 부는 바람 | 倾盆大雨 qīngpéndàyǔ 성어 그릇을 엎은 듯 세차게 내리는 비, 호우(豪雨), 장대비 | 美味 měiwèi 몡 진미, 별미 | 品尝 pǐncháng 동 맛보다, 시식하다 | 锅贴(儿) guōtiē(r) 몡 군만두 | 撑破 chēngpò 동 너무 가득 차서 터지다 | 慌 huāng 형 당황하다, 허둥대다, 덤비다 | 做题 zuòtí 동 문제를 풀다 | 思考 sīkǎo 명·동 사고(하다), 사색(하다), 숙고(하다) | 宝贵 bǎoguì 형 귀중하다, 소중하다 | 记住 jìzhù 동 확실하게 기억해두다, 명심하다

Pattern 236

先……着,……

의미 우선(먼저) ~하고 있고 ~, 잠시 ~

해설 '先……着, ……'는 순서가 앞에 온다는 것을 의미하며, 또한 '잠시'라는 의미를 나타내기도 한다. 뒤쪽에 '然后/再' 등이 흔히 따라온다.

예문

❶ 大伙儿先认真地听着，然后再提意见。
여러분 먼저 주의 깊게 잘 들으시고, 그다음에 의견을 제기해주세요.

❷ 你们俩先在这儿等着，我马上就把车子开过来。
너희 둘은 우선 여기에서 기다리고 있어라. 내가 금방 차를 끌고 올게.

❸ 他建议你先在那里干着，以后再想办法跳槽。
그가 건의하기를 너 우선은 여기에서 일하고 있다가, 나중에 다시 이직할 방법을 생각해 보래.

❹ 你们先聊着、喝着，我再去弄两个下酒菜来。
너희 먼저 얘기하고 술 마시고 있어. 나는 가서 안주 두어 가지 해서 올게.

대화

A: 售货员小姐，让我们进去吧，外边冷着呢！
판매원 아가씨, 우리 좀 들어가게 해 줘요. 밖이 너무 춥네!

B: 对不起，先等着吧，还没开始营业呢。
죄송합니다. 잠시 기다려주십시오. 아직 영업을 시작하지 않았습니다.

연습 '先……着, ……'를 사용하여 다음 문장을 완성하세요.

1. 这队排得这么长啊，这样吧，_____，我过半个小时来替你。
이 줄 엄청나게 길게 늘어섰네. 이렇게 하자. 우선 네가 서 있어. 내가 30분 있다가 교대할게.

2. 我的这个MP3你_____，我暂时不用。
내 이 MP3플레이어 네가 우선 쓰고 있어. 난 잠시 안 쓰거든.

跳槽 tiàocáo 통 원래의 구유(여물통)를 버리고 다른 구유에 뛰어들다. 직업(직장)을 바꾸는 것을 비유 | 下酒菜 xiàjiǔcài 명 술안주(= 酒菜) | 排 pái 통 차례로 놓다, 배열하다 | 暂时 zànshí 명 잠시, 잠깐, 일시

Pattern 237

像/跟……似的

의미 마치 ~같다

해설 '好像……一样'의 뜻과 같다.

예문

❶ 她装得真像，跟什么事都没发生过似的。
그녀는 정말 아무 일도 없었던 것처럼 하고 있다.

❷ 怎么跟你说什么你都没反应，跟个傻子似的。
어떻게 네게 무슨 말을 해도 반응이 없어. 바보 같아.

❸ 你怎么那么没精打采的，像寒霜打了的茄子似的。
너 왜 그렇게 맥이 빠져 있어? 서리 맞은 가지 같아.

❹ 你看他在专家面前还这么指手画脚的，像行家似的，真是不知天高地厚。
쟤 좀 봐, 전문가 앞에서도 저렇게 이래라저래라, 무슨 프로같이. 정말이지 하늘 높은 줄 몰라.

대화

A : 你看小李接到录取通知书后的高兴劲儿。
이 군이 합격통지서를 받고 기뻐하는 것 좀 봐.

B : 又唱又跳的，像个孩子似的。
노래하고 춤도 추는 게, 정말 애들 같아.

연습 '像/跟……似的'를 사용하여 다음 대화를 완성하세요.

A : 她身材苗条，穿着又讲究，很是迷人。
걔는 몸매가 날씬하고 옷도 신경 써서 잘 입어. 무척 매력 있어.

B : 有人说＿＿＿＿＿＿＿＿＿＿＿＿＿＿＿。
누가 그러는데 걔 모델 같대.

傻子 shǎzi 명 바보, 백치, 저능아 | 没精打采 méijīng dǎcǎi 성어 활기가 없다, 흥이 나지 않다, 맥이 풀리다 | 寒霜 hánshuāng 명 된서리 | 茄子 qiézi 명 가지 | 指手画脚 zhǐshǒu huàjiǎo 성어 손짓 몸짓하면서 말하다, 함부로 이러쿵저러쿵하다(= 指手划脚) | 行家 hángjia 명 전문가, 숙련가 | 天高地厚 tiāngāo dìhòu 성어 하늘은 높고 땅은 두껍다, 세상 물정 | 录取 lùqǔ 동 (시험 등을 통해) 채용하다, 합격시키다 | 苗条 miáotiao 형 (여성의 몸매가) 아름답고 날씬하다, 늘씬하다

Pattern 238

……, 要不……

의미 ~하거나 아니면 ~하거나

해설 상대방에게 선택사항이나 건의사항을 제공하는 것을 나타낸다. '或者'와 의미가 비슷하다.

예문

❶ 大家累得都抬不起腿来了，要不就在这里休息吧。
다들 힘들어서 다리를 못 드네. 여기에서 좀 쉬는 건 어때?

❷ 时间还早，去看场电影怎么样？要不到公园走走。
시간이 아직 이른데, 영화 보러 가는 거 어때? 아니면 공원에 가서 좀 걷든지.

❸ 不知怎么回事，我今天特想见你，你能来吗？要不我去你那儿？
어떻게 된 일인지, 나 오늘 네가 무척 보고 싶어. 너 올 수 있어? 아니면 내가 너한테 갈까?

❹ 你不想做饭？那出去吃吧，要不你歇着，我做辣子鸡丁给你吃。
당신 밥하기 싫다고? 그럼 나가서 먹자. 아니면 당신은 쉬고 있어, 내가 라쯔지딩 만들어 줄게.

대화

A : 我的第一志愿选哪个专业好呢？
내 1지망을 어느 전공으로 선택해야 좋을까?

B : 经济？要不选企业管理专业？都是热门。
경제는 어때? 아니면 경영 전공을 택하든가. 다 인기학과야.

연습 '……, 要不……'를 사용하여 다음 대화를 완성하세요.

A : 哟，都这时候了，我该回家了。
어, 시간이 벌써 이렇게 됐네, 집에 돌아가야겠다.

B : 太晚了，别走了，_____。
너무 늦었어. 가지 마, 아니면 내가 바래다줄게.

抬 tái 동 들어 올리다, 쳐들다 | 歇 xiē 동 휴식하다, 쉬다, 멈추다, 그만두다 | 第一志愿 dìyī zhìyuàn 제1지망 | 企业管理 qǐyè guǎnlǐ 기업 관리, 경영(학) | 热门 rèmén 명 인기 있는 것, 유행하는 것

Pattern 239

……, 要不…… 2

의미 ~, (만약) 그렇지 않으면(안 그러면) ~

해설 '如果不这样', '否则'의 의미이다. 구어에 많이 쓰인다. '要不然'으로 말할 수 있다.

예문

❶ 少在路边小摊上乱吃，要不容易拉肚子。
길거리 노점에서 함부로 먹지 마. 그렇지 않으면 배탈 나기 쉬워.

❷ 夫妻之间首先应相互信任，要不关系怎么能好呢!
부부 사이에는 제일 먼저 서로 신임해야 한다. 그렇지 않으면 어떻게 잘 지낼 수가 있겠어!

❸ 我这次考前要踏踏实实地认真准备，要不然还会名落孙山。
나는 이번 시험 전에 착실하게 열심히 준비할 거야. 안 그랬다가는 불합격할 수도 있어.

❹ 你也抽上烟了? 趁还没上瘾，赶快别抽了，要不然就难戒了。
너도 담배 시작했어? 아직 중독이 안 되었을 때 빨리 끊어. 안 그러면 끊기 어려워져.

대화

A : 政府首先要把经济搞上去。
정부는 우선 경제를 끌어올려야 해.

B : 当然，要不然老百姓会一百个不满意。
당연하지. 안 그랬다가는 국민들이 불만이 가득할 거야.

연습 '……, 要不……'를 사용하여 다음 대화를 완성하세요.

A : 你给家里打个电话，_____。
너 집에 전화 한 통 해. 안 그러면 그분들이 마음을 못 놓으실 거야.

B : 你说得对。
네 말이 맞아.

小摊(儿) xiǎotān(r) 몡 길거리 매점, 노점 | **踏实** tāshi 혱 착실하다, 성실하다, 알뜰하다 | **名落孙山** míngluò Sūn Shān 성어 이름이 (송대 과거시험에 꼴찌로 합격한) 손산의 뒤에 있다, 낙방하다 | **上瘾** shàngyǐn 동 중독되다, 인이 박이다 | **搞上去** gǎoshangqu 동 향상하게 시키다, 높여 가다 | **一百个** yìbǎi ge 100%, 전부

Pattern 240

要不是……

의미 (만약, 만일, 가령) ~ 아니라면(아니었다면)

해설 가설을 나타낸다. 만약 어떤 상황이 아니었다면 뒤쪽의 결과가 일어나지 않았을 것임을 의미한다.

예문

❶ 要不是你耐心地给我说事实摆道理，我怎么能明白过来。
네가 인내심을 갖고 내게 사실을 얘기하고 이치를 설명하지 않으면, 내가 어떻게 이해할 수 있겠어.

❷ 要不是老师的帮助，我根本考不上大学，更别说是名牌学校了。
선생님의 도움이 아니었다면, 나는 애초에 명문대학은 말할 것도 없고 대학에 합격할 수 없었을 것이다.

❸ 要不是你提醒我，我就把明天要开会的事忘得一干二净了。
네가 나를 일깨워주지 않았다면, 나는 내일 회의를 열어야 하는 일을 까맣게 잊었을 거다.

❹ 要不是有那么多好心人捐钱给那孩子治病，可怜的他很可能已经见上帝去了。
마음씨 좋은 많은 분이 그 아이의 치료를 위해 기부를 해주지 않았더라면, 불쌍한 아이는 어쩌면 벌써 하늘나라로 갔을 겁니다.

대화

A : 要不是你，哪儿有我的现在?
네가 아니었다면 어떻게 지금의 내가 있겠어?

B : 不要这么说，其实我也没做什么。
그런 소리 하지 마. 사실 나도 별로 한 일은 없어.

연습 '要不是……'를 사용하여 다음 대화를 완성하세요.

A : 您好，任主任，还没下班哪。
안녕하세요. 런 주임 아직 퇴근 안 하셨어요?

B : _____ , _____ 。
비가 안 왔으면 진즉 집에 갔어요.

耐心 nàixīn 형 인내심 있는 명 인내심 | 摆 bǎi 동 자랑하다, 드러내다, 내보이다 | 一干二净 yìgān èrjìng 성어 깨끗이, 모조리, 깡그리 | 捐钱 juānqián 동 돈을 기부하다, 헌납(헌금)하다, 부조하다

要到……, 才……

의미 (나중에) ~해야 (비로소) ~하다, (나중에) ~때가 될 때까지 ~하지 않는다

해설 어떤 일이나 상황이 비교적 늦게 발생할 것임을 의미한다. 장차 발생할 사건에 사용한다.

예문

❶ 要到考试后的第二周，我们才能查成绩。
시험이 끝나고 2주는 되어야, 성적을 조회할 수 있다.

❷ 中央气象台预报说，要到三月初冰雪灾情才能缓和。
중앙기상대 예보에 따르면, 3월 초가 되어야 빙설 재해 상황이 완화될 수 있을 거라 한다.

❸ 我们要到拿到硕士学位，找到工作后，才考虑结婚的事。
우리는 석사학위를 받고 직장을 구하기 전까지는 결혼을 고려할 수 없습니다.

❹ 难道要到事情发展到不可收拾的地步，领导才出面干预？
상황이 수습할 수 없는 지경까지 이르러서야 지도부가 나서서 관여한다는 겁니까?

대화

A : 你说孩子怎么才算是长大了？
아이가 어떻게 되어야 다 컸다고 할 수 있는 걸까?

B : 要到能理解父母、体谅父母和尊重父母时，才算是真正长大了。
부모를 이해할 수 있고, 헤아릴 수 있으며 존중할 수 있을 때 비로소 진정으로 성장했다고 할 수 있어.

연습 '要到……, 才……'를 사용하여 다음 대화를 완성하세요.

A : 听说你丈夫出国进修了，什么时候回来？
너희 남편 연수받으러 외국 나갔다며? 언제 돌아와?

B : 早呢, _____。
아직 멀었어. 내년 여름은 되어야 돌아올 수 있어.

气象台 qìxiàngtái 명 기상대 | 冰雪 bīngxuě 명 빙설, 얼음과 눈, 얼음처럼 언 눈 | 灾情 zāiqíng 명 재해 상황, 피해 상황 | 地步 dìbù 명 정도, 지경, 형편 | 出面 chūmiàn 통 직접 나서다, 얼굴을 내밀다 | 干预 gānyù 통 간여(관여)하다, 개입하다 | 体谅 tǐliàng 통 (남의 입장에서) 이해하다, 헤아리다, 양해하다

Pattern 242

要多……有多……

의미 얼마나 ~한지, ~하기가 그지없다, 정말이지 너무(아주) ~하다

해설 정도가 극히 높음을 의미한다. '要多'와 '有多' 뒤쪽에 동일한 어구를 사용한다.

예문

❶ 我特别喜欢那部戏里的女主角，要多漂亮有多漂亮。
나는 그 영화 속의 여주인공이 특히 마음에 들어. 얼마나 예쁜지.

❷ 在炎热的夏天，游过泳后，喝瓶冰镇啤酒，要多爽有多爽。
뜨거운 여름철에 수영을 끝내고 아이스 맥주 한 병 마시면 얼마나 시원한데.

❸ 他们举行婚礼时，摆了上百桌酒席，要多热闹有多热闹。
그들은 결혼식을 올릴 때 백 개도 넘는 연회석을 마련했어. 얼마나 흥겹던지.

❹ 办美国签证手续极其复杂，可以说要多麻烦有多麻烦。
미국 비자 수속하기가 무지하게 복잡해. 번거롭기가 그지없어.

대화

A : 你看这款手机样子挺不错的吧? 功能也多。
보시기에 이 휴대전화 스타일이 아주 괜찮지요? 기능도 많아요.

B : 棒极了，要多酷有多酷!
죽이네요. 정말이지 아주 그냥 끝내줘요!

연습 '要多……有多……'를 사용하여 다음 대화를 완성하세요.

A : 他的枪法怎么样?
그 친구 사격솜씨 어때?

B : ＿＿＿＿＿＿＿＿＿＿，＿＿＿＿＿＿＿＿＿＿＿＿＿＿。
백발백중이지. 너무너무 정확해.

主角 zhǔjué 몡 주연, 주인공 (↔ 配角 pèijué 조연) | 冰镇 bīngzhèn 동 얼음으로 차게 하다 | 酒席 jiǔxí 몡 술자리, 술좌석, 연(회)석, 연회의 요리 | 极其 jíqí 부 극히, 지극히, 매우 | 酷 kù 형 잔혹하다, 쿨(cool)하다, 근사하다

Pattern 243

要看……的了

의미 (성공 여부가) ~에게 달려있다

해설 어떤 일의 성공 여부가 누군가에게 달려있다는 의미이다.

예문

❶ 我没能说服她，现在要看你的了。
나는 그녀를 설득할 수 없었어. 이제 네게 달렸어.

❷ 小欣是最后一个出场的，我们队能不能拿冠军要看她的了。
샤오신이 마지막 출장선수다. 우리 팀이 우승할 수 있을지 없을지는 그녀에게 달렸다.

❸ 这位老科学家对年轻人说："以后要看你们的了。"
이 노과학자가 청년들에게 말했다. "미래는 여러분에게 달려있습니다."

❹ 父辈们已经完成了他们的历史使命，现在要看我们的了。
아버지 세대들은 이미 그들의 역사적 사명을 완수했다. 이제는 우리에게 달렸다.

대화

A : 你说我们公司这次投标有戏没戏?
우리 회사의 이번 입찰이 가망이 있을까 없을까?

B : 这事是梁总负责的，要看他的了。
이 일은 량 사장이 책임지고 있으니, 그에게 달렸지.

연습 '要看……的了'를 사용하여 다음 대화를 완성하세요.

A : 你看这场比赛北京队能不能赢?
네가 보기에 이 시합에서 베이징팀이 이길 수 있을 것 같아?

B : 那_____。
그건 11번한테 달렸지.

出场 chūchǎng 동 (연극배우가) 무대에 오르다, (운동선수가) 출장하다 | 父辈 fùbèi 명 아버지 대(代), 아버지뻘 | 使命 shǐmìng 명 사명, 중대한 책임 | 投标 tóubiāo 동 입찰하다, 도급으로 맡다 | 有戏 yǒuxì 동 희망(가망)이 있다(↔ 没戏)

Pattern 244

要么……, 要么……

의미 ~이거나 ~이거나, ~하든지 ~하든지, 아니면 ~하든지

해설 선택을 나타낸다. 두 개 이상을 나열할 수도 있고, 때로는 하나만 사용하기도 한다.

예문

❶ 要么她来，要么我去，总得见面解决吧。
그녀가 오든지, 내가 가든지, 어쨌든 만나서 해결해야지.

❷ 要么支持小孟，要么支持大康，模棱两可不太好吧。
멍 군을 지지하든, 캉 형을 지지하든 해야지. 어정쩡한 건 별로 좋지 않잖아.

❸ 企业要发展下去，要么有足够的知名度，要么产品能走近千家万户。
기업이 계속 발전해 나가려면, 충분한 지명도가 있든지, 아니면 제품을 수많은 가정에 보급하든지이다.

❹ 数码时代，柯达公司如遇劫难，要么创新，要么关门。
디지털 시대에, 코닥은 위기를 만난 것 같다. 기술혁신을 하든지 문을 닫든지 둘 중 하나다.

대화

A : 别跟这种人计较了，要么你换个单位怎么样？
그런 인간이랑 따지고 들지 마. 아니면 직장을 바꾸는 건 어때?

B : 没那么简单，为了养家糊口我还得忍哪。
그렇게 간단하지가 않아. 식구들 먹여 살리려면 그래도 참아야 하니까.

연습 '要么……, 要么……'를 사용하여 다음 문장을 완성하세요.

1. 面对困难，你只有两个选择，_____，_____。
고난을 마주쳤을 때, 너는 단 두 가지 선택뿐이다. 고난을 극복하든지, 고난에 굴복하든지.

2. "不进则退"的意思是人生像逆水行舟，_____，_____。
'不进则退'의 의미는 인생은 마치 물을 거슬러 오르는 배와 같다는 뜻이다. 전진하든지 후퇴하든지.

模棱两可 móléngliǎngkě 성에 (태도나 의견 등이) 이도 저도 아니다, 엉거주춤하다 | 知名度 zhīmíngdù 명 지명도, 인지도 | 劫难 jiénàn 명 재난, 화, 큰 재액(災厄) | 养家 yǎngjiā 통 가족을 부양하다 | 糊口 húkǒu 통 입에 풀칠하다, 간신히 생계를 잇다 | 选择 xuǎnzé 명통 선택(하다) | 克服 kèfú 통 극복하다 | 屈服 qūfú 통 굴복하다

Pattern 245

要……没……

의미 ~도 없고 ~도 다 없다, ~도 부족하고 ~도 다 부족하다

해설 조건이 좋지 않아서 필요하거나 바라는 것이 모두 없거나 부족하다는 의미이다. 종종 두 가지를 연용한다.

예문

❶ 这里要什么没什么，怎么开展工作！
이 동네는 뭐가 아무것도 없네. 어떻게 사업을 벌이냐!

❷ 现在我的工作很难做，要钱没钱，要人没人。
지금 제 사업하기가 매우 어렵습니다. 돈도 없고 사람도 없어요.

❸ 这种企业，要技术没技术，要服务没服务，是兔子尾巴——长不了。
이런 기업은 기술이면 기술, 서비스면 서비스 다 부족하다. 오래 못 간다.

❹ 长辈们经历的"一穷二白"的那段时期，要吃没吃，要穿没穿。
선배들이 겪은 '경제 문화적 빈곤'의 그 시기는 먹을 것이며 입을 것 모두 부족했다.

대화

A : 他老婆对他照顾得无微不至，他为什么对她还不满意？
그의 아내는 그를 꼼꼼하게 빠짐없이 챙기는데, 그는 왜 아내에게 그래도 불만이래?

B : 他认为她呀，要模样没模样，要文化没文化。
그는 아내를 볼 때, 외모도 별로고 교양도 별로라고 생각하거든.

연습 '要……没……'를 사용하여 다음 문장을 완성하세요.

1. 唉，人老啦，_____。
에이, 사람이 늙으니까, 기력이 하나도 없네그려.

2. 十年前，他还是个穷小子，_____，_____。
10년 전만 해도 그는 가난한 청년이어서 돈도 없고 비전도 없었다.

兔子尾巴，长不了 tùzi wěiba, chángbuliǎo [헐후어] 토끼 꼬리는 길 수가 없다, 오래가지 못한다 | 长辈 zhǎngbèi [명] 선배, 연장자, 집안 어른 | 一穷二白 yiqióng èrbái [성어] 가난하여 아무것도 없다, 기초가 약하고 기반이 약하다 | 无微不至 wúwēibúzhì [성어] (관심이나 보살핌이) 세밀한 부분까지 이르지 않는 것이 없다 | 模样 múyàng [명] 모양, 모습, 생김새 | 文化 wénhuà [명] 문화, (정신적인) 문화, 교양, 소양 | 力气 lìqi [명] 힘, 역량, 기력, 기운 | 前途 qiántú [명] 전도, 앞길, 전망, 비전

Pattern 246

要是……就……

의미 만약(만일, 가령) ~라면(하면) ~이다(하다)

해설 가설을 나타낸다. 만약 어떤 상황이라면 모종의 결과를 만들어 낼 것이라는 뜻이다. 주로 구어에 사용한다. '要是/如果/假如/倘若/若是/万一……的话，那么，……就/则/便……'이 가설표현에 주로 사용하는 형식이다.

예문

❶ 要是再过半小时他还不来，咱们就不等了。
만약 30분이 더 지나도 그가 오지 않으면, 우리 기다리지 말자.

❷ 董事会要是没什么再讨论的，我就先告辞了。
이사회에서 만약 더 토론할 내용이 없으면, 저는 먼저 일어나겠습니다.

❸ 要是他不同意就算了，不能一相情愿。
만일 그가 동의하지 않으면 관두자. 덮어놓고 그냥 바랄 수는 없어.

❹ 做买卖的要是对人和气，生意就好做些，和气生财嘛。
사업하는 사람이 만일 다른 이에게 친절하면, 사업이 더 잘 된다. 웃으면 복이 온다잖아.

대화

A : 明天的运动会照常进行吗?
내일 운동회는 평소대로 진행합니까?

B : 要是下大雨，就开不成了。
만약 비가 많이 내리면, 개최를 못 합니다.

연습 '要是……就……'를 사용하여 다음 대화를 완성하세요.

A : 你＿＿＿＿＿＿＿＿＿＿＿＿, 我们＿＿＿＿＿＿＿＿＿＿＿＿。
너 만일 별일 없으면, 우리 영화 한 편 보러 가자.

B : 好的。
OK.

董事会 dǒngshìhuì 명 이사회 | 告辞 gàocí 동 이별을 고하다, 작별 인사를 하다 | 一相情愿 yìxiāngqíngyuàn 성어 일방적인 소망, 객관적인 실제상황을 고려하지 않은 주관적 바람 | 和气 héqi 형 온화하다, 화목하다 명 화기, 화목 | 和气生财 héqì shēngcái 성어 웃는 얼굴이 부를 가져온다 | 照常 zhàocháng 동 평소대로 하다

要是……就好了

의미 만약(만일) ~라면 좋겠다(좋을 텐데)

해설 말하는 사람의 소망을 나타낸다. 주로 가설의 상황에 사용한다.

예문

❶ **要是**一家人都能在一起**就好了**，特别是过年过节的时候。
만약 온 가족이 함께 있을 수 있다면 좋겠다. 특히 설이나 명절 보낼 때.

❷ **要是**大陆开车来**就好了**，我们可以搭他的车。
만약 루 형이 차를 갖고 오면 좋을 텐데, 우리가 걔 차를 탈 수 있으니까.

❸ 人**要是**真能返老还童**就好了**，那一切都可以从头来过。
사람이 만일 진짜 젊음을 되찾을 수 있다면 좋으련만. 그러면 모든 것을 처음부터 시작할 수 있을 텐데.

❹ **要是**你早点儿告诉我**就好了**，我一定会奉陪的。
만일 조금만 일찍 제게 말씀해주셨더라면 좋았을걸. 제가 분명 모셨을 텐데요.

대화

A : 当时**要是**他跟父母在一起**就好了**，那样就不会出事了。
당시에 그가 부모님과 함께 있었다면 좋았을 텐데, 그러면 사고도 일어나지 않았을 테고.

B : 咳，后悔也没用了。
허, 후회해도 소용없는걸.

연습 '要是……就好了'를 사용하여 다음 문장을 완성하세요.

1. _____, 你看，走晚了，车堵得这么厉害。
만약 날아갈 수 있다면 좋겠다. 봐, 늦었어. 차가 이렇게 심하게 막히는걸.

2. _____, 老了的感觉真不好。
젊었을 때로 돌아갈 수 있으면 좋겠다. 늙어버린 느낌은 정말 별로야.

搭车 dāchē 동 차를 타다 | **返老还童** fǎnlǎo huántóng 성어 노인에서 소년으로 돌아가다, 젊음을 되찾다, 회춘하다 | **从头** cóngtóu 부 처음부터, 다시 새로이 | **奉陪** fèngpéi 동 동반하다, 함께 하다, 모시다 | **出事** chūshì 동 사고가 나다, 변고가 발생하다, (완곡한 표현으로) 죽다

Pattern 248

要说……

의미 ~ 말할 것 같으면(말하자면, 보자면, 볼 때), ~라는 건 말입니다

해설 어떤 사람, 어떤 사건, 어떤 상황에 대해 이러저러할 것이라고 말할 때 사용하는 표현이다.

예문

❶ **要说**你的学历和工作经历，也不比他差多少啊。
너의 학력과 업무경력으로 말하자면, 그 친구보다 얼마 차이가 나지 않는다.

❷ 乔博士正在南美洲呢，**要说**他能赶回来，那是不可能的。
차오 박사는 지금 남미에 있다. 그가 서둘러 올 수 있느냐 하면, 그건 불가능한 일이다.

❸ **要说**我对这工作是百分之百的满意，那是假话。
내가 이 일에 100% 만족하고 있다고 말한다면, 그건 거짓말이다.

❹ **要说**私心啊，人人都有。可是说"人不为己，天诛地灭"，那不对。
이기심이라는 것, 누구나 갖고 있습니다. 그렇지만 "사람이 자기 자신을 위하지 않으면 하늘이 벌하고 땅이 벌한다(사람이 자신을 위하는 것은 태생적으로 당연하다)"라고 말한다면, 그건 옳지 않습니다.

대화

A : 你觉得他能帮我吗?
네 생각에 그가 나를 도울 수 있을 것 같아?

B : 他可是个热心肠的人，**要说**找他帮忙，他一定会尽力而为的。
걔는 마음이 따뜻한 사람이야. 그에게 도움을 부탁할 것 같으면, 그는 분명 최선을 다해서 도울 거야.

연습 '要说……'를 사용하여 다음 대화를 완성하세요.

A : 你说，你们为什么选他当学生会主席而不选我?
말해봐. 너희 무엇 때문에 나를 안 뽑고 그 친구를 학생회장으로 선출했어?

B : _____, 他_____。
활동능력으로 보자면, 그 친구가 너보다 월등히 낫지.

南美洲 Nánměizhōu 지명 남아메리카, 남미 | 百分之百 bǎifēnzhī bǎi 명 100% | 假话 jiǎhuà 명 거짓말 | 私心 sīxīn 명 사심, 이기심, 속마음 | 人不为己，天诛地灭 rén búwèi jǐ, tiānzhū dìmiè 성어 사람이 자기 자신을 위하지 않으면 하늘과 땅이 그를 멸망시킨다(주로 이기주의자들이 자기변명 투로 쓰는 말) | 热心肠 rèxīncháng 명 적극적이고 따뜻한 마음씨, 열성, 열의 | 尽力而为 jìnlì'érwéi 성어 전력을 다해서 하다, 최선을 다하다 | 主席 zhǔxí 명 주석, 의장, 위원장, (연회에서) 주인의 자리

Pattern 249

要想……, 得……才行

의미 ～하려면(하고 싶다면, 하고자 하면) (반드시) ～해야 한다

해설 만약 어떤 목적을 달성하고 싶다면, 반드시 어떤 조건을 갖춰야만 실현될 수 있음을 의미한다.

예문
1. 要想提高国民的素质，得重视教育才行。
   국민의 소양을 높이려면, 교육을 중시해야 한다.
2. 要想改变这里的环境，得综合治理才行。
   이곳의 환경을 개선하려면, 종합적으로 관리해야 한다.
3. 要想得到别人的信任，得不说假话才行。
   다른 사람의 신임을 얻고 싶다면, 거짓말을 하지 않아야 한다.
4. 你要想考上名校，还得更加努力才行。
   네가 명문대학에 합격하고자 한다면, 더욱 노력해야 한다.

대화
A : 怎样才能互相理解呢?
   어떻게 해야 서로 이해할 수 있을까?
B : 要想互相理解，得多接触多交流才行。
   서로 이해하려면, 많이 접촉하고 많이 교류해야 한다.

연습 '要想……, 得……才行'을 사용하여 다음 대화를 완성하세요.

A : 为什么一定要等我来呢?
   왜 꼭 제가 오기를 기다리는 겁니까?
B : _____, _____。
   이 문제를 해결하려면, 당신이 나서야 합니다.

名校 míngxiào 명 명문학교, 유명학교 | **接触** jiēchù 동 접촉하다, 교제하다 | **出马** chūmǎ 동 출전하다, 출마하다, 나서서 일하다

Pattern 250

要……有……

의미 ~필요하면 ~도 있다, ~는 얼마든지 있다, 필요한 것은 다 있다

해설 필요한 것이나 혹은 갖고 싶은 것이 모두 있음을 가리키며, 조건이 무척 좋다는 뜻이다. '要……没……'의 반대 표현이다. 마찬가지로 종종 두 가지를 연용한다.

예문

❶ 现在城市里的不少孩子可以说是要什么有什么。
지금 도시 안의 많은 아이는 원하는 건 뭐든지 갖고 있다고 말할 수 있다.

❷ 这小伙子真棒, 要人品有人品, 要本事有本事。
이 젊은이는 참 대단해. 인품이면 인품, 능력이면 능력 모두 갖추고 있어.

❸ 你呀, 太幸福了, 要爱情有爱情, 要事业有事业。
너 말이야, 너무 행복한 거야. 사랑이면 사랑, 사업이면 사업 다 갖추었잖아.

❹ 要设备有设备, 要资金有资金, 要人才有人才, 什么都不缺了。
설비면 설비, 자금이면 자금, 인재면 인재, 아무것도 부족하지 않다.

대화

A : 你知道吗, 我很想去美国深造。
너 그거 아니? 내가 얼마나 미국에 가서 더 깊이 공부하고 싶은지.

B : 那完全不成问题, 你要钱有钱, 要学问有学问。
그거야 전혀 문제가 안 돼. 너는 돈도 있고, 공부도 잘하니까.

연습 '要……有……'를 사용하여 다음 대화를 완성하세요.

A : 我们公司很想到中国拓展业务。
우리 회사는 중국에 가서 사업을 확장하고 싶습니다.

B : 没问题, 你们＿＿＿＿＿＿＿＿, ＿＿＿＿＿＿＿＿＿＿＿＿。
문제없습니다. 귀측은 자금도 충분하고 인맥도 있으니까요.

本事 běnshì 몡 능력, 재주, 기량 | **深造** shēnzào 통 더욱 깊이 연구하다, 학문을 더 닦다 | **拓展** tuòzhǎn 통 확장하다, 넓히다

Pattern 251

A也A不……

의미 (아무리) A해도(한다 해도, 하려 해도) A하지 않다

해설 설사 한다 해도 혹은 아무리 해도 어떤 결과를 가져올 수 없다는 의미이다. '也' 앞뒤에 동일한 동사를 중복으로 사용한다.

예문

① 哎呀，这字这么小，看也看不清楚，还是你说给我听吧。
이런, 글씨가 이렇게 작아서야, 암만 봐도 잘 보이지가 않네. 아무래도 네가 말로 해서 들려줘야겠다.

② 这件新衣服弄上了果汁，洗也洗不干净。
이 새 옷에 주스가 얼룩졌어. 빨아도 깨끗하게 안 돼.

③ 我这把年纪了，学什么也学不进去，还是算了吧。
내가 이 나이를 먹으니, 뭘 배우더라도 잘 안 들어와, 아무래도 관둬야겠다.

④ 他留下的这些阿拉伯文书，我们看也看不懂，捐给图书馆算了。
그가 남긴 이 아랍문서들은 우리가 아무리 봐도 모르겠다. 도서관에 기증해버리자.

대화

A : 你怎么不去学学游泳？对减肥特有效。
너는 왜 수영을 안 배우려고 그래? 다이어트에 특효야.

B : 我是旱鸭子，学也学不会，趁早拉倒吧。
나는 맥주병이라, 배워도 안 돼. 일찌감치 접으려고.

연습 'A也A不……'를 사용하여 다음 대화를 완성하세요.

A : 这次的会计师资格考试你参加吗？
이번 회계사 자격시험에 참가하니?

B : 我_____，_____，还是下次再考吧。
나 전혀 준비를 못 했어. 시험 봐도 불합격이야. 역시 다음에 다시 봐야겠어.

果汁(儿) guǒzhī(r) 명 과일주스, 과즙 | 阿拉伯 Ālābó 명 아랍(Arab), 아라비아(Arabia) | 有效 yǒuxiào 형 유효하다, 효력이 있다 | 旱鸭子 hànyāzi 명 마른 땅 위의 오리, 맥주병 | 趁早 chènzǎo 부 일찌감치, 서둘러서 | 拉倒 lādǎo 동 그만두다, 중지하다, 넘어뜨리다 | 资格 zīgé 명 자격, 경력, 관록

Pattern 252

A也不 / 没A就……

의미 A하지도 않고(못 하고 바로) ~

해설 상식적으로 진행되어야만 하는 동작이 진행되지 못하고, 바로 다음의 동작이 진행되었음을 나타낸다. '也不/没' 앞뒤로 동일한 단어를 사용한다.

예문
① 当时我想也没想就答应了，现在觉得太草率了。
당시에 내가 생각도 해보지 않고 바로 동의했는데, 지금 생각해보니 너무 경솔했다.

② 撞伤行人后，肇事车停也不停就飞速逃走了。
행인을 친 후에, 가해 차량은 멈추지도 않고 바로 날쌔게 도주했다.

③ 今天我起晚了，早饭吃也没吃就出门了。
오늘 나는 늦게 일어나서, 아침 식사도 못 하고 바로 나왔다.

④ 这么大一笔钱，齐经理问也不问就签字同意支付了。
이렇게 큰돈을 치 사장은 물어보지도 않고 바로 서명하고 지급에 동의해버렸다.

대화
A : 我觉得北方人做菜比较粗。
내 생각에 북방사람은 음식을 만드는 데 비교적 대충인 것 같아.

B : 是的，有时候整棵菜切也不切就下锅了。
맞아. 때로는 채소를 썰지도 않고 통째로 솥에 넣어.

연습 'A也不 / 没A就……'를 사용하여 다음 대화를 완성하세요.

A : 这黄瓜_____?
이 오이를 너는 왜 씻지도 않고 바로 먹었어?

B : 俗话说，不干不净，吃了没病。
속담에 깨끗하지 않은 음식을 먹어도 탈이 없다 했어.

草率 cǎoshuài 휑 거칠고 엉성하다, 경솔하다, 아무렇게나 하다 | 肇事 zhàoshì 동 사고를 내다, 일을 저지르다 | 飞速 fēisù 휑 급속하다, 나는 듯이 빠르다 | 支付 zhīfù 동 지불하다, 지급하다 | 黄瓜 huángguā 명 오이

Pattern 253

……也不是，……也不是

의미 ~해야 할지 ~해야 할지 모르겠다(난감하다, 난처하다, 애매하다), ~하기도(하자니) 그렇고 ~하기도(하자니) 그렇고, ~할 수도 없고 ~할 수도 없고

해설 어떤 사람·사건에 대해 어떻게 대처나 처리해야 좋을지 몰라서 무척 난감하다는 의미이다.

예문

❶ 听她这么说，我真是哭也不是，笑也不是。
그녀가 말하는 것을 듣자니, 나는 정말 울어야 할지 웃어야 할지 모르겠다.

❷ 我坐在那儿走也不是，留也不是，尴尬极了。
그 자리에 앉아있자니 가기도 그렇고 남아있기도 그렇고 무척 난감하다.

❸ 大盘持续下跌，我手里的股票卖也不是，不卖也不是。
주식시세가 지속해서 하락하는데, 내 수중의 주식을 팔아야 하나 말아야 하나.

❹ 后妈难当啊，孩子做错了事，说也不是，不说也不是。
계모는 못할 짓이야. 아이가 잘못해도 뭐라 할 수도 없고, 안 할 수도 없고.

대화

A : 你这人真怪，为什么怕别人请你吃饭?
넌 사람이 참 이상하다. 왜 다른 사람이 네게 음식 대접하는 걸 꺼려?

B : 我喝不了酒，饭桌上有人给我敬酒，我喝也不是，不喝也不是。
나는 술을 잘 못 마시거든. 식사자리에서 누가 나한테 술을 권하면, 마시기도 그렇고 안 마시기도 그래.

연습 '……也不是，……也不是'를 사용하여 다음 대화를 완성하세요.

A : 我妈怕冷，我爸怕热。_____，_____。
우리 엄마는 추위를 타시고, 아버지는 더위를 타셔. 이 에어컨은 켜기도 모호하고 안 켜기도 모호해.

B : 我们家也有一样的问题。
우리 집도 똑같은 문제가 있어.

尴尬 gāngà 쉥 입장이 곤란하다(난처하다) | 持续 chíxù 동 지속하다, 계속 유지하다 | 后妈 hòumā 명 계모, 새엄마 | 饭桌 fànzhuō 명 식탁(= 餐桌) | 敬酒 jìngjiǔ 동 술을 올리다, 술을 권하다 | 怕冷 pàlěng 동 추위를 타다, 추위에 약하다 동 추위를 두려워하다(걱정하다) | 怕热 pàrè 쉥 더위를 타다, 더위에 약하다 동 더위 먹는 것을 두려워하다(걱정하다)

Pattern 254

……也得……, 不……也得……

의미 ~하고 싶어도 ~해야 하고 ~하기 싫어도 ~해야 한다, 좋아도 ~해야 하고 싫어도 ~해야 한다, 좋든 싫든 ~해야 한다

해설 어떠한 상황에서 관계자가 원하든 원하지 않든 반드시 이렇게 해야 하며, 선택의 여지가 없다는 것을 나타낸다. '……也得……' 앞뒤에 동일한 동사를 사용한다.

예문

❶ 今天可由不得你，去也得去，不去也得去。
오늘은 네 마음대로 안 돼. 가고 싶어도 가야 하고, 가기 싫어도 가야 해.

❷ 我是给老板打工的，老板让做的事，我做也得做，不做也得做。
나는 사장님을 위해서 일합니다. 사장님이 시키신 일은 좋아도 해야 하고 싫어도 해야 합니다.

❸ 都病成这样了，这药你是吃也得吃，不吃也得吃。
이렇게 아픈 걸, 이 약은 좋든 싫든 먹어야 해.

❹ "交情深，一口闷"，上了饭桌，这酒你是喝也得喝，不喝也得喝。
"원샷으로 우정 증명!", 술자리가 차려졌으니 이 술은 네가 좋은 싫든 마셔야 해.

대화

A : 你留学回来，英语口语真有明显的进步。
너 유학 갔다 오니까 영어회화가 정말 눈에 띄게 늘었다.

B : 是啊，在国外，这英语你是说也得说，不说也得说，怎么能没进步。
응, 외국에 있으면 영어는 좋든 싫든 해야 하는데, 어떻게 늘지 않을 수가 있겠어.

연습 '……也得……, 不……也得……'를 사용하여 다음 대화를 완성하세요.

A : 我还没睡够呢，真不想起床啊。
나 아직 덜 잤어. 정말 일어나기 싫어.

B : 时间到了，＿＿＿＿＿＿＿＿＿＿＿，＿＿＿＿＿＿＿＿＿＿＿。
시간 됐어. 좋든 싫든 하여간 일어나.

由不得 yóubude 통 ~대로 되지 않다, 따를 수 없다 분 저도 모르게, 저절로 | 打工 dǎgōng 통 일하다, 아르바이트하다, 노동하다 | 交情深，一口闷 jiāoqíngshēn, yìkǒumèn 술잔을 한 번에 비우면서 형제 같은 우정을 확인하다(동북지역 술자리에서 흔히 하는 말, 홀짝이지 말고 한 방울도 남김없이 마신다)

Pattern 255

……也好, ……也好

의미 ~든 ~든, ~도 좋고 ~도 좋다

해설 두 개 또는 몇 개를 연용한다. 언급한 상황에서는 모두 그러하다(똑같다)는 의미이다.

예문

❶ 孩子也好，成人也好，谁都有自己的个性。
애든 어른이든, 누구든 자기만의 개성이 있다.

❷ 让我下车间也好，坐办公室也好，只要能发工资就行。
나보고 현장으로 내려가라고 해도 좋고, 사무실에 앉아있으라고 해도 좋아. 월급만 받을 수 있으면 돼.

❸ 到北京也好，到上海也好，只要能去中国就谢天谢地了。
베이징에 가도 되고, 상하이로 가도 돼. 중국에 갈 수만 있다면 완전 감지덕지하지.

❹ 高级干部也好，普通公务员也好，都应该是为人民服务的。
고위 간부가 됐든, 일반 공무원이 됐든 모두 국민을 위해 봉사해야 한다.

대화

A : 哎，坐下来，聊聊咱们的旅行计划，想去哪里？
아이, 앉아봐. 우리 여행계획 얘기 좀 하자. 어디 가고 싶어?

B : 欧洲也好，美国也好，只要有你跟我做伴儿，去哪里都愿意。
유럽이든 미국이든 다 괜찮아. 당신과 함께라면 어디를 가도 좋아.

연습 '……也好，……也好'를 사용하여 다음 대화를 완성하세요.

A : 你想找什么样的对象？跟我说说，我想当红娘呢。
너는 어떤 스타일의 사람을 찾고 싶어? 나한테 말해봐, 내가 다리 놓아 주고 싶은데.

B : ＿＿＿＿＿＿＿，＿＿＿＿＿，只要＿＿＿＿＿、＿＿＿＿＿就行。
대학생도 좋고 회사원도 좋아. 마음씨 착하고 신체 건강하면 돼.

谢天谢地 xiètiān xièdì 성어 하늘에 감사하고 땅에 감사하다, 감지덕지하다 | 干部 gànbù 명 간부, 고위지도자 | 服务 fúwù 동 서비스하다, 봉사하다, 복무하다 | 计划 jìhuà 명동 계획(하다) | 做伴(儿) zuòbàn(r) 동 벗(짝)이 되다, 함께하다 | 红娘 Hóngniáng 명 서상기(西厢记)에 나오는 시녀, 남녀 간의 사랑을 맺어주는 여자, 중매쟁이 | 白领 báilǐng 명 화이트칼라, 사무직노동자, 회사원

Pattern 256

……也就……

의미 ~도 곧(즉시, 바로, 이내) ~, ~도 꽤(퍽, 그래도, 그만하면, 벌써, 이미) ~

해설 어떠한 상황에서 자연히 어떤 결과나 행동이 있게 된다는 의미이다.

예문

❶ 想想销售人员说的也有一定的道理，老板也就同意了。
판매원의 말을 생각해보니 어느 정도 일리도 있었고, 사장도 바로 동의했다.

❷ 现在我家虽然不是很富裕，但是想起以前的穷日子，也就满足了。
지금 우리 집이 비록 아주 부유하지는 않지만, 예전 가난했던 때를 돌이켜보면 그래도 만족한다.

❸ 我很想买新家具，但考虑过一段时间要搬家，也就打消了这种想法。
난 정말 새 가구를 사고 싶다. 하지만 조금 지나서 이사할 걸 생각하고 이내 그런 생각을 접었다.

❹ 我自知理亏，既然对方给了个台阶下，我也就借坡下驴了。
나도 논리가 부족하다는 걸 알지만, 기왕에 상대방이 내게 기회를 줬으니, 나 역시 이참에 기회를 잡아야겠어.

대화

A : 现在谈判陷入了僵局。
현재 협상이 교착상태에 빠졌어.

B : 要是双方都做些让步，僵局也就会打破了。
만약 상대방이 양보를 좀 한다면, 교착상태 역시 바로 풀어질 텐데.

연습 '……也就……'를 사용하여 다음 대화를 완성하세요.

A : 你不是说要去德国创办公司吗?
너 독일에 가서 회사 설립한다고 그랬잖아?

B : 但是后来_____, _____。
그렇지만, 나중에 부모님이 연로하고 몸이 약하시다는 생각이 들어서, 바로 그 생각을 접었어.

富裕 fùyù 형 부유하다 | 打消 dǎxiāo 동 (생각을) 단념하다, 끊다, 포기하다 ('打消……的念头'의 형태로 많이 사용함) | 理亏 lǐkuī 형 도리에 어긋나다, 이유가 불충분하다, 사리에 맞지 않는다 | 台阶 táijiē 명 층계, 계단, 더 큰 성적, 더 높은 목표(주로 '上'과 같이 사용함) 명 교착 상태나 난처함을 벗어날 여지(기회), 물러날 길, 퇴로(주로 '下'와 같이 사용함) | 借坡下驴 jièpō xiàlǘ 성에 비탈길을 기회 삼아 나귀에서 내리다, 기회를 이용해 목표에 도달함 | 陷入 xiànrù 동 (불리한 지경에) 빠지다, 떨어지다, 함입되다, 몰두하다, 전념하다 | 僵局 jiāngjú 명 교착된 국면, 교착 상태, 대치 국면 | 创办 chuàngbàn 동 창설하다, 창립하다 | 念头 niàntou 명 생각, 마음, 의사

Pattern 257

也就是……

의미 바로(다만, 단지, 겨우, 고작, 그냥) ~뿐이다(불과하다)

해설 '仅仅是'의 의미이다. 주로 범위를 한정 짓고 작은 쪽으로 이야기하는 의미가 있다.

예문

❶ 他们的公司不算大，也就是几十个人吧。
그들의 회사는 크다고 할 수는 없다. 그냥 몇십 명 있을 뿐이다.

❷ 一般的公寓不太贵，也就是五六十万一套吧。
일반적인 아파트는 별로 비싸지 않아. 한 채에 겨우 5~60만 위안이다.

❸ 在我们看过的房子中，也就是这所房子还比较好。
우리가 둘러본 집 중에서 단지 이 집만이 그나마 나은 편이다.

❹ 其实那里并不算远，开车也就是二十分钟的路程吧。
사실 그곳은 결코 멀다고 할 수 없다. 차로 20분 정도 거리밖에 안 된다.

대화

A : 你找吕经理有事吗?
뤼 사장은 무슨 일로 찾아?

B : 没什么重要的事，也就是想和他聊聊而已。
뭐 딱히 중요한 일은 없어. 그냥 뤼 사장하고 얘기나 좀 하고 싶어서.

연습 '也就是……'를 사용하여 다음 대화를 완성하세요.

A : 这位公司经理汉语怎么说得这么好，在哪里学的?
이 회사 사장님은 중국어를 어떻게 이렇게 잘하십니까? 어디에서 배우셨어요?

B : 据说是在国内学的，＿＿＿＿＿＿＿＿＿＿＿＿＿＿＿＿＿＿＿＿＿＿。
국내에서 배우셨다고 하던데요. 중국에 가서 공부한 건 겨우 두세 달밖에 안 될 걸요.

仅仅 jǐnjǐn 児 단지, 다만, 겨우 | **路程** lùchéng 몡 노정, 도정, 방침 | **据说** jùshuō 동 들리는 말에 의하면 ~라 한다

Pattern 258

一……半……

의미 시간이 짧거나 수량이 적음을 나타냄

해설 두 개의 동의어나 유의어 앞에 주로 사용하여, 시간이 짧거나 혹은 수량이 적다는 것을 나타낸다.

예문

❶ 要掌握一门外语不容易，一年半载可不行。
외국어 하나를 마스터하는 건 쉽지 않다. 1년 정도로는 어림도 없다.

❷ 那个地方很偏僻，交通不方便，一天半天到不了。
그곳은 너무 외져서 교통이 불편하다. 하루 정도로는 갈 수가 없다.

❸ 高手过招，输赢就在那一招半式之间。
고수의 대결에서 승부는 바로 한 동작도 못 되는 찰나에 결정된다.

❹ 既然想当公务员，谁不希望在政府机关谋个一官半职呢？
공무원이 되고 싶은 사람이라면 어느 누가 정부기관에서 말단직이라도 하기를 바라지 않겠어?

대화

A : 你要盐，我这里有，要多少？
소금 필요하면 나한테 있어. 얼마나 필요해?

B : 一星半点儿就够。
아주 조금만 있으면 충분해.

연습 알맞은 표현을 골라 빈칸에 넣으세요.

> 一星半点儿   一官半职   一知半解   一天半天

1. 咱俩认识也不是_____了，还那么客气！
   우리가 안 지 얼마 안 된 것도 아닌데, 뭘 그렇게 예의를!

2. 我并没有完全搞明白这个原理，还是_____。
   나는 이 원리를 결코 완전히 이해하지 못했다. 여전히 대충 알 뿐이다.

一年半载 yìnián bànzǎi 성에 한 해나 반 년, 한 해쯤 | 偏僻 piānpì 형 외지다, 궁벽하다, 구석지다 | 过招(儿) guòzhāo(r) 동 무예를 겨루다, 시합하다, 겨루다 | 一招半式 yìzhāo bànshì (어떤 능력의) 일부분 | 一官半职 yìguān bànzhí 성에 대수롭지 않은 관직, 말단 벼슬아치 | 一星半点儿 yìxīng bàndiǎnr 성에 아주 조금 | 一知半解 yìzhī bànjiě 성에 많이 알지 못하다, 수박 겉핥기

Pattern 259

一边……一边……

의미 (한편으로) ~하면서 (한편으로) ~하다

해설 두 가지 동작이 동시에 진행됨을 나타낸다. 구어에서는 흔히 '一边儿……一边儿'로 말한다.

예문

❶ 学生们**一边**专心听老师讲**一边**认真记笔记。
학생들은 선생님 말씀을 열중해서 들으면서 열심히 필기한다.

❷ 他**一边**看着笔记**一边**听着摇滚，能专心学习吗?
그는 필기한 내용을 보면서 록음악을 듣고 있는데, 공부에 전념할 수 있겠어?

❸ 他**一边**弹钢琴**一边**哼着曲子，自我陶醉。
그는 피아노를 치면서 노래를 흥얼거리고 자아도취에 빠져있다.

❹ 多年不见的朋友们欢聚一堂，**一边**慢慢品茶**一边**尽情说笑。
오랫동안 못 만났던 친구들이 한자리에 모여서 즐겁게 천천히 차도 음미하면서 마음껏 담소를 나누었다.

대화

A: 你这个单身汉，晚上都怎么过呢?
너 같은 싱글은 저녁에 어떻게 보내?

B: 我嘛，一杯咖啡相伴，**一边儿**嗑点儿瓜子、花生**一边儿**看些有趣的电视节目，自得其乐啊。
나 말이야? 커피 한 잔을 벗 삼아 해바라기씨와 땅콩을 까먹으면서 재미있는 텔레비전 프로그램을 봐. 혼자만의 즐거움을 누리지.

연습 '一边……一边……'을 사용하여 다음 대화를 완성하세요.

A: 你觉得那个广播节目怎么样?
네 생각에 그 방송 프로그램 어떤 것 같아?

B: 挺好的，_____。
정말 좋지. 나는 항상 요리하면서 들어.

专心 zhuānxīn 통 전심하다, 전념하다 | 摇滚 yáogǔn 명 록(rock), 로큰롤(rock & roll) | 哼 hēng 통 콧노래 부르다, 흥얼거리다, 읊조리다 | 曲子 qǔzi 명 노래, 악곡 | 自我陶醉 zìwǒtáozuì 성어 자아도취 | 欢聚一堂 huānjùyìtáng 성어 즐겁게 한자리에 모이다 | 品茶 pǐnchá 통 차를 음미하다, 품평하다 | 单身汉 dānshēnhàn 명 독신남 | 相伴 xiāngbàn 통 동반하다, 함께 가다 | 嗑 kè 통 (치아로) 까다 | 瓜子 guāzǐ(r) 명 해바라기 씨나 호박씨 등을 통틀어 부르는 말 | 自得其乐 zìdéqílè 성어 스스로 그 가운데 기쁨을 느끼다, 자기 혼자서 즐기다

Pattern 260

一……不……

의미 하나도 ~하지 않다, (일단) ~하면 (다시는) ~하지 않다

해설
'一+명사+不+동사': 하나도 ~하지 않다[강조 혹은 과장]
'一+동사1+不+동사2': (일단) ~하면 (다시는) ~하지 않다[동작이나 상황 발생 후 변화 없음]

예문

❶ 任何事物都是不断发展变化的，不是一成不变的。
어떠한 사물도 끊임없이 발전 변화한다. 고정불변인 것이 아니다.

❷ 人称他是吝啬鬼、铁公鸡，对赈灾活动也一毛不拔。
사람들이 말하길 그는 구두쇠, 노랑이라 한다. 이재민 구호활동에 한 푼도 내놓지 않는다.

❸ 钱拿到手后，他就再没了音信，一去不返了。
돈을 수중에 넣은 후, 그는 다시는 기별도 없이 사라져서 돌아오지 않았다.

❹ 五年前他做生意失败，赔了一大笔钱，从此后就一蹶不振。
5년 전 그는 사업에 실패하고 거액을 손해 보았다. 그 이후로 다시는 재기하지 못했다.

대화

A : 我刚打扫过房间，怎么样，干净吧?
내가 막 방을 청소했어. 어때, 깨끗하지?

B : 干净，真干净，简直是一尘不染。
깨끗해, 엄청나게 깨끗해. 완전 먼지 하나 없네.

연습 알맞은 표현을 골라 빈칸에 넣으세요.

一声不响   一言不发   一字不差   一窍不通

1. 我是学文的，对机械构造方面_____。
나는 문과라서 기계구조 쪽에 대해서는 아는 게 하나도 없어.

2. 我很想听听你的意见，可是开会时你_____。
나는 자네의 의견을 무척 듣고 싶은데, 회의시간에 자네 입도 벙긋 안 하더군.

一成不变 yìchéngbúbiàn 성어 한번 정해지면 고치지 않는다, 고정불변하다 | 吝啬 lìnsè 형 인색하다 | 吝啬鬼 lìnsèguǐ 명 구두쇠, 자린고비, 인색한 | 铁公鸡 tiěgōngjī 명 구두쇠, 노랑이 | 赈灾 zhènzāi 동 이재민을 구제하다 | 一毛不拔 yìmáobùbá 성어 털 한 가닥도 안 뽑는다, 인색하다 | 一去不返 yíqùbùfǎn 성어 한 번 떠나면 다시는 돌아오지 않음 | 一蹶不振 yìjuébúzhèn 성어 한 번 넘어지면 다시는 일어나지 못하다 | 一尘不染 yìchénbùrǎn 성어 청렴결백, 인품이 고상하고 순결하여 티끌만큼도 세상 물욕에 물들지 않다 | 一窍不通 yíqiàobùtōng 성어 한 구멍도 뚫리지 않다, 아무것도 모르다

Pattern 261

一不……, 二不……

의미 (첫째로, 우선, 일단) ~하지도 않고 (둘째로, 그다음, 다음으로) ~하지도 않다

해설 두 개의 방면을 동시에 부정하는 병렬관계이다. 뒤쪽으로 계속 이어서 '三不……, 四不……' 등을 사용하여 여러 가지 방면을 부정할 수도 있다.

예문

❶ 一不做, 二不休, 咱们一定得干到底。
일단 시작했으면 중간에 멈출 수는 없지. 우리는 반드시 끝까지 해야 한다.

❷ 他一不怕苦, 二不怕累, 工作勤勤恳恳、任劳任怨。
그는 고생도 마다치 않고, 피곤도 마다치 않는다. 부지런히 일하며 어떤 노고도 마다치 않고 어떤 불만도 없다.

❸ 大家都认为他一不为名, 二不为利, 只是踏踏实实地做好本职工作。
모두가 그를 두고 명예를 좇지도 이익을 탐하지도 않으며, 그저 성실하게 본연의 임무를 잘 수행한다고 생각한다.

❹ 我这样做又怎么了? 一不违法, 二不缺德, 三不坑人!
내가 이렇게 하는 게 또 뭐가 어때서? 법을 위반한 것도 아니고, 도덕적으로 하자가 있는 것도 아니고, 다른 사람에게 피해를 준 것도 아닌데!

대화

A : 小王真是个好学生。
왕 군은 정말이지 좋은 학생이야.

B : 当然, 他一不说谎, 二不逃学, 学习认真, 而且助人为乐。
당연하지. 그는 첫째 거짓말을 하지 않고, 둘째 수업을 빼먹지도 않아. 공부도 열심히 하고 게다가 다른 사람을 기꺼이 도와주기까지 해.

연습 '一不……, 二不……'를 사용하여 다음 문장을 완성하세요.

1. _____, 你这菜做得_____, 还是川菜吗?
쓰촨 요리의 특징은 바로 마라(얼얼하고 매운맛)야. 네 요리는 얼얼하지도 맵지도 않아. 이러고도 쓰촨 요리라는 거야?

2. 他_____, _____, 没有任何不良嗜好。
그는 담배도 피우지 않고, 도박도 하지 않는다. 불량한 취미는 어떤 것도 없다.

一不做, 二不休 yībúzuò, èrbùxiū [성어] 일단 시작했으면 철저하게 한다, 끝까지 해낸다 | 勤恳 qínkěn [형] 근면 성실하다 | 任劳任怨 rènláo rènyuàn [성어] 노고를 마다하지 않고 원망을 두려워하지 않다 | 不为名, 不为利 búwèimíng, búwèilì 명성을 위해서도 아니고 이익을 위해서도 아니다 | 踏实 tāshi [형] (태도가) 착실하다, 성실하다 | 缺德 quēdé [형] 부도덕하다, 비열하다 | 坑人 kēngrén [동] 사람을 함정(곤경) 빠뜨리다, 피해를 주다 | 逃学 táoxué [동] 수업을 빼먹다 | 助人为乐 zhùrén wéilè [성어] 남을 돕는 것을 즐거움으로 여기다 | 赌博 dǔbó [동] 도박하다, 노름하다

Pattern 262

一旦……

의미 (일단) ~하면(한다면, 하게 되면) (바로) ~

해설 만약 어느 날 또는 갑자기 어느 날 어떤 조건이 생기거나 어떤 상황이 발생했다면, 어떤 결과가 그에 따라 발생할 것이라는 의미이다. 흔히 '就(是)'와 함께 사용한다.

예문

❶ 毒品很可怕，一旦沾染上，正常生活就彻底结束了。
   마약은 정말 무서워. 일단 손을 대면, 정상적인 삶이 완전히 끝나버리지.

❷ 这座楼没有消防设备，一旦发生火灾，问题可就大了。
   이 빌딩은 소방 설비가 없으니, 일단 화재가 발생하면 문제가 커진다.

❸ 你把所有的钱都投入股市，风险太大了，一旦股市崩盘，你会急疯的。
   너 모든 돈을 주식시장에 집어넣으면 리스크가 너무 커. 일단 주식시장이 붕괴하면, 너 안달이 나 미쳐버릴 거다.

❹ 他这人很固执，一旦下了决心，就是十头牛也拉不回来。
   그 사람 참 고집스러워. 일단 결심을 하면 아무도 못 말려.

대화

A : 要分别了，我心里真不舍得。
   이제 헤어져야겠네. 내 마음이 정말 아쉽다.

B : 大家朝夕相处这么久，一旦分别，怎能不难过呢?
   모두 이렇게 오래 함께 지냈는데, 일단 헤어져 버리면 슬퍼서 어떻게 해?

연습 '一旦……'을 사용하여 다음 대화를 완성하세요.

A : 为什么这么多人都想进北京大学呢?
   왜 이렇게 많은 사람이 다들 베이징대학에 들어가고 싶어 하는 거야?

B : 他们认为＿＿＿＿＿＿＿＿＿＿＿＿，＿＿＿＿＿＿＿＿＿＿＿＿＿。
   사람들 생각이 일단 이 대학에 들어가면 취업은 그냥 보장된 거로 생각하거든.

毒品 dúpǐn 몡 마약, 독물 | 沾染 zhānrǎn 동 감염되다, 오염되다, 손을 대다 | 彻底 chèdǐ 부 철저히 형 철저하다 동 철저하게 하다 | 投入 tóurù 동 투입하다, 참가하다, 몰입하다 | 崩盘 bēngpán 몡 (주가폭락으로 인한) 주식 거래 중단, 주식시장 공황 | 疯 fēng 형 미치다 | 固执 gùzhí 형 고집스럽다, 완고하다 동 고집하다 | 朝夕相处 zhāoxī xiāngchǔ 성 아침저녁으로 늘 함께 지내다, 사이가 좋다 | 就业 jiùyè 동 취업하다, 취직하다

Pattern 263 : 一点儿也/都……

의미 조금도(하나도) ~하지 않다

해설 부정문에 주로 사용하며 완전한 부정을 강조한다. '一点儿' 뒤에 명사를 첨가할 수 있고 다시 '都'와 짝을 이뤄 사용할 수 있다. 부정을 강조하므로 '也/都' 뒤에 흔히 '不/没'를 동반한다.

예문

❶ 他们两兄弟虽是双胞胎，可性格一点儿都不像。
그들 형제는 비록 쌍둥이지만, 성격은 조금도 닮지 않았다.

❷ 他对自己做的种种坏事儿，一点儿悔改的表示都没有。
그는 자신이 저지른 갖가지 나쁜 일에 대해, 뉘우침의 기미가 하나도 없다.

❸ 你现在再说什么也是白费唇舌，他一点儿也听不进去。
당신이 지금 뭐라고 더 얘기한들 쓸데없이 입만 아프지. 걔는 귀에 하나도 들어가지 않아.

❹ 一个人不可能一点儿缺点也没有，也不会一点儿优点也没有。
사람이 결점이 하나도 없을 수가 없고, 장점이 하나도 없을 수도 없다.

대화

A : 他可能还认识不到，这样四处树敌对他一点儿好处都没有。
그는 아마 아직 모를 거야. 이렇게 사방에 적을 만들면 자신에게 좋은 것이 하나도 없다는 것을.

B : 可不是嘛。
그러게 말이야.

연습 '一点儿也/都……'를 사용하여 다음 문장을 다시 쓰세요.

1. 这件事我完全不知道。
   이 일은 나는 전혀 모른다.
   ⇨ _____。
   이 일은 나는 하나도 모른다.

2. 今天天气真好，完全没有风。
   오늘 날씨 참 좋다. 전혀 바람이 없다.
   ⇨ _____。
   오늘 날씨 참 좋다. 바람이 하나도 없다.

双胞胎 shuāngbāotāi 명 쌍둥이 | **悔改** huǐgǎi 통 회개하다, 뉘우쳐 고치다 | **白费唇舌** báifèichúnshé 말해 봐야 헛수고다, 공연히 입만 아프다 | **缺点** quēdiǎn 명 결점, 단점, 결함 | **优点** yōudiǎn 명 우수한 점, 장점 | **四处** sìchù 명 사방, 도처 | **树敌** shùdí 통 적을 만들다

Pattern 264

一……（，）二……

의미 (사물을 열거하여) 첫째로 ~ (휴지) 둘째로 ~, (정도를 강조하여) 무척(대단히, 극히, 아주) ~하다

해설 사물을 열거할 때에 사용한다. '一'와 '二'의 중간에 일반적으로 휴지가 있다. 또는 정도를 강조할 때 사용하는데, 이때에 '一'와 '二'은 각각 2음절 형용사의 2개 형태소 앞에 놓이며, 중간에 휴지를 두지 않는다.

예문

❶ 办个有实力的企业，一要钱，二要人，三要时间。
경쟁력 있는 기업을 하나 여는 데에는 첫째로 돈, 둘째로 사람, 셋째로 시간이 필요하다.

❷ 面对投资的巨大损失，你可不能像有的人那样，一急、二怨、三跳楼的。
막대한 투자 손실에 직면해서 너는 누구처럼 조급해하고 원망하다가 투신에 이르러서는 안 된다.

❸ 今天我姐做的饭菜太香了，八菜一汤，大家吃得一干二净。
오늘 우리 누나가 한 음식이 아주 맛있다. 8가지 요리에 탕 하나, 모두 깨끗이 비웠다.

❹ 我们的武会计可真是个好会计师，账目总是做得一清二楚的。
우리 우 회계는 참 좋은 회계사야. 장부계산을 항상 아주 명확하게 해.

대화

A：上个世纪五六十年代你们过得怎么样?
지난 세기 5~60년대를 어떻게 보내셨어요?

B：可以说是一穷二白。
찢어지게 가난했다고 할 수 있지.

연습 '一……(，)二……'을 사용하여 다음 대화를 완성하세요.

A：听说，他已经提前回国了?
걔 예정보다 일찍 귀국했다며?

B：对，因为他_____，_____，_____。
맞아. 첫째 독일어도 못하고, 둘째 아는 사람 하나 없어서 그곳 환경에 적응하기 힘들었어.

跳楼 tiàolóu 통 (죽으려고) 건물에서 뛰어내리다 통 (손해 볼 정도로) 상품의 가격이 곤두박질치다 | 账目 zhàngmù 명 장부상의 항목, 계정 과목, 장부상의 계산 | 一清二楚 yìqīng èrchǔ 성 아주 명확하다 | 举目无亲 jǔmù wúqīn 성 눈을 들어 살펴봐도 의지할 사람 하나 없다, 사고무친(四顧無親)

Pattern 265

一方面……，一方面……

의미 한편으로 ~하면서 (다른) 한편으로 (또, 역시, 반면에) ~하고

해설 병렬관계를 나타낸다. 어떤 사건을 두 가지 방면에서 설명한다. 뒤쪽의 '一方面' 앞에는 '另'을 첨가할 수 있고, 뒤쪽에는 흔히 '又/也/却'를 사용한다.

예문

❶ 这座桥要大修，我们一方面设计方案，一方面筹集资金。
이 교량은 대대적인 보수가 필요하다. 우리는 한편으로 방안을 설계하고, 한편으로 자금을 모아야 한다.

❷ 任何事情都要做两种准备，一方面要积极争取，一方面也要做最坏的打算。
어떤 일이든 두 가지를 준비해야 한다. 한편으로는 적극적으로 달려들어야 하고, 한편으로는 최악의 상황도 예상해야 한다.

❸ 为了身体健康一方面我们要经常运动，另一方面也要注意不能过量运动。
신체건강을 위해서 한편으로 우리는 항상 운동해야 하고, 다른 한편으로는 과도하게 운동하지 않는 것에도 주의해야 한다.

❹ 他一方面到处捐钱，好像热衷于慈善事业，另一方面却利用职权搜刮民脂民膏。
그는 한편으로 이곳저곳에 돈을 기부했는데, 그 모습이 마치 자선사업에 열중하는 것 같았고, 또 다른 한편으로는 직권을 남용하여 민중의 고혈을 착취했다.

대화

A : 小万试用期满了，现在怎么跟他谈呢？
완 군의 수습기간이 다 됐는데, 지금 왜 개량 얘기하는데?

B : 一方面要肯定他的成绩，一方面也要指出年轻人的不足之处。
한편으로는 그의 실적을 확인해야 하고, 한편으로는 젊은 친구의 부족한 면을 지적하기도 해야 해.

연습 '一方面……，一方面……'을 사용하여 다음 대화를 완성하세요.

A : 听说他退休后过得很逍遥自在。
들자하니 그가 은퇴 후에 자유롭고 유유자적하면서 지낸대.

B : 那当然，他＿＿＿＿＿＿＿＿＿＿＿＿＿，＿＿＿＿＿＿＿＿＿＿＿＿＿。
아무렴. 그는 현재 한편으로 돈도 있고, 한편으로 또 시간도 있거든.

方案 fāng'àn 명 계획, 방안, 설계도 | **筹集** chóují 동 (돈을) 마련하다, 조달하다 | **热衷** rèzhōng 동 열중하다, 몰두하다 | **搜刮** sōuguā 동 수탈하다, 약탈하다 | **民脂民膏** mínzhī míngāo 성어 백성의 고혈 | **试用** shìyòng 동 물건을 시험적으로 사용하다, 사람을 시범 채용하다(수습직원, 인턴) | **期满** qīmǎn 동 만기가 되다, 기한(임기)이 차다 | **逍遥自在** xiāoyáo zìzài 성어 아무런 구속도 당하지 않고 자유롭게 살아가다, 유유자적하다

Pattern 266

一个……, 一个……

의미 ~ 하나 ~ 하나, 하나는 ~이고(하고) 하나는 ~이고(하고)

해설 병렬된 두 가지 다른 사물을 열거할 때 자주 사용하는 표현이다.

예문

❶ 一个苹果，一个梨，都是我喜欢的水果。
사과와 배는 모두 내가 좋아하는 과일이다.

❷ 他有两样不离身的东西，一个是烟，一个是手机。
그는 몸에서 떠나지 않는 물건이 두 가지 있다. 하나는 담배요, 하나는 휴대전화다.

❸ 他们离得太远了，一个天南，一个海北的，怎么能交流感情啊。
그들은 너무 멀리 떨어져 있다. 한 사람은 남쪽 끝, 한 사람은 북쪽 끝, 어떻게 감정을 교류할 수 있을까?

❹ 你瞧我今天做的这两样菜，一个过咸，一个又太淡，凑合着吃吧。
봐봐, 내가 오늘 요리 두 가지를 만들었는데, 하나는 너무 짜고, 하나는 또 너무 싱거워. 대충 먹자.

대화

A : 你今天精神怎么这么差，有什么心事吧?
자네 오늘 정신이 왜 이렇게 멍해? 무슨 고민 있지?

B : 咳，一个是妈，一个是妻，她们吵得不可开交，你说我该怎么办?
하, 하나는 우리 엄마고, 하나는 마누라인데, 두 여자가 끝도 없이 싸워. 내가 어떻게 해야 해?

연습 '一个……, 一个……'를 사용하여 다음 문장을 완성하세요.

1. 我有两个孩子，_____，_____，都是男的。
나는 아들이 두 명 있다. 하나는 일곱 살, 하나는 다섯 살인데, 모두 사내 녀석이다.

2. 你看这哥俩，_____，_____。
얘네 형제 좀 봐. 하나는 키도 크고 덩치도 크고, 하나는 키도 작고 뚱뚱해.

离身(儿) líshēn(r) 图 (일에서) 몸을 떼다, (물건을) 손에서 놓다 | 天南海北 tiānnán hǎiběi 図에 아득히 멀리 떨어져 있다(= 天南地北) | 凑合 còuhe 图 그런대로 ~할 만하다, 아쉬운 대로 ~할 만하다 | 不可开交 bùkěkāijiāo 図에 ~하기가 그지없다, 끝을 맺을 수 없다, (한데 엉켜서) 떼어 놓을 수 없다

Pattern 267

一会儿……, 一会儿……

의미 ~했다가 (잠시 후에, 오래지 않아, 금방) ~했다가

해설 길지 않은 시간 내에 두 가지 상황이 교체되어 발생함을 나타낸다.

예문

❶ 这天气真是的, 一会儿出太阳, 一会儿下雨。
이놈의 날씨가 정말이지 금방 해가 났다가 또 금방 비가 오네.

❷ 这么大的人, 怎么跟孩子似的, 一会儿哭, 一会儿笑。
다 큰 사람이 어째 애들 같이 굴어. 울다가 웃다가.

❸ 你看他那忙劲儿, 一会儿写, 一会儿算的, 连头都不抬。
저 친구 바쁜 것 좀 봐. 보고서 썼다가 또 계산도 했다가, 고개도 제대로 못 드네.

❹ 手机铃声怎么一会儿是我自己设置的, 一会儿是默认的?
휴대전화 벨 소리가 왜 내가 설정해 놓은 소리였다가, 금방 무음이었다가 그러지?

대화

A : 他们家的人今天怎么一会儿出一会儿进的?
그 집 식구들 오늘 왜 들락날락하는 거야?

B : 发生什么事了吧。
뭔 일이 났나 봐.

연습 '一会儿……, 一会儿……'을 사용하여 다음 문장을 완성하세요.

1. 这个热水器是不是出问题了? 怎么出的水, _____, _____?
이 온수기 고장 난 거 아니야? 왜 나오는 물이 차가웠다가 뜨거웠다가 그래?

2. 你好好开车, 别_____, _____。
당신 운전 좀 잘해라. 빨랐다가 느렸다 하지 말고.

铃声 língshēng 몡 벨 소리 | 设置 shèzhì 통 설치하다, 장치하다, 설정하다 | 默认 mòrèn 통 묵인하다 | 热水器 rèshuǐqì 몡 열수기, 온수기

Pattern 268 一……就……

의미 ~하자마자 (곧, 바로, 이내) ~하다, ~했다 하면 (곧, 바로, 이내) ~하다

해설 두 가지 사건이 긴밀하게 이어서 발생하는 것을 나타낸다. 주어가 동일해도 되고, 주어가 달라도 된다.

예문

❶ 小李是不是对我有意见，怎么我一来他就走了？
리 군은 나한테 불만이 있는 거 아니니? 왜 내가 오자마자 갔어?

❷ 小王和我真够交情，一到北京，就先来看我了。
왕 군은 나와 친분이 두텁다. 그는 베이징에 도착하자마자 먼저 나를 보러 왔다.

❸ 这几天她一吃就吐，不会是怀孕了吧？
요즘 그녀는 먹었다 하면 구토를 하는데, 임신한 건 아니겠지?

❹ 我听老师讲汉语语法，常是一听就懂，一用就错。
내가 선생님이 중국어 문법을 설명하시는 걸 듣는데, 늘 들으면 알겠는데, 활용하면 틀린다.

대화

A : 他这样说是什么意思？
걔가 그렇게 말한 게 무슨 뜻이야?

B : 你不懂吗？我可是一听就明白了。
너 몰라? 난 딱 듣고 알아들었는데.

연습 '一……就……'를 사용하여 다음 대화를 완성하세요.

A : 我们明天什么时候出发？
우리 내일 언제 출발해?

B : ＿＿＿＿＿＿＿＿＿＿＿＿，那时路上＿＿＿＿＿＿＿＿＿＿＿。
날이 밝자마자 바로 출발한다. 그때는 길이 절대 막히지 않거든.

意见 yìjiàn 명 견해, 의견, 이의(異議), 불만 | 交情 jiāoqing 명 우정, 친분, 정분 | 吐 tù 동 구토하다, 착복했던 재물을 도로 내놓다 | 怀孕 huáiyùn 동 임신하다 | 绝不会 jué búhuì 절대 ~일 리가 없다

Pattern 269

一来……, 二来……

의미 첫째로는 ~ 둘째로는 ~

해설 나열한 몇 개의 원인이나 목적을 열거한다. 계속해서 '三来……, 四来……'라고 말할 수 있다.

예문

❶ 用电子邮件联络**一来**快，**二来**方便，**三来**省钱。
이메일로 연락하는 것은 첫째 빠르고, 둘째 편리하고, 셋째 비용이 절약되기 때문이다. [원인]

❷ 不少企业家们到中国去，**一来**为了观光，**二来**为了考察投资环境。
많은 기업가가 중국에 가는 것은, 첫째는 관광, 둘째는 투자환경을 둘러보기 위해서이다. [목적]

❸ 这部电影实在没看头，**一来**内容乏味，**二来**主角的表演太做作了。
이 영화 정말 볼거리가 없어. 첫째로 내용이 따분하고, 둘째로 주연배우의 연기가 너무 어색해. [원인]

❹ 我想再找份工作干，**一来**可以退而不休，**二来**也能增加点儿收入。总之可以提高生活质量。
나 일거리를 다시 찾을까 봐. 첫째는 은퇴해서 쉬지 않아도 되고, 둘째는 수입을 좀 늘릴 수도 있는 걸로. 결론적으로 삶의 질을 높일 수 있잖아. [목적]

대화

A : 你怎么对这个地方特别有感情？
너는 왜 이 지역에 특별한 감정이 있어?

B : **一来**我在这里住过几年，**二来**这里真是山清水秀啊。
첫째로 나는 여기에서 몇 년을 살았고, 둘째로 이곳은 정말 산 좋고 물 맑은 곳이거든.

연습 '一来……, 二来……'를 사용하여 다음 대화를 완성하세요.

A : 你喜欢穿布鞋？
너는 운동화를 즐겨 신어?

B : 嗯, _____, _____。
응, 첫째 편하고, 둘째 싸니까.

看头(儿) kàntou(r) 명 볼만한 것(가치), 볼거리 | 乏味 fáwèi 형 맛이 없다, 무미건조하다 | 做作 zuòzuo 형 가식하다, 부자연스럽다, ~인 체하다 | 山清水秀 shānqīng shuǐxiù 성어 산 좋고 물 맑다, 산수의 풍경이 아름답다(= 山明水秀) | 布鞋 bùxié 명 헝겊신

Pattern 270

一……也/都……

의미 하나도 ~하지 않다

해설 부정문에 사용하며, 완전부정을 나타낸다. '一' 뒤에는 양사를 사용한다. '也/都' 뒤에는 '不/没' 등의 부정 어구가 따라온다.

예문

❶ 这次期末物理考试，小李一道题都没有做出来。
이번 물리 기말고사에서 리 군은 한 문제도 풀지 못했다.

❷ 今天学校大扫除，结果一个学生也没来，真不像话。
오늘 학교에서 대청소하는데, 학생이 한 명도 오지 않았다. 정말 말도 안 된다.

❸ 现在好电影越来越少了，这半年来，我一次电影都没看过。
요즘은 좋은 영화가 점점 줄어든다. 요 반년 동안 나는 영화를 한 번도 본 적이 없다.

❹ 在几位首长面前，这个年轻士兵紧张得一句话也说不出来。
몇 명의 지휘관 앞에서, 이 젊은 병사는 긴장한 나머지 말을 한마디도 하지 못했다.

대화

A : 你还经常去邮局寄信吗?
너 아직도 편지 부치러 우체국에 자주 가?

B : 自从我装了宽带，老发电子邮件，一封信也没寄过。
인터넷을 설치한 이후로, 늘 이메일을 보내고 편지는 한 통도 부친 적 없어.

연습 '一……也/都……'를 사용하여 다음 문장을 완성하세요.

1. 我今天忙得四脚朝天，_____。
나는 오늘 정신없이 바빠서 한 끼도 못 먹었다.

2. 一年前我刚到这儿时，_____。
1년 전 내가 막 여기에 왔을 때, 중국어를 한마디도 못 했다.

扫除 sǎochú 동 청소하다, 제거하다 | 首长 shǒuzhǎng 명 (정부 각 부문) 최고지도자, (군부대) 고급지도간부, 수장, 수뇌, 책임 간부, 지휘관 | 宽带 kuāndài 명 광대역, 브로드밴드(broadband) | 四脚朝天 sìjiǎocháotiān 성에 (거북이가 뒤집어져서) 네 다리가 하늘로 향하다, 뒤로 벌렁 나자빠지다, 바빠서 이리 뛰고 저리 뛰고 하는 모양

Pattern 271 一……一……

의미
1. 一+명사+一+명사: 한 ~ 한 ~, ~ 하나 ~ 하나 (전체 또는 수량이 적음)
2. 一+동사+一+동사: ~하고 ~하고, ~하다가 ~하다가 (동작의 연속 또는 교차 진행)
3. 一+방위사/형용사+一+방위사/형용사: 하나는 ~ 하나는 ~ (상반된 방위나 상황)

해설 '一'는 각각 두 개의 명사 앞에 쓰여 전체 혹은 수량이 적음을 나타낸다. 또한, 각각 두 개의 동사 앞에 쓰여 동작의 연속 혹은 두 동작이 교차 진행됨을 나타낸다. 그리고 각각 두 개의 방위사나 형용사 앞에 쓰여 상반된 방위나 상황을 나타낸다.

예문

❶ 我对他可以说是一心一意，从来没有别的想法。
나는 그에 대해 일편단심이라고 할 수 있다. 여태껏 다른 생각을 가져본 적이 없다. [전체]

❷ 我在这里住了大半辈子，对这里的一草一木都很有感情。
나는 이곳에서 삶 대부분을 살아서, 이곳의 풀 한 포기 나무 한 그루 모두 정이 들었다.
[수량이 적음]

❸ 一阵狂风过后，兄妹二人一前一后地往家赶。
한바탕 풍파가 지나간 후에, 오누이 두 사람은 앞서거니 뒤서거니 집으로 향했다.
[상반된 방위]

❹ 这件衣服的两只袖子怎么一长一短，袖口也是一松一紧？
이 옷의 두 소매가 왜 하나는 길고 하나는 짧아? 소맷부리도 왜 하나는 헐렁하고 하나는 꼭 끼어? [상반된 상황]

대화

A: 最近工作很紧张，常常熬夜。
요즘에 업무가 너무 바빠서 항상 밤을 새워.

B: 工作再紧张也不能老开夜车啊，一张一弛，才能提高效率。
업무가 아무리 바빠도 자꾸 밤을 새우면 안 돼. 조였다 풀었다 해야 효율을 높일 수 있어.

연습 알맞은 표현을 골라 빈칸에 넣으세요.

> 一言一行　　一生一世　　一起一落　　一上一下

1. 当老师的要为人师表，＿＿＿＿＿＿＿＿都要特别注意。
   선생님은 다른 사람에게 사표가 되어야 한다. 말 한마디, 행동 하나에 모두 특히 주의해야 한다.

2. 在这场灾难中你失去了两条腿，但别怕，我＿＿＿＿＿＿＿＿都会照顾你的。
   이번 재난 중에 당신이 두 다리를 잃었지만, 걱정하지 마세요. 내가 한평생 당신을 보살필게요.

一心一意 yìxīn yíyì [성어] 전심으로, 오로지, 일편단심으로, 일념으로 | 袖子 xiùzi [명] 소매 | 袖口 xiùkǒu [명] 소맷부리 | 熬夜 áoyè [동] 밤을 새우다 | 一张一弛 yìzhāng yìchí [성어] 활시위를 죄었다 늦췄다, 사람이나 물건을 적당히 쓰고 적당히 쉬게 하다 | 效率 xiàolǜ [명] 효율, 능률

Pattern 272

一……再……

의미 여러 번(몇 번, 거듭, 자꾸, 수차, 재차, 누차, 계속, 반복적으로) ~하다

해설 '一'와 '再'는 각각 동일한 동사 앞에 놓여서 해당 동작이 여러 차례 중복됨을 나타낸다.

예문

❶ 他早就该去看医生，但是因为忙而一拖再拖，结果病情恶化了。
그는 진즉 의사를 보러 갔어야 했다. 하지만 바빠서 미루고 또 미루다가, 결국 병세가 악화하였다.

❷ 政策要有连续性，如果一变再变，就会令人无所适从。
정책은 연속성이 있어야 한다. 만약 자꾸 변하면 사람들이 누구를 믿고 따라야 할지 모르게 된다.

❸ 张教授学风严谨，文章写完后总是一改再改才投稿。
장 교수의 학문 스타일은 빈틈이 없다. 글을 다 쓴 후에 항상 거듭 수정을 거친 다음에야 투고한다.

❹ 他咽不下这口气，想要报复，我一劝再劝，他才打消了这念头。
그는 분을 삼키지 못하고 복수를 하려고 한다. 내가 누차 말리고 나서야 그는 이런 생각을 거두었다.

대화

A : 这些事我们还是等一段时间再议吧。
이런 일들은 우리 아무래도 나중에 다시 의논합시다.

B : 这些都是有关国计民生的大事，必须立即办理，不能一拖再拖了。
이 일들은 모두가 국민경제와 민생에 관계된 큰일이니 반드시 즉각 처리해야 합니다. 언제까지 계속 미룰 수는 없습니다.

연습 '一……再……'를 사용하여 다음 대화를 완성하세요.

A : 今年手机话费＿＿＿＿＿＿＿＿＿＿，可是＿＿＿＿＿＿＿＿＿＿＿＿。
올해 휴대전화비가 뚝뚝 떨어지고 있지만, 사람들은 여전히 불만이야.

B : 漫游费、双向付费不合理嘛。
로밍요금이랑 쌍방지불방식이 비합리적이잖아.

拖 tuō 통 (잡아) 끌다, 끌어(잡아)당기다 | 病情 bìngqíng 명 병세, 병상(病狀) | 无所适从 wúsuǒshìcóng 성어 따를 데가 없다, 무엇을 따르고 누구를 믿어야 할지 어쩔 줄 모르다 | 严谨 yánjǐn 형 엄격하다, 신중하다, 빈틈없다 | 咽 yàn 통 (음식물 따위를) 삼키다, (말이나 분노를) 삼키다 | 报复 bàofù 통 보복하다, 원수를 갚다 명 보복, 앙갚음 | 漫游 mànyóu 통 (물속에서) 이리저리 돌아다니다, 마음대로 유람하다, 로밍(roaming)하다

Pattern 273 : A, 以便B

의미 B(목적)하기 편(리)하도록 A(조건)하다, B할 수 있도록 A하다, B하기 위해서 A하다, A(조건)함으로써 B(목적)하기가 수월하다, A하면 B하기가 편(리)하다

해설 'A以便B'는 뒤쪽 문장의 말머리에 쓰여서 목적을 나타낸다. 앞쪽 문장에서 마땅히 이러저러하게 해야 한다는 조건(A)을 제시함으로써, 뒤쪽 문장에서 제시하는 목적(B)을 쉽게 실현하도록 한다.

예문

❶ 你要多阅读一些中文翻译资料，以便写论文时参考。
논문을 쓸 때 참고하기 편하도록 중국어 번역 자료를 많이 읽어야 한다.

❷ 请提供一份你的简历，以便我们招聘人员时考虑。
저희가 채용할 때 참고할 수 있도록, 당신의 이력서 한 부를 제공해 주십시오.

❸ 请告诉我们贵公司的传真号码，以便及时联系。
귀사의 팩스 번호를 저희에게 알려주시면, 제때에 연락하기가 편리합니다.

❹ 这些文件请分类保管，以便易于查找。
이 서류들을 분류 보관하세요. 검색하기 쉽게.

대화

A：你能否用简单的语言把文章概括一下，以便大家讨论。
모두가 토론하기 편하게 간단한 말로 문장을 개괄할 수 없겠나?

B：好的。遵命！
알겠습니다. 그렇게 하겠습니다!

연습 'A，以便B'를 사용하여 다음 대화를 완성하세요.

A：我们看不懂这篇文章，因为有太多的专业词汇。
전문용어가 너무 많아서 이 글을 알아볼 수가 없어.

B：那我会对这些词_____，_____。
그럼 너희가 읽기 편하게 이 단어들에 주석을 달아.

简历 jiǎnlì 몡 이력서, 약력 | 概括 gàikuò 동 개괄하다, 요약하다 몡 개괄, 요약 | 遵命 zūnmìng 동 명령에 따르다 | 词汇 cíhuì 몡 어휘, 용어 | 加以 jiāyǐ 동 (동작) ~을 가하다, 더하다 | 注释 zhùshì 동 주해하다, 주석을 달다 몡 주해, 주석

Pattern 274

A, 以免B

의미 B(목적)하지 않도록 A(조치)하다, B하지 않으려면 A해야 한다, A함으로써 B를 면하다(피하다), A해야 B하지 않는다

해설 'A, 以免B'에서 앞쪽 문장은 모종의 조치를 취함을 나타내고, 뒤쪽 문장은 목적을 나타내는데, 발생하기를 원하지 않는 일이 발생하지 않도록 하는 것이다. 주로 서면어에 사용한다.

예문

❶ 中药煎煮前不需清洗，**以免**造成药材成分丢失。
중국 약은 약재 성분이 유실되지 않도록, 달이기 전에 너무 깨끗하게 씻을 필요가 없다.

❷ 你要事先做好准备，**以免**到时候措手不及。
나중에 조치할 방도를 몰라 허둥대지 않으려면, 사전에 준비를 잘해야 한다.

❸ 这些数字要多核对几遍，**以免**出现差错。
이 숫자들은 몇 번을 더 확인해야 한다. 오차가 발생하지 않으려면.

❹ 专家建议月供最好不要超过收入的1/3，**以免**房屋贷款压力过大。
전문가들의 의견으로는 할부 상환금은 되도록 수입의 1/3을 넘어서는 안 된다. 그래야 주택 담보 대출 압력의 과다함을 피할 수 있다.

대화

A : 闵书记，我们已调查清楚这次事故发生的原因了。
민 서기, 우리는 이미 이 사고의 발생 원인을 명확히 조사했습니다.

B : 要认真总结经验教训，**以免**再发生类似的问题。
유사한 문제가 다시 발생하지 않도록, 경험과 교훈을 제대로 총정리해야 한다.

연습 'A，以免B'를 사용하여 다음 대화를 완성하세요.

A : 买卖房产一定要先仔细地阅读合同内容，再签合同。
부동산을 매매할 때에는 반드시 먼저 계약 내용을 자세히 읽어본 다음에 계약에 서명해야 한다.

B : 是啊，_____。
맞아. 훗날 분쟁이 발생하지 않도록 말이야.

煎 jiān 동 (기름에) 지지다, 부치다, (한약 등을) 달이다 | 措手不及 cuòshǒubùjí 성어 미처 손쓸 새가 없다, 어찌할 바를 몰라 당황하다 | 核对 héduì 동 대조 확인하다 | 差错 chācuò 명 착오, 잘못, 실수 | 月供 yuègōng 명 월 할부금, 할부 상환금 | 房产 fángchǎn 명 부동산 | 仔细 zǐxì 형 자세하다 동 주의하다, 조심하다 | 纠纷 jiūfēn 명동 다툼(하다), 분쟁(하다), 분규(하다)

Pattern 275

以A为B

의미 A를 B로 여기다, A를 B로 삼다, A가 B라고 생각하다

해설 '把A作为B' 또는 '认为A是B'의 의미이다.

예문

❶ 雷雷是个爱情英雄，为了他心爱的人，他宁愿以生命为代价。
레이레이는 사랑의 영웅이야. 자신이 사랑하는 사람을 위해서, 그는 기꺼이 자신의 생명을 사랑의 대가로 내놓았어.

❷ 政府正在加快推进以改善民生为重点的社会建设。
정부는 민생 개선을 핵심으로 하는 사회건설을 가속 추진 중이다.

❸ 他们推崇以客户为中心的设计思想，所设计的产品深受用户的欢迎。
그들은 고객 우선의 디자인 철학을 지향하고 있다. 그들이 디자인한 제품은 사용자들에게 깊은 사랑을 받는다.

❹ 青岛人以青岛啤酒为自豪。
칭다오 사람은 칭다오 맥주를 자랑으로 여긴다.

대화

A : 你说做人的原则应该是什么？
사람으로서의 원칙은 마땅히 어떤 것이어야 한다고 생각해?

B : 每人有所不同，我是以诚信为本。
사람마다 다소 다르겠지만, 나는 성실과 신용을 근본으로 삼고 있어.

연습 '以A为B'를 사용하여 다음 대화를 완성하세요.

A : 韩国这个世纪的经营战略是什么？
한국의 금세기 경영전략은 무엇입니까?

B : 韩国_____，全力发展这个领域。
한국은 정보산업을 경제의 명맥으로 삼아, 이 영역을 발전시키는 데 전력을 다하고 있습니다.

推崇 tuīchóng 图 추앙하다, 지향하다, 찬양하다 | 客户 kèhù 图 고객, 거래처, 바이어 | 青岛 Qīngdǎo 지명 칭다오 | 自豪 zìháo 图 자부심을 느끼다, 자랑으로 여기다 | 有所不同 yǒusuǒbùtóng 다소 다른 점이 있다 | 诚信 chéngxin 图 성실신용 图 신용을 지키다 | 战略 zhànlüè 图 전략 | 资讯 zīxùn 图 자료와 정보, 정보(information) | 命脉 mìngmài 图 명맥, 중대한 일, 핵심 | 领域 lǐngyù 图 영역, 분야

Pattern 276

以为……, 原来/没想到……

의미 ~인 줄 알았는데 알고 보니(이제 보니) ~, ~라고 생각했는데 ~인 줄 생각지도 못했다

해설 자신이 이전에 생각했거나 추측한 내용이 실제상황과 완전히 다르다는 것을 발견했음을 나타낸다. '还以为……呢'의 형태를 자주 사용하며, 이 경우 '난 또 ~인 줄 알았네'라는 의미이다.

예문

❶ 我以为你在图书馆呢，原来在这儿。
나는 네가 도서관에 있는 줄 알았지. 이제 보니 여기 있었구나.

❷ 我还以为她是个文静的姑娘呢，原来她玩儿起来也会这么疯。
난 또 그녀가 얌전한 아가씨인 줄 알았네. 알고 보니 그녀도 놀 때에는 이렇게 화끈하구나.

❸ 我以为我碰到了白马王子，没想到他是个大骗子。
나는 내가 백마 탄 왕자를 만났다고 생각했는데, 그가 사기꾼일 줄은 생각도 못 했다.

❹ 刚看到这个网名的时候我还以为是个女的，没想到是个男的。
이 인터넷 아이디를 본 순간, 난 또 여자인 줄로만 알았지, 남자일 거라고는 생각도 못 했다.

대화

A : 我有一个儿子，一个女儿。
저는 아들 하나, 딸 하나 있어요.

B : 什么？我还以为你没结婚呢，没想到你孩子都有了！
뭐라고요? 아직 결혼을 안 하신 줄 알았는데, 아이까지 있으실 줄이야!

연습 '以为……, 原来/没想到……'를 사용하여 다음 대화를 완성하세요.

A : 这份工作让我觉得压力好大！
이 일 때문에 스트레스가 너무 커!

B : 我_____，_____。
난 나만 스트레스가 큰 줄 알았더니, 이제 보니 너도 똑같구나.

文静 wénjìng 혱 우아하고 조용하다, 얌전하다 | 骗子 piànzi 몡 사기꾼 | 网名 wǎngmíng 몡 인터넷 ID | 压力 yālì 몡 압력, 스트레스, 부담

A, 以致B

의미
1. A함으로써 B라는 결과에 이르다, A함으로써 그 결과 B를 초래하다
2. A라는 원인으로 인해, B라는 (좋지 않은, 원치 않는) 결과를 가져오다(초래하다)
3. B라는 결과를 가져온 것은 A라는 원인이다

해설 뒤쪽 문장의 말머리에 쓰인다. '以致' 다음에 서술하는 내용은 앞에서 서술한 원인이 야기한 결과이다. 많은 경우 좋지 않은 결과이다. 'A(원인), 以致B(결과)'는 'A(원인), 以致于B(결과)'와 같다.

예문
❶ 他的腿受了重伤, 以致好几个月都下不了床。
그의 다리는 중상을 입었고, 그로 인해 여러 달 동안 침대를 내려오지 못했다.

❷ 司机疲劳驾驶, 以致酿成这起五人死亡的车祸。
운전기사의 과로운전이 다섯 명이 사망한 이번 교통사고를 초래했다.

❸ 父母对他过分地溺爱, 以致他变得目中无人, 自以为是。
부모가 그를 지나치게 귀여워함으로써, 그 결과 그는 안하무인이며 독선적인 사람으로 변해 버렸다.

❹ 因为医生没有及时采取恰当的治疗措施, 以致病人病情恶化。
의사가 제때에 합당한 치료 조치를 하지 않았기 때문에 환자의 병세가 악화하고 말았다.

대화
A : 昨天你大醉, 后来回家了吗?
어제 너 엄청나게 취했어. 나중에 집에 들어갔어?

B : 回了, 不过没带钥匙, 深夜叫门, 以致惊醒了左邻右舍。
들어갔어. 그런데 열쇠가 없어서 한밤중에 문 두드리다가 동네 사람들 놀라게 깨웠지 뭐야.

연습 'A, 一致B'를 사용하여 다음 대화를 완성하세요.

A : 听说他们俩真的要离婚了?
걔네 둘 정말 이혼한다는 소리 들었어?

B : 是啊, 两个人平时＿＿＿＿＿, ＿＿＿＿＿＿＿, ＿＿＿＿＿＿了。
응. 두 사람 평소에도 대화가 부족했어. 그래서 감정에 골이 생겼고, 이제는 그 골을 메울 수 없게 됐어.

酿成 niàngchéng 동 야기하다, 조성하다, 초래하다 | 溺爱 nì'ài 동 지나치게 귀여워하다, 애지중지하다 | 目中无人 mùzhōngwúrén 성어 안하무인이다, 눈에 뵈는 게 없다 | 自以为是 zìyǐwéishì 성어 자신만이 옳다고 생각하다, 독선적이다, 자신이 최고라고 생각하다 | 恰当 qiàdàng 형 알맞다, 타당하다, 적당하다, 적합하다 | 左邻右舍 zuǒlín yòushè 성어 인근, 이웃(집), 이웃 사람, 관계가 밀접한 다른 부서 | 缺乏沟通 quēfá gōutōng 의사소통이 결핍되다 | 感情破裂 gǎnqíng pòliè 감정이 틀어지다, 골이 생기다 | 弥补 míbǔ 동 (결점이나 결손 따위를) 메우다, 보충하다, 보완하다

Pattern 278

A, 以至于B

의미 (A의 정도가 높거나 심한 이유로) B의 정도까지(하기까지, 이르기까지) 되다, A해서 B할 정도이다(지경이다)

해설 뒤쪽 문장의 말머리에 사용하여 앞에서 서술한 동작이나 상황의 정도가 극히 높거나 극히 심하여 어떤 결과를 형성했다는 것을 나타낸다. 'A(원인), 以至于B(결과)'가 된다.

예문

❶ 他的表演太好笑了，**以至于**大家笑得肚子都疼了。
그의 행동이 너무 웃겨서 다들 배가 아프도록 웃어댔다.

❷ 最近我常常感到眼皮沉，**以至于**有时候连眼睛也睁不开。
요즘 나는 자주 눈꺼풀이 무겁게 느껴져서 어떤 때에는 눈도 못 뜬다.

❸ 她一整天沉浸在那本小说的世界里，**以至**不知身在何处。
그녀는 온종일 그 소설 속의 세계에 푹 빠져 있어서 자신이 어느 곳에 있는지도 모를 정도다.

❹ 她太会骗人了，**以至**我们被告知真相后，几乎无法相信自己的耳朵。
그녀는 사람을 참 잘 속인다. 우리도 진상을 알게 된 후, 자신들의 귀를 거의 믿지 못할 정도였다.

대화

A : 你的胳膊怎么了? 摔伤了吗?
너 팔이 왜 그래? 넘어져서 다쳤어?

B : 不是，只是常常觉得无力，**以至于**有时候都抬不起来。
아니야. 그냥 자주 힘이 빠져서 가끔은 들지도 못할 정도야.

연습 'A，以至于B'를 사용하여 다음 대화를 완성하세요.

A : 这几年来那个地方变化肯定挺大的吧?
요 몇 년 동안 그곳은 꽤 많이 변했겠지?

B : 那儿发展变化十分迅速，＿＿＿＿＿＿＿＿＿＿＿＿＿＿＿＿＿＿。
그곳은 엄청나게 빨리 발전해서 사람들이 다들 깜짝 놀랄 정도야.

睁 zhēng 통 (눈을) 크게 뜨다 | 沉浸 chénjìn 통 (물속, 분위기, 생각에) 빠져들다, 잠기다, 심취하다 | 胳膊 gēbo 명 팔 | 摔 shuāi 통 쓰러지다, 넘어지다 | 迅速 xùnsù 형 신속하다, 재빠르다 | 吃惊 chījīng 통 깜짝 놀라다

Pattern 279

因为……的关系

의미 ~한 관계로 인해, ~관계상, ~한 이유로, ~한 까닭으로, ~때문에, ~라서

해설 인과관계를 나타낸다.

예문

❶ 因为时间的关系，今天的会议就到此结束。
시간 관계상, 오늘 회의는 이것으로 마칩니다.

❷ 因为我是独生子的关系，在家备受宠爱。
나는 외아들이라서 집에서 총애를 한껏 받는다.

❸ 因为父亲的关系，她从小就受过不同年代、不同风格的音乐熏陶。
아버지 때문에 그녀는 어려서부터 또래와는 다른 스타일의 음악적 환경의 영향을 받았다.

❹ 因为职业的关系，他经常要上夜班。
직업상의 이유로 그는 늘 야간근무를 한다.

대화

A : 因为北京是首都的关系，所以从四面八方来北京的人很多。
베이징은 수도인 까닭에 사방팔방에서 베이징으로 들어오는 사람이 매우 많아.

B : 怪不得北京的交通这么拥堵呢。
어쩐지 베이징의 교통이 이렇게 꽉꽉 막힌다 했어.

연습 '因为……的关系'를 사용하여 다음 대화를 완성하세요.

A : 他学习那么差，怎么还能上这么有名气的学校?
그는 공부가 그렇게 뒤처지는데도, 어떻게 이렇게 유명한 학교에 합격할 수 있었어?

B : 大概_____。
아마 게네 아버지가 교장이라서 그럴 거야.

备受 bèishòu 图 실컷(한껏) 받다, 빠짐없이 받다 | 宠爱 chǒng'ài 图 총애하다, 각별히 사랑하다 | 熏陶 xūntáo 图 훈도, 영향, 교화, 계발 图 훈도하다, (좋은 쪽으로) 영향을 끼치다 | 四面八方 sìmiàn bāfāng 图 사면팔방, 사방팔방, 방방곡곡 | 拥堵 yōngdǔ 图 (사람이나 차량 등이 한데 몰려) 길이 막히다, 꽉 차다

Pattern 280

应……的邀请

의미 ~의 요청(초청, 부탁)에 응하여, ~의 요청(초청, 부탁)을 받아

해설 어떤 사람이나 조직의 초청(요청)을 받아들여 어떤 일을 한다는 것을 의미한다. 주로 서면어에 사용한다.

예문

❶ 应世界博览会举办方的邀请，张部长参加了开幕式。
세계박람회 주최 측의 초청을 받아, 장 부장이 개막식에 참석했다.

❷ 我应小张的邀请去参加了她的婚礼。
나는 장 군의 초청을 받아, 그녀의 결혼식에 참석했다.

❸ 应中国政府的邀请，总统先生将于下月初对中国进行国事访问。
중국정부의 초청을 받아, 대통령이 다음 달 초에 중국에 공식방문할 예정이다.

❹ 应比赛组委会的邀请，范教授将担任本场比赛的评委。
경기조직위원회의 초청을 받아, 판 교수는 이번 경기의 평가위원을 맡게 될 것이다.

대화

A : 我昨天去你家吃了个闭门羹。
나 어제 너희 집에 가서 문전박대 당했다.

B : 对不起，我应科学院的邀请，去那里作了个学术报告。
미안해. 나 과학원 초청을 받아서, 거기 가서 학술보고를 했어.

연습 '应……的邀请'을 사용하여 다음 대화를 완성하세요.

A : 明天有足球赛，你知道吗?
내일 축구 시합 있는 거 알아?

B : 知道，＿＿＿＿＿＿＿＿＿＿＿＿＿＿＿＿，到北京来＿＿＿＿＿＿＿＿＿。
알아. 한국축구팀이 우리 초청으로 베이징에 친선경기를 하러 와.

世界博览会 Shìjiè Bólǎnhuì 세계박람회(EXPO) | **举办方** jǔbàn fāng 주최 측, 개최 측 | **开幕式** kāimùshì 몡 개막식 | **总统** zǒngtǒng 몡 대통령 | **国事访问** guóshì fǎngwèn 국사 방문, 공식방문 | **组委会** zǔwěihuì 몡 조직위원회(组织委员会) | **担任** dānrèn 동 맡다, 담임하다, 담당하다 | **评委** píngwěi 몡 심사위원(评审委员) | **吃闭门羹** chī bìméngēng 주인에게 문밖으로 쫓겨나다, 문전박대를 당하다, 헛걸음하다 | **友谊赛** yǒuyì sài 친선경기

Pattern 281

由于……的缘故

의미 ~때문에, ~이유로(인해), ~까닭으로, ~로 말미암아

해설 원인을 나타낸다. 주로 서면어에 사용한다.

예문

❶ 由于改革开放的缘故，中国城乡都发生了巨大的变化。
개혁개방으로 인해 중국의 도시와 농촌은 모두 거대한 변화가 생겼다.

❷ 由于水流得太急的缘故，堤坝被冲坏了。
물살이 너무 급해서, 제방이 무너졌다.

❸ 由于不接受联合国决议的缘故，他们受到了经济制裁。
UN의 결의를 받아들이지 않아서, 그들은 경제 제재를 받았다.

❹ 由于工作生活压力大的缘故，我年纪轻轻的就生出了很多白发。
일과 생활의 스트레스가 커서, 나는 젊었을 때부터 흰머리가 많이 났다.

대화

A : 他这么大年纪，怎么身体还这么健壮？
그는 나이도 그렇게 많은데, 어떻게 여전히 그렇게 정정하십니까？

B : 那是由于他长期坚持锻炼并注重营养的缘故。
그건 그가 장기간 꾸준히 운동하고 영양에 신경을 썼기 때문입니다.

연습 '由于……的缘故'를 사용하여 다음 대화를 완성하세요.

A : 为什么这里仍然这么贫困？
왜 이곳은 여전히 이렇게 빈곤합니까？

B : 是_____。
교통이 불편하기 때문입니다.

堤坝 dībà 명 둑, 제방 | 联合国 liánhéguó 명 연합국, 국제연합, UN | 决议 juéyì 명동 결의(하다), 결정(하다) | 制裁 zhìcái 명동 제재(하다) | 健壮 jiànzhuàng 형 건장하다 | 注重 zhùzhòng 동 중시하다, 주의를 기울이다

Pattern 282 由……组成

의미 ~로 구성되다, ~로 이루어지다, ~로 조직되다

해설 어떤 사물의 구성 구조 및 요소를 나타낸다. 'A是由B组成的(A는 B로 구성되어 있다)'의 형태로 자주 사용한다.

예문

❶ 学校代表团是由老师和学生共同组成的。
학교 대표단은 선생님과 학생들로 이루어져 있다.

❷ 九三学社是中国的民主党派之一，主要由中高级知识分子组成。
구삼 학사는 중국의 민주당파 중의 하나이며, 주로 중상급 지식인들로 구성되어 있다.

❸ 中国的养老保险由基本养老保险、企业补充养老保险、个人储蓄性养老保险三部分组成。
중국의 양로보험은 기초 양로보험, 기업보충 양로보험, 개인 저축성 양로보험 세 부분으로 이루어져 있다.

❹ 这个卫星发射中心承担卫星发射任务，由指挥、测试发射、测量控制、通信、气象、技术勤务6个分系统组成。
이 위성발사센터는 위성발사 임무를 책임지고 있으며, 지휘통제, 발사시험, 제어계측, 통신, 기상, 기술지원 6개 하부 시스템으로 조직되어 있습니다.

대화

A : 求职简历一般应包括哪几部分?
구직이력서는 일반적으로 어떤 부분을 포함해야 합니까?

B : 一般由基本情况、教育背景、工作经历、特长爱好这四个部分组成。
일반적으로 기본정보, 학력사항, 업무경력, 장기 및 취미, 이 네 가지 부분으로 되어있습니다.

연습 '由……组成'을 사용하여 다음 대화를 완성하세요.

A : 你知道水是由什么组成的吗?
물이 무엇으로 구성되어 있는지 알아?

B : ＿＿＿＿＿＿＿是＿＿＿＿＿＿＿＿＿＿＿＿＿＿＿＿＿＿＿的。
물 분자는 산소 원자와 수소 원자로 구성되어 있습니다.

九三学社 Jiǔsān Xuéshè 구삼 학사(중국 공산당 지도하의 민주제 당파의 하나) | 养老保险 yǎnglǎo bǎoxiǎn 양로보험, 실버보험 | 储蓄 chǔxù 저금, 예금, 저축 통 저축하다 | 卫星 wèixīng 명 (인공)위성 | 发射 fāshè 통 발사하다, 보내다 | 承担 chéngdān 통 담당하다, 맡다 | 测试 cèshì 명통 측정(하다), 테스트(하다), 시험(하다) | 测量 cèliàng 명통 측량(하다) | 控制 kòngzhì 통 제어하다, 제압하다, 통제하다 | 勤务 qínwù 명 근무, 잡무를 담당하는 사람 | 分子 fēnzǐ 명 (수학, 화학의) 분자 | 氧气 yǎngqì 명 산소 | 氢气 qīngqì 명 수소 | 原子 yuánzǐ 명 (물리) 원자

Pattern 283

有……呢

의미 ~(씩이)나 있다, ~(만큼)이나 있다

해설 '有……呢' 중간에 명사 또는 수사 어구를 넣어 평가나 사실성을 표현한다. 약간 과장의 어감이 있다.

예문

❶ 中西部山区不少贫困户都有五六个孩子呢!
중서부 산간지역의 많은 가난한 가정마다 아이가 대여섯 명이나 된다.

❷ 我表妹身材好，举止端庄，很有舞蹈家的气质呢!
내 사촌 여동생은 몸매도 좋고, 행동거지도 단정한 것이 댄서의 기질이 많이 있다.

❸ 虽然股市有些利好消息，可今天大盘下跌了有一百多点呢!
비록 주식시장에 호재거리가 좀 있기는 하지만, 오늘 시세는 100포인트도 넘게 떨어졌다!

❹ 那个新建的学校规模很大，光外国留学生就有一千多呢!
새로 지은 그 학교는 규모가 매우 크다. 외국 유학생만 하더라도 천 명이 넘는다.

대화

A : 她喜欢她所学的专业吗?
걔는 자기가 배우는 전공이 마음에 든대?

B : 可以说很有兴趣呢!
엄청나게 흥미 있어 하는 것 같은데!

연습 '有……呢'를 사용하여 다음 대화를 완성하세요.

A : 田处长是个模范丈夫，连_____!
티엔 처장은 모범적인 남편이야. 요리하는 것도 솜씨가 제법 있다니까!

B : 你才知道?
그걸 이제야 알았어?

举止 jǔzhǐ 명 행동거지, 거동 | 端庄 duānzhuāng 형 단정하다, 장중하다 | 气质 qìzhì 명 성격, 기질, 자질, 풍격 | 利好 lìhǎo 명 (주식시장의) 호재 | 大盘 dàpán 명 증권 시세 | 模范 mófàn 형 모범적인 명 모범 | 两下子 liǎngxiàzi 명 솜씨, 재주, 수완, 몇 번

Pattern 284

有什么……的

의미 ~할 게 뭐 있나

해설 부정을 나타낸다. 상대방의 언행에 대해 그렇지 않다고 생각하거나 불만이 있음을 표현한다.

예문

① 就是考上了名牌大学又有什么好吹嘘的。
그냥 명문대학에 합격한 걸 갖고 큰소리칠 게 또 뭐가 있다고.

② 刚到外国，人生地不熟，语言又不通，闹点儿笑话，这有什么奇怪的！
막 외국에 나가면 사람도 동네도 설고, 말도 통하지 않고, 웃음거리 되는 거지. 이게 이상할 게 뭐있어!

③ 跟这样不讲理的人还有什么好说的，只能通过法律途径来解决。
이렇게 말이 안 통하는 사람이랑 뭐 할 말이 있다고. 법적 절차를 통해서 해결할 수밖에 없어.

④ 你瞧他傲的！有什么值得炫耀的！不就是有个当官的爹吗？
쟤 우쭐하는 것 좀 봐! 자랑할 만한 것이 뭐가 있다고! 그냥 관직에 있는 아빠가 있는 것뿐이잖아?

대화

A : 我爱上一个小伙子，可又不好意思向他表示。
나 남자한테 사랑에 빠졌어. 그렇지만 그 사람한테 고백하기가 좀 부끄러워.

B : 这有什么难为情的，都21世纪了。
그게 부끄러울 게 뭐가 있어? 이미 21세기라고.

연습 '有什么……的'를 사용하여 다음 대화를 완성하세요.

A : 我想搞风险投资，但又有点儿担心。
벤처투자를 해 볼까 하는데, 좀 걱정도 돼.

B : _____ ！不冒风险_____？
걱정할 게 뭐 있어! 리스크를 감수하지 않으면 어떻게 돈을 벌 수 있어?

吹嘘 chuīxū 동 추켜세우다, 지나치게 자랑하다 | **途径** tújìng 명 경로, 절차, 순서 | **炫耀** xuànyào 동 현요하다, 빛내다, 뽐내다 | **爹** diē 명 아버지, 부친 | **难为情** nánwéiqíng 형 딱하다, 부끄럽다 | **风险投资** fēngxiǎn tóuzī 리스크투자, 벤처투자 | **冒** mào 동 무릅쓰다, 발산하다 형 무모하다

Pattern 285

有时……, 有时……

의미 어떤 때에는(가끔은, 때로는) ~하고 어떤 때에는 ~하다, ~할 때도 있고 ~할 때도 있다

해설 어떤 때에는 이렇고 어떤 때에는 저렇다, 고정불변이 아니라는 의미를 나타낸다.

예문

❶ 我有时喜欢热闹，有时喜欢一个人静静地读点儿书。
  난 어떤 때에는 흥겨운 게 좋고, 어떤 때에는 혼자 조용히 책 읽는 것도 좋아한다.

❷ 我有时觉得她很聪明，有时又觉得她真有点儿傻。
  어떤 때에는 그녀가 똑똑한 것도 같고, 어떤 때에는 또 정말 좀 멍청한 것 같기도 하고.

❸ 股票价格总是在波动的，有时涨，有时跌。
  주식 가격은 항상 요동을 친다. 오를 때도 있고, 떨어질 때도 있다.

❹ 高原地区，温差极大。一天之内，有时热得像夏天，有时冷得像冬天。
  고원지대는 온도차이가 무척 크다. 하루 사이에도 여름처럼 더울 때도 있고, 겨울처럼 추울 때도 있다.

대화

A : 他的态度真让人捉摸不透。
  그의 태도는 정말 사람을 종잡을 수 없게 해.

B : 是啊，有时对人非常热情，有时又冷得像块儿冰。
  맞아. 어떤 때는 사람한테 무척 친절하고, 어떤 때에는 또 얼음처럼 차가워.

연습 '有时……, 有时……'를 사용하여 다음 대화를 완성하세요.

A : 你周末都怎么过呢?
  너는 주말을 어떻게 보내?

B : _____, _____搞卫生。
  때로는 나가서 등산도 하고, 때로는 집에 들어앉아 청소도 하고.

波动 bōdòng 통 동요하다, 기복이 있다 명 파동, 변동 | 温差 wēnchà 명 온도 차 | 捉摸不透 zhuōmōbútòu 성어 확실히 간파할 수 없다, 파악(짐작, 추측)하기 어렵다 | 搞卫生 gǎo wèishēng 청소하다

Pattern 286

有……无……

의미 ~만 있고 ~는 없다, ~가 있으면 ~가 없다

해설 전자를 가지고 있고, 후자를 가지고 있지 않다는 의미이다. 또는 전자를 가지고 있어야 후자가 없다는 의미이다.

예문

❶ 这些年外地人在京购房有增无减，所以房价也大幅上升。
요즘 외지인들이 베이징에서 주택을 구입하는데 증가세만 있고 감소세는 없다. 그래서 주택가격 역시 대폭 상승했다.

❷ 我真是有眼无珠啊，没看出来沉默寡言的老张学问竟如此高深。
내가 정말이지 눈이 있어도 안목이 없어. 과묵한 장 씨의 학문이 이처럼 높고 깊은 줄 몰라봤어.

❸ 虽然现在房价节节攀升，但有价无市，很多人都在观望。
비록 현재 주택가격이 차츰 상승하고 있지만, 호가만 있고 시장이 없어서, 사람들이 다들 관망 중이다.

❹ 修水库，雨天可以蓄水，旱天可以灌溉，可以说是有备无患。
댐을 건설하면 우천시에 물을 저장할 수 있고, 날이 가물면 관개할 수 있으니 유비무환이라 할 수 있다.

대화

A : 她怎么这么说话呢？真气人！
그녀는 어떻게 그렇게 말을 할 수 있어? 정말 사람 열 받게!

B : 她是有口无心，你别计较了。
그녀는 입은 거칠지만 악의는 없어. 염두에 두지 마.

연습 알맞은 표현을 골라 빈칸에 넣으세요.

> 有名无实　　有勇无谋　　有始无终　　有气无力

1. 我只是名义上的经理，什么事都不能做主，真是＿＿＿＿＿＿＿＿。
   나는 단지 명의상의 사장일 뿐이어서, 무슨 일이든 다 주도적으로 할 수 없다. 그야말로 유명무실하다.

2. 她整天病病歪歪的，总是一副＿＿＿＿＿＿＿＿的样子。
   그녀는 온종일 비실비실하는 것이 항상 숨만 쉬고 기운이 하나도 없는 모양새다.

有眼无珠 yǒuyǎn wúzhū 〈성어〉 눈이 있으나 눈동자가 없다, 식견이 짧아 분별력이 없다 | **沉默寡言** chénmòguǎyán 〈성어〉 과묵하다, 말수가 적다, 입이 무겁다 | **节节** jiéjié 〈부〉 차차, 점차, 하나하나, 차례차례 | **攀升** pānshēng 〈동〉 오르다 | **观望** guānwàng 〈동〉 살펴보다, 관망하다 | **蓄水** xùshuǐ 〈동〉 저수하다, 물을 저장하다 | **旱天** hàntiān 〈명〉 가문 날씨, 한천 | **灌溉** guàngài 〈명·동〉 관개(하다), 물을 대다 | **有口无心** yǒukǒu wúxīn 〈성어〉 입은 거칠지만 악의는 없다 | **有勇无谋** yǒuyǒng wúmóu 〈성어〉 용기만 있고 지모가 없다, 힘만 세고 꾀가 없다 | **有气无力** yǒuqì wúlì 〈성어〉 숨은 쉬는 데 힘이 없다, 원기가 없다, 풀이 죽다 | **病病歪歪** bìngbing wāiwāi 〈형〉 (병약하여) 비실비실하다, 골골하다

Pattern 287

有……有……

의미 ~도 있고 ~도 있다

해설 양쪽 방면의 것을 다 가지고 있다는 의미이다. 두 개의 '有'는 각각 의미가 상반되거나 상대적인 의미를 가지는 단어 앞에 사용한다. 또는 강조를 나타내는데, 이때 두 개의 '有'는 각각 의미가 서로 같거나 비슷한 단어(또는 형태소) 앞에 사용한다.

예문

① 这篇报道写得生动具体，有血有肉。
이 보도는 생동감 있고 구체적으로 썼다. 살아 숨 쉬는 것 같다.

② 任何事情都是有利有弊的，所以让人有时候很难取舍。
어떤 일이든 좋은 점도 있고 나쁜 점도 있다. 그러므로 어떤 때는 사람으로 하여금 취사선택하기 어렵게 만든다.

③ 这小伙子在当地是个有头有脸的人，他未来的丈母娘一眼就相中了。
이 청년은 현지에서 명망 있는 사람이다. 그의 미래의 장모가 한눈에 반했다.

④ 别看新来的秘书很年轻，做起事情来却有板有眼、有条有理的。
새로 온 비서가 젊기는 하지만 일을 하는 데 체계도 있고, 조리도 있다.

대화

A : 这事太麻烦了，我不想继续干了。
이 일은 너무 번거로워. 나 계속 하기 싫어.

B : 那怎么行呢? 做事情要有头有尾。
그러면 되겠니? 일하는 데 시작이 있으면 끝맺음도 있어야지.

연습 알맞은 표현을 골라 빈칸에 넣으세요.

> 有凭有据　　有鼻子有眼儿　　有多有少　　有赏有罚

1. 我绝对不是瞎说，我是＿＿＿＿＿＿＿＿＿＿的，你们看看这些发票就知道了。
내가 절대로 허튼 소리하는 게 아니야. 증거가 확실히 있다고. 이 영수증을 보면 알 거야.

2. 作为管理层，对员工一定要＿＿＿＿＿＿＿＿＿＿，赏罚分明。
관리층으로서 직원들에게 반드시 신상필벌 해야 하고, 상벌은 분명해야 한다.

有血有肉 yǒuxuè yǒuròu 성에 (문예 작품 따위의) 묘사가 생동적이고 내용이 충실하며 구체적이다 | 有利有弊 yǒulì yǒubì 성에 이로움도 있고 폐단도 있다, 일장일단이 있다 | 有头有脸 yǒutóu yǒuliǎn 성에 명예와 위신이 있다, 명망이 있다, 잘 알려져 있다 | 相中 xiāngzhòng 동 마음에 들다, 보고 반하다, 눈에 차다 | 有板有眼 yǒubǎn yǒuyǎn 성에 노래나 음악이 박자에 잘 맞다, 언행이 논리정연하고 일하는 데 빈틈없다 | 有条有理 yǒutiáo yǒulǐ 성에 조리 정연하다, 순서가 명확하고 맥락이 분명하다 | 有头有尾 yǒutóu yǒuwěi 성에 (일이) 시작도 있고 끝도 있다 | 有凭有据 yǒupíng yǒujù 성에 분명히 근거가 있다, 충분한 증거가 있다 | 有鼻子有眼儿 yǒu bízi yǒu yǎnr 이목구비가 또렷하다, 서술묘사가 실감나다, 표현이 생동감 넘치다 | 有赏有罚 yǒushǎng yǒufá 성에 신상필벌, 상과 벌을 공정하고 엄격하게 주다

Pattern 288

有……, 有……, 还有……

의미 ~도 있고 ~도 있으며 (그리고) 또 ~도 있다

해설 병렬되는 몇 개의 부분을 나타낸다. '还'는 점층의 의미가 있으며, 항목이나 수량의 증가나 범위의 확대를 나타낸다.

예문

❶ 我家有父母，有姐姐，还有弟弟。
우리 집은 부모님이 계시고, 누나도 있고, 또 남동생도 있다.

❷ 一望无边的牧场上有牛群，有羊群，还有牧童和猎狗。
끝없이 펼쳐진 목장에는 소 떼며 양 떼며, 그리고 목동과 사냥개도 있다.

❸ 这里有花草树木，有小桥流水，还有一座寺庙，真像画儿一样。
이곳에는 꽃과 풀과 나무도 있고, 작은 다리에 흐르는 물도 있고, 그리고 사원도 있다. 정말 그림 같다.

❹ 如泣如诉的乐曲里有悲伤，有哀怨，还有那剪不断理还乱的缠绵。
우는 듯 하소연하는 듯한 곡조 속에 슬픔도 있고, 원망도 있고, 또 애잔한 아련함도 있다.

대화

A : 这地方真是自然美和艺术美的结合。
이곳은 정말이지 자연미와 예술미가 조화로운 곳이야.

B : 是啊, 有山, 有水, 还有不少古代建筑。
맞아. 산도 있고, 물도 있고, 그리고 고대 건축물도 많아.

연습 '有……, 有……, 还有……'를 사용하여 다음 대화를 완성하세요.

A : 他们现在日子过得怎么样?
걔들 요즘 어떻게 지내?

B : 他们现在_____、_____，_____，过得挺不错的。
요즘 돈도 있고, 지위도 있고, 거기다 친구도 많아서 아주 잘 지내.

牧场 mùchǎng 명 목장 | 牧童 mùtóng 명 목동 | 猎狗 liègǒu 명 사냥개 | 寺庙 sìmiào 명 사원, 절 | 如泣如诉 rúqì rúsù 성어 흐느끼는 것 같기도 하고 하소연하는 것 같기도 하다, 소리가 매우 애절하다 | 剪不断, 理还乱 jiǎn bú duàn, lǐ hái luàn 성어 끊어도 끊어 낼 수도 없고 정리해도 여전히 어지럽다, 옛것에 대한 집착이나 그리움이 가슴속에 가득하다 | 缠绵 chánmián 형 (병이나 감정에) 사로잡히다, (노랫가락이) 구성지다, 멋들어지다 | 结合 jiéhé 명동 결합(하다), 결부(하다), 부부가 되다

Pattern 289

又……了不是

의미 (그것 봐라)(결국) 또 ~했지(~하지 않았느냐)?

해설 반문의 어감을 사용하여 재차 발생한 상황에 대해 약간의 불만이나 질책을 나타낸다. 때로는 자신의 짐작이나 평가가 옳다는 것을 나타내기도 한다.

예문

❶ 让你多穿点儿你不听，又感冒了不是?
옷 좀 많이 입으라고 해도 말을 안 듣더니, 또 감기 걸렸지?

❷ 叫你少喝点儿，你不听，又喝多了不是?
적당히 좀 마시랬더니, 말도 안 듣고, 또 과음했지?

❸ 瞧这小子的英文，又现眼了不是?
이 녀석 영어실력 좀 보게. 또 망신당했지?

❹ 你看股市又跌了不是? 幸亏没买。
봐봐, 주식시장이 또 곤두박질쳤잖아? 다행이야 안 사서.

대화

A : 我想现在还是不跟他见面好。
내 생각에 지금은 역시 걔랑 만나지 않는 게 좋겠어.

B : 你看又变了不是?
그것 봐 또 생각이 바뀌었지?

연습 '又……了不是'를 사용하여 다음 대화를 완성하세요.

A : 你帮我整理一下行李吧。
짐 정리 좀 도와줘.

B : _____? 应该早些准备。
또 늦었지? 그러기에 미리미리 준비해야 한다니까.

现眼 xiànyǎn 图 창피(망신)당하다, 체면을 잃다, 추태를 보이다 | **来不及** láibují 图 (시간이 부족하여) 돌볼 틈이 없다, 제시간에 댈 수 없다, 미처 ~(하지) 못하다

Pattern 290

又是……, 又是……

의미 ~이고 (동시에) 한편 또 ~이다, ~하는 (동시에) 한편 또 ~하다

해설 몇 가지 동작이나 상황, 사물이 동시에 존재함을 나타낸다.

예문

❶ 他酒喝多了，又是哭，又是笑。
그는 술을 너무 많이 마셔서, 울고 웃는다.

❷ 看着他那一脸无奈的样子，我又是好气，又是好笑。
어찌할 바 모르는 그의 얼굴을 보자니, 나는 화가 나기도 하고 한편으로 또 우습기도 했다.

❸ 你瞧你，又是鼻涕又是眼泪的，让人看见了像什么样！
네 꼴 좀 봐라. 콧물에 또 눈물범벅이다. 다른 사람이 보는데 그게 무슨 꼴이냐!

❹ 他女朋友真的生气了，他又是哄，又是劝，总算让她露出了笑脸。
그의 여자친구가 정말 화가 나서, 그가 어르고 달래서 결국 웃는 얼굴을 드러냈다.

대화

A : 我从国外给你带了些礼物，快来看看！
내가 외국에서 당신한테 선물을 좀 가져왔어. 빨리 와 봐!

B : 呀，这又是穿的，又是戴的！真不好意思。
와, 이건 옷에 장식에! 정말 고맙고 미안하고 그러네.

연습 '又是……, 又是……'를 사용하여 다음 대화를 완성하세요.

A : 餐桌上_____, _____, _____, 真丰盛！
식탁에 물고기도 있고, 고기도 있고, 신선한 채소도 있네. 정말 풍성하군!

B : 可以饱餐一顿啦！
한 끼 거하게 먹겠는데!

无奈 wúnài 어찌할 도리가 없다, 부득이하다, 유감스럽게도 | **鼻涕** bítì 명 콧물 | **哄** hǒng 동 달래다, 어르다 | **丰盛** fēngshèng 형 (음식 등이) 풍성하다, 성대하다 | **饱餐** bǎocān 동 배불리 먹다, 포식하다

Pattern 291

与其……, 不如……

의미 ~하기보다는 ~하는 것이 낫다, ~하느니 (차라리) ~한다

해설 두 가지 상황에 대해 비교한 후에 취사선택하는 것을 나타낸다. 말하는 사람은 전자를 포기하고 후자를 선택해야 한다고 생각한다.

예문

❶ 与其在这里受气, 不如回家种地。
이곳에서 수모를 당하느니 집에 돌아가 농사를 짓는 게 낫다.

❷ 与其在家待着, 不如出去找点儿事情做做。
집에서 틀어박혀 있느니 차라리 나가서 일거리 좀 찾아서 하는 것이 낫다.

❸ 面对节节攀升的房价, 有些人认为与其买房, 不如租房。
점차 상승하는 집값을 마주하면서 어떤 이들은 집을 사는 것보다 임대가 낫다고 생각한다.

❹ 男孩子总是顽皮的, 与其限制他, 不如给他空间。
사내 녀석은 항상 짓궂다. 아이의 행동을 제한하기보다 차라리 공간을 마련해주는 것이 낫다.

대화

A : 你现在有什么打算?
너 지금 무슨 계획 있어?

B : 我觉得与其这样生活, 还不如回学校继续深造。
이런 식으로 사느니 차라리 학교에 돌아가서 계속 더 공부하는 게 훨씬 나을 것 같아.

연습 '与其……, 不如……'를 사용하여 다음 대화를 완성하세요.

A : 我们坐公交车去吧。
우리 버스 타고 가자.

B : 排队的人这么多, _____, _____。
줄 서 있는 사람이 이렇게 많은데, 차를 타고 가느니 차라리 걸어가는 게 낫겠다.

受气 shòuqì 통 천대를 받다, 모욕을 당하다 | 攀升 pānshēng 통 (수량이나 가격 등이) 오르다 | 顽皮 wánpí 형 장난이 심하다, 개구쟁이이다 | 限制 xiànzhì 명통 제한(하다), 규제(하다) | 空间 kōngjiān 명 공간, 우주공간 | 深造 shēnzào 통 깊이 연구하다 | 排队 páiduì 통 줄을 서다, 정렬하다

Pattern 292

与其说……, 不如说……

의미 ~라고 하기보다는 (차라리) ~라고 하는 편이 낫다

해설 서로 다른 상황이나 사물에 관해 판단을 내린 후에 선택하는 것을 의미한다. 말하는 사람은 뒤쪽의 견해나 관점이 비교적 합당하다고 생각한다.

예문

❶ 与其说那是一首诗，不如说那是一幅画。
그건 시이기보다는 한 폭의 그림이다.

❷ 太极拳与其说是一种肢体运动，不如说是一种意志的锻炼。
태극권은 신체운동이라기보다 일종의 정신 수련이라고 할 수 있다.

❸ 与其说她是他的太太，不如说她是他的保姆。
그녀는 그의 아내라기보다 차라리 그의 가정부라고 할 수 있다.

❹ 我对这部电影的评价是：与其说它是部电影，不如说这就是现实生活。
이 영화에 대한 나의 평가는 이렇다. 이것은 영화라기보다는 차라리 현실적인 삶의 모습이다.

대화

A : 新来的王秘书对目前的工作不感兴趣，要辞职。
새로 온 왕 비서가 현재의 업무에 흥미를 느끼지 못하는지 사직을 하려고 해.

B : 与其说他对工作不感兴趣，不如说他嫌工资及福利待遇太低。
그가 업무에 흥미를 느끼지 못한다기보다 급여나 복지수준이 너무 낮은 게 불만인 거야.

연습 '与其说……, 不如说……'를 사용하여 다음 대화를 완성하세요.

A : 你看，我又挨批评了。
나 또 혼났어.

B : _____, _____。
그건 혼내는 게 아니라 격려해주는 거지.

肢体 zhītǐ 명 사지(四肢), 지체, 신체 | 保姆 bǎomǔ 명 보모, 가정부 | 嫌 xián 동 의심하다, 불만스럽게 생각하다 | 福利 fúlì 명 복지, 복리 | 挨批评 āi pīpíng 비평을 받다 | 鼓励 gǔlì 동 격려하다, 용기를 북돋우다

Pattern 293

……, 于是……

의미 ~ 그래서(그리하여, 이리하여) 이에(이 때문에) ~

해설 앞의 사건이 뒤의 사건을 야기했음을 나타낸다. '于是乎'라고 할 수도 있다.

예문

❶ 为了了解这次重大事故发生的原因，于是成立了调查小组。
이번 중대사고의 발생 원인을 밝히기 위해, 이에 조사팀을 꾸렸다.

❷ 她觉得自己是好心没好报，越想越委屈，于是大哭了起来。
그녀는 자신의 호의가 보답을 받지 못한 것 같아서 생각할수록 억울했다. 그래서 엉엉 울기 시작했다.

❸ 他看到自己确实有进步了，于是就觉得学习有意思了。
그는 자신이 확실히 실력이 늘었음을 발견하고는 공부가 재미있다는 생각이 들었다.

❹ 屋子里太闷，我想出去呼吸点儿新鲜空气，于是就走出了家门。
방안이 너무 갑갑하다. 밖에 나가 신선한 공기를 좀 마시고 싶어서 문을 나섰다.

대화

A : 他为什么离开干了十几年的单位?
그는 왜 십몇 년 동안 일한 직장을 떠났어?

B : 他觉得在原来的单位没什么大发展，于是就决定跳槽了。
원래 직장이 별다른 발전이 없을 것 같다고 생각했어. 그래서 직장을 옮기기로 했어.

연습 '……，于是……'를 사용하여 다음 대화를 완성하세요.

A : 你最近精神好像好点儿了。
너 요즘에 기운이 좀 나는 것 같다.

B : 朋友们一直鼓励我，_____。
친구들이 계속 나를 격려해줬거든. 그래서 또 자신감을 회복했어.

成立 chénglì 통 (조직·기구 등을) 창립하다, 설립하다, 결성하다, (의견·이론 등이) 성립되다, 근거가 있다 | 小组 xiǎozǔ 명 (소)그룹, 팀, (소)조, 동아리 | 好心没好报 hǎoxīn méi hǎobào 좋은 마음이었지만 보답을 얻지 못하다, 호의가 헛되었다 | 呼吸 hūxī 명통 호흡(하다) | 跳槽 tiàocáo 통 다른 부서로 옮기다, 직업을 바꾸다 | 恢复 huīfù 통 회복하다, 회복되다

Pattern 294

与……有关

의미 (이는) ~와 관계(관련, 연관)있다, ~와 유관하다

해설 두 가지 사물이 관련되어 있거나 관계가 있음을 나타낸다. 어떤 상황이 발생한 원인을 설명하는 데 자주 사용한다.

예문

❶ 他突然感冒、发高烧，肯定与昨晚淋雨有关。
그가 갑자기 감기에 걸려서 열이 많이 난다. (이는) 분명 어제저녁에 비를 맞은 것과 관계가 있다.

❷ 他体重不断增加，与长期缺乏锻炼有关。
그는 체중이 끊임없이 늘어나는데, (이는) 오랫동안 운동이 부족한 것과 관계가 있다.

❸ 他这么快就提升为副厂长，与他的组织才能与业务能力有关。
그가 이렇게 빨리 부공장장으로 승진한 것은 그의 조직능력 및 업무능력과 관련이 있다.

❹ 张局长很后悔，他明白妻子得肺癌与她长期吸二手烟有关。
장 국장은 아내가 폐암에 걸린 것이 장기간 간접흡연을 한 것과 관련이 있음을 잘 알기에 무척 후회하고 있다.

대화

A : 我总是腰酸背痛的。
나는 항상 허리가 시큰거리고 등이 아파.

B : 会不会与床的软硬度不合适有关?
침대의 완충 정도가 맞지 않은 것과 관계가 있지 않을까?

연습 '与……有关'을 사용하여 다음 대화를 완성하세요.

A : 王部长对这方面的问题特别敏感。
왕 부장은 이 방면의 문제에 대해 특히 민감해.

B : 这_____。
그건 그의 직업과 관계가 있어.

淋雨 línyǔ 동 비에 젖다 | 提升 tíshēng 동 진급하다, 진급시키다, 발탁(등용)하다 | 肺癌 fèi'ái 명 폐암 | 腰酸背痛 yāosuān bèitòng 성에 허리가 시큰거리고 등이 아프다, 몹시 지치다 | 敏感 mǐngǎn 형 민감하다, 예민하다

Pattern 295

越(是)……, 越(是)……

의미 ~할수록 ~하다

해설 두 가지 행위나 상태의 관계를 나타내는데, 후자가 전자의 변화에 따라 변화한다. 서면어에서는 '愈yù(是)……愈yù(是)……'를 자주 사용한다.

예문

① 朋友之间沟通得越多，关系越好。
친구 사이에는 소통이 많을수록 관계도 더 좋다.

② 他是个犟脾气，你越劝，他就越不听。
그는 고집불통이다. 네가 권하면 권할수록 말을 듣지 않을 거다.

③ 越是年纪大的人，越是要注意锻炼身体。
나이가 많은 사람일수록 운동에 신경을 써야 한다.

④ 愈是情况紧急，愈是要沉着冷静。
상황이 긴급할수록 침착하고 냉정해야 한다.

대화

A : 我说你怎么干得这么慢？别人都等着呢。
너는 왜 일하는 게 이렇게 더뎌? 다른 사람이 다 기다리고 있잖아.

B : 咳，越是心急，手脚越是不听话。
허허, 마음이 급할수록 손발이 말을 안 들어서 말이지.

연습 '越(是)……, 越(是)……'를 사용하여 다음 대화를 완성하세요.

A : 真是的，_____。
이것 참, 바쁠수록 실수가 생기네.

B : 别慌，别急。
당황하지 마, 천천히 해.

犟脾气 jiàngpíqi 명 쇠고집, 옹고집, 외고집 | 紧急 jǐnjí 형 긴급하다, 긴박하다 | 心急 xīnjí 형 조바심하다, 초조해하다, 마음이 급하다 | 出错 chūcuò 동 잘못되다, 실수하다 | 慌 huāng 형 허둥대다, 당황하다, 갈팡질팡하다

Pattern 296   在……看来

의미 ~가 보기에(보니, 보아하니, 생각하기에), ~의 견해로는(관점으로는, 생각에는, 눈에는)

해설 어떤 사람의 관점과 견해가 어떠하다는 것을 나타낸다.

예문

❶ 在他看来，发生这种事实在太荒唐、太令人无法理解了。
그가 보기에는 이런 일이 발생한 것이 정말 너무 황당하고 이해할 수 없는 일이다.

❷ 在不少亚洲人看来，儒家学说博大精深。
많은 아시아인이 생각하기에 유가의 학설은 방대하고 깊이가 있다.

❸ 在很多企业家看来，产品打入国际市场是最理想的。
많은 기업가가 볼 때에 제품이 국제시장에 들어가는 것이 가장 이상적인 일이다.

❹ 在父母看来，甭管自己的孩子多大，永远是孩子。
부모의 눈에는 자신의 아이가 아무리 나이가 많아도 언제까지나 아이일 뿐이다.

대화

A : 冬天到哪儿去旅行好?
겨울에 어디로 여행을 가면 좋을까?

B : 在我看来，去西双版纳或海南岛最好。
내 생각에는, 시솽반나 또는 하이난다오에 가는 게 제일 좋을 것 같다.

연습 '在……看来'를 사용하여 다음 대화를 완성하세요.

A : 我想知道您对这件事的意见。
이 일에 대한 당신의 의견을 알고 싶습니다.

B : _____, 这件事处理得_____。
제가 보기에, 이 일은 너무 좀 급하게 처리된 감이 있습니다.

荒唐 huāngtáng [형] 황당하다, 터무니없다 | 儒家 Rújiā [명] 유가, 유학자 | 学说 xuéshuō [명] 학설, 이론 | 博大精深 bódàjīngshēn [성어] 사상이나 학식이 넓고 심오하다 | 打入 dǎrù [동] 가입하다, 침입하다, 진입하다 | 甭 béng [부] ~할 필요 없다, ~하지 마라 | 永远 yǒngyuǎn [형] 영원하다 [부] 영원히 | 西双版纳 Xīshuāngbǎnnà [지명] 시솽반나(윈난 성에 있는 유명한 관광지의 하나)

Pattern 297 ……，再说……

의미 ~ 게다가(더구나, 덧붙여, 하물며, 그리고) ~

해설 추가 사항이나 더 심층적인 원인을 보충하는 데 사용한다.

예문

❶ 太晚了，我不去了，再说家里人都等着我呢。
   너무 늦었어. 나 안 갈래. 게다가 식구들이 다 나를 기다리고 있어.

❷ 别回去了，已经没有公共汽车了，再说你一个人走我也不放心。
   돌아가지 마. 벌써 버스 끊겼어. 더구나 너 혼자서 가면 내가 안심이 안 돼.

❸ 教练这次没派17号运动员上场，因他精神状态不佳，再说教练也想培养锻炼一下新手。
   코치가 이번에 17번 선수를 경기에 내보내지 않았다. 선수의 정신상태가 양호하지 않았고, 덧붙여 코치 역시 신인 선수를 훈련시킬 생각이었기 때문이다.

❹ 这事我可帮不了他，再说我也不想帮他。
   이 일은 내가 그를 도울 수도 없고, 하물며 돕고 싶지도 않다.

대화

A : 听说你毕业后还打算继续读博士？
    너 졸업 후에도 계속 박사 공부할 생각이라면서?

B : 是啊，这里的科研环境好，再说我也没找到合适的工作。
    응. 이곳의 과학연구 환경이 좋아. 게다가 나는 적당한 일자리도 아직 못 찾았어.

연습 '……，再说……'를 사용하여 다음 대화를 완성하세요.

A : 明天的谈判要不要叫王秘书也去？
    내일 협상을 왕 비서도 가라고 해야 할까?

B : _____，_____，_____这些天他也够累的。
    보내지 마세요. 그 친구 내일 일이 있어요. 게다가 요즘 그 친구 너무 지쳤어요.

上场 shàngchǎng 통 (운동 선수나 배우 등이) 출장하다, 등장하다 | 不佳 bùjiā 형 좋지 않다 | 新手 xīnshǒu 명 새내기, 초보자 | 科研 kēyán 명 과학연구(科学研究)의 줄임말

Pattern 298

再……也……

의미 아무리 ~해도 ~하다

해설 어떠한 상황에서도 결과가 변하지 않을 것임을 나타낸다.

예문

❶ 你到了北京，时间再紧也要去看老师。
너 베이징에 도착하거든 시간이 아무리 빠듯해도 선생님을 뵈러 가야 해.

❷ 质量差的产品再便宜也别买。
품질이 떨어지는 제품은 아무리 저렴해도 사지 마라.

❸ 妈妈为了孩子，再苦再累也心甘情愿。
엄마는 아이를 위해서 아무리 고되고 아무리 힘들어도 기꺼이 감내한다.

❹ 如果他真的变了心，那你就是付出再多，他也很难回心转意。
만약 그가 정말 변심했다면, 네가 설사 아무리 많은 노력을 하더라도 그는 마음을 돌리기 어렵다.

대화

A : 他家里现在生活的确有困难。
그의 집안은 지금 생활이 확실히 곤궁해.

B : 再困难也不能偷别人的东西呀。
아무리 곤궁해도 다른 사람의 물건을 훔치면 안 돼.

연습 '再……也……'를 이용하여 다음 문장을 바꿔 쓰세요.

1. 不管多么困，我也要做完今天的事情。
   아무리 졸려도 나는 오늘 일을 마쳐야 해.
   ➡ _____。

2. 无论条件多么艰苦，他也不会放弃当个地质学家的梦想。
   조건이 아무리 어렵고 고생스러워도, 그는 지질학자가 되는 꿈을 포기하지는 않을 것이다.
   ➡ _____。

心甘情愿 xīngān qíngyuàn [성어] 달갑게 바라다, 기꺼이 원하다 | **付出** fùchū [동] 지출하다, 지불하다, 바치다, 들이다 | **回心转意** huíxīn zhuǎnyì [성어] 태도를 바꾸다, 마음을 돌리다 | **艰苦** jiānkǔ [형] 가난하고 고생스럽다 | **地质学家** dìzhì xuéjiā 지질학자

Pattern 299 再也不/没……

의미 다시는(두 번 다시, 더는) ~하지 않다(하지 않았다)

해설 어떤 시기부터 모종의 동작행위나 상황이 영원히 발생하지 않을 것임 또는 발생한 적이 없음을 나타낸다. '再也没……'에서 '没+동사+过'의 형태가 됨을 주의한다.

예문

① 这个人真差劲儿，我再也不和他交往了。
이 사람은 정말 형편없어. 나는 다시는 그와 상대하지 않을 거야.

② 请你原谅我，以后我再也不会这么粗心大意了。
부디 저를 용서해주세요. 앞으로 다시는 이렇게 경솔하지 않겠습니다.

③ 分手以后，我再也没看见过他。
헤어진 이후에 나는 두 번 다시 그를 만난 적이 없다.

④ 吃了几副这位老中医的药后，我的病再也没复发过。
이 경험이 풍부한 중의사의 약을 좀 먹은 후에, 내 병은 더는 재발한 적이 없다.

대화

A : 小李现在是名扬天下了，你最近见过他吗?
이 군이 지금 대단히 유명해졌어. 너 최근에 걔 만난 적 있어?

B : 没有，毕业后我再也没见过他。
없어. 졸업 후에 나는 더는 만난 적이 없어.

연습 '再也不/没……'를 이용하여 다음 문장을 바꿔 쓰세요.

1. 这里小偷真多，我的钱包、相机都被偷走了。以后我永远不会来这儿了。
이곳은 좀도둑이 정말 많다. 내 지갑이며 카메라며 전부 도둑맞았다. 앞으로 영원히 이곳에 오지 않을 것이다.

   ⇨ _____ 。

2. 高中毕业以后，我一直没再学过英语。
고등학교를 졸업한 이후로, 나는 영어를 다시 공부한 적이 없다.

   ⇨ _____ 。

差劲儿 chàjìnr 형 (능력·품질·성품 등이) 나쁘다, 뒤떨어지다, 형편없다 | 原谅 yuánliàng 동 양해하다, 이해하다, 용서하다 | 粗心大意 cūxīn dàyì 성어 부주의하다, 세심하지 못하다, 경솔하다 | 复发 fùfā 동 재발하다, 다시 도지다 | 名扬天下 míngyáng tiānxià 명성을 천하에 떨치다

Pattern 300

再……也没有了

의미 ~하기가 그지없다, 더 없이 ~하다, (이보다) 더 ~할 수 없다

해설 사물이 이미 최고의 정도에 도달했음을 강조한다. '再+형용사+不过了'라고도 한다.

예문

❶ 我去过空巢老人的家，真是再冷清也没有了。
어르신들만 사는 집에 가봤는데, 정말 쓸쓸하기가 그지없어.

❷ 我认为这本书的内容再好也没有了，为什么会被列为禁书呢?
내 생각에는 이 책의 내용이 더없이 좋아. 어째서 금서가 되었을까?

❸ 你要学会用MSN，互相联系起来再方便不过了。
너도 MSN 쓰는 법을 좀 배워야 해. 서로 연락하기에 이보다 더 편할 수가 없어.

❹ 他女朋友对他再温顺不过了，他还不知足。
그의 여자친구는 그에게 그렇게 고분고분할 수가 없는데, 그는 그래도 만족할 줄을 몰라.

대화

A : 诗人把杭州西湖比作美女西施。
시인은 항저우 시후를 미녀 서시에 비유하지.

B : 这个比喻真是再恰当也没有了。
그 비유는 정말 더없이 적당하군.

연습 '再……也没有了/再……不过了'를 이용하여 다음 문장을 바꿔 쓰세요.

1. 这次的考试是最容易的。 이번 시험이 가장 쉬웠다.
   ⇨ _____ 。
   이번 시험은 그렇게 쉬울 수가 없다.

2. 他们这一对儿是最般配的。 그들은 가장 어울리는 한 쌍이다.
   ⇨ _____ 。
   그들은 더 없이 어울리는 한 쌍이다.

冷清 lěngqing 혱 쓸쓸하다, 적막하다, 한산하다, 냉담하다 | 列为 lièwéi 동 (어떤 부류에) 속하다, 들다, 끼다 | 禁书 jìnshū 명 금서, (발행·수장·열람이) 금지된 서적 | 温顺 wēnshùn 혱 온순하다, 얌전하다, 순순하다, 고분고분하다 | 比作 bǐzuò 동 ~에 비교하다, ~로 비유하다 | 般配 bānpèi 혱 (혼인에서 남녀가) 잘 어울리다, 짝이 맞다, (의식주가 신분에) 걸맞다

Pattern 301

早不……, 晚不……, 偏……

의미 일찍 ~하지 않고 늦게 ~하지 않고 하필이면(굳이) ~ (바로) 이런 때에 하다, 일찍 (미리) ~하든지 (아니면) 늦게(나중에) ~하든지 하필이면(굳이) ~(바로) 이런 때에 하다

해설 사건, 상황, 동작, 행위 등의 발생 시간이 적절하지 않아서 말하는 사람의 환영을 받지 못함을 나타낸다. '早也不……, 晚也不……, 偏……'으로 말하기도 한다.

예문

❶ 你早不到，晚不到，偏在我最忙的时候到！
  일찍 오든가, 아니면 늦게 오든가, 왜 하필 내가 제일 바쁜 때에 와!

❷ 我怎么早不病，晚不病，偏在这节骨眼上病了？
  나는 왜 이르게도 아니고 늦게도 아니고, 하필 이 중요한 시기에 아픈 거야?

❸ 你看这孩子，早不上厕所，晚不上厕所，偏在我快排到售票窗口的时候，他要上厕所。
  이 녀석 봐라. 화장실을 미리 다녀오든가, 아니면 나중에 가든가. 왜 하필 내가 줄 서서 매표창구에 거의 다 갔는데 화장실을 가겠다는 거니.

❹ 他这腿早也不伤，晚也不伤，偏在这场最重要的比赛前伤了。
  그의 다리는 이르게도 아니고, 그렇다고 나중도 아니고, 왜 꼭 이런 제일 중요한 시합 전에 다쳤어?

대화

A : 小王，赶快来接电话。
  왕 군, 얼른 와서 전화받아.

B : 这电话早也不来，晚也不来，偏在我刚要睡着时来。
  이놈의 전화는 이르게도 아니고 늦게도 아니고, 왜 굳이 막 잠들 때 오는 거야.

연습 '早不……, 晚不……, 偏……'을 사용하여 다음 대화를 완성하세요.

A : 你昨天买的那套高档西服今天降价了。
  네가 어제 산 그 고급 양복 오늘 가격 내렸더라.

B : _____, _____, _____, 真气人。
  일찍 내리든가, 아니면 나중에 내리든가. 왜 하필 내가 산 다음 날 내리는 거야. 정말 열 받네.

偏 piān 🖳 일부러, 굳이, 기어코 | 节骨眼(儿) jiēguyǎn(r) 🖳 결정적인 중요한 시기, 관건, 급소 | 上厕所 shàng cèsuǒ 화장실에 가다 | 高档 gāodàng 🖳 고급의, 상등의 | 西服 xīfú 🖳 양복

Pattern 302

早就……了

의미 진작(오래전에, 일찌감치, 이미, 벌써, 한참) 전에 ~했다

해설 어떤 행위나 상황이 매우 일찍 발생하여 현재로부터 이미 상당한 시간이 지났음을 뜻한다.

예문

❶ 这孩子很聪明，早就能写一笔好字了。
이 아이는 매우 똑똑해서 진작부터 글씨를 잘 썼다.

❷ 我和他已经断了联系，说不定他早就成家立业了。
나와 그는 이미 연락이 끊겼어. 아마 그는 오래전에 결혼도 하고 일도 성공했을 거야.

❸ 这件事情发生的经过以及前因后果我们早就调查清楚了。
이 일의 발생 경과 및 전후 사정을 우리는 한참 전에 이미 조사를 다 마쳤다.

❹ 其实他们俩早就开始恋爱了，只不过保密工作做得好，大家都不知道。
사실 그들 둘은 연애 시작한 지 한참 됐어. 다만 비밀을 하도 잘 지켜서 다들 몰랐지.

대화

A : 嘻嘻，这道数学难题我做出来啦，比你早吧?
히히, 이 수학 난제를 풀어냈어, 너보다 빠르지?

B : 我早就做完了，怕打击你才没说。
난 벌써 다 끝냈어, 네가 충격받을까 봐 말을 안 했어.

연습 '早就……了'를 사용하여 다음 대화를 완성하세요.

A : 你为什么不告诉我这件事情的真相?
너 왜 나한테 이 일의 진상을 알려주지 않았어?

B : 说真的，我_____，可是_____。
사실은, 내가 진작 네게 알렸어야 했는데, 그렇지만 계속 말할 용기가 없었어.

说不定 shuōbúdìng 동 아마 ~일 것이다 부 아마, 짐작건대 | **成家立业** chéngjiā lìyè 성 결혼하여 자립하다, 가업을 일으키다 | **前因后果** qiányīn hòuguǒ 성 (일의) 원인과 결과, 자초지종, 전후 사정 | **嘻嘻** xīxī 의정 (웃음소리) 히히, 헤헤

Pattern 303

怎么……，怎么……

의미 어떻게 ~하든 (그대로) ~하다, ~하는 대로 (그대로) ~하다

해설 앞쪽의 방법대로 뒤쪽의 일을 처리하는 것을 나타낸다. 두 개의 '怎么' 사이에 '就'가 종종 들어온다.

예문

❶ 领导怎么安排，我们就得怎么做，没商量。
리더가 안배하는 대로 우리는 그대로 해야 한다. 논의는 없다.

❷ 我们是双职工，所以平时做饭就是怎么简单、方便怎么做。
우리는 맞벌이다. 그래서 평소에 식사 준비는 간단하고 편리한 대로 한다.

❸ 你看我怎么做，你就怎么做。很容易掌握。
내가 어떻게 하는지 보고 그대로 해. 배우기 쉬워.

❹ 怎么有利于国家的发展，有利于人民，咱们就怎么做。
국가의 발전에 유리하고, 국민에게 유리하다면, 우리는 그대로 한다.

대화

A : 范工程师，这活儿怎么干呢?
판 기사님, 이 일은 어떻게 하나요?

B : 上次怎么干的，这次还怎么干。
지난번에 한 대로, 이번에도 그대로 해요.

연습 '怎么……，怎么……'를 사용하여 다음 대화를 완성하세요.

A : 他这个人老是＿＿＿＿＿＿＿＿＿，＿＿＿＿＿＿＿＿＿。
그 녀석은 항상 위에서 말하는 그대로 말해.

B : 怪不得大家管他叫"应声虫"呢。
어쩐지 다들 그 녀석보고 '예스맨'이라고 하더라니.

双职工 shuāngzhígōng 명 맞벌이, 맞벌이 부부 | 管A叫B guǎn A jiào B A를 B라고 부르다 | 应声虫 yìngshēngchóng 명 추종자, 줏대 없는 사람, 예스맨

Pattern 304

怎么能……(呢)

의미   어떻게(어디) ~할 수 있나(할 수 없다)

해설   반문 형식을 사용하여 부정을 나타내며, 이렇게는 불가능하다 또는 이렇게 해서는 안 된다는 것을 강조한다. '怎么能'은 줄여서 '怎能'으로 말할 수 있고, 또한 '哪能……呢'로 말할 수 있다.

예문
① 这么重要的事情，我怎么能忘呢?
이렇게 중요한 일을 내가 어떻게 잊을 수 있겠어?

② 你怎么能这样对老师说话呢? 要尊重师长，懂吗?
너는 어떻게 그런 식으로 선생님께 말을 할 수 있어? 스승을 존중해야지, 알겠어?

③ 他哪能做出这样伤天害理的事情呢?
걔가 어디 이렇게 사람의 도리에 어긋난 일을 저지를 수가 있겠어?

④ 牵扯到这么多人的事，领导哪能这么草率地处理呢?
이렇게 많은 사람이 연루된 일인데, 리더가 어떻게 이렇게 대충 처리할 수가 있지?

대화
A : 这日子简直没法过，我们干脆离婚算了。
이렇게는 정말 못 살겠다. 우리 이참에 아예 이혼해버리자.

B : 你怎么能说出这么不负责任的话，孩子怎么办?
당신 어떻게 이렇게 무책임한 말을 내뱉을 수가 있어? 애는 어떻게 하고?

연습   '怎么能……(呢)'를 사용하여 다음 대화를 완성하세요.

A : 我昨天没刷牙就睡觉了，早上醒来嘴里可不舒服了。
나 어젯밤에 이를 안 닦고 그냥 잤더니, 아침에 일어나니까 입안이 영 텁텁해.

B : 你_____，太不卫生了!
어떻게 이를 닦는 걸 잊을 수가 있담? 너무 불결해!

师长 shīzhǎng 명 교사에 대한 존칭, (군대) 사단장 | 伤天害理 shāngtiān hàilǐ 성어 사람의 도리에 어긋나다 | 牵扯 qiānchě 동 연루되다, 관련되다 | 草率 cǎoshuài 형 대강하다, 경솔하다, 세심하지 못하다 | 简直 jiǎnzhí 부 그야말로, 아예, 차라리 | 卫生 wèishēng 형 위생적이다, 청결하다 명 위생

Pattern 305

怎么……也/都不……

의미 어떻게(아무리) ~해도 ~하지 않다

해설 '无论怎么'의 의미이다. '怎么'의 앞에는 '不管'이나 '不论'을 사용할 수 있다.

예문

❶ 我怎么听也听不出来这两个音有什么不同。
나는 아무리 들어도 이 두 가지 소리가 무슨 다른 점이 있는지 구분을 못 하겠다.

❷ 这孩子刚睡醒，迷迷糊糊的，怎么逗她也不笑。
아이가 막 잠을 깨서 어리바리한 것이 애를 아무리 얼러도 웃지를 않는다.

❸ 衣服上不知沾了什么，不管我怎么洗都洗不掉。
옷에 뭐가 묻었는지, 아무리 빨아도 지지를 않는다.

❹ 他一直跑在我前边，不论我怎么追也追不上他，只好甘拜下风。
그는 줄곧 내 앞에서 달리는데, 내가 아무리 뒤쫓아도 따라잡을 수가 없다. 패배를 인정할 수밖에 없다.

대화

A : 他这样混下去不行，你可得好好劝劝他。
그는 이런 식으로 계속 어영부영 살면 안 돼. 네가 잘 좀 타일러라.

B : 怎么劝他也不听，我把嘴皮都快磨破了，对他已经没辙了。
아무리 타일러도 안 들어요. 제 입술이 다 닳겠어요. 걔한테는 이미 방법이 없는 걸요.

연습 '怎么……也/都不……'를 사용하여 다음 문장을 완성하세요.

1. 不管我＿＿＿＿＿＿＿＿＿，他＿＿＿＿＿＿＿＿＿＿＿＿＿＿＿。
   내가 아무리 해명을 해도, 그는 나를 용서하려 하지 않는다.

2. 小金的隐形眼镜掉地上了，＿＿＿＿＿＿＿＿＿＿＿＿＿＿＿＿。
   진 군의 콘택트렌즈가 땅에 떨어졌는데, 아무리 찾아도 못 찾겠다.

睡醒 shuìxǐng 통 잠에서 깨어나다, 잠이 깨다 | 迷迷糊糊 mímí hūhū 형 혼미하다, 흐리멍덩하다 | 逗 dòu 통 놀리다, 어르다 | 沾 zhān 통 젖다, 적시다, 묻다, 묻히다, 닿다, 접촉하다, (혜택을) 입다, 나누다 | 甘拜下风 gānbàixiàfēng 성어 (선의의 경쟁에서) 패배를 인정하다, 진심으로 승복하다 | 磨破 mópò 닳아서 떨어지다, 해지다 | 没辙 méizhé 통 방법이 없다, 어찌할 수 없다 | 隐形眼镜 yǐnxíng yǎnjìng 명 콘택트렌즈(contact lenses)

Pattern 306 照……不误

의미 늘 하던 대로 ~하다, 예전대로 여전히 ~하다, 변함없이 계속해서 ~하다

해설 조건, 상황, 규정에 어떠한 변화가 있더라도 여전히 하던 대로 어떤 일을 하며, 이 때문에 변화가 생기지는 않음을 나타낸다. 주로 단음절 동사와 함께 사용한다.

예문

❶ 我真佩服你，这么吵，你也能照睡不误。
너 정말 대단하다. 이렇게 시끄러운데도 잠을 잘 수 있다니.

❷ 有的学校高昂学费照收不误，把教育部的规定当成了一纸空文。
어떤 학교는 비싼 학비를 여전히 그대로 받고 있다. 교육부의 규정을 단지 휴지조각으로 여긴다.

❸ 说是公共场所禁止吸烟，可是有不少人还是照抽不误。
공공장소에서 흡연을 금지한다고는 하지만, 적잖은 사람들이 변함없이 담배를 피운다.

❹ 有些市场，没有食品安全意识，过期食品也照卖不误。
일부 시장에서는 식품 안전의식이 없다. 기한이 지난 식품도 계속해서 팔고 있다.

대화

A : 国家对房价进行宏观调控，效果怎么样?
국가가 주택가격에 대해 거시조정을 벌였는데 효과가 어때?

B : 我看房价还是照涨不误。
내가 보기에 주택가격은 여전히 오르고 있어.

연습 '照……不误'를 사용하여 다음 대화를 완성하세요.

A : 这种产品，环保部门不是已经亮了红灯了吗?
이런 제품은 환경보호 부서에서 이미 경고를 내리지 않았어?

B : 是啊，可是_____。
맞아. 그렇지만 그들은 여전히 생산하고 있지.

误 wù 〔형〕 틀리다, 잘못되다 | 佩服 pèifú 〔동〕 감탄하다, 탄복하다 | 高昂 gāo'áng 〔형〕 (가격이) 비싸다, (목소리·정서 등이) 높아지다, 고양되다 〔동〕 높이 들다 | 一纸空文 yìzhǐ kōngwén 〔성어〕 공수표, 휴지화된 문서 | 宏观调控 hóngguāntiáokòng 거시적으로 제어하고 조절하다 | 亮红灯 liàng hóngdēng 빨간 등을 켜다, 적신호를 보내다, 금지(거절)를 표시하다

Pattern 307

……着呢

의미 꽤(무척이나, 너무나, 되게) ~하다

해설 '着呢'는 형용사 뒤에서 정도가 심하다는 것을 나타내며, 또한 과장의 의미가 있다. 주로 구어에 사용한다.

예문

❶ 那条路坑坑洼洼的，难走着呢。
그 길은 울퉁불퉁해서 걷기가 꽤 힘들다.

❷ 你可别招惹他，这个人厉害着呢，常常是无理搅三分。
쟤 건드리지 마라. 얘는 여간 고약한 게 아니야. 종종 아무 이유 없이 생트집을 잡는다고.

❸ 你问我什么时候能当教授? 还早着呢。
내게 언제 교수가 될 수 있느냐고 물었어? 한참이나 남았지.

❹ 你可不知道，他的知识面宽着呢，上知天文，下知地理。
너는 그의 지식 폭이 어마어마하게 넓다는 걸 몰라. 위로는 천문, 아래로는 지리, 모르는 게 없어.

대화

A : 才几年不见，你女儿都长成亭亭玉立的大姑娘了。
고작 몇 년 못 봤을 뿐인데, 자네 딸이 몸매가 늘씬한 아가씨가 됐어.

B : 是啊，女孩子家，变起来快着呢。
그래. 여자애들은 되게 빨리 변하더라고.

연습 '……着呢'를 사용하여 다음 대화를 완성하세요.

A : 你去过北京长安街吗?
베이징 창안제 가 봤어?

B : 去过，_____。
가 봤지. 양쪽의 건축물들이 무척이나 예쁘더라.

坑坑洼洼 kēngkengwāwā 형 울퉁불퉁하다 | 招惹 zhāorě 동 (상대를) 건드리다, 집적대다, (좋지 않은 일을) 일으키다, 야기하다 | 无理搅三分 wúlǐ jiǎo sānfēn 생트집을 잡다, 억지를 쓰다 | 知识面 zhīshimiàn 명 각종 지식에 대한 이해나 파악의 범위, 지식의 폭 | 上知天文, 下知地理 shàngzhītiānwén xiàzhīdìlǐ 위로는 천문, 아래로는 지리를 이해하다, 박학다식하다 | 亭亭玉立 tíngtíngyùlì 미녀의 몸매가 늘씬한 모양, 꽃이나 나무가 우뚝 솟은 모양 | 长安街 Cháng'ānjiē 지명 창안제(톈안먼을 중심으로 베이징을 동서로 가로지르는 대로)

Pattern 308

……着玩儿的

의미 (그냥 별 뜻 없이) 장난삼아(장난으로, 장난처럼, 재미삼아) ~하다

해설 어떤 일을 엄숙하고 진지한 태도로 대하는 것이 아니라, 장난스러운 태도로 대하거나 단지 놀이나 취미 정도로 여긴다는 의미이다.

예문

❶ 我刚才是说着玩儿的，你可别当真。
좀 전에 그냥 농담으로 한 말이야. 진짜로 생각하지 마.

❷ 别担心，他们俩是打着玩儿的，伤不着。
걱정하지 마라. 걔네 둘 장난으로 싸우는 거야. 안 다쳐.

❸ 我是个医生，不是作家，小说嘛，只是写着玩儿的。
나는 의사이지 작가가 아니에요. 소설은 말입니다, 그저 재미삼아 쓴 겁니다.

❹ 这吉他我是学着玩儿的，并不想当什么专业演奏家。
이 기타는 내가 재미삼아 배우고 있습니다. 무슨 전문 연주가가 될 생각은 전혀 없습니다.

대화

A：听说你演电影了？改行了吗？
영화에 출연했다면서? 직업 바꿨어?

B：那是临时被拉去充数，演着玩儿的，我还是干老本行。
그건 임시로 끌려가서 머릿수 채운답시고 재미삼아 출연한 거야. 난 여전히 하던 일 한다고.

연습 '……着玩儿的'를 사용하여 다음 대화를 완성하세요.

A：哇，你拍的照片好漂亮啊，够得上专业水平了。
와, 네가 찍은 사진 정말 예쁘다. 충분히 전문가 수준인데.

B：哪里，哪里，_____。
별소리를 다 한다. 난 그저 재미로 찍은 거야.

吉他 jítā 몡 기타(guitar) | **演奏家** yǎnzòujiā 몡 연주가 | **改行** gǎiháng 동 직업을 바꾸다, 전업하다 | **充数** chōngshù 동 (대충) 머릿수나 숫자를 채우다 | **老本行** lǎo běnháng 오랜 본업 | **够得上** gòudeshàng (기준에) 이르다, (자격이) 되다

Pattern 309

……着……着

의미 ~하다가

해설 어떤 동작이 진행 중에 새로운 상황이 출현했음을 의미한다. '着' 앞에는 주로 동일한 단음절 동사를 사용한다.

예문

❶ 他开夜车赶稿子，写着写着睡着了。
그는 밤을 새워가며 원고를 서두르는데, 쓰다가 잠이 들었다.

❷ 他刚开始发言时还很平静，可说着说着就激动起来了。
그가 막 발언을 시작했을 때만 해도 무척 차분했는데, 말하다 보니 흥분하기 시작했다.

❸ 你看前面那个小女孩儿刚学会走路，走着走着就摔倒了。
저기 봐. 앞에 저 여자애 막 걸음마 배웠네. 걷다가 바로 넘어졌어.

❹ 我们在操场上跑着跑着，忽然下起了倾盆大雨。
우리가 운동장에서 계속 뛰고 있는데, 갑자기 장대비가 쏟아지기 시작했다.

대화

A : 我昨晚在邻居家玩儿牌，玩儿着玩儿着天已经大亮了。
나 어젯밤에 이웃집에서 카드놀이 했는데, 놀다가 보니 벌써 날이 훤히 밝았지 뭐야.

B : 这么说你们一夜没睡?
그러니까 너희 밤새 안 잤다는 소리야?

연습 '……着……着'를 사용하여 다음 대화를 완성하세요.

A : 她怎么_____?
그녀는 왜 영화를 보다가 말고 울음을 터뜨렸어?

B : 大概是故事触动了她的心事吧。
아마 줄거리가 그녀의 감정을 건드렸나 봐.

平静 píngjìng 혱 (마음이나 환경 등이) 평온하고 조용하다, 차분하다 | **摔倒** shuāidǎo 통 (몸이 균형을 잃고) 쓰러지다, 넘어지다, 자빠지다 | **倾盆大雨** qīngpéndàyǔ 성어 장대비가 내리다 | **天亮** tiānliàng 통 동이 트다, 날이 밝다 몡 새벽 | **触动** chùdòng 통 부딪치다, (감정·변화·추억 등을) 건드리다, 저촉되다, 범하다

Pattern 310

这就……

의미 이제 곧(지금 바로, 금방) ~하다

해설 어떤 행위나 상황이 곧 발생할 것임을 가리킨다. 주로 구어에 사용한다.

예문

❶ 不要着急，我这就写完，别再催了。
조바심내지 마라. 이제 곧 다 쓰니까, 더는 재촉하지 마라.

❷ 你别慌，我这就来，你千万别走开。
당황하지 마. 내가 지금 바로 도착하니까. 절대로 떠나지 마.

❸ 阿姨，我这就走，你别给我做饭了。
아주머니, 저 금방 갈 겁니다. 저 때문에 밥하지 마세요.

❹ 不就这么几个碗碟嘛，我这就去刷，你就别啰嗦了。
겨우 그릇 몇 개뿐인데, 내가 금방 가서 닦을 게. 잔소리 좀 하지 마.

대화

A : 小文，饭菜都凉啦，快来吃饭！
원 군아, 음식이 다 식어, 얼른 와서 밥 먹어!

B : 好，好，这就来。
네, 네, 금방 가요.

연습 '这就……'를 사용하여 다음 대화를 완성하세요.

A : 你怎么还不起床？班车马上就来了。
너 왜 아직도 안 일어나? 셔틀버스가 금방 온다고.

B : _____ !
바로 일어날게요!

催 cuī 통 재촉하다, 채근하다, 촉진하다 | 碗碟 wǎndié 명 사발과 접시, 그릇 | 啰嗦 luōsuo 통 수다 떨다, 잔소리하다 | 班车 bānchē 명 정기적으로 운행하는 차량, 통근차, 셔틀버스

Pattern 311

这么……, 怪不得……

의미 이렇게(그렇게, 꽤) ~하더니 어쩐지(과연, 그러기에) ~하다, 이렇게(그렇게, 꽤) ~하더니 ~하는 것도 무리는 아니다(당연하다)

해설 어떤 상황의 발생 원인을 알게 되었음을 의미한다.

예문

❶ 他家的小狗这么可爱，怪不得人见人爱。
그 친구 집의 강아지가 그렇게 귀엽더니만, 과연 보는 사람마다 다들 좋아한다.

❷ 你最近这么忙啊，怪不得那天秋游没见你去呢。
너 요즘 그렇게 바빠? 어쩐지 그날 가을 야유회에 안 보이더라니.

❸ 这么简单的游戏，票价却这么贵，怪不得没人玩儿。
이렇게 간단한 게임인데 푯값이 꽤 비싸네. 어쩐지 게임을 하는 사람이 없다 했어.

❹ 小董的体重增加了这么多，怪不得他说要节食呢。
동 군의 체중이 꽤 많이 늘었어. 걔가 먹는 걸 줄여야겠다고 말하는 것도 무리는 아니야.

대화

A : 我最近准备毕业考试，同时还忙着找工作。
나 요즘 졸업시험 준비하고 있어. 동시에 직장 구하느라 바빠.

B : 这么忙啊，怪不得大家都说见不到你的人影儿呢。
꽤 바쁘구나. 그러니까 다들 네 그림자도 못 보겠다고 그러는 것도 당연해.

연습 '这么……, 怪不得……'를 사용하여 다음 대화를 완성하세요.

A : 这个饭馆一个鱼香肉丝就要30块。
이 식당은 위샹러우스 하나에 30위안씩이나 해.

B : ＿＿＿＿＿＿, ＿＿＿＿＿＿＿＿＿＿＿＿＿＿呢。
그렇게 비싸서야, 어쩐지 손님이 몇 명 없다 했어.

怪不得 guàibude 休 과연, 그러기에, 어쩐지 동 탓할 수 없다 | **秋游** qiūyóu 명 가을 나들이, 가을소풍 | **节食** jiéshí 동 음식을 절제하다, 다이어트하다, 절식하다 | **人影(儿)** rényǐng(r) 명 사람의 그림자, 사람의 모습이나 자취 | **顾客** gùkè 명 손님, 고객

Pattern 312

这么说, ……

의미 그러니까 (그 말은) ~라는 거야?, 그렇다면 ~라는 말이군

해설 상대방이 제공한 상황에 근거하여 어떤 추측이나 추론을 해낸다는 의미이다.

예문

❶ **这么说，你们跟他也并不熟悉?**
그러니까, 너희도 걔랑 전혀 모르는 사이라 이거지?

❷ **这么说，你早就在考虑上这个项目了?**
그래서, 자네가 이 프로젝트를 진작부터 구상하고 있었다는 건가?

❸ **这么说，出事故那天，你根本没在现场?**
그 말은, 사고가 나던 그 날 너는 결코 그 현장에 있지 않았다는 말이야?

❹ **这么说，咱们申请的科研经费可能已经批了?**
그렇다면, 우리가 신청한 연구경비가 벌써 승인이 났겠네?

대화

A : 我们业务上有联系，但我不太了解他。
우리는 업무상 연락은 하지만, 나는 그 사람 잘 몰라.

B : **这么说，你们接触并不多?**
그러니까, 너희 교류가 전혀 많지 않다는 거지?

연습 '这么说, ……'를 사용하여 다음 대화를 완성하세요.

A : 这个周末我要和女友去看个新楼盘。
이번 주말에 나 여자친구랑 새로 살 집을 보러 갈 거야.

B : _____, _____?
그 얘기는, 너희 결혼하려고 계획했다는 거지?

熟悉 shúxī 형 익숙하다, 잘 알다 | **项目** xiàngmù 명 프로젝트, 과제, 항목. 종목. 사항 | **申请** shēnqǐng 명동 신청(하다), 청구(하다) | **科研** kēyán 명 과학연구(科学研究의 약칭) | **批** pī 동 지시하다, 결재(허가·승인)하다 | **楼盘** lóupán 명 (부동산의) 매물, 주거건축물

Pattern 313

这么一……, ……

의미 (이렇게, 그렇게) ~하니(하자) (곧, 바로) ~하다

해설 '一' 뒤에 동사를 더해 쓰는데, 전체 문장은 이 동작을 통해서 뒤 문장에서 말하는 상황이 바로 발생했다는 의미를 나타낸다.

예문

❶ 孩子这么一哭，当妈的就心软了。
아이가 울음을 터뜨리니 엄마로서 이내 마음이 약해진다.

❷ 半夜里他这么一喊，把全楼都惊动了。
한밤중에 그가 소리를 버럭 지르자 온 건물 사람들이 다들 깜짝 놀랐다.

❸ 他这么一骂，一挥拳头，彻底把对方给惹火了。
그는 욕을 해대고 주먹을 휘두르며 철저하게 상대방의 화를 돋우었다.

❹ 没想到老师拿话这么一激，把学生的好胜心给激起来了。
뜻밖에 선생님이 말로 자극을 하자 학생들의 승리욕이 일었다.

대화

A : 你不觉得这里静得有些反常吗?
여기 좀 비정상적으로 조용한 거 같지 않아?

B : 你这么一说，我也注意到了。
네 말을 듣고 보니 나도 그런 것 같다.

연습 '这么一……, ……'를 사용하여 다음 대화를 완성하세요.

A : 下周一我们是不是该交读书心得了?
다음 주 월요일에 우리 독후감 내야 하는 거 아니야?

B : 对，对，你_____, 我_____。
맞아, 맞아. 네가 그렇게 말하니까, 나도 기억이 났어.

惊动 jīngdòng 图 놀라게 하다, 시끄럽게 하다, 떠들썩하게 하다 | 挥 huī 图 흔들다, 휘두르다 | 惹火 rěhuǒ 图 화나게 하다 图 인화하다, 불을 댕기다 | 激 jī 图 (감정을) 흥분시키다, 자극하다 | 好胜心 hàoshèngxīn 명 이기고자 하는 마음, 승리욕 | 反常 fǎncháng 형 이상하다, 비정상적이다 | 心得 xīndé 명 심득, 느낌, 소감, 체득, 터득 | 提醒 tíxǐng 图 일깨우다, 환기하다

Pattern 314

这么……, 这么……

의미 이렇게나(무척, 꽤) ~하고 이렇게나(무척, 꽤) ~하다

해설 양쪽 방면의 정도가 모두 매우 높음을 나타낸다. 어감을 강화하는 기능을 한다.

예문

❶ 像他这么勤奋，这么老实的人很难得。
그 사람처럼 그렇게 부지런하고, 그렇게 정직한 사람은 흔하지 않다.

❷ 她这么活泼，又这么善良，没人不喜欢她。
그녀는 무척 활발하고, 또 무척 착해서 그녀를 좋아하지 않는 사람이 없다.

❸ 房间里这么闷，这么热，不开空调哪儿受得了。
방안이 무척 갑갑하고 무척 덥네. 에어컨을 켜지 않으면 어디 견딜 수나 있겠어.

❹ 这药丸这么大，这么苦，我怎么咽得下去呢?
이 알약은 너무 크고 너무 써. 내가 어떻게 삼키겠어?

대화

A : 这就是你们的房间。
여기가 바로 여러분의 방입니다.

B : 哎呀，这么脏，这么乱，服务员还没打扫呢，怎么住啊?
이런, 이렇게 더럽고 난장판이라니. 종업원이 아직 청소도 안 했네. 어떻게 묵으라고?

연습 '这么……, 这么……'를 사용하여 다음 문장을 완성하세요.

1. 作业＿＿＿＿＿＿＿＿＿＿＿＿＿＿＿＿，我做了一晚上才做完。
   숙제가 꽤 많고 어려워서, 나는 밤새도록 해서 겨우 끝냈다.

2. 这部电视剧里的男主角＿＿＿＿＿＿＿＿＿＿＿＿＿＿＿＿，我太喜欢他了!
   이 드라마의 남자 주인공은 키도 무척 크고, 잘생겼어. 난 저 사람 아주 좋아!

勤奋 qínfèn 📌 부지런하다, 열심히 하다 | **活泼** huópo 📌 활발하다, 활달하다, 활기차다, 생동감이 있다 | **善良** shànliáng 📌 선량하다, 착하다, 어질다 | **药丸** yàowán 📌 환약, 알약 | **咽** yàn 📌 (음식, 말, 화 등을) 삼키다, 넘기다, 거두다

Pattern 315

……这……那(的)

의미 이것저것 ~하다

해설 '这'와 '那'는 동작의 여러 대상을 대신하는 데 쓰인다. 앞쪽에 각각 동일한 동사를 사용하는데, 어떤 동작행위가 반복적으로 여러 차례 발생한다는 뜻이며 여러 대상을 언급한다.

예문

❶ 事情没那么复杂，你别想这想那的了。
일이 그렇게 복잡하지는 않아. 이것저것 생각하지 마라.

❷ 想干什么你就大胆地去干，怕这怕那的什么也干不成。
하고 싶은 것이 있으면 과감하게 해. 이런 거 저런 거 걱정하다가는 아무것도 못 해.

❸ 爷爷疼孙子，每次见面都要给孙子买这买那。
할아버지가 손자를 끔찍이 아끼셔서, 매번 볼 때마다 손자에게 이것저것 사준다.

❹ 他刚出国回来，朋友们围着他问这问那，他也滔滔不绝地讲着所见所闻。
그는 막 외국에서 돌아왔다. 친구들이 그를 에워싸고 이것저것 물어보는데, 그는 보고 들은 것을 쉴 새 없이 얘기해준다.

대화

A: 我儿子小潘一个人在外地工作，不知过得怎么样，真让我不放心。
우리 아들 판 군이 혼자 외지에서 일하는데, 잘 지내고 있는지 모르겠어요. 정말 불안해요.

B: 你别总是担心这担心那的，二十几岁的人了，该有独立生活能力了。
늘 이래저래 걱정하지 마세요. 스물 몇 살이나 먹었어요. 독립생활능력이 있어야 해요.

연습 '……这……那(的)'를 사용하여 다음 대화를 완성하세요.

A: 郑大妈真是个闲不住的人。
정 씨 아주머니는 정말 쉬지를 않으시는 분이야.

B: 是啊, _____, _____, 没见她有停的时候。
맞아. 온종일 다른 사람을 위해서 동분서주하면서 이것저것 바쁘지. 아주머니가 쉬는 때를 못 봤어.

疼 téng 图 몹시 귀여워하다, 끔찍이 아끼다 图 아프다 | 滔滔不绝 tāotāobùjué 성에 끊임없이 흐르다, 말이 끝이 없다 | 所见所闻 suǒjiàn suǒwén 보고 들은 것 | 跑东跑西 pǎodōng pǎoxī 성에 동분서주하다, 이리저리 분주하게 뛰어다닙니다 (= 东奔西跑)

Pattern 316

这样吧, ……

의미 (그럼) 이렇게 하자 ~

해설 심사숙고한 후에 문제 해결 방법을 제시하는 것을 의미한다.

예문

❶ 这样吧, 你先回去, 到时候我再通知你。
이렇게 하자. 네가 먼저 돌아가, 나중에 내가 네게 통지해줄게.

❷ 这样吧, 你在这儿等一下, 我去试试说服她。
이렇게 하자. 너는 여기서 잠깐 기다려, 내가 가서 그녀를 설득해볼게.

❸ 我今天实在太忙了, 这样吧, 我们以后再找时间细谈。
나 오늘 정말 너무 바빠. 이렇게 하자. 우리 나중에 시간 내서 자세히 얘기하자.

❹ 这样吧, 你先在我这儿凑合住两天, 慢慢再找房子。
이렇게 하는 건 어때? 우선 여기서 나하고 아쉬운 대로 며칠 지내고, 천천히 집을 구하는 거야.

대화

A : 那我现在该怎么办?
그럼 나는 이제 어떻게 해야 해?

B : 这样吧, 你先参加考试, 等成绩出来再说。
이렇게 하자. 너는 우선 시험을 봐. 성적이 나오거든 다시 얘기하자.

연습 '这样吧, ……'를 사용하여 다음 대화를 완성하세요.

A : 明天我五点就要到机场, 可首班公交车是五点半。
내일 나 5시에 공항에 가야 하는데, 버스 첫차는 5시 반이야.

B : _____。
그럼 이렇게 하자. 내가 차로 공항까지 데려다 줄게.

细谈 xìtán 통 자세히 이야기하다 | 凑合 còuhe 형 그런대로 ~할 만하다, 아쉬운 대로 ~할 만하다 | 首班车 shǒubānchē 명 첫차(= 头班车 tóubānchē ↔ 末班车 mòbānchē 막차)

Pattern 317

这/那样一来, ……

의미 이렇게[그렇게] 하면 ~

해설 어떤 일을 하고 나면 바로 모종의 결과가 발생한다는 의미이다.

예문

❶ 这样一来，全家人就可以在一起生活了。
이렇게 하면, 온 가족이 함께 살 수 있게 된다.

❷ 这样一来，很多人都会知道你的网站了。
이렇게 하면, 많은 사람이 너의 웹사이트를 알게 될 거야.

❸ 那样一来，你就变被动为主动了。
그렇게 하면, 너는 수동적인 입장에서 능동적인 입장이 되는 거야.

❹ 那样一来，所有的问题就都迎刃而解了。
그렇게 하면, 모든 문제는 일사천리로 해결될 거야.

대화

A : 你要是觉得实在吃不消，就别学了。
만약 정말 이겨 낼 수 없으면, 그만 배워.

B : 那样一来，我不就前功尽弃了吗?
그랬다가는 이전 노력이 모두 허사가 되는 거잖아?

연습 '这/那样一来, ……'를 사용하여 다음 대화를 완성하세요.

A : 你干脆去登一则征婚广告，挑选范围就宽多了。
아예 구혼 광고를 하나 실으시면 선택 범위가 많이 넓어질 겁니다.

B : _____, 不是_____吗?
이렇게 하면, 많은 사람이 저를 귀찮게 하지 않을까요?

被动 bèidòng 〔형〕 피동적이다, 수동적이다, 소극적이다 | 主动 zhǔdòng 〔형〕 능동적이다, 자발적이다, 적극적이다 | 迎刃而解 yíngrèn'érjiě 〔성어〕 대나무에 칼을 대어 쉽게 가르듯 문제를 수월하게 해결하다 | 吃不消 chībuxiāo 〔동〕 견딜 수 없다, 이겨 낼 수 없다 | 前功尽弃 qiángōngjìnqì 〔성어〕 지금까지의 공로가 수포로 돌아가다, 공든 탑이 무너지다 | 征婚 zhēnghūn 〔동〕 (매체를 통해) 공개 구혼하다 | 挑选 tiāoxuǎn 〔동〕 고르다, 선발하다, 선택하다 | 骚扰 sāorǎo 〔동〕 소란을 피우다, 소요를 일으키다, 방해하다, 폐를 끼치다

Pattern 318

这也不……, 那也不……

의미 이것도 ~하지 않고 저것도 ~하지 않다

해설 어떤 사람의 부정적 행위가 너무 많아서, 말하는 사람이 불만의 말투가 있음을 나타낸다.

예문

❶ 你这也不吃，那也不吃，身体能好吗？
너는 이것도 안 먹고, 저것도 안 먹으면, 몸이 건강하겠니?

❷ 这也不满意，那也不满意，我伺候不了你了！
이것도 마음에 안 들고, 저것도 마음에 안 들고, 네 비위를 못 맞추겠다!

❸ 你胆子太小了，这也不敢说，那也不敢做，那怎么行！
너는 담이 너무 작아. 이것도 말할 엄두가 안 나고, 저것도 할 수 없다니, 어떡해!

❹ 他对我横挑鼻子竖挑眼，这也不行，那也不对，真是欺人太甚！
그는 내게 사사건건 트집이다. 이래도 안 된다, 저러면 옳지 않다. 정말 사람 우습게 봐!

대화

A : 你给他买着衣服了吗?
너 걔한테 옷 사줬어?

B : 没买成，他这也说不好，那也说不好，太挑剔了！
아니. 걔는 이것도 싫다, 저것도 싫다 그러는데, 너무 까다로워!

연습 '这也不……, 那也不……'를 사용하여 다음 대화를 완성하세요.

A : 哎，小心，别动我这个花瓶。
이런, 조심해. 내 화병 건드리지 마.

B : ＿＿＿＿＿＿＿，＿＿＿＿＿＿＿，我＿＿＿＿＿＿＿＿？
이것도 건드리지 마라, 저것도 손대지 마라, 내가 어떻게 청소를 하니?

伺候 cìhou 동 시중들다, 거들다, 모시다 | 横挑鼻子竖挑眼 héngtiāo bízi shùtiāo yǎn 속담 코와 눈을 마구 후비다, 사사건건 온갖 트집을 다 잡다 | 欺人太甚 qīréntàishèn 성어 남을 너무 업신여기다 | 挑剔 tiāotī 형 까다롭다 동 (결점이나 잘못 등을) 들추다, 지나치게 트집 잡다

Pattern 319

这有什么

의미 이게 뭐 어때서(대수라고), 별것 아니다, 아무것도 아니다, 무슨 상관이야, 괜찮다

해설 어떤 상황에 대해 심각하지도 않고 대수롭지도 않아서 대단히 놀랄 필요가 없다고 생각한다. 또한, 대수롭지 않으며 괜찮다는 의미를 나타낸다. '这没什么'라고도 한다.

예문

❶ 35摄氏度，这有什么，北京比这里热多了。
섭씨 35도가 뭐 대수라고, 베이징이 여기보다 훨씬 더워.

❷ 不就是损失了些钱吗？这有什么！只要人没事就行。
돈을 좀 손해 본 것뿐이잖아? 이게 뭐 대수라고! 사람만 멀쩡하면 됐지.

❸ 谁说得对，就听谁的。这有什么！
누구든 옳은 소리를 하면 들어야지. 무슨 상관이야!

❹ 优柔寡断让你吃了点儿亏，这有什么，以后果断一些就是了。
우유부단하니까 네가 손해를 본 거야. 뭐 괜찮아. 앞으로 좀 결단력 있게 하면 돼.

대화

A：你怎么在别人面前这么说他，一点儿面子也不给他留呢？
너 왜 다른 사람 앞에서 걔한테 뭐라 그러면서 체면을 하나도 안 세워 줘?

B：这有什么？我说的是事实。
뭐 잘못됐어? 내가 말한 건 사실이야.

연습 '这有什么'를 사용하여 다음 대화를 완성하세요.

A：你今天穿的这套衣服太显眼了吧？
네가 오늘 입은 이 양복 너무 튀잖아?

B：_____？_____。
뭐 어때? 요즘은 이런 스타일이 유행이야.

优柔寡断 yōuróuguǎduàn [성어] 우유부단하다, 결단력이 없다 | **吃亏** chīkuī [동] 손해를 보다, 불리하게 되다 [부] 애석하게도 | **留面子** liú miànzi 체면을 세우다 | **显眼** xiǎnyǎn [형] 눈에 띄다, 두드러지다, 눈길을 끌다 | **款式** kuǎnshì [명] 격식, 양식, 스타일, 디자인

Pattern 320

真是的, ……

의미 참 나 ~, 정말이지 ~

해설 불만이나 원망의 말투를 나타낸다.

예문

❶ 真是的, 我刚睡着, 你就把我吵醒了。
참 나, 막 잠들었는데, 네가 나를 깨웠어.

❷ 你这人, 真是的, 跟你开个玩笑你也这么认真。
너 말이야, 너도 참, 농담 좀 한 걸 가지고 그렇게 진지하다니.

❸ 真是的, 这些文件我刚整理好, 你又弄乱了。
이거야 원, 서류를 막 정리해놨는데 네가 또 어지럽혔어.

❹ 真是的, 刚回来没几天, 你又要走!
정말이지, 돌아온 지 며칠 되지도 않았는데 또 나가려고!

대화

A : 我明天要跟朋友去郊游。
나 내일 친구랑 교외로 놀러 갈 거야.

B : 真是的, 整天不学习, 就知道玩儿。
너도 참, 온종일 공부도 하지 않으면서 노는 것밖에 몰라요.

연습 '真是的, ……'를 사용하여 다음 대화를 완성하세요.

A : 我的电脑又死机了。
내 컴퓨터가 또 다운됐어.

B : _____, _____, 怎么_____出问题, 我以后_____这个牌子的电脑了。
나 원 참, 산 지 몇 달 되지도 않았는데, 왜 툭하면 문제가 생겨? 앞으로 다시는 이 제품 안 살 거야.

吵醒 chǎoxǐng 통 시끄러워 (잠을) 깨(우)다 | **弄乱** nòngluàn 통 어지럽히다, 혼란하게 하다 | **郊游** jiāoyóu 통 교외로 소풍 가다, 들놀이하다 | **死机** sǐjī 통 컴퓨터가 다운(down)되다

Pattern 321

正……呢

의미 한창(마침, 바야흐로, 막) ~하고 있다(하는 중이다)

해설 동작이 한창 진행 중이거나 어떤 상태가 지속 중임을 나타낸다. 단음절 동사를 사용하는 경우 뒤쪽에 흔히 '着'가 따라온다.

예문

❶ 刘局长正在大会上发言呢，现在不能接电话。
리우 국장은 회의 석상에서 한창 발언 중입니다. 지금은 전화를 받을 수 없습니다.

❷ 部长打电话来时，局长正吃着饭呢，他撂下碗筷就走了。
부장의 전화가 왔을 때, 국장은 한창 식사 중이었다. 그는 수저를 내려놓고 바로 나갔다.

❸ 你要请我吃饭？那太好了，我正发愁做什么饭吃呢。
당신이 나한테 밥을 사겠다고? 그거 좋지. 그렇지 않아도 뭘 해 먹어야 하나 고민 중이었는데.

❹ 突然发生了特大地震灾害，损失惨重，各级领导正忙着救灾呢。
갑자기 강력한 지진재해가 발생, 피해가 극심해서 각급 지도층들은 재난 구호에 한창 바쁘다.

대화

A : 你刚才去他那里，怎么没跟他谈呢？
너 좀 전에 걔한테 갔었는데, 왜 걔랑 얘기 안 했어?

B : 我去的时候他正开会呢。
내가 갔을 때 한창 회의 중이었어.

연습 '正……(着)呢'를 사용하여 다음 대화를 완성하세요.

A : 下午的辩论会取消了。
오후의 토론회가 취소되었어.

B : 太好了，我＿＿＿＿＿＿＿＿＿＿＿＿＿＿＿＿。
잘됐네. 그렇지 않아도 가지 말까 생각 중이었는데.

撂下 liàoxia 图 내려놓다, 버려두다, 남기다 | 碗筷 wǎnkuài 뎡 공기와 젓가락, 사발과 젓가락 | 发愁 fāchóu 图 걱정하다, 근심하다, 우려하다 | 特大 tèdà 혱 특별히 큰, 특대의, 아주 중대한 | 惨重 cǎnzhòng 혱 (손실이) 극심하다, 가혹하다 | 救灾 jiùzāi 图 이재민을 구제하다, 재해를 없애다

Pattern 322

正因为……, 才……

의미 바로 ~때문에(로 인하여)

해설 말하는 바로 그 원인 때문에 모종의 결과가 발생했다는 것을 강조한다.

예문

❶ 正因为我昨天喝得太多，才误了今天的大事。
어제 술을 너무 마신 것 때문에 오늘 큰일을 그르쳤다.

❷ 正因为有人袒护着他，他才这么放肆。
누군가 자신을 두둔하고 있다는 이유로 그는 너무 제멋대로다.

❸ 正因为他们平时刻苦训练，在赛场上才能大显身手。
그들은 평소에 각고의 노력으로 훈련했기에, 시합에서 실력을 유감없이 발휘할 수 있었다.

❹ 正因为我们是好朋友，我才对你直言不讳。
우리는 친한 친구니까 네게 대놓고 얘기할게.

대화

A : 明天就要高考了，你怎么还出去玩儿啊?
내일이 대입시험인데, 넌 어떻게 아직도 놀러 나갈 수가 있니?

B : 正因为要面临几天的考试，我才要出去放松放松。
며칠 동안 봐야 하는 시험을 앞두고 있으니까, 저도 나가서 긴장 좀 풀려고요.

연습 '正因为……, 才……'를 사용하여 다음 대화를 완성하세요.

A : 听说他爸爸是大企业的老板。
그 녀석 아버지가 대기업 사장이라며.

B : 是啊, _____, 他_____那样目中无人。
그래, 돈 많은 아버지를 뒀다는 이유로 그 녀석 그렇게 안하무인이야.

误事 wùshì 동 일을 망치다, 그르치다, 지장을 초래하다 | 袒护 tǎnhù 동 비호하다, 감싸다, 두둔하다, 편들다 | 放肆 fàngsì 동 방자하다, 제멋대로다, 난폭하다 | 大显身手 dàxiǎnshēnshǒu 성 충분히 기량을 드러내다, 한껏 실력을 뽐내다 | 直言不讳 zhíyánbúhuì 성 조금도 꺼리지 않고 솔직히 말하다 | 面临 miànlín 동 (문제나 상황에) 직면하다, 당면하다 | 放松 fàngsōng 동 늦추다, 느슨하게 하다, 이완시키다, 정신적 긴장을 풀다 | 目中无人 mùzhōngwúrén 성 안하무인이다, 눈에 뵈는 게 없다

Pattern 323

之所以……, 是因为……

의미 ~하는 이유는(까닭은) ~때문이다

해설 어떤 사건의 원인과 결과를 나타낸다. 결과는 앞에, 원인은 뒤에 나오며 원인을 강조한다.

예문

❶ 我之所以急于见校长, 是因为有要事请示。
내가 급히 교장 선생님을 뵈려는 이유는 여쭤어봐야 할 중요한 일이 있어서입니다.

❷ 世界之所以精彩, 是因为它的多元性。
세상이 멋진 이유는 세상의 다원성 때문이다.

❸ 他之所以有现在的成就, 是因为他父母在他幼儿时期就注意培养和教育。
그가 지금의 성공을 거둔 이유는 그의 부모가 유년시절부터 양육과 교육에 신경을 썼기 때문이다.

❹ 伟人之所以伟大, 是因为他与别人同处逆境时, 别人失去了信心, 他却下决心实现自己的理想。
위인이 위대한 까닭은, 그가 다른 사람과 똑같이 역경에 처했을 때에 다른 사람들은 자신감을 잃었지만, 그 자신은 오히려 자신의 이상을 실현할 결심을 했기 때문이다.

대화

A: 他怎么生那么大的气?
걔 왜 그렇게 화가 많이 났어?

B: 他之所以生气, 是因为事前没和他打招呼。
걔가 화를 내는 이유는 일전에 자기한테 인사 안 했다고 그러는 거야.

연습 '之所以……, 是因为……'를 사용하여 다음 대화를 완성하세요.

A: 他为何要赞助这所大学?
그는 왜 이 대학에 찬조하려고 하는데?

B: 他＿＿＿＿＿＿＿, ＿＿＿＿＿想让＿＿＿＿＿＿＿＿＿＿＿。
그가 기부하려는 이유는 그 자녀가 무시험으로 이 대학에 들어갈 수 있기를 바라서야.

要事 yàoshì 명 중요한 일, 중요한 사안(안건) | 请示 qǐngshì 통 지시를 바라다, (상급 기관에) 물어보다 | 逆境 nìjìng 명 역경 (↔ 顺境 shùnjìng 순경, 순탄한 환경) | 赞助 zànzhù 통 찬조하다, 협찬하다, 지지하다 | 捐款 juānkuǎn 통 기부하다 명 기부금, 헌납금 | 免试 miǎnshì 통 시험을 면제하다(받다)

Pattern 324

直到……, 才……

의미 (시간이) 쭉(줄곧) ~되어서야(이르러서야, 하고 나서야) ~

해설 사건의 발생이 시간상으로 늦다는 것을 나타낸다. 주로 이미 발생한 사건에 쓰인다.

예문

❶ 直到分手以后，我才知道他在我心目中的分量。
헤어지고 나서야, 나는 내 마음속에서의 그의 비중을 알게 되었다.

❷ 直到回到了家，我才发现手提包丢在车上了。
집에 돌아와서야, 나는 핸드백을 차에 놓고 내렸다는 걸 알았다.

❸ 直到我自己当了妈妈，才真正体会到做母亲的心。
나 자신이 엄마가 되고 나서야, 진정으로 어머니의 마음을 실감하게 되었다.

❹ 直到酿成大错，他才认识到自己粗枝大叶的危害。
일이 크게 벌어지고 나서야, 그는 자신이 대충 처리한 일의 위해를 깨달았다.

대화

A : 听说他有些后悔离开了那家公司?
그 친구 그 회사 떠난 걸 꽤 후회하고 있다면서?

B : 是的, 直到经历过这些事情之后, 他才知道还是原来的单位好。
응, 이번 일들을 겪고 나서야, 그는 그래도 원래 직장이 좋았다는 걸 알았나 봐.

연습 '直到……, 才……'를 사용하여 다음 대화를 완성하세요.

A : 昨天你下班后怎么又回办公室了?
어제 너 퇴근 후에 왜 또 사무실에 돌아왔어?

B : 别提了, ＿＿＿＿＿＿＿＿＿＿, ＿＿＿＿＿想起＿＿＿＿＿＿＿＿＿＿＿＿＿了。
말도 마라. 10층까지 올라가서야 열쇠를 사무실에 빠뜨리고 온 게 생각났어.

分量 fènliang 명 무게, 중량, 분량, (문장이나 말 등의) 무게, 뜻, 가치 | **体会** tǐhuì 명동 (체험이나 경험을 통해) 체득(하다), 이해(하다) | **酿成** niàngchéng 동 (좋지 않은 결과를) 조성하다, 빚어내다, 초래하다 | **粗枝大叶** cūzhī dàyè 성 일 처리가 섬세하지 못하고 거칠다, 날림이다 | **危害** wēihài 명 위해, 손상, 손해, 훼손 동 해를 끼치다, 손상하다

Pattern 325 只不过……

의미 단지(다만, 겨우, 고작, 그저) ~에 지나지 않다(불과하다, 뿐이다, 따름이다)

해설 '仅仅是(단지 ~이다)'의 의미이다. 그다지 중요하지 않거나 수량이 많지 않음을 나타낸다. 문장 끝에 '罢了 bàle'나 '而已 éryǐ'와 어울려 쓰인다.

예문

① 大家只不过不想多给你添麻烦罢了，没别的意思。
다들 단지 네게 폐를 많이 끼치고 싶지 않을 뿐이야. 다른 의도는 없어.

② 赵总只不过损失了上千块钱，对她来说没什么大不了的。
자오 사장은 겨우 수천 위안의 손실을 보았을 뿐이야. 그녀에게는 별로 대수롭지 않은 일이지.

③ 在人生的道路上这只不过是微不足道的困难，何必垂头丧气。
인생길에서 이것은 그저 아주 하찮은 어려움에 불과하다. 굳이 의기소침할 필요는 없다.

④ 他只不过是个小职员而已，哪来那么多钱老去泡夜总会？
그는 단지 말단직원에 불과할 따름인데, 어디서 그렇게 많은 돈이 나서 나이트클럽에 자주 드나들겠어?

대화

A : 哟，这古董可真是天价呀，你要买？
오, 이 골동품은 정말 가격이 엄청나군. 사려고?

B : 不，只不过问问价钱罢了。
아니, 그냥 가격이나 좀 물어보려고.

연습 '只不过……'를 사용하여 다음 대화를 완성하세요.

A : 你_____，就急成这样子呀。
너는 겨우 만년필 한 자루를 잃어버렸을 뿐인데, 뭘 그렇게 난리야.

B : 那可是我爷爷的遗物，对我来说是无价之宝。
그건 우리 아버지 유품이라고. 나한테는 가치를 따질 수 없는 보물이야.

微不足道 wēibùzúdào 성어 하찮아서 말할 가치도 없다 | 垂头丧气 chuítóu sàngqì 성어 의기소침하다, 풀이 죽고 기가 꺾이다 | 夜总会 yèzǒnghuì 명 나이트클럽 | 古董 gǔdǒng 명 골동품 | 天价 tiānjià 명 최고가 | 遗物 yíwù 명 유물, 유품 | 无价之宝 wújiàzhībǎo 성어 값을 매길 수 없는 보물, 돈을 주고도 살 수 없는 보물

Pattern 326

只要……, 就……

의미 (단지) ~하기만 하면 (바로, 곧) ~하다

해설 어떠한 조건을 갖추고 있으면 그에 상응하는 결과가 있다는 의미이다. 충분조건을 나타낸다.

예문

❶ 只要大家齐心协力，就没有办不到的事情。
모두 한마음으로 협력하기만 하면, 해내지 못할 일은 없다.

❷ 只要有勇气、有信心，就一定能克服困难。
용기와 믿음만 있다면, 분명 어려움을 극복할 수 있다.

❸ 只要我还有一口饭吃，就不会让你饿肚子。
내게 밥 한 숟갈만 더 있다면, 네게 배를 곯게 하지는 않을 텐데.

❹ 只要大家出谋划策，设法降低成本，就能增加利润。
다들 아이디어를 내고 원가를 낮출 방법을 강구한다면 이윤을 늘릴 수 있다.

대화

A : 不管遇到多大的困难，我们都不要灰心，只要有毅力，就能达到目的。
아무리 큰 어려움에 직면하더라도 우리는 낙담하면 안 된다. 의지만 있다면 목적을 달성할 수 있다.

B : 对，我们应该继续干下去。
맞습니다. 우리는 계속 해나가야 합니다.

연습 '只要……, 就……'를 사용하여 다음 대화를 완성하세요.

A : 你目前有没有告别舞台的打算？
당신은 지금 무대를 떠날 생각이 있습니까?

B : 没有，＿＿＿＿＿＿＿＿我，＿＿＿＿＿＿＿＿＿＿＿。
없습니다. 관객들이 찾아만 준다면, 저는 계속 무대에 남을 겁니다.

齐心协力 qíxīn xiélì 【성어】 한마음 한뜻으로 협력하다 | 出谋划策 chūmóuhuàcè 【성어】 계책(계략·일)을 꾸미다, 꾀를 생각해 내다 | 设法 shèfǎ 【동】 대책을 강구하다, 방법을 세우다 | 降低 jiàngdī 【동】 내리다, 낮추다, 인하하다 | 成本 chéngběn 【명】 원가, 코스트, 생산비, 자본금 | 利润 lìrùn 【명】 이윤 | 毅力 yìlì 【명】 굳센 의지, 완강한 의지 | 告别 gàobié 【동】 작별하다, 이별을 고하다 | 需要 xūyào 【동】 필요하다, 요구되다

Pattern 327 只有……, 才……

의미 (오로지) ~해야만 (비로소) ~이다

해설 단지 어떠한 조건을 갖추어야 비로소 모종의 결과가 있다는 의미이다. 필요조건을 나타낸다.

예문

❶ 我们只有深入社会，才能了解真实情况。
우리는 사회 속으로 깊이 들어가야지만 진실한 상황을 이해할 수 있다.

❷ 这个问题我看只有你亲自来，才有可能解决。
이 문제는 내가 볼 때 네가 직접 와야 해결될 가능성이 있다.

❸ 只有登上长城，才能体会到"不到长城非好汉"。
만리장성에 올라야만 "만리장성에 오르지 않으면 사나이가 아니다"는 말을 실감할 수 있다.

❹ 只有让人们都认识到"善待地球——从身边小事做起"，才能保护我们的地球。
사람들에게 '지구에 잘 해주는 건 내 주변의 작은 일부터'라는 것을 인식시켜야만 우리의 지구를 보호할 수 있다.

대화

A : 说真的，只有跟你在一起，我才感受到真正的幸福。
정말이야, 너랑 함께 있어야 진정한 행복을 느낄 수 있어.

B : 我也是。
나도 그래.

연습 '只有……, 才……'를 사용하여 다음 대화를 완성하세요.

A : 怎么才能学好外语呢?
어떻게 해야 외국어를 제대로 배울 수 있지?

B : 学外语其实没有捷径，＿＿＿＿＿＿＿＿＿＿＿＿＿＿，＿＿＿＿＿＿＿＿＿＿。
외국어를 배우는 건 사실 지름길이 없어. 그저 많이 듣고, 많이 말하고, 많이 읽고, 많이 써야 잘 배울 수 있지.

善待 shàndài 동 잘 대접하다, 우대하다 | **感受** gǎnshòu 동 (영향을) 받다, 감수하다, 느끼다 명 느낌, 인상, 체험, 감상 | **捷径** jiéjìng 명 지름길, 빠른 길, 첩경

Pattern 328

……，至于……

의미 ~인데 (그건 그렇고) ~를 말하자면(~에 관해서는)

해설 '至于'는 앞의 화제와 관련이 있는 뒤쪽의 화제 앞에 놓여서 화제를 전환하는 기능을 한다.

예문

❶ 我只想把汉语口语学好，至于汉字写得好坏我就不管了。
나는 단지 중국어 회화를 잘 배우고 싶어. 한자를 잘 쓰고 못쓰고는 상관없어.

❷ 给伯父看好病要紧，至于钱我来想办法。
큰아버님의 병을 잘 돌보는 것이 중요하지. 돈은 내가 방도를 생각해볼게.

❸ 暑假我要出国转转，至于去哪儿还没最后定。
여름방학 때 나는 외국 나가서 구경 좀 하려고. 어디를 갈지는 아직 최종 결정은 안 했어.

❹ 我保证我一定支持你们，至于老黄嘛，我就没那么大的把握了。
내가 반드시 너희를 지원하겠다고 약속한다. 그건 그렇고 황 씨 말이야, 그렇게 큰 믿음은 없어.

대화

A: 你认为今天股市还会继续下跌吗？
오늘 주식시장이 계속 하락할 거라 보십니까?

B: 今天肯定要反弹，至于反弹的力度我就说不好了。
오늘은 분명 반등할 겁니다. 반등의 강도는 확실하지 않습니다만.

연습 '……，至于……'를 사용하여 다음 대화를 완성하세요.

A: 魏总，这么大的项目，咱们的经费可能不够。
웨이 사장님, 이렇게 큰 프로젝트는 우리의 경비로는 부족할 것 같습니다.

B: 你就尽全力搞好设计，_____，_____。
자네는 그냥 최선을 다해서 설계나 잘하게. 경비는 말이야, 내가 해결할 거야.

要紧 yàojǐn 형 중요하다, 긴요하다, 심하다, 엄중하다 | 下跌 xiàdiē 동 (상품 가격이나 수위(水位) 등이) 하락하다, 떨어지다 | 反弹 fǎntán 동 (탄성체가) 원래대로 회복되다, 튕겨 나가다, (시세나 기온 등이) 내렸다가 다시 오르다, 반등하다 | 力度 lìdù 명 역량, 힘의 세기, 심도, (음악의) 강약 | 尽全力 jìn quánlì 전력을 다하다, 최선을 다하다

Pattern 329

重……轻……

의미 ~를 중시하고 ~를 경시하다, ~를 중히 여기고 ~를 가벼이 여기다

해설 한 가지 측면은 중시하고, 또 다른 한 가지 측면은 경시한다는 의미이다.

예문

① 企业要发展就不能对产品重数量轻质量。
기업이 발전하려면 제품에 대해 수량만 중시하고 품질을 경시하면 안 된다.

② 不少单位招聘人员时重学历轻实践能力。
많은 회사가 인재를 초빙할 때에 학력만 중시하고 실천능력을 중시하지 않는다.

③ 投资专家建议，未来投资操作应重个股轻指数。
투자전문가의 건의로는, 미래 투자는 주가지수보다는 개별주식을 중시해서 다루어야 한다고 한다.

④ 现在家庭装修工程出现了重装饰轻装修的新风潮。
현재 홈인테리어는 장식을 중시하고 내장공사에 덜 치중하는 새로운 풍조가 나타났다.

대화

A : 我最近交了个女朋友，搞雕刻艺术的。
나 요즘에 여자친구 사귀는데, 조각예술을 하는 사람이야.

B : 怪不得不来找我们玩儿了，呵呵，重色轻友。
어쩐지, 우리한테 놀러 안 오더라니. 하하, 여자가 친구보다 우선이구나.

연습 알맞은 표현을 골라 빈칸에 넣으세요.

> 重男轻女   重理轻文   重钱轻德   重爱情轻友情

1. 现在很多地方仍然有_____的封建思想，只有生了男孩儿父母才高兴。
현재도 많은 지역에서 여전히 남존여비의 봉건사상이 있어서, 사내아이를 낳아야 부모가 기뻐한다.

2. 中国的学生有_____的倾向，很多人不重视语文、历史等课程。
중국학생들은 이과를 중시하고 문과를 경시하는 경향이 있어서, 많은 사람이 어문과 역사 등의 과정을 중요시하지 않는다.

个股 gègǔ 명 개별 주식 | **装饰** zhuāngshì 명 장식(품) 동 장식하다, 꾸미다 | **风潮** fēngcháo 명 바람의 방향과 조수의 간만, 소요, 소동, 풍조 | **雕刻** diāokè 명동 조각(하다) | **倾向** qīngxiàng 동 (한쪽으로) 기울다, 쏠리다, 치우치다 명 경향, 추세, 성향

Pattern 330

左……右……

의미 계속해서(빈번히, 자꾸, 또) ~하고 ~하다

해설 동류의 행위나 동작, 또는 어떤 상황의 수차례 반복을 강조한다. 뒤쪽에 동사성 단어를 사용할 수 있고, '一 + 양사'를 사용할 수도 있다. 양사 뒤에는 때로 명사가 올 수도 있다.

예문

❶ 左也不是，右也不是，你让我怎么办?
이래도 아니다, 저래도 아니다, 나보고 어쩌라는 거야?

❷ 左一个元宵节，右一个端午节，中国节日可真不少哇。
정월 대보름에, 단오절에, 중국은 명절이 참 많다.

❸ 这孩子嘴真甜，左一声"叔叔"，右一声"叔叔"，叫得我心里乐开了花。
이 아이는 말도 참 예쁘게 하네. "삼촌, 삼촌" 하는 게 내 마음이 다 살살 녹네.

❹ 田大嫂凭着三寸不烂之舌，左说右说，终于把那姑娘给说动心了。
티엔 아주머니는 말재주가 뛰어나서, 이런 말 저런 말로 결국 그 아가씨의 마음을 움직였다.

대화

A: 你找到辛会计报销了吗?
신 회계 찾아서 청구했어?

B: 找是找到了，不过我左一趟右一趟，跑了好几趟才找到的。
찾기는 찾았어요. 그런데 여기 갔다가 저기 갔다가, 몇 번이나 찾으러 다녀서 겨우 찾았어요.

연습 '左……右……'를 사용하여 다음 대화를 완성하세요.

A: 他怎么到现在还没有女朋友?
그는 왜 지금까지도 여자친구가 없어?

B: 他呀，_____的，很难找哇。
걔는 말이야, 이것저것 하도 따지는 게 많아서 여자 찾기 힘들어.

元宵节 Yuánxiāo Jié 명 정월 대보름 | 端午节 Duānwǔ Jié 명 단오 | 嘴甜 zuǐtián 형 말하는 것이 남의 마음에 들다, 말을 예쁘게 잘하다 | 大嫂(子) dàsǎo(zi) 명 큰형수, 아주머니, 부인(夫人), 동년배의 부인(婦人)이나 친구의 아내에 대한 경칭 | 凭 píng 전 ~에 의거하여, ~에 근거하여, ~에 의해, ~에 따라 | 三寸不烂之舌 sāncùn búlànzhīshé 말이 청산유수이다, 말솜씨가 매우 좋다 | 动心 dòngxīn 동 마음을 움직이다, 마음이 흔들리다, 심경에 변화가 생기다 | 报销 bàoxiāo 동 청구(청산)하다, 폐기 처분하다, 제거하다 | 挑鼻子挑眼 tiāo bízi tiāoyǎn (고의로) 남의 결함을 들추어내다, 트집을 잡다

패턴으로 **중국어 달인되기**

정답

정답 001 ~ 030

001 你爱穿不穿吧。我以后不会再给你买衣服了。

002 他爱怎么说就怎么说，别理他。

003 我把"十点"听成"四点"了。

004
1. 那些闯红灯的人根本就没把交通法规当回事。
2. 身体最重要，你得把健康当回事，不能这么没日没夜地干。

005 我昨天看足球比赛太激动了，一直喊"加油！"，把嗓子给喊哑了。

006 说什么呀，只是吃几顿罢了，你太客气了。

007
1. 今天的考试取消了，我白开夜车了。
2. 我吃得也不算少啊，可就是不长肉，大号的衣服白买了。

008
1. 虽说是住在亲戚家，但也不能一直白吃白住。
2. 拿人手软，吃人嘴软。千万别白吃白拿。

009 我是半喜半忧。 儿子能去哈佛读书我当然高兴，但是我也很担心，怕他照顾不好自己。

010 是的，尤其是半生不熟的牛排，上面还带着血。

011
1. 这段时间又要上课，又要写论文，又要找工作，别提多忙了。
2. 今天老师表扬了我，爸爸也给我买了好多东西，我甭提多高兴了。

012
1. 最近我学习很努力，不像以前那样爱玩了，所以这次考试的成绩比以前好得多。
2. 我的房间有20平方米，他的只有8平方米，我的比他的大得多。

013
1. 这个房间比哪个都敞亮。
2. 他认为工作比什么都重要。

014
1. 上次考试我只考了70分，这次考了95分，比上次考得好多了。
2. 这种冰箱功能、式样都好，不过价格太贵了，等打折时再买吧，比现在便宜多了。

015　对，不过我觉得小丽比小云更漂亮。

016　1. 我觉得法语比起中文来，更难学。
　　 2. 比起欧洲的物价来，美国的物价低。

017　多，别的不说，就说数学，得花一整天时间。

018　别看他个子不高，投篮却百发百中。

019　进口的比国产的贵多了，而且现在国产的质量不比进口的差多少。

020　1. 我妈做的饼不软不硬，真好吃。
　　 2. 大家都在热烈地讨论，只有他一个人不言不语地坐在那儿。

021　哪儿啊，不但没好转，反而更加恶化了。

022　我梦中的她不但要聪明、漂亮，而且还得温柔、能挣钱。

023　他不但没来看我，连个电话都没给我打过。

024　1. 别开车了，现在正堵车呢，开车去也快不到哪儿去。
　　 2. 哈哈，你说他不聪明，我看你也聪明不到哪儿去。

025　1. 不管明天下不下雨，我都去。
　　 2. 不管这个东西贵不贵，我都会买。

026　不管怎么说，这是必修课呀，哪能换课呢？

027　不管传闻怎么样，我认为节目主持得好就行。

028　1. 我是中国人，喜欢喝茶，喝不惯咖啡。
　　 2. 新买的电脑什么都好，就是键盘太软了，我打不惯。

029　没什么，只不过不想说话罢了。

030　看你说的，不仅没烦，还越来越喜欢他了。

정답 031 ~ 062

031 不仅今天欢迎，任何时候来都欢迎。

032
1. 我干这个工作比以前累多了，但是钱却挣不了多少。
2. 咳，年纪大了，记性差了，想学点儿外语，可这英语单词一天也记不了多少。

033 是啊。不管新的、旧的，总得有一台呀。

034 这是她第一次登台发表演说，总不免有点儿紧张。

035 我看买东西不如送他礼品券。

036 别开玩笑了，他不是男朋友，而是我堂哥。

037
1. 小明的成绩非常好，在班上不是第一名就是第二名。
2. 我做菜总是拿不准放多少盐，不是放得太少就是放得太多。

038 别去那儿，那里的东西价钱贵不说，还不新鲜。

039 当然，不要说中国，就连非洲也去过两次。

040 其实这里的天气也不算太热，你不买空调也行。

041 加强管理不在于怎么说，而在于如何行动。

042 如果找到了适合自己的学习方法，其实也不怎么难。

043 这种人真不怎么样。

044 不只内容明白了，就连对话也基本上听懂了。

045 你这么爱吃糖，又不好好刷牙，没有蛀牙才怪呢。

046 他们才认识三个月就结婚了。

047 谁说的？你才爱上他了呢！

048 进去？除非你有票，不然，没门儿！

049 除非你答应我一定不喝醉，我才去。

050 1. 除了她以外，我这一生谁都不爱。
2. 除了我以外，谁都不能帮你这个忙。

051 1. 他很懒，每天除了吃饭、睡觉就是玩儿牌，什么事也不干。
2. 商店里卖的胶卷，除了柯达就是富士两种。

052 对，他很有语言天赋，除了汉语以外，还会说三门外语。

053 我看他们是从个人利益出发的。

054 那要看从哪个角度说。

055 很难说，从性能来看，大众的比较好，从舒适来说，现代的比较好。

056 从哪儿介绍起呢？好吧，我想到哪儿就说到哪儿吧。

057 好，咱们从明天起就开始锻炼。

058 从他当部长以来，大家的情绪高多了。

059 我高中的时候读了《三国演义》，从那以后就开始感兴趣了。

060 1. 这不是小问题，而是大是大非的原则性问题，我们绝不能让步。
2. 她再也不是过去那个不起眼的小丫头了，她现在是大红大紫的明星。

061 大白天的，你别自己吓自己了。

062 1. 你以为他沉默不语就是同意了，那就大错特错了。说明你根本不了解他。
2. 今天的晚饭这样丰盛，大家心情又好，于是就大吃特吃了一顿

정답 063 ~ 091

063 到时候我会告诉你的。

064 我的女儿倒是很听话，顺从父母的意志。

065 到二年级为止，我父母给我付学费，我三年级的时候开始打工。

066
1. 屋子里开了暖气，温度太高，热得不得了。
2. 她看到我新买的玩具，好玩得不得了，所以我就送给她了。

067
1. (如果)努力学习的话，一定能取得好成绩。
2. (要是)这次投资失败的话，对谁都没有好处。

068
1. 办公室里大家都在忙着，打电话的打电话，开会的开会，忙得不得了。
2. 每天早上，街心公园可热闹啦！跳舞的跳舞，练剑的练剑，唱歌的唱歌，遛鸟的遛鸟。

069
1. 他欠了别人的钱还不起，只好东躲西藏。
2. 他整天东奔西走的，也不知在忙些什么。

070 可不是吗? 动不动就伤心流泪，我老得哄着她。

071
1. 那位著名的画家都八十多岁了，还画了不少画儿呢。
2. 这些鱼肉罐头都过期了，千万别吃了。

072 你看看表，都什么时候了，商店早关门了。

073 是吗? 我是东北人，对我来说，今天这样的天气不算冷，没什么大不了的。

074 挺好的。对了，你怎么突然提起他了?

075 我天天练习听说，现在多少进步了(一)点儿。

076 我看多少有点儿吃力。

077 对我来说，感情和人品最重要，他多么有钱，我都不感兴趣。

078
1. 他太溺爱孩子了，凡是孩子想要的，他都给孩子买。
2. 中国实行九年制义务教育，凡是中国公民，都有受教的权利，年满6岁就可以上学。

079
1. 你再劝我也没有用，反正我不改变主意。
2. 今天我们聊个通宵也没关系，反正周末能睡懒觉。

080
1. 儿子，今天你爸爸心情不好，你可要放安静点儿，别惹他生气。
2. 脚步放轻松点儿，她累了一天啦，刚睡着。

081
1. 她是个闲不住的人，退休了，放着清闲的日子不过，还去做义工。
2. 为了省过路费，司机放着高速公路不走，绕小路，多花了两个小时。

082
1. 不管你怎么说，我还是爱她，非得跟她结婚不可。
2. 这个读书报告明天要交给老师，今天非得做完不可。

083
1. 她是个勤快的家庭主妇，每天在家里该洗的洗，该擦的擦，屋子收拾得可干净了。
2. 今年咱们要添些新衣服了，这些旧的该扔的扔，该捐的捐。

084
1. 对孩子不能太娇惯，该批评就批评。
2. 对于别人过分的要求，该拒绝就拒绝，别不好意思。

085
1. 你们都请过客了，这次该我请客了。
2. 已经三十多了，该生孩子了，再不生就太晚了。

086 奇怪，他俩刚度完蜜月回来就吵着要离婚。

087
1. 他太幽默了，逗得大家笑个不停。
2. 我每天下班回家，又要照顾孩子又要干家务，真是忙个不停。

088
1. AA制就是大家一起吃完饭后各付各的。
2. 我喜欢看连续剧，丈夫喜欢看球赛，所以我们家有两台电视，各看各的。

089 这些天累死我了，对什么都毫无兴趣，只想在家睡个够。

090
1. 小偷偷了王先生的手机，王先生在后面一边追一边喊：“(你)给我站住！”
2. 小明期末考试有两三门不及格，爸爸生气地对他说：“(你)给我出去！”

091 和以前的差不多，但是离单位近多了。

정답 092 ~ 122

092 别急，老天爷不会和你过不去的。

093
1. 怎么，考了95分你还不满意？真够高兴的(了)。
2. 哇！你的妹妹真够时髦的(了)。

094
1. 晚上一个人走这条没有路灯的小路，怪害怕的。
2. 一边工作一边读博士，怪累的。

095
1. 我管妈妈的兄弟叫"舅舅"。
2. 西方人管白薯叫"甜土豆"。

096 不少，单机票就得950美元，还不含税。

097
1. 她把衣橱收拾得整整齐齐，长的归长的，短的归短的，找起来很方便。
2. 你最好不要让你的家人在你的公司工作，公归公，私归私，把亲情和工作混在一起，会很麻烦。

098 什么？他一米七五，这还不够高哇？

099 还不就是北京、西安、南京、上海、广州这几个大城市。

100 还大哪？只有12平方米，两个人住挤得要命。

101
1. 她可真能逛街，都逛了一天了，还没逛累呢。
2. 孩子都爱玩儿游戏，你瞧我这儿子，玩儿了一晚上了，还没玩腻呢。

102 别扔啊，还能用几次呢。

103 还博士呢，连本科都没读完。

104 我看，我还是不发言好。

105
1. 今天太累了，我要泡个热水澡，好消除疲劳。
2. 生病了，就该按时吃药，好早日康复。

106 她的眼睛和鼻子太像你了，好可爱呀。

107	真是的，跑来跑去，好不麻烦！
108	没关系，吃方便面好了。
109	上哪儿去买呀？我好容易才借到一本。
110	好在路上没堵车，要不然肯定迟到。
111	1. 他和同龄人比起来成熟。 2. 美国的物价和欧洲的比起来便宜。
112	你已经尽力了，何必责怪自己呢。
113	学母语也要花时间哪，何况学外语。
114	和以前的单位相比，工资待遇提高了不少。
115	有人说现在的晚礼服和19世纪的相似。
116	1. 前面的车大概是故意要挡我的路，忽快忽慢，我没法超过去。 2. 一日三餐最好定量，不要忽多忽少。
117	话是这么说，可是只看书不休息也不一定能考上名牌大学。
118	可是，话又说回来，自己做比较省钱。
119	我打算去旅行，或者中国北京或者日本东京。
120	顾客就是上帝，你即使不想理她，也不能慢待顾客。
121	你既然想去留学，那么就得好好学习外语。
122	1. 旅游既可以欣赏风景，又可以增加见闻。 2. 游泳既可以健身，又可以减肥。

정답 123~155

123 对，中国是继美国之后，世界第二大石油消费国。

124 假如你年轻二十岁，你就会干什么？

125 太旧了，打扫卫生时叫妈妈给扔掉了。

126 尽管贵，但是还要争取参展。

127 刚回来就又出去了。

128 好，好，不喝就不喝吧，真拿你没办法。

129 成不成就看今天的谈判了。

130 我觉得就数码相机来说，索尼的比富士的好一点儿。

131 就是我儿子，不过他是绝顶聪明的。

132 你喜欢的话，拿去就是了。

133 样子、花色都好，就是颜色暗了点儿。

134 这下好啦，就是下暴雨也不怕了。

135 哪儿都好看，就说头发吧，又黑又亮。

136 对，吃方便面就行。

137 中国队输就输在不能赢的心理，恐韩症。

138 就这样我老公还不满意呢。

139 看把你高兴的，但期末考试你要考第一名，是不是？

140　<u>看上去</u>有三十多人，个个都是棒小伙子。

141　已经过去一个多月了，<u>看样子</u>他们生还的可能性不大了。

142　光用不维修，<u>可不就</u>出毛病了。

143　
1. 他什么事都告诉你，<u>可见</u>他很信任你。
2. 现在学汉语的学生越来越多了，<u>可见</u>中国已经成为具有全球影响力的大国了。

144　巴西人对2016年奥运会<u>可关心啦</u>！

145　
1. <u>快</u>(到)期末考试<u>了</u>，大家都在认真复习、备考。
2. <u>快</u>(到)新年<u>了</u>，商场里好多人，都在购买年货。

146　可不，美国的<u>啦</u>、韩国的<u>啦</u>、意大利的<u>啦</u>，都有。

147　领导们<u>商量来商量去</u>，还是决定不了。

148　<u>你叫什么名字来着</u>？我记不清了。

149　
1. 今天丈夫和孩子们都不回来吃饭，太好了，我也<u>懒得</u>做饭了。
2. 他这个人这么不讲道理，我越来越<u>懒得</u>跟他说话了。

150　她看<u>了又</u>看，还是认不出那个人。

151　你看朴太太真能干，<u>连肉带菜</u>，摆了满满一桌。

152　
1. 功课实在太多了，忙得我<u>连厕所都</u>没有时间去。
2. 真没想到这里贫富差距这么大，穷人穷得一天<u>连</u>一顿饭<u>都</u>不能吃。

153　他们<u>连</u>手机<u>都</u>不会用，<u>甭说</u>电脑<u>了</u>。

154　我是电脑盲，<u>连</u>电子邮件<u>都</u>不会发，<u>何况</u>博客呢？

155　初离故乡，<u>没个不思念亲人的</u>。

정답 156~187

156 这没什么大不了的，打电话给保险公司说办保险。

157 看了半天，没什么可买的，就空着手回来了。

158
1. 对我来说，没有比数学更难学的了。
2. 世上没有比我的家乡更美的了。

159
1. 没有经历，哪能有这样切身的感受?
2. 没有健康的身体，哪能有幸福生活?

160 检查一下材料是否都带齐了，省得又白跑一趟。

161 妈，你怎么总是拿我和弟弟比呢?

162 没错儿，拿大学老师来说，一般都超过了"小康"水平。

163 哪儿呀，是我自己辞职的。

164
1. 他是个酒鬼，走到哪儿，(酒)喝到哪儿。
2. 他很好学，走到哪儿，(书)看到哪儿。

165 什么时候都可以，你哪会儿有时间，咱们就哪会儿去看吧。

166
1. 哪里有压迫，哪里就有反抗。
2. 哪里人多，哪里就热闹。

167 不行! 哪怕借钱，也要给你买。

168 那要看对方是什么人。

169 你穿的鞋跟儿那么高，脚那还舒服得了?

170 那还用说! 他的水平比别人高多了。

171
1. 小金还没有来? 他可是一向守时的，难道他病了?
2. 他怎么会知道这件事的? 难道你告诉他的?

| 172 | 这种人，<u>闹到天</u>我<u>也</u>不会跟他见面的。 |

| 173 | <u>你看你</u>，总是不舍得给自己花点儿钱。 |

| 174 | 不碍事，<u>你</u>弹<u>你的</u>钢琴，很好听。 |

| 175 | 1. 晚会上大家<u>你</u>弹<u>我</u>唱，热闹极了。
2. 游乐场里孩子们<u>你</u>蹦<u>我</u>跳，玩得高兴极了。 |

| 176 | 是啊，这么多人，大家<u>你一口</u>，<u>我一口</u>，很快就吃光了。 |

| 177 | 是啊，他<u>宁可</u>自己吃亏，<u>也不</u>愿对不起朋友。 |

| 178 | 当然环境重要，<u>宁可</u>牺牲GDP，<u>也要</u>保护环境。 |

| 179 | 1. 听说要提高印花税，股民们心里<u>七上八下</u>的。
2. 一听说在校园里发生了这样的事，大家<u>七嘴八舌</u>地议论开了。 |

| 180 | 1. 出门前，妈妈<u>千</u>叮<u>万</u>嘱，一定要注意安全。
2. 这个消息是<u>千</u>真<u>万</u>确的，我绝不会搞错 |

| 181 | 1. 他是大明星，出门总是<u>前</u>呼<u>后</u>拥的。
2. 他非常谨慎，不管干什么都要<u>前</u>思<u>后</u>想才做决定。 |

| 182 | <u>瞧你说的</u>，我哪儿有那么棒啊。 |

| 183 | <u>让</u>他们说<u>去吧</u>，这种人没什么市场。 |

| 184 | <u>如果</u>以后还有问题，<u>就</u>请随时来找我。 |

| 185 | <u>如果说</u>德语难学，<u>那么</u>中文<u>就</u>是难上加难了。 |

| 186 | 1. 他们这帮中学同学关系可真亲密，<u>三天两头</u>地聚会。
2. 他的发言十分简短，<u>三语两言</u>就说完了。 |

| 187 | 经理助理小张很能干。来了什么事，<u>三下五除二</u>，就处理妥当了。 |

정답 188~219

188 两千<u>上下</u>吧。

189 不止，不止，<u>少说也</u>得三万出头。

190 还行<u>什么</u>！他这个人缺少想象力。

191 <u>什么贵不贵的</u>，买！

192 没见你看报纸，怎么<u>什么</u>消息<u>都</u>知道?

193 1. 你看你，这鸡翅也没什么肉，<u>还吃个什么劲儿</u>。
2. 这种无聊的电视剧，<u>还看个什么劲儿</u>。

194 你想说<u>什么</u>就说<u>什么</u>，我都洗耳恭听。

195 1. 你别问我，昨天我不在办公室，<u>什么都</u>不知道。
2. 你是怎么搞的，学了半天，<u>什么</u>数学题<u>都</u>解不了。

196 岂止孩子，<u>甚至</u>大人也喜欢。

197 1. 她的病情不稳定，<u>时好时坏</u>。
2. 灯光一闪一闪的，前面的建筑物也<u>时明时</u>暗。

198 1. 孩子的表情变化很快，<u>时而</u>哭，<u>时而</u>笑。
2. 这里的天气阴晴不定，<u>时而</u>狂风大雨，<u>时而</u>艳阳高照。

199 这小伙子，(<u>像个</u>)运动员<u>似的</u>。

200 对，<u>是</u>昨天下午买到<u>的</u>。

201 喜欢<u>归</u>喜欢，<u>但</u>为了身体，还得少喝。

202 你要的可<u>不是时候</u>，昨天他心情不好。

203 哪儿呀，<u>鱿鱼是鱿鱼</u>，<u>章鱼是章鱼</u>。

204
1. 他的成绩忽上忽下，在我们班里第一是他，倒数第一也是他。
2. 我对他爱恨交加，我爱的是他，我恨的也是他。

205 好朋友首先要能互相理解，其次在困难的时候能帮助你。

206 谁要请，谁请，反正我不掏钱。

207
1. 谁也不想在环境这么糟糕的地方吃饭。
2. 谁都不喜欢跟脾气这么坏的人交往。

208 顺着刚才说的思路往下想，不就行了。

209 哈哈！我们刚说到你，你就到了。

210 说到哪儿去了，老乡嘛，应该的。

211 可不，一年说话就又要过去了。

212 是啊，说发脾气就发脾气。

213 把话说开了，你们公司的实力还不够。

214 说什么也别和这种人打交道了。

215
1. 我问她相信不相信闹鬼的事，她脸上现出一副似心非信的样子。
2. 老师讲完以后，学生都是似懂非懂的表情。

216 那算了，别叫醒他了。

217 虽然不算热，可是挺闷的，一点儿风都没有。

218 虽说有点儿贵，可味道很好。

219 是的。不过我相信随着时代的发展，这个社会肯定会越来越美好。

정답 220 ~ 253

220 是，他对下属的生活小事也挺关心的。

221 为的是让她的胖妞减肥。

222 他们是为去中国留学或工作而拼命学习。

223 为联络方便起见，最好准备点儿礼品。

224 我说阿姨，汤里得洒点儿胡椒粉吧。

225 我说嘛，她不会不伤心的。

226 我说呢，他怎么这么壮。

227 我说孩子他爸，这是第一次召开家长会，怎么能不去听听呢。

228 我说他怎么还没走呢。

229 无论怎么说，也得和他们再沟通一下。

230 嗯，无论是谁，只要一见到他，都有点儿紧张。

231 听说工程师们无时无刻不在研究如何解决这个难题。

232 可不是吗？网络上真是无所不有。

233
1. 鹅毛大雪无声无息地飘落下来。
2. 亲人们都在地震中丧生了，这个孩子现在无依无靠。

234 好，好，您二位先吃点儿凉菜，接着就上饺子。

235 你拿到考题时千万别慌，先做容易的题，然后再思考难的题。

236
1. 这队排得这么长啊，这样吧，你先站着，我过半个小时来替你。
2. 我的这个MP3你先用着，我暂时不用。

| 237 | 有人说她像个模特似的。 |

| 238 | 太晚了，别走了，要不我送你回去。 |

| 239 | 你给家里打个电话，要不他们会不放心的。 |

| 240 | 要不是下雨，我早就回家了。 |

| 241 | 早呢，要到明年夏天才能回来。 |

| 242 | 百发百中，要多准有多准。 |

| 243 | 那要看11号的了。 |

| 244 | 1. 面对困难，你只有两个选择，要么克服困难，要么屈服于困难。
2. "不进则退"的意思是人生像逆水行舟，要么前进，要么后退。 |

| 245 | 1. 唉，人老啦，要力气没力气。
2. 十年前，他还是个穷小子，要钱没钱，要前途没前途。 |

| 246 | 你要是没什么事情，我们就去看场电影。 |

| 247 | 1. 要是我能飞就好了，你看，走晚了，车堵得这么厉害。
2. 要是能回到年轻的时候就好了，老了的感觉真不好。 |

| 248 | 要说活动能力，他比你强多了。 |

| 249 | 要想解决这个问题，得您出马才行。 |

| 250 | 没问题，你们要钱有钱，要关系有关系。 |

| 251 | 我根本没准备，考也考不上，还是下次再考吧。 |

| 252 | 这黄瓜你怎么洗也没洗就吃了？ |

| 253 | 我妈怕冷，我爸怕热。这空调我开也不是，不开也不是。 |

정답 254 ~ 286

254 时间到了，想起也得起，不想起也得起。

255 大学生也好，白领也好，只要心地善良、身体健康就行。

256 但是后来想到父母年老体弱，也就打消了这个念头。

257 据说是在国内学的，到中国学习也就是两三个月吧。

258
1. 咱俩认识也不是一天半天了，还那么客气！
2. 我并没有完全搞明白这个原理，还是一知半解。

259 挺好的，我常常一边儿做饭一边儿听。

260
1. 我是学文的，对机械构造方面一窍不通。
2. 我很想听听你的意见，可是开会时你一言不发。

261
1. 四川菜的特点就是麻辣，你这菜做得一不麻二不辣，还是川菜吗?
2. 他一不抽烟，二不赌博，没有任何不良嗜好。

262 他们认为一旦进了这所大学，就业就有了保证。

263
1. 这件事我一点儿都不知道。
2. 今天天气真好，一点儿风都没有。

264 对，因为他一不会德语，二举目无亲，很难适应那里的环境。

265 那当然，他现在一方面有钱，一方面又有时间。

266
1. 我有两个孩子，一个七岁，一个五岁，都是男的。
2. 你看这哥俩，一个是高高大大的，一个是矮矮胖胖的。

267
1. 这个热水器是不是出问题了? 怎么出的水，一会儿冷，一会儿热?
2. 你好好开车，别一会儿快，一会儿慢的。

268 天一亮就出发，那时路上绝不会堵车。

269 嗯，一来舒服，二来便宜。

270
1. 我今天忙得四脚朝天，一顿饭也没吃。
2. 一年前我刚到这儿时，一句汉语都不会说。

271
1. 当老师的要为人师表，一言一行都要特别注意。
2. 在这场灾难中你失去了两条腿，但别怕，我一生一世都会照顾你的。

272 今年手机话费一降再降，可是老百姓还是不满意。

273 那我会对这些词加以注释，以便你们阅读。

274 是啊，以免日后发生纠纷。

275 韩国以资讯产业为经济命脉，全力发展这个领域。

276 我以为只有我觉得压力大呢，原来你也一样。

277 是啊，两个人平时缺乏沟通，以致感情破裂，无法弥补了。

278 那儿发展变化十分迅速，以至于很多人都感到吃惊。

279 大概因为他爸爸是校长的关系吧。

280 知道，韩国足球队应我们的邀请，到北京来进行友谊赛。

281 是由于交通不方便的缘故。

282 水分子是由氧原子和氢原子组成的。

283 田处长是个模范丈夫，连做饭也有两下子呢！

284 有什么担心的！不冒风险怎么能赚钱？

285 有时出去爬山，有时待在家里搞卫生。

286
1. 我只是名义上的经理，什么事都不能做主，真是有名无实。
2. 她整天病病歪歪的，总是一副有气无力的样子。

정답 287~319

287
1. 我绝对不是瞎说，我是有凭有据的，你们看看这些发票就知道了。
2. 作为管理层，对员工一定要有赏有罚，赏罚分明。

288 他们现在有钱、有地位，还有很多朋友，过得挺不错的。

289 又来不及了不是? 应该早些准备。

290 餐桌上又是鱼，又是肉，又是新鲜蔬菜，真丰盛!

291 排队的人这么多，与其坐车去，不如走着去。

292 与其说是批评，不如说是鼓励。

293 朋友们一直鼓励我，于是我又恢复了信心。

294 这与他的职业有关。

295 真是的，越忙越出错。

296 在我看来，这件事处理得太急了一点儿。

297 别叫他了，他明天有事，再说这些天他也够累的。

298
1. 再困，我也要做完今天的事情。
2. 条件再艰苦，他也不会放弃当个地质学家的梦想。

299
1. 这里小偷真多，我的钱包、相机都被偷走了。以后我再也不来这儿了。
2. 高中毕业以后，我再也没学过英语。

300
1. 这次的考试再容易也没有了。
2. 他们这一对儿再般配不过了。

301 早不降价，晚不降价，偏在我买的第二天降价，真气人。

302 说真的，我早就该告诉你了，可是一直没有勇气说。

303 他这个人老是上边怎么说，他就怎么说。

304 你怎么能忘记刷牙呢，太不卫生了！

305 1. 不管我怎么解释，他都不肯原谅我。
    2. 小金的隐形眼镜掉地上了，怎么找也找不到。

306 是啊，可是他们还是照生产不误。

307 去过，两边的建筑物漂亮着呢。

308 哪里，哪里，我只是拍着玩儿的。

309 她怎么看着看着电影就哭了起来?

310 我这就起!

311 这么贵，怪不得没几个顾客呢。

312 这么说，你们打算结婚了?

313 对，对，你这么一提醒，我想起来了。

314 1. 作业这么多，这么难，我做了一晚上才做完。
    2. 这部电视剧里的男主角个子这么高，长得这么帅，我太喜欢他了!

315 是啊，整天为别人跑东跑西，忙这忙那的，没见她有停的时候。

316 这样吧，我开车送你到机场。

317 这样一来，不是会有很多人骚扰我吗?

318 这也不准动，那也不准动，我怎么打扫卫生?

319 这有什么? 现在就流行这种款式。

정답 320 ~ 330

320 真是的，刚买没几个月，怎么动不动就出问题，我以后再也不买这个牌子的电脑了。

321 太好了，我正想着不去呢。

322 是啊，正因为有个有钱的爸爸，他才那样目中无人。

323 他之所以捐款，是因为想让其子女能免试进入这所学校。

324 别提了，直到爬上了十层，才想起钥匙忘在办公室了。

325 你只不过丢了一支钢笔，就急成这样子呀。

326 没有，只要观众需要，我就会一直干下去。

327 学外语其实没有捷径，只有多听、多说、多读、多写，才能学好。

328 你就尽全力搞好设计，至于经费，我会解决的。

329
1. 现在很多地方仍然有重男轻女的封建思想，只有生了男孩儿父母才高兴。
2. 中国的学生有重理轻文的倾向，很多人不重视语文、历史等课程。

330 他呀，左挑鼻子右挑眼的，很难找哇。